中国社会科学院近代史研究所

民国文献丛刊

颜惠庆 著 姚崧龄 译

颜惠庆自传

中华书局

图书在版编目(CIP)数据

颜惠庆自传/颜惠庆著;姚崧龄译. —北京:中华书局,2015.6
(中国社会科学院近代史研究所民国文献丛刊)
ISBN 978-7-101-10836-1

Ⅰ.颜…　Ⅱ.①颜…②姚…　Ⅲ.颜惠庆-自传　Ⅳ.K827＝7

中国版本图书馆 CIP 数据核字(2015)第 060498 号

书　　名	颜惠庆自传
著　　者	颜惠庆
译　　者	姚崧龄
丛 书 名	中国社会科学院近代史研究所民国文献丛刊
责任编辑	潘　鸣
出版发行	中华书局
	(北京市丰台区太平桥西里 38 号　100073)
	http://www.zhbc.com.cn
	E-mail:zhbc@zhbc.com.cn
印　　刷	北京市白帆印务有限公司
版　　次	2015 年 6 月北京第 1 版
	2015 年 6 月北京第 1 次印刷
规　　格	开本/920×1250 毫米　1/32
	印张 15¼　插页 2　字数 280 千字
印　　数	1-4000 册
国际书号	ISBN 978-7-101-10836-1
定　　价	59.00 元

出版说明

　　文献史料是认识和研究历史的基础，民国史研究自不例外。为了给民国史研究者和爱好者提供史料利用上的便利，我局与中国社会科学院近代史研究所等学术机构合作，推出"民国文献丛刊"。

　　"民国文献丛刊"首批图书中，经台北传记文学出版社授权，列入了原属"传记文学丛书"和"传记文学丛刊"的一些作品，包括《刘汝明回忆录》、《银河忆往》、《逝者如斯集》、《颜惠庆自传》等十九种。

　　由于作品产生的时代背景和作者个人的政治立场的影响，一些作品中存在着比较明显的时代局限和政治色彩，一些个人视角的描述与评论，难免有不符合事实之处，反映了特定历史时期各派政治势力和社会组织之间错综复杂的关系。我们除了作必要的技术处理外，基本保留了作品原貌。希望各位读者在阅读和研究的过程中，着眼于其文献价值，辨析真伪，而获得本真的历史事实。

中华书局编辑部
二〇一四年七月

颜惠庆先生遗影之一

颜惠庆先生遗影之二

様坐收覧久未接函为念近由　周老伯处得

坐近况多佳栭坐在銀行服務渠可向銀行

商量接濟款項以股票作抵或免出售以筹

忩棣生想仍念書棣墨巴仍在工廠此間一切

祖安余庇教育文化方面工作藉娛晩年外

祖母巳於前月仙逝安葬於静安寺公墓

不致覌当救援伊市雲生乐在沪教書在沪

親友甚多颜不寂寞前發数函尚未接後

姑母暨諸叔均老此間近好

夫

父字胃四日

1948

颜惠庆先生遗墨之一

撰見收覽茲有撰当元瑞（盛府娓親）前

住美國入Syracuse 大學到紐約時為弟妥為

料附名單（英文）

父手熊 七又五二日

今日赴青川底返沪苏欧

颜惠庆先生遗墨之二

颜氏昆仲合影（自左至右）：七弟连庆、六弟福庆、表弟曹云祥、四弟德庆、三弟惠庆、五弟明庆。
（长兄锡庆、二兄志庆时已故世）

一九三三年中国出席国际联盟代表团合影（前排自左至右）：钱泰、罗忠诒、顾维钧、颜惠庆、郭泰祺、颜德庆、徐淑希、胡世泽

一九三三年颜氏奉使苏联，向该国元首加尼林（左）呈递国书后摄影。（中为苏联人民外交委员会副委员长加拉罕）

颜氏出使苏联（右二），与同船赴莫斯科之影星胡蝶（右）及京剧名伶梅兰芳（右三）合影

目录

顾序/1

译者引言/1

弁言/1

第一章　童年回忆（一八七七——一八九五）/1

第二章　留学经历（一八九五——一九〇〇）/27

第三章　教学生活（一九〇一——一九〇七）/49

第四章　参赞使节（一九〇八——一九〇九）/65

第五章　观政京师（一九一〇——一九一一）/79

第六章　辛亥鼎革（一九一二——一九一三）/102

第七章　出使欧洲（一九一三——一九一九）/121

第八章　入阁参政（一九二〇——一九二二）/161

第九章　暂卸仔肩（一九二二——一九二三）/185

第十章　都门万象（一九二三——一九二七）/200

第十一章　移家天津（一九二八——一九三一）/243

第十二章　出席国联（一九三二——一九三三）/251

第十三章　出使苏联（一九三三——一九三五）/287

第十四章　重返苏京（一九三五——一九三六）/309

第十五章　救死扶伤（一九三六——一九三八）/333

第十六章　四度游美（一九三九）/341

第十七章　香港羁旅（一九三九——一九四二）/361

后记/399

译后语　姚崧龄/423

附录

　　读姚译颜惠庆英文自传感言　张忠绂/426

　　评估《颜惠庆自传》中译与英著之价值　浦薛凤/436

　　我的外祖父颜永京牧师　曹舒丽安/445

　　颜永京先生事略　谢洪赉　遗著/454

顾　序

　　颜骏人先生的自传，重要而具趣味。所谓趣味，实缘传中记述其本人的家世、教育，及担任教师、译员、记者、外交官、国务员，乃至服务社会的种种经历，无不详尽生动，引人入胜。他在自传的弁言里，提到过去我国达官，及出使大员尝有日记，或回忆录之刊布。其实除少数例外，所记多属日常宾客酬应细节。对当时发生之重要事故，偶有注录，亦无非东鳞西爪。至于一般政要、武人、学者之传记，多系身后由门生故旧所纂辑，对传主生平事迹，往往不获作周密而客观的状述。

　　至我认为颜传重要者，不仅因其叙述本人经历详尽，实以所记一切，关系我国现代历史之重要阶段。在他享寿七十三年的过程中，尤其后半生的五十年，攸关我国国运的重大事件，层出不穷。简括言之，初则有甲午中日之战，继则欧洲列强向我国纷索租借地，造成在华势力范围，引起瓜分全国的危险。康梁戊戌变法失败之后，发生庚子义和团排外之乱，招致史无前例，条件严酷的《辛丑条约》，结果赔偿各国军费白银四亿五千万两。按照当时汇率计算，不下美金七亿五千万元。正当颜先生壮年，日俄竟在我国领土满洲境内发动战争。不久辛亥革命，推倒满清。一九一五年（民国四年），日本攻占胶澳，旋向我国提出"二十一条"要求，终以最后通牒迫我承认。一九一七年（民国六年），复辟失败后，美国诱导我国参加世界第一次大战，战后我国向凡尔赛和平会议吁请对于山东问题，公平裁决。既无结果，乃有一九二一至一九二二年间，华盛顿会议之召集。其时国内军阀构衅，内战频仍；国民党内部亦常起分裂，演成武汉与南京两政权之对峙。迨北伐完成，国民政府始正式奠都南京。无何而日本突犯沈阳，侵占东北各省，树立伪满洲国。同时共产党"骚扰"长江流域各省，虽经政府迭次围剿，迄难肃清。日本复乘机制造卢沟桥事变，向华中、华南推进侵略。第二次世界大战在欧洲发动后，继以日军偷袭珍珠港。我国与美国介入作战，于是有中美、中英废除在华治外法权协议之签订，而《莫斯科宣言》亦遂默认中国为四强之一。开罗会议中，蒋委员长复与罗斯福总统，及邱吉尔首相共同决定日本全面投降条件，日本寻亦无条件投降，我国因之光复台湾与澎湖群岛。不幸共党"叛变"，国民政府戡乱失败，终于放弃大陆，播迁台湾。

上述关系我国存亡的一连串大事，均系在自传作者有生之年，次第发生。此一目录，虽难称完备，然已足指出此一大时代，对于颜先生毕生事业，无论在国内秉政，或在海外折冲，殆相终始。

除有关政治与外交之大事外，举凡涉及我国社会习俗之革新，文化教育之推进，生活范畴之改良，一切具有久远效果的社会运动，又无不与颜先生之全部事业，发生关联。诸如天足运动，禁烟运动，兴办男女学校，遣送青年出国留学，与夫十九、二十世纪之交，敷设电报、电话，建筑铁路，及民国以后兴修汽车公路等，项目繁多，不胜枚举。至于西式婚礼，与社交仪节，在沿海口岸大城普遍采行；新闻报纸，时有增加；舆论报导，传播迅捷；定期刊物之发行，民众人会之组织，集体示威之游行，尤以青年学生参加热烈，均为过去绝无，而今则变成极其平常之现象。

凡此具有远致之革新运动，无论对国人的积习，或外表，乃至对政治上所产生的一切剧激变化，颜先生盖不仅居于旁观地位，实属置身局中参预活动的人物。

第一次世界大战结束后，他归自欧洲任所，在留住北京之数年中，国内南北分立，互相攻伐；而北洋军阀，派系倾轧，复迭起内哄。兵连祸接，几于每年或每二年，必有内战一次。国民党内部亦复如此。颜先生不属于任何派系，其宿愿惟在效力祖国，尽忠民族。故虽置身于如此复杂错综的政治环境之中，中立不倚，常被征召参加政府，或领导组阁。因之身任阁揆及外交总长者数次，且一度担任农商总长。

他在政海中，显然成功。究其主因，不外具备知人与接人的特出本领。对于一般有学识并怀抱大志的政客，尤能了解他们所受教育，与所积经验之背景。由于他本人纯洁超然，而其服务国家之精神毅力，贯注充沛，故所发生之影响至大至久。

我之所以能作如此评骘者，固缘他任阁员或阁揆期间，与之数度同寅，过从甚密，相知尤深。实则早在五十年前，彼此业经认识。当一九〇〇年，他由美国维基尼亚大学毕业返国，经卜舫济院长邀任上海圣约翰书院教授时，我适在该院肄业，曾在他所授英文翻译班上受教。一九一二年（民国元年）春，我辞卸袁总统与唐总理的英文秘书兼职，返抵上海后，颜先生正任外交部次长，特电约我充任总长的秘书。我因于是年夏间，回京接受新职。当时部务既多由他一人主持，而我亦几于每日必与之相见。不久他出使欧洲，我亦驻节华府，寻任凡尔赛和会出席代表。除此数年外，彼此均在北京政府服务，过往接触，鲜有中断。

回思过去，每遇外交上发生严重问题时，我辄与之商讨研究。彼此观点，往往不谋而合，令人愉快。此或由于教育背景相同，故对牵涉我国运命，而足以构成世界主要因素之綦重外交关系，彼此看法完全一致。

作者在自传中，有关列强侵越我国主权及领土完整的记录，颇多启迪。在我国境内，除订约各国之人民得享受领事裁判权及治外法权外，尚有前节指出之租借地与势力范围等项。至于侵犯我国行政权之事实，尤难列举。缘于过去曾与英、法两国交换通牒，致我国邮政、海关两行政之主管人员，须由法籍与英籍人士分别充任。颜先生在自传中，曾经特别而有趣地提到首任总税务司之赫德，及继任之安格联。二人均隶英籍。关于安格联之罢免，在我国外交史上，当时显属创例。此案经过，不妨予以补充，借明原委。

彼时我适任国务总理，与内阁同僚咸一本宪法所赋予政府与总统的职权，作为施政的根据。一九二八年（民国十七年），正值安格联回英休假，而政府亟须筹措巨款，以应要需，决定以奥国庚子赔款项下余额，指供担保，在市场发行公债。此事在手续上，需要安氏来京办理。彼之休假期限，既已届满，我因嘱税务处督办去电饬其克期来京，无庸在广州、汉口逗留。盖当时南方革命政府已在武汉成立。关于税务处经过，颜先生在自传中亦曾提及，乃系清末唐绍仪先生为节制海关总税务司而设者。经过多日，伦敦迄无回音，因嘱税务督办再电催促，仍无结果。税务督办只得以私人名义径电相催。安氏随即复称迅将离英返华。数日后，报纸揭载安氏已抵香港，取道广州，而汉口，而上海。似此藐视政府命令，公然访问与北京合法政府敌对的革命政权中心，实属携贰。

根据内阁决议，我即颁布命令，免除安氏职务，并训令税务督办转饬总税务司公署之主任秘书英人易纨士暂行代理。

税务督办对此一决议，虽不反对，然显示疑惧，深虑势将引起外交后果。嗣即向我报告易氏对于代理安氏遗职一节，颇为踌躇。我当即嘱彼不妨暂行兼摄总税务司职务，以便同时物色英籍适当人选。惟彼终恐与英国驻京公使发生外交纠纷，竟然自动辞职。政府遂明令税务处会办黄开文继任。

英国驻京公使对于此案的反应，确属迅捷。据报彼于当晚即在使馆内召集与《辛丑条约》有关的各国公使会谈。翌晨彼等齐集外交部请谒。当我与各使相见于部内大客厅时，英使首先示意美使代表全体发言。嗣见对方迟疑，只好径向兼任外交总长的我质询罢免安格联的理由。我因询彼以何种身份提出此一问题。据称系以英皇陛下政府的代表资格后，我立即告以既然如此，此事涉及我国内政，碍难作答。彼于是改称系以持有用关税担保之中国公债券的英国债权人代表资格发问。我告以安氏违抗政府命令，故被免职。岂知英使竟然问道"违抗命令"（Insubordination）作何解释。我告以此一字义，曾在英国史课堂内，学自英籍教师，相信贵使对于此字意义的了解，必不亚于本部长。他正感尴尬，盼望同僚援手之际，我起立表示尚有来宾坐候请见，必须告辞。嗣易纨士终于接管总税务司职务，当然系出自伦敦的指示。而此案遂亦告结束。

此一事件，不过涉及政府内部行政，本不应引起外界注意。不期竟至掀起我们银行界的惊惶。在政府公报公布罢免安格联命令之清晨，银行公会会长特来官邸请见，称有要公相商。他说罢免安格联一举"最为不智",并述公会接到由商务金融中心之上海来电,纷纷报告我国公债市场紊乱不安的严重情形。他要求知道他所谓"最为不智"的政府措施,理由安在。并问政府对于此一不智之举所造成之后果,将何以善其后。我当即告以政府的举措,事先确经深思熟虑,对于可能招致的后果,亦筹有妥善对策。他仍复强调声言,倘现政府无能应付彼所谓不智之举所引起的恶果时,当政诸人最好引咎辞职,让别人出来组阁,另谋补救。当时我正告彼实已逾越礼貌范围,失态殊甚。只好端茶送客。

我希望而且相信颜先生自传的读者,对于在上节缕述政府的非常措施,不致认为超出"序言"(Preface)的谨饬尺度。而于自传作者记录罢免安格联的经过,加以补充,谅亦符合颜先生所持的理由。盖其本人认为此一事件,在尽力维护我国主权与尊严的历史上,意义显然重要而具趣味。

然而颜先生自传的价值,及所具的趣味,方面正多。他出使柏林、丹京、华府、日内瓦、莫斯科,前后多年。星轺所经,遍及全欧。公余之暇,历访名都,不仅寻幽探胜,登山乐水,而对于西方各国人民之生活习俗,政治之兴替,外交之得失,靡不悉心考究。观感所得,辄加注录。

序文就此作结,惟望所述未尝逾矩。实则颜先生才华轶群,对于社交、教育、美术、人道、政治、外交,与夫国际问题各方面,无论学问上、兴趣上,均极广博而浓厚。且明于知人，而观察锐敏。天赋如此，用能在政海中，迭膺艰巨，应付裕如。此种独特材具之表现，充满于本书各章之中。凡有机会读本书者，对于本书之欣赏，谅必不亚于不佞。

嘉定　顾维钧　一九七三、二、十七。

右序言，系顾少川先生读颜惠庆先生自传英文原稿后，以英文所撰，题作Preface。由颜朴生先生转托代为译成中文。兹谨按照原文，逐字逐句，予以直译，力求不失原文面目，同时仍期读者易于了解。译文曾经顾先生校订。

姚崧龄　附注　一九七三、五、一。

译者引言

颜骏人（惠庆）先生（1877—1950），一九五〇年病逝上海。《纽约时报》讣告栏称所撰英文自传 *My Life*，行将刊布。惟迄今未见发表。最近访知原稿尚存其哲嗣朴生先生手中。因与洽商，不妨译为中文，先由《传记文学》杂志分期登载，以便将来出版专书。经获同意，并嘱参预移译之役。查原稿共分十七章，译为中文，可能有三十万字。叙述一生经历，止于民国三十一年，至为详尽。骏人先生扬历中外，逾三十年，为我国外交界耆宿。凡所注录，率关国史，自应使之早日问世，以广流传。今谨照原著直译，力求信达，不遑藻饰。译文中，用（　）符号标志之处，系著者原注。用〔　〕之处，乃译者补注。

译者谨识　一九七〇年十一月二十五日

弁　言

　　自传之作，我国旧时，绝无仅有。至于行述、事略、别传、年谱之类，恒出于逝者亲戚故旧之追记。年谱按照岁月，记录个人生平事迹，间有自订之例。近世名人日记，或已刊布，或仍留写本，颇为时所重。李文忠公鸿章，一代伟人，所遗奏议书牍底稿，盈筐满箧，经人汇编收入《李文忠公全集》行世，不下百余卷。其一生事功，具备于是。前清派使各国大臣，多系翰苑出身。虽不习外国语文，然星轺所止，见闻所及，靡不按日记录。积久成篇，内容亦复可观。晚近我国外交人员，能将经验阅历，形之文字，以示国人，并贻后进，俾资考镜，且存史实者，尚不多见。良为可惜。

　　不佞对一生经历，未尝认为有录存之价值。惟个人遇合，颇异寻常。且生当新旧续绝之交，凡所经涉，关系一代故实。纵所述或详或略，未始不可补各家记载之漏误。至叙个人生活状况，家庭背景，教育历程，乃至供职政府，如何进身，如何引退，于役海外，如何折冲，如何酬酢，又莫不可凭以瞻世运之递嬗，窥风气之变迁。矧涉世既久，接触加多，时以余暇，服务社会，参预文教工作，推动慈善事业，亦复得心应手，广增阅历。

外国读者，对于本书内容，难免嫌其琐碎平凡。惟对不习西方情形之国人，不如此，不足以助其领会，启其兴致。既属自传，"我"字频用，势所必然，读者谅之。

三十年来，每日身经目击之事，无不于当晚摘要注录。遇有情节重大，或充满趣味者，复不厌缕述。在官期间，一切计划之裁决，文告之发布，总统命令之副署，复杂错综，咸有官书可征。如必须探寻原委，详叙本末，期成信史，势将穷搜档卷，遍查邸报，计非积年累月不为功。区区撰述，多凭追忆。所幸记忆力尚强，故记事着重纲领，而捐细节，谓之"节略"可尔。囿于环境，难得参考书籍。惟《三水梁燕孙先生年谱》启我回忆不少，颇资攻错。缘彼此出入政地，时间前后，极为接近。北京关税会议，中国代表团通电，即系根据梁谱所载全文，译入英文。辛亥清帝退位诏书，亦复如此，徐淑希教授所辑《中国外交史》，尤以关于国联处理满洲问题一章，益我良多。复承徐博士，华德领事（Consul Robert Ward），及彼得夫人（Mrs. Petro）代寻各种附录，情殊可感。关于希芯拉谈话之词句，则系摘自饶尔氏（Raoul de Roussy de Sales）所辑《我的新秩序》（*My New Order*）一书中。

自传中不免牵涉时贤，各人姓名，直书不讳。纵加评骘，悉有事实根据。溢美溢恶，极力避免。私人生活，罔有论列。

关于列强对华政策及其态度，书中颇事批评，措辞不免严峻，然皆基于实在情形。绝无排外心理，或私人成见，夹杂其间。至于国人及一般舆论，对于某某国家，显示亲善，而对于某某国家，深表厌恶，理由至为单纯正确。盖在历史上，凡与我国往来最早最久之国家，侵略我国最力。冲突既多，积怨特深。如此情形，何能博取国人好感。若夫邦交素笃，而其国民理想崇高，其文物制度，又多足供我国取法，自将赞佩之不暇。私人交往，日久尚易嫌怨丛生。国与国之间，岂能异是。所幸世界观念，日臻开明，民主国家，对于我国内情，人民素质，了解加深，态度愈趋友善。此种情谊，应加珍惜，庶益知所以自处处人。

一般读者，对于拙著，至希不吝指正。尤盼国内青年一辈，能于书中发现我国对内对外，处境困难之症结，戮力同心，革故鼎新，日跻国家于富强康乐之域，曷胜祈祷。

颜惠庆　一九四六，上海

第一章　童年回忆
（一八七七——一八九五）

清光绪三年丁丑，即西历一八七七年四月二日，我出生于上海虹口。父亲讳永京，系基督教牧师，母亲戚氏。在兄弟五人中，我行四。老家住在蓬路，系一排三楼三底石库门，普通住宅之一，当时认为新式。

我的祖父，早年因避内乱，由闽迁沪。承同乡的帮助，遂定居上海。在他逝世前，育有二子一女。

我的父亲和叔父，均曾肄业于上海美国教会学堂。后皆赴美深造，先后毕业于美国俄亥俄州甘比尔镇之建阳学院（Kenyon College, Gambier, Ohio）。他们旅美时，咸承毕德尔主教（Bishop Bedell）照管。父亲当时英文姓名作Ngan Yung King，系按照上海方音拼读。回国后，始改照国语拼作Yen。父亲和我的大哥，均系建阳学院希腊字母ADP兄弟会的会员。关于我们兄弟和幼妹的英文命名，全含有纪念父亲美国老友的意义。我的华名为惠庆Weiching，英文作Williams，系采自曾任中日主教维廉斯先生的姓氏。季弟德庆，英文名Strong，则系采用父亲建阳同学好友司徒朗先生的姓氏。妹妹庆莲，英文名Julia，系为纪念毕德尔夫人。父亲留美时，正值美国南北战争，多承他们夫妇尽心照料。

咸丰十一年辛酉，即一八六一年，父亲由美返国。初则投身商界，嗣乃加入上海租界工部局任秘书。因对教会工作深感兴趣，特加入"主日学堂"，担任会外教师。由于主教的启迪与鼓励，父亲遂决意终身从事宣教。于接受"圣职"后，先后在上海和武昌任牧师有年。我出世前，已由武昌返回上海，担任圣约翰书院院长。数年之后，辞去院长职务，专任虹口圣公会救主堂教区牧师（Rector）。他在当时教会的国人牧师中，资深望重，实为曾受新式教育的杰出人物，建阳学院因特颁给名誉硕士学位，以示荣宠。他任神学教授，造就了不少学生，后来均分任教堂执事，或牧师。

父亲热心公益，对于外人欺压同胞，不讲公理的情事，辄仗义纠正。不时参加"上海文学辩论会"，舌战西人。或在英文报纸，撰文指摘租界当局对于华人之歧视。诸如上海外滩公园不准国人入内憩息，工部局参议会，不设华董名额等，均经据理力争之后，获得相当解决。同时联合朋友，成立华人游息公园，以示抵制。

他尝翻译不少重要西籍。英儒斯宾塞的名著《教育论》，即其中之一。他在上海同仁医院（St. Luke's Hospital）教授学生的生理学时，曾将赫胥黎的生理学华文译本，详加订正，几等于重新另写。他对于一八八〇年代被撤回的游美学生，处境困难，曾不断予以提携协助，致群奉为一时祭酒。外国教会，及来华观光人士抵达上海，靡不趋候请益。教会内外，遇有疑难问题，辄向其征求解决方案。他在大会中，每有发抒，咸获重视。

在一八九〇年代，长江上下游，仇教风炽。因而引起各方对于教会活动的注视。各国政府对于中国当道，则不断提出惩治仇教民众，及地方官吏保护不周的种种要求，和索取对于教士、教会生命财产损失的赔偿。因此通商口岸的洋商与教会人士积不相能。此则多半基于个人或团体的利害冲突。上海英文报纸遂不免时常登载诋毁教会活动的隐名通信。内中有署名"一个华人"的来信，对于教会攻击最力。细按信中的笔调及所显露的才气，不难指出执笔人为谁。教会中当然亦有不少人撰文反驳。内中最具分量的答复，应推父亲用"另一华人"署名的通信。

父亲博闻强识。在当时，我们家中所藏的英文书籍相当丰富，当然大部分系关于神学的。他平时喜欢散步。星期日由梵王渡圣约翰书院赴虹口百老汇路救主堂讲道时，约有十五华里的路程，则自驾双轮马车来回。此在彼时，殊为新颖。他终身保持在美国所养成的习惯。我们家中的家具、陈设、布置等等，多少西化。饮食则中西参半。因此我们兄弟在餐桌上，自幼习于分食，对于菜肴的传递伺应，完全欧式。我们家中各人，从来不服中药，此则缘于父母均深信科学化的西医。

父亲服务教会，薪金收入微薄。如继续供职于企业机关，所得自然比较丰富。因为担负我们兄弟数人的教育费用，家用不得不力求节约。父亲尝说："将来我不会有任何财富留给你们，但必尽力使你们全可受到最好的教育。"

他给予所辖教区教友的一切帮助，证实他确是一位擅长经营的能手。教友们常常向他请教有关家庭的一切问题，或委托他代为营运他们的储蓄。因此他不仅是他们灵魂的领导者，也是他们物质的忠实顾问。由美返国后，他恢复着中装。他能独出心裁，对于中装，有许多改良。例如衣领内，缀一条白色衬领；袖口里，加一副白布衬袖。将宽长碍事的袖筒，改短改窄。凡此种种，具见意匠。他又尝请中国画师，将基督的寓言故事，诸如"十贞女"、"浪子"、"贤牧童"等，依照中国人物的式样，用水彩绘出，使本国观众印象深切。他对于科学仪器，如望远镜、显微镜、摄影机等，颇具偏爱。他的朋友们也常常托他代向美国函购。为此既可引起一般人对于科学和新发明的兴趣，故他亦乐于效劳。当时正值中国政府延聘教会人士在江南制造局翻译馆翻译西书，并制订中文科学名词，和兴办兵工学堂。同时上海公共租界内，成立格致书院，经常举行科学演讲，启发中国士子。父亲对于该院各种活动，极为重视，时加赞助。曾在院内用幻灯演映百余张五彩影片，讲述环游世界盛况，备受听众欢迎。

他一向热望他的子女能有机会看见现代的各种新发明和新事物。他曾带领我们游览中国与美国的军舰，参观美国朋友在上海所办的最早造纸厂，和规模不大的自来水公司等。每逢马戏班到上海献技，或遇上海业余英语剧团出演，我们总是购票入场，参预其盛。

父亲对吸食鸦片的恶习，深恶痛绝。对于鸦片的贩卖，其愤懑，可谓达于极点。英国"禁烟会"知道他反对鸦片的种种活动，于一八九〇年代，特邀请他前往英国各地旅行演讲。他的旅程，包括英格兰和苏格兰各大城市。结果引起英国公正人士对于鸦片贸易毒化中国，违背公理人道的反感。此行颇有成就。虽进展迟缓，然终于促使英国议院承认鸦片贸易，在道义上无法回护。一九一一年五月八日（宣统三年四月初十日），中英政府因之签订《禁烟条件》（Sino-British Opium Agreement）。他由英返国，取道美洲，在纽约获晤毕德尔夫人，极感欢快。缘早年在甘比尔镇建阳学院时，毕夫人视之实同亲生。

我们的母亲姓戚，系上海对岸浦东人氏。曾在上海西门美国教会所办女塾肄业。与父亲订婚后，父亲送她往香港补习英文一年，颇多进步。她是一位典型的中国贤母。抚育子女，无微不至。我们的粗浅国文和英文，全是由她启蒙的。她对父亲的传教工作，给予不少的协助。尤以在中国人生活上，礼尚往来方面，最为显著。由于她具有凝重的品格，和深厚的同情心，她竟成为教会里，美国妇女们的忠实顾问。举凡家庭细故，或个人隐秘，莫不常向她诉说曲衷。除料理一个子女相当众多的大家庭外，还须周旋于若干并非富有的教友群中，良非易事。她最擅长说服雇佣们皈依基督，尤以对于女仆为甚。她经常教他们写、读罗马字的中文拼音；领导她们参加合家的祈祷。子女们先后离家出洋游学，无疑地使她的母爱，深受创伤。但由于她的充分明智，和毫无自私的观念，从来不加阻挠。在父亲辞世后的一年，她也相继仙逝。两老归天，我和季弟均远在海外，未得亲视含殓。

父母对于我们的衣着，无论质料、颜色、剪裁，均极严格。在我们十六岁之前，不许皮袍或皮坎肩上身。平时衣服，总是棉织品；丝绸纵然价廉，亦不许服用。裁剪方面，不尚时髦。紧凑贴身，窄细袖筒，沿边镶滚，均所不取。颜色则限于藏青与深暗一类。不特取其朴素无华，亦以其不易龌龊。为使长衫随时可以配合我等正在成长的身裁，总是将新制的长衫，在腰部打一横褶，以便随时放长。惟放开部分，颜色总不与全衫调和，至不雅观。此种欠缺美感的成衣技术，往往使我们难于忍受。然而这正是父母不愿童稚的我们，流入奢侈、邪僻、柔懦，种种不良习惯的用心。我们自幼即已深深印入勤俭成家的道理。秽语骂人，几属我国通病。我们家中，则绝对禁止。

谎骗欺懑，我们认为罪大恶极。至于参加礼拜，则属天经地义。每一星期日，多至两次。此则对于当时童稚的我们，殊觉索然寡味，黯淡之极。然而我们终于养成了一种习惯，久而久之，且成为一种好的习惯。后来我在国外各处，为好奇起见，往往参加当地教堂的礼拜，总不下百余次。不特可以鉴赏教堂的伟丽建筑，且可获得数刻的暂时静宁，享受一些悦耳的音乐。至于富有教训的"讲道"，更不用说了。

我们惟一的姑母，出嫁与一位南方监理会的曹牧师。他曾留学美国，好像是在田纳西州（Tennessee）。他的英文名字唤作"马夏尔"（Marshall），是一个心广体胖的"伟"人。他的工作虽在苏州，但时常来往上海我家。靠他自修和实习的经验，他曾在教会医院里行医。美国南北战争时，他以美国公民的身份，被编入南方的"同盟军"（Confederate Army）。因此我想起父亲的一位朋友吴牧师，当一八六〇年代，在美国也被编入北方的"联邦军"（Union Army）。他受了三个月军训之后，即被遣散，取得美国公民资格。一八九〇年代，我们的曹氏姑丈，重游美国，穿上中国长袍，住在纽约市一家旅馆里。一个美国人在旅馆大厅内，向他半开玩笑的打招呼："喂，约翰！"（无知的美国人对华侨的称呼，多少有轻侮之意。）我的姑丈当将长袖挽起，大声说道："认错便罢！否则可要对你不起。"对方眼见姑丈不同等闲，不可随意戏弄，只得立刻道歉。

在虹口我们家的附近，住着一位经营煤业的宁波富商，其人姓项。他的女婿是一名秀才。除自己用功,准备乡试外,在家设帐授徒。我和季弟便拜他为启蒙老师,开始读些中国旧书。学生多系邻舍子弟和项家的亲戚,内中还有一个女生。我们初次入塾,均向老师伏地叩头。每月初一日和十五日,入塾时,并须向至圣先师孔子牌位前,鞠躬致敬。教授法,不出老套。我们初则背诵《三字经》,继为《百家姓》、《千字文》和《孝经》等。每天并须练习写字。("敬惜字纸"的观念,从此深深印入我的脑海:凡写有文字的纸张,即不得随意弃掷地上,或作不清洁的使用。个人、家庭或"惜字会",均备有筐、篓置挂沿街,以便存贮废弃的字纸,集中火化。人们认为读书人践蹋字纸,将来入场考试,冥冥中将遭受落第的惩罚。此种迷信,原意无非对于一般文盲,提高识字的价值。)我们的老师,十分严厉。学生背诵不熟时,见着他,十分头痛。年长的学生,每日必须将所读的书,次日尽量背出,页数也真不少。我确记得,有一天一个学生背书不出,老师竟然用手指拧他的耳朵。倘若学生犯了严重的过错,或不知用功,老师总用戒尺打他的手心。这是常有的事。虽然老师的教法陈旧,也许违反现代教育理论的原则,但他总是一位诚恳认真的师傅,不厌不倦的向我们灌输了一些初步的中国语文知识。

江湾镇有一条小河,每值端午节,龙舟竞渡,便成了上海仕女的游观胜地。我们的叔父,家住该镇,担任镇上教堂的掌教。童年时代的我们,不断前往游玩。虹口地方,虽然筑有马路，建有新式房屋，一切不免俗恶。我们一群儿童，总喜欢去南市城里玩耍。当地城隍庙，荷花池中心的茶楼，连接着九曲石桥，以及近边的私家花园，无一不引人入胜，足供留恋。尽管我们生长在华洋杂处、半西式的上海，但对于我国固有的优越文物，和静宁的环境，总是由衷的珍视。

一八八〇年代，父亲担任圣约翰书院的院长，全家曾由虹口迁住梵王渡书院所建的新宅。建筑完全西式，楼上楼下各有三个轩敞的房间。厨房、役室、车马间，全在正房后面。前面有小园一畦，中植柿树两株，每年结柿子百余枚，甘芳适口。花圃、草坪等，布置亦颇悦目。宅之四周，照例筑有围墙，前辟大门，相当宏壮。当时尚无自来水、电灯、煤气等设备。给水供应，则取自附近的苏州河，或院内水井。各室置有煤油灯，足够光亮。我等则对于一座美式学生站灯，备受诱惑。玻璃灯罩系安放在直杆之前，可以上下移动。旁置油壶，灯芯为管状棉绳。灯罩上覆以绿色遮光，尤觉新奇。

书院住宅区，有几户美国家庭。他们联合延聘一位美国保姆，除教导美国儿童外，我也是学生之一。这位保姆，后来回美结婚，她的儿子据说成了好莱坞的电影明星。书院的一位美国女教师，对我颇表好感。在她所编的初级英文读本中，特为写了一句："惠庆有一只可爱的母鸡！"（Weiching has a nice hen!）

书院当时的英文和科学水准，均不甚高。一般学生对于新的课程，且颇反对。不少学生，学习英文，缘于曾经接受膏火津贴的鼓励。总之，很少人能等到读完四年的英文和数学，没有不去海关或电报局谋事的。英文教师除英美人外，多系由美国回来的留学生。因此令人想到一八八〇年代，容闳博士率领前往美国的一百二十名青年。他们回国后，很难寻得合适的工作。有几位便暂时加入圣约翰，担任教职（月薪三十两）。直俟找到待遇较优的政府或企业方面的位职，方始离去。过去他们住在美国新英格兰各州，可说完全美化了。记忆所及，且举几件事为例。先说棒球罢。大约在五十年前，他们当中的九位，曾与美国驻华兵船上的球队在上海跑马厅举行比赛一次。我还记得，他们的首席垒手，是一个瘦高长臂的青年。他们为了此次球戏比赛，特别订制新的制服。表演还够精彩，结果为"二对二"，打了一个平手。另外一次，在上海兰心戏院（Lyceum Theater），举行四人合唱，当然是美国歌曲。他们的歌喉，响亮优越。我在幼年时，曾参加过他们内中一位的结婚喜宴。当时的新郎，是后来两位名医的父亲〔似系牛尚周，两个名医便是牛惠霖与牛惠生〕。当时他们一群同学，在新房里引吭高歌，声震屋瓦。

还有一些关于他们的趣闻值得一提。一位钟某"Money"Chung〔应为钟文耀〕，在耶鲁大学时，系竞渡队队员。与哈佛比赛划船时，他充任舵手，大获全胜。他在校内，人缘很好，被选入DKE兄弟会。在某次招待哈佛竞渡队队员席上，一位哈佛队员对于华人意存轻视，竟说："钟某也是耶鲁队员，岂非奇闻！但我始终记不起，曾经看见过他呀！？"钟氏应声答道："你当然不会瞧见我呀！我的船老早划过你的前面了！"他们之中，还有一位，革命前适任我国驻柏林公使〔按系梁诚〕。他驻柏林时，一位大学教授出身的美国驻德大使，知道他曾经留学美国，特意邀请他参观棒球比赛。宾主入座后，比赛开始。这位主人为表示招待殷勤，尽量向他解说球队各员的任务，及球戏的精妙道理。最后且说："亲爱的同寅，希望你对于这次球戏的进展，可以领会而发生兴趣罢！"主人得到的答复是："亲爱的大使，但是你的解释，有一部分，不免错误。你知道我曾任'安多屋'棒球队的'投手'，有两年呀！"〔安多屋（Andover）系美东有名的"预备学校"。〕

在我童年时期见过的美国教会人物，我尚记得当时的一位主教。他颇受人敬爱。但他一口不清不楚的中国话，讲起道来，我们听了简直莫名其妙。还有一位副主教，骑着一部有高坐位、宽踏脚板的自行车，时上时下，常常使得路上行人，见了奇异。他是一位毫无定见的好好先生。当时教会里，有一个三人常务委员会。父亲是其中委员之一。遇有问题发生，须在委员会中讨论时，父亲往往于开会前，先行和他交换意见。每每两人已经一切同意，但临到开委员会时，他忽然变卦，转而赞成第三位委员的意见。还有一位教士，后来升任驻日主教，对于书院住宅区的儿童，最是友好。庆祝耶诞时，总是由他扮演圣诞老人。有时他向我们表演拳术击技，或幻术戏法，成为我们最欣赏的脚色。

耶稣圣诞，经常是我们儿童的愉快季节。家中依照美国习俗，设置点有蜡烛的圣诞树。树下摆满父母和亲友们送给我们的礼物。大家总是诚虔的相互祝福一番。美国朋友送给我们的书籍，往往使人读得津津有味。我们也尝学着写信申谢。拜领书籍时，信上总说："不仅读时，引人入胜；读后获益，尤复不浅！"

我们喜欢各种户内游戏。父亲擅长西洋跳棋，不时指导我们。将英文字母写在小纸块上，混合起来，各人随意拈取，比赛拼字，也是晚间消遣乐事之一，同时也增进了我们对英文字汇的认识。扎糊风筝，和放纸鸢，更增乐趣。所扎的风筝，与人一般高，飞升腾空时，引线须要数人合挽，始免脱逸。夜间在粗线上，还挂着一串灯笼，与风筝同达高空，灯光闪烁，允为奇观。各种美式体育竞技传入中国，可以说是教会对我国重要贡献之一。圣约翰书院实得风气之先，享受此项育乐最早。我们小时，尝模仿练习一种简单的棒球：既无手套，也无面罩，更缺其他配备。在不合尺寸的球场上，使用自制的线团小球，和临时拾得的棒棍，多少按照棒球戏的规则，便也玩个痛快。其间最感兴趣的，乃是将球乘机掷中跑员，使他落伍。有一次，正在快跑中，我的颧颧突被一球击中，来势过猛，竟然使我失去知觉达数分钟之久。同玩伴侣，不免惊惶。

有如一般中国人家，我们也饲养各种小动物，如鸽、金丝鸟，以及白毛小鼠之类。小白鼠能在铁丝编成的圆圈内表演踏车。还有一只可爱的白色鬈毛小狗，名唤"雪球"。不幸被一位外国人的双轮马车压毙，使得我们心里十分难过。各种能鸣的昆虫，如用以泡药酒，和能决斗的蟋蟀，曾费了我们不少的光阴，前去捕捉和喂养他们。每个春天，我们开始养蚕了。等到作茧时，在饭碗口上，蒙上一层薄纸，让他们在上面吐丝，可以成为一张一张的圆形丝绵。

我们将来的大嫂，住在我们家中时，常常向我们述说一些中国历史上的传奇故事，令人百听不厌。诸如"薛仁贵征东"、"罗通扫北"、"三国演义"、"精忠说岳传"之类，她讲来有声有色，使我们也听得津津有味。

书院的东南角，有一小村，其中有一个主要农户，兼营一间小店，主人姓朱名棠。他的住宅和菜园，紧贴院墙。院方几次向他商购，以便圈作院址，他始终拒绝。其实他的小店，出售糖果，也曾赚过学生们不少的铜钿。村公所便在他的住宅附近。每当秋收之后，村公所前，便即搭盖起一座临时戏台，映演"皮影子"戏，以娱村众。戏台之前，挂着白色纸幕，幕后燃着菜油灯数盏。皮制雕像（将人物等彩绘于薄羊皮上，浸入油中，使之透明，然后按照画纹刻出形状。支以细竹竿，置于灯前，紧附纸幕之后，由导演人随意拨弄，不见竿影和手影。）的导演人，和乐器伴奏人，均坐在灯后。雕像动作时，配上对白或歌曲,便同普通演戏一般。皮制雕像,除男女人物外,车、船、轿、马、房屋、桥梁等,色色俱备。务使表演逼真。伴奏音乐,曲调和谐,亦颇悦耳。表演往往延至深夜,这对于儿童们,得非稀有的享乐? 我们回家,不免也用纸板剪成各种人物,将方凳倒置,权当戏台,围上白纸,算是影幕,便如法表演一番,结果很感满意。还有值得一提的是:此种皮影子戏班,早成绝技,日趋稀少。正当表演时,往往引起邻村前来"拉夫",以便移往该村演出。本村与邻村间因之发生斗争,外来村众中,如有长臂大汉,能伸手将纸幕揭走,则全班导演员和音乐队,应于次晚在该村献技。本地村众,为应付非常起见,当表演时,不免提高警觉,严加戒备,以防外来偷袭。

一八八○年代的后期,大哥由美归国,在书院里,曾轰动一时。当天父亲赶进城内等候,迨他到家时,已届傍晚。但是院内成群的学生,聚集在我们住宅的走廊前鹄候,咸欲一瞻他的风采。他在建阳学院时,系歌咏团团员,且擅弹"吉他"(Guitar)。他有唱不完的各种"校歌",曲调往往十分动人。他带回一部自行车,看去和上述副主教的一部〔Velocipede, or "Boneshaker"〕,更为奇特。巨型车轮之后,有一很小的车轮〔the ordinary〕。他常常于月明之夜,偕同他的未婚妻,照美国的情调,在院内散步,表示亲热。当时许多人颇不以此为然。他们的婚礼,在颜氏家中,算是一件空前大事。新娘并非喜轿抬来,乃是自己由家中楼上步行而下,这还不够稀奇吗？她的头上，也不曾顶着一方红绸的盖头帕！他们结婚的仪式，是基督教型的。客人"闹房"，和向新娘戏谑的旧习，是不受欢迎的。这些粗陋的举动，不免使父亲见了恶心。

二哥由美国纽约法学院毕业回国时，已是一八九〇年代的早期。他先在英国苏舍克斯（Sussex）的私立预备学校（Public School）肄业。因感觉学校生活太苦（参阅*Tom Brown's School Days*）〔该书系一八五七年Thomas Hughes所作，描述在Rugby预备学校，所受高级生侮弄低级生的经过（Hazing）〕，特转学纽约，在哥伦比亚学院注册。当他将近毕业时，发生法学院学生退学之事，他只好转入一所新成立的法学院毕业。父亲对于他不能在哥伦比亚大学法学院毕业，引为遗憾。但他能在另一学院取得文凭，亦算差强人意。

纽约卜舫济牧师（Rev. Dr. F. L. Hawks Pott）之来，对于圣约翰书院的历史，实辟一划时代的新纪元。父亲当时，年事日高，对于院务，早思摆脱，回复他的传教工作。兹由春秋正富，尚系独身的卜君接替，深庆付托得人，正可安心退职。卜君充满热忱与毅力，毕生尽瘁教务，终于使学院成为名实相符的健全大学。他除在课堂授课，和在教坛说教之外，对于学生一切，发生由衷的兴趣。每届星期六晚，轮流邀约各班学生，到他的单身住宅欢叙，并教给他们一些有意义的美国户内游艺。在此种毫无拘束的场合中，他不仅得以会晤一般青年，更因此而赢得他们对他的信心和敬爱。学生们对于此种富有意味的茶话会，莫不引领企盼早日参加。他本人曾留了发辫，穿上中国的长袍马褂，往内地住了一年，学习中国语言俗尚。他也曾耗费了不少心血，改良教堂里礼拜时的歌咏。由于一位黄女士的帮助，并组织了一个很成功的圣诗班。这位黄女士，原系附近圣玛琍女塾的主持人。每星期，我们圣诗班的班友，在卜宅举行练习时，即由她操琴伴唱。因此卜、黄之间，久而久之，发生了爱情。终于有情人成为眷属。圣诗班的朋友，无意中变成中美联姻的"月老"，时常引以自豪。卜夫人对于她的夫君底一生工作，贡献极多。她逝世后，卜先生悼亡之情，时溢言表。

学唱外国乐谱的圣诗，和赞美歌曲，对于儿童们，确属不容易的工作。虽由于卜先生夫妇的循循善导，然而我们却也尽了最大的努力。为了确知我们人人真正能唱，有时特拣选一人或二人独唱，或合唱。如此，既然不能滥竽假混，这岂不令人惶恐么？圣玛琍的女生们，坐在礼拜堂里的"耳部"（Transept），为的是使坐在"中部"（Nave）的男生们，看不见她们的"尊容"。但她们的歌声，是听得到的。她们在圣诗团的表现，却也出众。由于教堂逐渐采用"崇古派"的仪式（High Church Ritual）［父亲属"革新派"（Low Church）］，于是礼拜仪注，日趋繁复，增加不少彩色。

虹口百老汇路的救主堂，是一所哥德式的老建筑。前有高塔，塔之顶层，悬挂巨钟。由阶梯爬上露天塔顶，眺瞰全市，这对于我们一般儿童，往往得到不少刺激。塔的高度，距地不下七十余英尺。在当时的建筑中，确是十分崇高。教堂内，除了一架有踏脚板的大型风琴，和圣坛后面的着色玻璃窗户外，一切均极简单朴质。长排座椅的靠背和坐垫，系用藤心编织，相当舒适。传说某次举行英语礼拜时，一位美国水手喝得半醉，竟在舒适的坐椅上酣然入梦。在他睡熟之前，牧师业已开讲。半小时后，一觉醒来，牧师正在讲得起劲，他竟不惜侮慢会众，向牧师破口大叫："还不停着，糊涂东西！"

父亲因为教堂里没有"过厅"，特在进门空地建筑一间小屋，作为候客室，并作等候领洗的教徒们会集之所。同时礼拜堂内的前半，用幔帐隔开，以便教友们在彼可以交际接谈。我特别记得父亲某次在该处讲述"进化论"要点，听众实闻所未闻，咸获深刻印象。

父亲既属"上海文学辩论会"中的惟一华人会员，为欲使容闳博士前所带往美国留学、现被撤回的一批学生，也组织同样的会社。因于某晚邀约他们中的二十余位，特来家中商讨组织进行。但是这一类"高致的玩意"，引不起他们的兴趣，此后便也再不提起。

母亲对于西方音乐，深感兴趣，坚持我们兄弟中，须有两人学习钢琴，因之我们在两位混血种女士之下，学习了两三年之久。女教师总是坐在我们身旁，注视我们练习。我们常常被迫弹奏简单熟习的调子，以博取客人的称赞，这还不够难以为情么？她们运用这点狡狯，所得到的结果，不独使我们自己高兴表演，同时习惯我后来在教堂里，举行礼拜或祈祷时，有勇气担任风琴师。

每当"海员教会"借用救主堂举行礼拜时，英国牧师因缺乏风琴师，便来求助于我。我十六岁时曾替他们服务约有一年多。圣诗班内，是一群混血儿童，全披白色袈裟。讲道和唱歌，全用英文。风琴有踏脚板，我当然不惯使用。偶尔不小心，误踏之后，便会发出不协调的高音。此则由于风琴后面，系由工人用一吸筒式的把手，不断打气，有时正当歌唱之际，工人忽然睡着，无法将彼唤醒，或者他打的气不够，音调忽然变低，有如萎顿了的花朵一般。在我既须紧跟音乐，又要顾到英文的歌词，相当不易。有时琴声不应停而停，应停而不停！然而这位牧师，原系卸职的船长，对于我担任的名誉职务，却很满意。每星期四，收到他的通知，提示下一星期日应奏赞美歌曲的名目时，信封上面总是写着："送呈颜惠庆先生台启"字样，往往使我感觉异常得意。

我们在城里时，就读于英国教会所办的英华学塾，学长是一位玩"板球"（Cricketer）的好手。我和弟弟的程度，均高过全班。选给我们的读物，包括巴莱氏的《通史》（Peter Parley's General History）和《普通科学》。此外还有算学，后来再加代数。一两年后，教师表示不能继续教导我们。因专教两人，不免太费时间。我们于是转入另一英人所办的同文书院，继续修读赫胥黎所著的《生理学》和格林所编的《英国简史》的原本（Huxley's Physiology and Green's Short History of England）。此外还有数学、翻译，及作文等课程。不久教师觉得已没有再多的教材可供我们的进修，我们又只好暂时退学。当时我正预备出洋深造，父亲遂亲自为我补习代数与拉丁文两科。我们兄弟所受的教育，大部分系得自父亲。特别关于数学方面，他最有心得。他曾向我们说过，在他由美国回国的海程中，尝帮助船上职员测算航行方向。由于具有丰富的数学和天文学的知识，他在工作表现上，颇为优越。他发觉我们对于代数与几何的问题演习，不够迅速，因此常于晚间特加指导。当时父亲的老友吴牧师有一个儿子，适毕业建阳学院，得着"理学士"的头衔，由美返国，正无工作。因此特聘请他担任我们的私人教师，为时一年。我与季弟既然决定出洋留学，父亲很明智的决定我们于出国之前，应费一年光阴，专研中国经史。在一位有秀才功名的老学究指导之下，我们每日费六小时，攻读中国古籍和作文与习字。证以老师提议：我不必出洋，应即参加朝廷科举考试，进入仕途一点，我自信进步甚速。他并指导我作"八股文"和"试帖诗"，以便先应科考。但父亲坚决反对。〔所谓"八股文"，乃一种文章写作格式。全篇包含八段，即："起"、"承"两股（Definition），"转"一股（Introduction），"合"、"铺"、"叙"、"过"四股（Development），及"结"一股（Conclusion）〕。

在我们十来岁左右，常常浏览父亲书房里所藏的各种书籍、杂志。《拍克》（*Puck*）〔英国发行的小品滑稽文和有插图的杂志〕，《判官》（*Judge*）〔美国发行的通俗文艺杂志〕，《儿童杂志》（*St. Nicholas*）〔美国发行〕等，着实引起我们童年的阅读快乐，启迪了我们不少的智识。等到我逐渐长成，英文程度随之增进。《哈白尔》月刊（*Harper Monthly*）〔美国发行的普通论文杂志〕，《论坛》（*Forum*）〔美国发行的专题讨论杂志〕等，便继续导致我们发生求知的兴趣和欲望。我们曾读过托尔斯泰的短篇故事和《我的宗教》（*My Religion*）。也读了不少迭更司（Dickens），夏柯莱（Thackery），和司可特（Scott）诸人的有名小说。《贼史》（*Oliver Twist*）读后，令人凄戚；而《凄凉之宅》（*Bleak House*），翻阅数次，迄未终卷，令人难以欣赏。至于郎穆朴（Lamb）的《莎氏乐府本事》，读后，殊觉趣味横生。至于他的另一本书中，涉及中国"烧猪"的故事，突梯滑稽，离奇可笑。《回头看》（*Looking Backward*）〔美人 Edward Bellamy 著〕，描述一个虚幻怪诞的世界。然而今日的世界，由于各种科学的发明与发现，一切进步，早已超过作者的梦想。麦考莱的《英国史》（Thomas Babington Macaulay's History of England），所述十八世纪的英国伦敦，与我国今日城市的情况，并无不同。书房里，尚有爱狄生（Joseph Addison）的全集；诗集中，米尔敦（John Milton）当然占了重要地位。我对外国人的诗词，向不注意，既不易理解，更难说到欣赏。曾记得常时查阅英人理雅各（James

Legge）所译的中国经书，借以帮助了解当时中文教师讲解不清楚的一些书上字句。哲学部门，有一部斯宾塞（Herbert Spencer）全集，实在超出我们当时的阅读能力和范围。此外还有不少讲道说教的名著，包括布鲁克斯牧师（Phillips Brooks）的著作在内。

我们幼年时，曾经读过所能找到的中国说部。大多历史上名将与剑侠的伟迹，也有关于言情的传奇，多数不外"公子落难，小姐多情，后花园私订终身"一类的陈旧故事。新闻杂志一类的定期刊物，当时罕见。每月出版三次的石印画报，递到家中，常常使我们儿童得着愉快的满足。

我们幼年的光阴，可说是在无忧无虑的快乐中度过。然而也遭遇到两次不幸的近亲骨肉变故。第一个是我的三哥，十四岁时，患脑膜炎夭折。他在兄弟行中，最为聪颖文秀，他的数学成绩，最使父亲满意。他对于习题的解答，既迅速，又正确。他死后葬在虹口我家坟地内，祖父的墓旁。另一期丧，是叔父病殁于上海美国教会同仁医院。他逝世时，尚在中年。

我们幼时，常去同仁医院参观，院内附设医师训练班。当然一切简单粗浅。每日下午，开诊施医，来院就诊病人，不下百余。主要药剂，共有三种。经过男护士向病家略为问话后，外伤则涂以碘酒，腹疼则饮以舍利盐，发烧则令吞服奎宁丸。美国医生常在手术室工作，我们无从知其内容。院内病房，总是住满病人。在诊断施药之前，病人坐候时，即静听宣讲福音。今日回忆当年情事，能不令人感觉过去古老的教会办法，竟然如此奇特古怪吗？

当我们成童时，父亲常带着我们旅行长江和沿海各口岸。他认为旅行对于我们深为有益。游镇江时，正值当地举行城隍爷出巡：有抬阁，有高跷，有人将沉重的香炉用铁钩钩在胳臂的肉上，悬空着走路，算是"还愿"。当时美国驻镇江领事馆的副领事，由华人充任，兼办文书，是容闳博士带往美国的留学生之一。他招待我们，十分周到。顺路，我们游了芜湖。当地中国轮船招商局的经理，是父亲的朋友，曾留学美国。他的西式舢板，用四名水手驾驰，带着我们到小河对岸的庙内野餐。还有一次，父亲带我和季弟前往天津，探望在北方铁路局任秘书的大哥。天津是直隶总督衙门所在地，闻名的李鸿章正在当权，煊赫一时。在他的左右，有不少"奇才异能"之士。这个大省会，不少游美、游英、游法的中国留学生在他属下服务。最知名的有伍廷芳、罗丰禄、郑乃琛、马叔眉和许多后来成名的外交界人物。

我国的家族观念最深。凡属同姓，咸认为同宗，且有卷帙浩繁的谱牒，可供考查。虽分散各地，相去千里，如属同族，其名字即不难在族谱上寻出。凡系同一族系之人，其谱名必有一字相同，一见即知彼此关系如何。谱名通常采用有连贯意义的十六个字，作为十六代子孙公共命名之用。每代公用一字，周而复始，递衍流传。文字多采自经传，含有孝友、和乐、蕃衍的美意。祖父自幼流寓上海，对于先世宗亲情形，已不记忆。父亲成家立业后，想到此等问题，特回福建原籍，访询本家情况。我在十一岁时，曾随侍到过福州。当时我们寄住在一位富裕的基督教友家中。他系一间百货商店的老板，曾经报捐了一个五品衔的蓝色顶戴。他与当地官场，颇多往来。外国教士对他，亦颇尊敬。这不仅因为他对福州英华书院捐过上万的巨款，实由于他在地方上是一位足资表率的人物。他每日在家中举行祈祷，并邀客人同时参加。我不过一个幼童，也被临时请了领导祈祷。他的恳切坚持，使我难于为情，终于嗫嚅的说了几句，勉渡难关。父亲经过月余探询，始终打听不出我家的来历。惟此行经过，备极愉快。

我们在福州，曾趋访附近的名胜鼓山，庙宇壮丽，有僧众五百。寺院内有大钟一座，钟声日夜按时自鸣。此缘有轮轴与钟椎联接，车轮周围，系上水桶一串，旁有水沟，水注桶中，车轮旋转，推动钟椎，击钟发声，结构颇为巧妙。教会人士，多在山上建筑平房，以资避暑。山中多虎，谣传夜间如由屋内百叶窗户缝隙向外窥视，不难看见双目闪烁的"山大王"。

由福州复转往沿海边的厦门，留住于父亲的老友家中，约一周之久。他是海关的高级职员，住宅临海，一半建在海滩上，一半则用木桩支持。海潮涨时，下面见水。对面美丽的小岛鼓浪屿，已经辟为公共租界。在抗战期间，似始终属于"自由区"。在五十年前，该岛布置，已臻完美，好似公园。反观厦门市内，窄街曲巷，污秽龌龊，蓬户颓垣，充斥郊区。父亲和我，曾在附近徘徊访询，有无颜姓人家。我国颜氏，本属稀姓。我们的远祖，相传系复圣颜子，乃至圣孔子的得意门人，家住山东曲阜。复圣后人，曾受封为兖国复圣公。在一九二〇年代，我寓北京时，一位颜子直系后人，承袭复圣公爵的，前来见访。大约数百年前，颜氏一支，南迁福建与广东两省，我家一房，遂定居厦门。我们在厦门终于找着几户姓颜的人家。然亦无人能正确记忆有何族人，于太平战乱前后，由厦门移居上海。同时发现这些人中，不少染有鸦片烟瘾，和其他不良嗜好。父亲为人严肃正直，颇不愿与这般堕落分子发生关系。我们此行，竟一无成就。惟一可以自慰的，我们本支，人丁兴旺，建立新家庭，已历三代，且祖父母邱墓，既在上海，似应就地生根，继续努力，以光门祚。

在我童年的许多特殊经验中，当首数充任英文教师。和我家相识的一位女士，与英人结婚后，办了一所日校，招收学生三十余人学习英文。一年夏天，她拟往日本度假，但不愿学校停顿，因商请我为之代庖一月。第一天代课时，学生见我年轻（学生长我十岁的很多），遂决计对我的能力，有所考验。他们的英文程度，也并不太高明，仅读过第四册课本。有一学生，走近讲台，出示纸条上写好的一个单字，请我解释。在他认为我一定不识此字，想借此证明我的浅薄。这个单字是Forget-me-not。我含笑的向他说："怪事，这样平常的字，你还不认识么？这是一种花的名字呀。"从此之后，课堂里毫无麻烦。他们对我十分尊敬。

　　天下事，不少巧合。人与人之间的深切关系，往往发生在一些偶然的机遇里。出乎意料的事，真有实例为证。一天下午，我正待离开所代课的学校，迎面来了一位体面的人。近前自我介绍，说是某德国洋行的买办，打算物色一位私人的英文老师，请我带他去见校长。我将当时情形告知后，他对我不免加以考量，随即聘我承乏。我也就立予接受，于每日下午，学校代课完毕后，即往附近他的家中，教授一小时。一个月后，他向我说："总督李鸿章的孙子住在此间，正学英文，你愿意每天下午，教我之后，再去教他，如何？"当时我便即欣然承诺。数月之后，我赴李宅，与李生父子晚餐，每晚教到十时为止。李生的父亲是一位翰林公。这便是我与煊赫一时的李氏家庭发生关系之始。到我决计出洋留学时，我推荐我的大哥接替。他们当然同意。李家不久移居扬州，自设家塾，仍约大哥前往任教。学生中有一位系北京大老的侄孙〔大老似系孙家鼐，侄孙可能是孙章甫〕。他的长兄，思想进步，有意介绍西方工业到中国。后来我在美国维金尼亚州读书时，他约我的大哥同来美国游历，并向密洼克（Milwaukee）一家工厂采购机器，在上海建置了中国第一家新式的面粉厂〔似为阜丰面粉公司〕。

　　为时不长的中日战争，结果我国战败，签订了辱国条约。

不久之后，我即赴美国。彼时上海中英文报纸，对于北方战况，报导迅速详尽。我还记得，江苏省当道，为防备日本袭击，虽亦采取警戒措施，然而民间，仍然相安如常，若无其事，毫不惊扰。此与最近抗日战争，人人振奋，敌忾同仇，景象迥然不同。足见民族意识，与爱国心，在我国已经滋长发扬，根深蒂固了。

第二章　留学经历
（一八九五——一九〇〇）

　　父亲环游世界归来，我们留学的手续，已准备就绪。发辫业经剪去，不用再剃头了。只须到附近的日本理发馆理发。向虹口最巧的西装裁缝订制的洋服穿了并不合身。裁剪和式样也不入时。到美国后，悉被弃置。当时国人很少穿西装，对于式样与是否合身，毫不讲究。就是裁缝，也不理会。关于西装的其他配备，亦是如此。内衣尺寸，虽系按照身体度量，然后缝制，但穿了仍不合身。至于衬衫、硬领、领带之属，更不必谈了。

　　我系与驻华内地会的教友，结伴同行。先经伦敦，再转美洲。绕道原因，由于上海直航美国西岸的轮船，只有头等舱与统舱两种。而大英轮船公司P. and O.的邮船，驰经苏彝士运河，则宣称有舒适的二等舱设备。同时正拟借此长途旅行，多见世面。我于光绪二十一年乙未，即一八九五年十月某日，拜别双亲，开始远征。父亲送我上船，眼看启碇。母亲则留在家中，暗地流泪。不料生离，竟成死别。从此不能再见椿萱慈颜，抱恨终天！

由上海至香港一段海程，风恶浪巨，深感晕船之苦，颇悔不该有此一行。切盼到香港之后，返棹回家。但船抵港埠，精神立即复原，忘却一切苦楚。当地景色和人物，均富诱惑力。虽停留不久，但对于"跑马地"之游，迄能追忆。至经星加坡，所得印象，不过溽热侵人，蚊虫肆虐。此外沿途，一切平平，无足追记。惟将到马赛时，又遇暴风，船身震荡剧烈。饭厅内用器，损毁极多，旅客倍感不适。关于马赛风光，直至一九三九年重游该地，始回忆到昔日所见的庞大喷水塔，依然峙立。经直布罗陀，入比斯卡海湾，以至伦敦，风涛汹涌，不免再感辛苦。此则由于我等未在马赛登陆，改乘火车，缩短旅程。

在伦敦逗留一月，值得追忆的事很多。我寄住在当地"中国内地会"宿舍里，曾趋候父亲的许多朋友。宿舍内住有一位上海美国教会的女士。彼此介绍认识后，相偕游览伦敦全市。靠着地图的指示，认明隧道电车和公共大车的路线。所费不多，对于城内城外名胜，竟得畅所欲游。中午则在路旁餐馆，进些便食，亦颇满意。除去华贵的大戏院和荡费的娱乐场所外，较远的地方，搭乘三等火车来往，也参观了不少值得一去的地方。

在城内拜访一位英国进口商人。他是父亲的相识，约我到他家中晚饭。遇见他的一位二十来岁的儿子。我当时所得的甚深印象，乃是这位青年，和城内其他的青年，莫不头上戴着一顶玄色缎制高桶大礼帽（Top hat）。甚至学堂的小学生也不例外。我看见街头往来的一些堂皇马车，御者高高坐在车顶前面，颇生羡慕，可惜没有机会乘坐一次。

经由内地会宿舍职员的介绍，结识了一位要到美国的客人，便和他同搭美国轮船公司"圣保罗"号轮船的二等舱，离英赴美。时值岁末的十二月，大西洋上，正是惊涛骇浪的季节。我所犯的晕船病，竟是有生以来最厉害的一次。约有一周之久，不能起床，也难于进食。就在此次旅途中，遗失了一件宝贵的纪念品，那是父母临别所赠的一付金质袖扣。

到了纽约码头，早有卜舫济牧师的尊翁卜老先生前来接船。他是一家圣经印刷店的重要合伙人。彼时出国旅行，护照一类的证件，并无专管机关颁发。我的留学护照，系上海道署所出的一纸中文公函，申叙我系赴美留学而已。公函用笺的边上，仅由美国驻沪总领事，用墨水笔签字证明，加盖官章。纽约海关人员验着该项文件时，口称不识华文，认为一切无效。并说按照移民法，华工入境，须具备第六款所规定之证书。卜老先生当即指出美国总领事既经签证，而来人实系青年学生，并非工人。年老的关员听后，一面搔首，一面喃喃自语："手续不合，手续不合。"但终于让我登岸无阻。在纽约与卜老先生盘桓数日后，由他的小儿子带我搭乘马拖街车，横穿纽市，送我上了开往华府的火车。再由华府经过半小时的车程，到了亚力山大市（Alexandria）。于是改坐马车，终于到达我要进的圣公会中学（The Episcopal High School）。该校距亚力山大市约三英里之遥。至此，我的旅程，告一段落。计由上海出发，迄今，历时二月有半。这在我的少年时期，可算得一桩冒险的行动。

学校建筑在一座萧瑟迎风的山丘上。寒冬冷夜，倍觉凄凉。当时所有的主要建筑物，包括下列各项：一所四层楼的红砖大校舍，校长住宅即附在前面；尼格题馆（Liggett Hall），系供交际集会之用；范尔佛克馆（The Fairfax）和黑津馆（The Blackford）仅是两座木屋，系两个敌对的文学辩论会的会所；健身房，好似一所大仓库；此外的房屋，则为教师宿舍。还有一幅广阔的足球场，绕以跑道。学校邻近，有一所神学院。每届星期日，学生即往该院礼拜堂，同作礼拜。主要大校舍的底层，为学生膳厅，厅旁也有两三间课堂。二楼为大会厅，有时兼作授课之所，旁边也有教室数间。三楼和四楼，经隔成若干小间，便是学生寝室。每间里，除一桌一椅外，有面盆水桶，以供盥洗之用。全部建筑，虽有暖气设备，惟三、四两层，在隆冬时，仍感寒冷。而晨间盥洗用水，更觉冰凉透骨。昼间，学生不许留在寝室。如有必要须入室时，应由班长伴往。班长由学校于高年级生中指派。上下楼，只有一处木制扶梯。火警出口，置有铁杆，由三楼窗口，直达地面。会餐时，同学们多沿铁杆滑下，可以节省一两分钟的扶梯步行。每值周末，开放仅有的数间浴室，以供学生轮流沐浴。但热水往往不敷分配。最不方便之处，为大楼内并无厕所设备。同学们须走到近边树林旁的木棚内方便。每届冬令，积雪满地，最感痛苦，而以寒夜为甚。总而言之，学校生活，十分刻苦，颇具斯巴达人的作风。惟同学们安而行之，毫不为意，且群认为富有乐趣。

我到校时，正当耶诞假期。除少数家住塔克萨什等州远地的同学留校外，多数均已回家。留校各人，则移住学生调养室内。该室系在一所木材建筑的底层，楼上系教师宿舍。当时适过足球季节不久，同学蓄留的长发，所谓"足球发"（Foot-Ball Hair），迄未剪短，看去殊不顺眼，颇形粗野。假期中，学校管理松弛，留校学生，不免放纵。饮酒越矩之事，在所不免。但开学后，全体学生返校，一切正常，与我预期，尚相符合。

我一年有半的住校生活，均在愉快气氛中度过。我被选入黑津文学会。每星期六晚，在会所内局门集会（美人似习于保密）。我在会中，参加各种演说和辩论比赛，并被选任书记一年，享受该会一切权利。第二年被校方派充班长，并任学校月刊编辑。

学校历任校长，均称贤能。现任校长布纳福博士（Dr. Blackford），是一位学养兼优之士。他兼授"基督教的证验"

一课（The Evidence of Christianity），并主持每晨祈祷。每星期一早晨，例有时事汇报，述说一周来世界大事。学生暗中尊称他为"老顽固"（Old Bar）。在他的富有意义的一些指教中，他总劝人参加主日礼拜，尤以旅行外国时，最为有益。他说这正足表现一个人之有无教养。

教数学的霍尔博士（Dr. Hall），好像是医科出身；教现代语文的阮德福先生（Mr. Randolph），和教演说兼体育的芮德先生（Mr. Willoughby Reade），我全领教过。芮德先生的教授法最好。在霍尔先生名下，我曾学习代数、几何与三角。在第二年，当我参加数学的金牌比赛时，竟以半分之差，被一位米西希比州的同班学友将金牌夺去。阮德福先生教我德文，芮德先生教我修辞和演说，我均获益不少。我后来一生的重要工作，常须当众发言。而芮德先生确曾训练我，无论在国内，或海外，代表我的政府，我的国家，侃侃而谈，发抒说论，毫不惧怯。直到一九四〇年一月，我重返母校，还看见他康健如常，照旧任教，使我欣忭无似。

布纳福校长夫妇，对于学生，备极慈惠，其余教师夫妇，莫不皆然。每逢星期六，我们一群，便到他们各家访候，因之彼此益加熟习。我第一次访候他们时，在座之人，不免询及种种有关我国风俗人情。他们对我所述一切，不时发出狂笑的喝采声，使我感到惊惶。我曾提到旧时中国人订婚与结婚，系奉父母之命，媒妁之言；甚至有指腹为婚之事。他们听罢，哄堂大笑，认为婴孩尚未出世，父母如何能预知其为男为女！

学生群认为布纳福博士乃系亲英人物。竟有人说他反对美国革命。不过每年夏天，他总去英国一行。对于英国一切，皆具好感。总之学生们对于他的国家观念，多不赞同。当美西战争发动时，学生的情绪，热烈激昂。有人认为布纳福博士对于美西冲突的观察，显有成见，殊为偏颇。在某一星期一谈论时局时，一个冒失鬼的学生，忽然起立，高声嚷道："同学们，请三呼'门罗主义'万岁！"在我未加考虑之前，也随众起立，尽力奋呼。"老顽固"由眼镜里凝视我们几眼，从容的说道："好，好，每人着记过十次！"

学校附近并无商店，只在校舍里有一小摊，可以买到姜汁汽水、口香糖之类。在学校大门外空地，有一间地道的乡村小杂货铺，出售蔬果食品。如需大批采购，必须搭乘公共大车，先到亚力山大市，再改乘火车或市外电车，至华府办理。有时可以步行到山脚神学院车站，直搭当地火车。交通既如此复杂，通常也就很少人愿意出门。

因有朋友在公使馆，我不时亦往华府，且可就便享受一顿中国饭菜。我国公使馆，早先是在华府第十四街，后来迁入第十五街与Q街之间一所比较像样的住宅里。原任钦差杨子通（儒）先生，调驻圣彼得堡后，由伍秩庸（廷芳）先生接任。前任各位钦差，均不擅英语，伍先生用他的流畅英语到各处演说，曾引起各方热烈注意。在参赞、随员之中，我记得有胡惟德先生，后来是我在外务部的上司；周自齐先生、钟文耀先生，主任翻译官；和施家兄弟（施家大哥〔肇曾〕，后来任纽约领事；弟弟〔肇基〕正在中心中学肄业）。施肇基先生时常担任杨钦使夫人出外交际时的译员。所有馆员，当时均着华服，并蓄长辫，各人颇感不便。每到晚间，多易西装，将发辫藏入衣领之内，以便外出。彼时在公园里，骑自行车往来，最为普通。惟馆员因穿长袍，多骑女用自行车。华府为美国首善之区，居民习于礼貌，且知系中国使馆职员，故亦司空见惯，不以为怪。但在其他城市，则不免少见多怪。馆员中，时有着华丽、鲜艳的绸缎长袍短褂，或坎肩出外者，市民赞赏之余，群以"公主"相呼，错认其为女性也。馆员中，既多不解英语之人，对于我与季弟到馆访谒，最表欢迎。盖可陪同彼等出游，或赴戏园，或参观博物馆，甚至参加宴会交际，为之担任义务翻译，或导游。

学校伙食，固难苛求，然大体尚属满意。新出炉的面包卷，拓上牛油，玉米面的小饼、麦面的烘饼等等与新鲜牛奶和烤鸡，均极可口。下午一时半的中餐，菜肴相当丰富。晚餐则比较简单。星期日晚餐，例如姜味薄饼，以供点心。惟同学多不喜食，往往携出，抛掷于校舍屋顶之上。会餐时，教师分坐于各桌主位，与学生自由谈话。进食时，彼此谦让，膳厅空气，融融怡怡，彬彬有礼。每餐主菜，多属肉类，似少鱼鲜，但常有蛤蜊浓汤。至于水果，必须自购，苹果最为普通。膳厅侍者，悉为黑人。

各种运动，非我所长。第一年曾试习美式足球。但以动作粗鲁，且本人体重不够，只好作罢。有时在跑道上快跑一圈，或作棒球之戏。冬天可在小池塘上滑冰，惟始终不甚得法。每值午后课暇，散步往往占去不少时光。继则练习网球，颇见进步。黑津文学会有一小型图书馆，内置报纸数种。为略知国内消息，经常翻阅《巴提慕尔太阳报》（*Baltimore Sun*）。该报报导国际新闻，比较详尽。且为参加辩论和作文比赛，对于报张，尤须博览。

同学既多来自南方，对于北人，态度不尽友善。群呼北人为"洋客"（Yankee）。然亦并不含有诋毁之意。美西战争之后，南北感情，已臻融洽。南方人所推崇之英雄，在历史上，无有逾于李将军者（General Robert E. Lee）。此外当推绰号"一堵石墙"的吉克孙将军（General Thomas Jonathan Jackson）。

经常有人问我，来美为何选择"圣公会中学"。前章我已说过关于卜舫济牧师与黄女士结合的经过。黄女士的父亲，是我父亲的朋友。他的儿子〔似为黄佐廷〕，在我之前，已来美留学，嗣经卜牧师的父亲介绍，转入此校。且以地点适中，费用不大，而黄君在校，成绩复优，升入维金尼亚大学，毫无困难。因此父亲决意送我兄弟二人来此。父亲究竟为我们留学支出若干金钱，我不甚清楚。但除因系牧师子弟，学费可以减收外，每年费用，不计暑期在内，总在三百美元之谱。

留学期间，父亲按时寄给我们的手谕，从不间断。最可惜的是我们当时年少，未能将各函逐件保存。等到我们成人自立，对于父亲的生活内容，无法得着比较详细的了解。童年时所得的印象，相当肤浅。今后自也无法能对于双亲的行谊，获得深刻的认识。这实在是绝大的憾事。在学校时，常常收到家中寄来包裹，内有中国各种食物，诸如荔枝干、糖食之类，分饷同学，备受欢迎。至于皮蛋的色和味，均非彼等所习惯，故无法享受。

一八九六年，李中堂（鸿章）到了纽约。上面所说的施家大哥，正在纽约任领事官，约我去见李氏。所有驻美的中国官员，均齐集纽约欢迎他。我国驻古巴哈瓦那的总领事官也来了。他是一个标准型的中国贵官，雍容尔雅，态度谦和，惟不谙英语。他请我担任他的临时舌人。这位总领事官，衣着都丽，头戴黑缎瓜皮小帽，帽上钉着一颗很大的珍珠和一方耀目的翡翠。举止动作，不失贵胄风度。我们一同参观了许多有名的地方，驰名的珠宝店"蒂丰莱"（Tiffany）便是其中之一。该店经理出示一枚有名的大钻石，只是颜色微黄。有一次，我们坐火车旅行，对面坐着一位身穿西装，绅士模样的同胞，曾用英语与我交谈。后来始知他就是将来中华民国的国父，孙逸仙博士。

提到穿了中装在纽约街上行走的故事，我曾有一段颇不愉快的经历。这是由于陪伴一位领事馆的随员,上街参观博物馆。他不能英语,总是终日闷坐在馆内。现在见了我,特地央我带彼出外一见世面。他既无钱雇马车,只好搭乘普通街车。下车步行到博物馆时,便被一群街上顽童包围。看见这位随员所穿的全套中国服装,不免大事嘲笑,继则伸手戏弄他的长辫。我见情势不妙,只好同他脱围而出,跳上街车,返回领事馆。结果毫无所得,空惹一场烦恼。因此感到华府与纽约的居民,对于外国旅客的礼貌,迥然不同。〔现在纽约街头,奇装异服的男女随处皆是,路人已经见怪不怪矣。〕

　　纽约全体华侨,特假座德尔曼大旅馆(Delmonico's Hotel),欢宴李氏。当时我曾穿了一套借来的中国官服,前往参加,借可一瞻贵宾颜色。殊众人恭候一时之久,中堂嗣子经芳爵士匆匆降临。主人失望之余,始知贵宾临时发生意外,不能赏光,特派嗣子前来代表。事后略闻:李氏进入马车,准备赴宴时,御者不慎,骤关车门,致将其手掌夹伤。李氏在纽约时,驻节华托尔夫大旅馆,占用全楼一层,日付租金二千美元。这在当时,不算小数。我始终不克瞻仰他的风采,直到八国联军入京,他赶往北京讲和,经过上海时,始获一面。

　　第二年夏天,我在神学院山上一个美国人的家中度夏。这家有一位侄儿,是我中学和大学的前后同学,为我补习拉丁文,以备当年秋天,升入维金尼亚大学。佛州乡间的生活,颇多佳趣。我与季弟,和一位张姓同学,全感觉这三个月的光阴，消逝得太快。

在中学里，我的成绩，自信不后于人，堪称优异。毕业时曾获英文作文和辩论的金质奖章，及全能超越的奖状。我在中学肄业，虽仅一年有半，但已有资格升入佛金尼亚大学。彼时并无入学试验，全凭中学成绩。

一八九七年九月，我到达夏乐特镇（Charlotteville），住在大学附近，一位老太太所经营的学生膳宿舍内。第一学年，我独住大房一间。次年，季弟升入大学工科，与我同住。膳宿舍内，所住学生不多。楼上由房东太太的弟妇占用。后面余屋，住着她的两位侄儿。大的一位，正在大学预备博士论文。小的一位，去年毕业大学，现在镇上执行律师业务。她的弟妇，任大学里邮务局长已达二十年。她系一位同盟军将军的女儿，但她的丈夫，却是联邦军里的一名军官。尽管政局人事，时生变动，她既然跨在两派之间，任职如故，竟是一尊不倒翁。她的女儿和女婿，正在驻扎菲律滨的美军中服务，因此对于东方学生的我，常加注意。房东老太太对宿舍内各生，十分客气，说话时，极为温和。她的侄儿，不时介绍我们访晤镇上的许多人家。因此结识了不少朋友。同时发现镇上居民，在宗教方面，分为两个集团。浸礼会派与监理会派，算是一个集团。长老会派和圣公会派，另成一个集团。我们则一视同仁，不分彼此。常常被邀往各家茶叙，或参加他们的星期日晚餐。

维金尼亚大学的教育制度，颇富欧洲大陆色彩，与美国一般大学，完全不同。各部门并不正式上课。所有学科，分作七系，或八系——古代语文、现代语文、历史、经济学、自然科学、数学（包括天文学）、文学、哲学和其他科学（地质学、植物学），各成一系。学生对于各系中的每一科目，必须修满一年，方足一学分。如学生无意领取学位，只须选修本人所喜的科目，年终考试及格，发给证书，即告结束。如拟领受学士学位，必须就每一学系中，选修一门，三年之内，修毕九门，始可毕业。如拟领受硕士学位，则须于一年之内，再行选修四门，方可毕业。

第一学年，我选修德文、拉丁文与数学（平三角、球三角、解析几何）三门。德文一课，比较简单，包括文法、读本及名人文选。拉丁文教授，对于文法内的假设辞，特别注意。结果教学双方，具觉索然寡欢。为求及格，只好默守教师偏见。我在此课，读过沙拉斯特（Sallust）与莱韦（Livy）〔两人均罗马史家〕的作品，和希西洛的《演说》（Cicero's Oration）。对于此课，颇感困难。在国内，及在美国中学，均未曾立好基础。请人补习，勉强及格。经济学一课，采用瓦寇（Walker）所著教科书，比较浅近，且涉及银行、货币及理财方面。通史一课，颇感满意。该课包括上古、中古、近代三部。惟美国史，则另设一课。哲学一课，由教授自编讲义，首先讨论理则学内的演绎和归纳方法；次及心理学，但无实验。我对此课，极感兴趣。教师亦能循循诱导。讲解时，旁征博引，且富风趣，盖积多年教学经验，始克臻此。教授英国文学及写作的老师，常常在讲解时，向我发问。我相信我的成绩，尚能使他满意。他总是穿了晨礼服，配上有直条纹的裤子，官派十足，不免装腔作势。但他对于所教课程，确有心得，讲解亦极认真。物理学一课，因有各种实验，颇能引人入胜。教师系一地道的南方典型绅士，人极和蔼。至于地质学，乃读学士学位的必修课程，常须步行到校外附近，作检视岩层等田野实习，殊属乏味。

因为大学规定应修的课程，不足占用我留学"维大"的三年光阴，特地加选两门心喜的科目。一为哲学史，一为国际法与宪法。后者对于我将来从政，助益甚多。

废除课堂制，不免使大学精神涣散。学生间，彼此见面，除点头道好外，毫无联络。虽时常同坐一条长凳的人，亦互不相识。且党派林立，彼此歧视。因之随处布满一种普通认为有如英国人的"沉默"与"超然物外"底气氛。使人们在心理上，多少感到孤立。此种潜在意识，不因我系异国学生，而特别敏感。实则本国学生，亦多与我同情。虽然在足球和棒球校际竞赛时，亦尝激发同学们爱护母校光荣的热烈情绪。但事过境迁，亦遂漠然。远不如其他大学，毕业校友与学校间联络之密切也。至于医科、法科同学，一般认为颇能团结，盖彼此相处较久，故相知亦深。

我在维州乡间，担任过主日学校的教师。为时虽不甚长，却也得着不少非凡的经验。在我加入大学的基督教青年会后，觉到该会对于宗教活动,不够努力与普遍,因发动组织乡村儿童主日学校。每值星期日,与一位同学,各乘自行车,分往乡间,教授一班。在大学的礼拜堂里,每星期日早晨,均有礼拜。惟堂内不设专任牧师,只请校外名人,分别来校讲道。除天主教教徒外,新教各宗派,均所欢迎,不分畛域。很多人的讲辞,均极精辟,发人深省。听众获益既多,自动加入做礼拜的人,时见增加,且极虔诚。盖目的既在悟道,非为欣赏音乐、会晤朋友而来也。

大学月刊,系属一种课外文学活动,不易引起学生的热心支持。他们对于两个文学会的演说和辩论会等,态度亦颇冷淡。月刊编辑对于征集稿件,以充篇幅,时感困难。出席两个文学会的人,亦寥寥可数。我在月刊上,尝试投稿一次,写一个西班牙裔美国人的故事,其中情节,多半采自中国传奇。

在大学数年中,足迹所经的地方,却也不少。曾访谒过美国开国元勋杰佛生(Thomas Jefferson)的故居,"梦的舍乐"(Monticello)。有时乘马车,或自行车,遍游附近乡间的风景区,或赴"福来泉"(Fry Spring)旅馆探胜,或到邻近的中学,看望我负责照料的一位同胞中学生。至每日课余散步,总不免到镇上一行。偶尔也去镇上戏院看戏(当时尚无电影)。星期日,步行到镇上礼拜堂,参加礼拜。不论其为圣公会、长老会、监理会,或浸理会,乃至天主堂(同住宿舍的一位同学,系天主教徒),均曾去过。凡此皆属有意义的课余活动,借此调剂心身，以免远适异国，感到离群索居之苦闷。

　　大学最后一年，季弟转学"理海"（Lehigh University）。我一人独居有两个房间的小屋（与昔日中学同学二人为邻）。小屋系在一位知名人家住宅后面。这家主人系三姊妹，在镇上经营一所很大的学生膳宿舍。我在舍内，备受优待。每餐与主人同席，菜肴亦极丰富。夜间，主人之一，往往敲我的房门，送来一盘苹果，或"三明治"之类，以供宵夜，并不取值。舍内颇重交际，住宿各生，不时聚集客厅，与三位女主人闲话，有同家人一般，充满人情味，谈古说今，每多雅趣。

　　在宿舍内，还有一位年轻的女士助理，帮同主人，照料一切。对我十分周到，常一同出外散步，或相偕赴礼拜堂参加礼拜，或赴戏院看戏，保持相当友谊。回国后，仍不时通讯。我每次赴美，总去存问，畅谈往事。

　　我在大学的第一年与第二年，先后接到二哥转来父母相继辞世的噩耗。我们当然哀痛异常。惟二哥关嘱不必回家奔丧，应仍继续留美攻读，以待毕业。按照中国礼俗，人子痛遭大故，理应匍匐奔丧，回家料理葬事。但我与季弟，远在海外，去家万里，纵令奔丧赶回，葬事早毕。故决遵兄命，继续留美。当时我等年轻，似尚不能完全体会"终天之恨"的严重。

　　既系学生，且系穷学生，留美期间，当然缺乏机会，参加美国大城市豪华富丽的社交活动。除却华府与纽约等名城之外，当时一般大学生，在普通城市，所能享受的社交权利，我也并不例外。我们兄弟，每人每年的费用，不超过五百元美金。但我们住在很像样的美国家庭，而每月膳宿费用，也不过二十美元。得见他们生活的最好方面：宁静安适的温暖家庭生活；天真朴质的活泼乡村生活。公共场合中，麦金莱总统（President Mckinley）在华府的就职游行，委实给予我们很深刻的印象。多承我国公使馆同人的厚爱，使我们得到此种可遇而不可求的参观机会。

至于长期留住一地，虽不免囿于见闻，但也能使人得到不期而遇的好处。我在大学的最后一年，教务长（维大当时不设校长）很客气的将我所缴的学费退还，并说："你在本州居住很久，我们认你如同本州州民一样。"〔本州州民的子弟，可以免缴学费。〕

普通美国人，咸知美国文学家浦爱伦（Edgar Allan Poe）曾一度肄业"维大"。因此浦氏在校内，备受尊崇。文学教授极力鼓动学生多读浦氏的作品——诗文和短篇小说。即在大学之外，这位教授，也是尽量为之宣扬。

大学里，既不设校长，一切管理，遂由教务长与斋务长主持。由于大学行政，是施行委员制，这位教务长在行使职权时，不免常常遭遇困难。因此教哲学的一位老师，说过这样的一个故事："当我前往出席教务会议时，在草坪上遇见一位女士，问我何往，经告知后，这位女士说：'请求上帝陪同你去罢，我知道有魔鬼在那里呀！'"现行制度难以推动一切，实在缺乏效能。数年后，设立校长，校务从此有了显著的进步。

一九〇〇年六月，我在维金尼亚大学修满文学学士学位的课程，接受学士文凭。我是第一个中国学生，也许是第一个外国学生毕业该校。在举行毕业仪式时，博得会众不断的掌声。当时该校外国学生不多。记忆所及，似仅有一名日本和一名英国学生。关于这位英国学生，还有一段小小趣事。他在校园内散步，总是牵着一只大猎狗。在大学每排宿舍之间，有一条走道。一天他和一位美国同学在走道上散步，看见弃置在地上的一只有松紧带的旧鞋（Gaiter），美国同学指着旧鞋，信口说道"鳄鱼呀！"（Alligator）。这位英国人当然会意这是美国同学在咬文嚼字开玩笑（Pun）。次日他和另一位美国同学散步时，指着那只依然存在的旧鞋说："鳄鱼呀！"这次用的英文字是Crocodile。〔英文Alligator与Crocodile均释鳄鱼。Gaiter与Alligator押韵，Alligator与Crocodile同义，故觉有趣。译成中文，失去音韵与字义，便索然。〕

一次夏天，我和季弟在一处名"碧满地"（Piemont）的小镇消夏，住在一位乡村医生的家里。他的儿子在大学与我同学。当地圣公会教堂的牧师，又是我中学时同学的父亲。因此这个夏天，大家同游有伴，玩得十分痛快。曾经参加所有乡村里的种种活动，诸如跳舞、游泳、爬草堆、野餐、做礼拜等等，不一而足。村边附近，还住着一些英国旧家。他们全系维金尼亚州尚归英国统治时，即已落户的。他们依旧保存了不少英国人的华贵游乐：诸如骑马打猎，放狗追狐狸一类的玩意。有一位美貌的美国名门闺秀，嫁与一位艺术家的帝俄贵胄，也住在近边。乡间风物清幽，自不用说。山上遍种葡萄，早餐时，摘食犹存晨露的葡萄，甘芳鲜润，别具风味，实极享受之能事。此地惟一缺憾，苍蝇太多，扰人午觉。英文成语有："光阴飞逝"（Time flies）。因此大家常说："消磨光阴，扑杀苍蝇。"（We kill time by killing flies.）尚有值得一记的是：美国人衣着的习惯，和害羞的想法。游泳时，妇女穿上游泳的重裙，配上长筒袜，从更衣室走到游泳池时，务嘱男性回避。等到她们下水后，男性始可出现。今日之美人鱼，大部分时间，坐在水边，并不下水，令人欣赏健美，与过去妇女的害羞，心理完全不同。习俗转变，有如此者！

另一夏天，我在"青岗"（Blue Ridge）近边一个小城度假。住在夏乐特镇朋友所介绍的一位女士家中。她系出名门，交游颇广，曾经带我拜访城内许多有地位的世家。因此也目击不少美国人社交方面的成见。我的一位很能干，而豁达底同学，也住在这城里。他在大学，颇为活动，受人欢迎，曾加入好几个兄弟会，但在本乡，却被摈除于社交场合之外。原因是他家开设店铺，加入的礼拜堂，在当地的社交地位，不够高尚。这个夏天，我也玩得很高兴。城内每周皆有跳舞会（当地称为"Germans"，含有同一族系的意义）。附近的一处涌泉，系消夏胜地，我们有时乘了傲草的马车前往。在"青岗"的郊原驰骋，泃一乐也。

在该城，我尚系首次发现，美国一些人好酒贪杯的恶习。大学里的学生，向有狂饮的恶名，我总以为外界过甚其辞。当然星期六晚间，酗酒放纵的事，在所不免，然亦不过限于极少数分子。而且我深夜从不出门，不曾听到他们的喧嚷。但是此次夏天，遇见一位大家子弟，竟能由上午十时，直喝到午夜。每半小时，可尽加拿大"总会牌"威斯忌一瓶，当然也混合一些苏打水。此君旅行经验丰富，我们见面，不免谈些彼此出门所见所闻。另外一位颇有地位的人士，为了饮酒消愁——财务上的烦恼——大喝香槟。酩酊大醉之后，竟至三日三夜，人事不知。忽然间在街上乱闯，害得伺候他的黑人，追随左右，寸步难离。直待他恶梦醒来，方始罢休。

正待告别夏乐特镇之前，记起父亲过去指示，遇有机会，不妨加入"共济会"（Masonic Brotherhood）之事。因向各方面探听入会手续。恰巧大学书店的一位职员，向我说，曾经与他的朋友讨论过，他们的支部欢迎我加入为会员。于是我费了几个下午，研究"蓝青支部"（Blue Lodge）的工作，默记一切，以便受试。经过三级考试，均告及格，遂被选为正式会员。后来我并不曾与该支部联系。但在上海，曾访问驻沪支部数次。在华府时，也去过当地分部几次。似乎记得，一九〇九年，华盛顿生辰，亦曾访问过亚力山大市的支部。

毕业之后，我到华府拜访"共和联邦军人会"（The

Grand Army of The Republic）〔该会英文简称G. A. R.，系参加美国南北战争，联邦军队的退伍军人所组织，成立于一八六〇年，宗旨为向中央政府请求拨款，抚邮该军将士遗族，及资助退伍年老兵士。一九四九年解散。〕机关报的编辑。回国后，曾为该报撰稿数次。时值拳匪之乱，美国人士，对于有关中国消息，均极注意。留驻华府的数周，常到我国公使馆，帮些小忙。

留美已无必要，因决定取道加拿大，乘船返国。当时旅行，无须护照，仅由使馆秘书出一介绍公函，申明我系使馆名誉随员，沿途请予便利等语。我由"赖亚葛拉瀑布城"迈进加拿大国境，前往多伦多城（Toronto）时，加境移民局职员对我的身份，似乎不知应该如何处理。缘当时中国移民入境，例须照缴人头税。验看我的介绍信，及所持直达上海的车船联票后，终于让我径往多城。多城一切，完全英国风味，虽警察所戴头盔，亦仿英式。除了一座玮丽壮观的大教堂外，不曾瞻仰其他的大建筑物，便匆匆赶到火车站。火车驰过"威尼柏克"（Winnepeg）和"布佛"（Buff）两大城后，即抵"温哥华"埠。尚有一日从容，特乘轮渡到对岸维多利亚岛，游览闻名的大公园。迨"印度皇后"号邮船抵埠，上船之后，出乎意料的，船上司事声称，有客来访。相见之后，其人只说看我是否已经上船。此地一无亲故，何来如此关怀之人？事后恍然明白，乃系加拿大移民局派人前来查对，究竟我是否上船离境，因我未缴纳人头税也。

　　此次所乘之加拿大太平洋航线轮船,其伺应生,悉系粤人,服务周到。此后我搭乘该线轮船,尚有数次。在乘过的各国轮船中,尚未见服务精神,有能超过该船华籍各司事者。犹记一次乘坐丹麦轮船,在晚八时后,伺应人员即停止工作,欲求热水一杯,亦不可得。盖船员公会规则如此!

　　我抵上海时,为一九○○年八月某日。八国联军适于是日攻入北京〔按系八月十三日〕。大哥全家与幼妹同居上海。虽然这也算是我的家,但双亲弃养,情况毕竟不同。在我的生命进程中,志学时期,可说已告结束,进入自立阶段了。

第三章　教学生活

（一九○一——一九○七）

　　刚由美国返抵上海，我对于周围的一切事物，按照上海方言的解释，脑子里完全了然。但是不能立刻用上海方言，一一表达。这是我一生奇特经验之一。离乡别境，旅居美国五年之久，日常耳闻口说，习于英文。偶尔访问华府我国使馆，则说中国官话。使向来熟稔的上海方言，经久不用，自然生疏。去国时，尚在童年，回国时，已属成人。留学期间所获的新知识和理想，完全来自英文。在中文，如何解说，不免茫然。且当时我国文字中，各种新名词，尚不存在，自然更加难以表达。此种经验，与我初到美国时，适得其反。当时，我于英语，虽尚不惯口说，但对于书本上印就的英文字汇，所知甚多，不难将存乎心者，出之于口。一次在睡梦中，有人告我，我的呓语，完全英文，此是入中学后半年的事。从此使用英语，便无困难。

回国不久，大哥带我到梵王渡，拜访圣约翰大学校长。彼此交谈甚欢。当将在美求学经过，逐一告知。他随即延聘我担任该校教员，月薪银洋一百元。这在当时，对于初任大学教职的人，待遇可算优厚。秋季始业，每周授课二十四小时，包括大学、中学两部。中学课程，计有地理与英文（读本、文法、作文、翻译等）。大学则有：数学、英文修辞、作文等。教科书与课堂讲授，悉用英文、英语。授课钟点，既如此之多，尚须为学生批改作文课卷。我的工作，夜以继日，几无片刻余暇。我在大学，所习数学，不过粗通门径。现在讲授该科，殊非容易。特别关于几何、三角等较难习题，所费预备时间，自不在少。

"教然后知困"的名言，现在实际体验到了。我的结论是：教过一科之后，对于该科的内容，方能说得到有彻底的了解。除教课之外，尚有许多课外的责任：例如学生主办的文学会，邀请演讲，充当辩论会的裁判员，担任运动会的执事等。总之，对于校内一切有意义的活动，靡不参加。

然而我仍能匀出时间，补习国文。当时国内关于议论的撰著及所写的内容，与过去的笔调迥然不同。上海最主要的新闻纸，为《世界公报》(Universal Gazette)。国人因深受拳匪之乱和八国联军的耻辱与激刺，该报言论，遂着重政治之刷新，社会的改革。每晚我在中文教师指引之下，检阅当天报纸的全部报导。对于社论、时评，尤其注意。去国数年，对于国内一切新问题、新发展，不免隔阂。又值本人思想，正在转变之际，对于这些，必须重新学习，详加究讨。彼时关于革新中国的理论，有两部卓越的著作行世。惟作者主张不同，大相径庭。距离之远，不啻南极之于北极。第一部书，分上下两篇，共六册，系粤人何启与胡礼垣合著。大约书中重要主张，由何氏提出后，胡氏执笔为文。惟该书不甚为人注意，然极值一读。曾与中文教师，反复检讨。〔何启博士（Dr. Ho Kai），曾任香港议政局议员，兼业律师，系伍廷芳之妻兄，与胡礼垣合著之书，名《新政真诠》，光绪二十七年（一九〇一）出版，主张开议院，及议员民选。〕第二部书，系两湖总督张之洞所作，分上下两卷，计文二十篇。书出，震动一时。以身居高位，旧学渊深的达官，公开主张采用西学，实前所未有。其书译为英文后，颇博外人赞扬。书名《劝学篇》〔主张中学为体，西学为用〕。

为便利校内美国妇女起见，在冬季晚间，我曾开班，教授她们学习北京官话。用一本极为通俗的中国书作课本。因此与校内美国教员的家庭，发生极友好的关系。经常被邀参加各家星期日的晚餐。这是当时校内，通常的应酬时日。校内有广阔的草坪，春秋佳日，便是很理想的网球场。

在上海各级学校中，圣约翰学生，擅长各种新式运动的名声，无有出其右者。后来又增加军事训练：整洁一律的军服，配备上木制的步枪，由一位美国维金尼亚军官学校毕业生，担任教练。举行阅兵仪式时，佐以雄壮的军乐，真是有声有色。

我在圣约翰大学，系受到与外籍教员同样待遇的第一个中国人。与他们享受同等权利，和未婚的外籍教师，同在一处食宿。我不拟终身从事教书，故谢绝担任教会教师的聘约。在大学英文系执教鞭六年，一般美国同事，公认我对英文文法与组织的了解，超过他们远甚。记得一次英国文学班上，读到柯南多尔（Arthur Conan Doyle）的《白兵营》（*The White Company*）〔一八九一年多尔在其侦探小说之外，所编的一本传奇故事〕时，书中有不少乡土俚语。如Barker一字，并不按照字面诠释，而解作"连珠小铳"（Revolver）。询问学生作何解释，竟大声答称"枪的儿子"（Son of a gun），引得全班哄堂大笑。〔按Son of a gun，乃英文俗语，美人多喜随意使用，如You, son of a gun，略似上海话"你这小热浑"，或北京话"你这宝贝"。并无诅咒或诋毁之意。〕

上海中国基督教青年会，会务进行，颇形活跃，且有计划。社会服务，亦著成绩。它提倡智、德、体三育，与我国所谓智、仁、勇，天下之达德也，意义正相吻合。与我受过同样近代教育的朋友们，无不热心参加赞助。使它在一位干练的美国干事推动之下，得以尽量发展。在该会所主持的学术演讲中，曾请过严几道（复）先生，根据英人耶方斯（William Stanley Jevons）的"逻辑"体系，主讲"名学"要旨。实开我国依据名学法则，研究一切问题的先河。当时好学深思之士，争先列席领教，情绪热烈。"名学"在我国诸子中，早经讨论，惟不若西儒之深入，而具系统。演讲时，所用种种术语，均须主讲人自出心裁，创作铸造。即"名学"一词，亦系严先生所发明。过去英美教会人士，及日本学者，均译作"论理学"（"名学"之称，根据希腊字Logos而来，释思想，或表达思想）。其他名词：如，归纳〔严作内籀〕、演绎〔严作外籀〕、三段论法、大前题、小前题、结论等，严先生亦均依经据子，采用古香古色的典雅字眼。〔按耶方斯（Jevons）乃英国经济学者，著有一小册 *Pure Logic, or the Logic of Quality apart from Quantity* 经严氏译为《名学浅说》。严氏一九〇二年，曾将英儒穆勒（John Stuart Mill）的 *System of Logic* 前半部八篇，译为中文，署名《名学》。〕

严先生嗣后又译英人穆勒的《自由论》（*On Liberty*）〔后改称《群己权界论》〕，斯密亚丹的《原富》（*An Inquiry into the Nature and Cause of the Wealth of Nations*, by Adam Smith）斯宾塞的《群学肄言》（*The Principles of Sociology*, by Herbert Spencer），赫胥黎的《天演论》（*Evolution and Ethics*, by Thomas Huxley），及法人孟德斯鸠的《法意》（*The Spirit of Law*, by Charles Louis de Secondat Montesquieu）等名著，洵属一代了不起的学者。他是在一八八〇年代，由清廷资送英国，入格林威治海军学校肄业。回国后，以非科甲出身，所陈大计，多不见重于时，乃发愤研究中国经、史、子、集，兼习制艺时文，下及书法，冀博一第，以与

当道相周旋。他既然对于西方科学与政术的精义有彻底的了解，而又博通中国旧学，所译各书，融贯中西，典雅信达，较之往昔教会人士俗俚无文的译著，相去何啻天渊。盖不仅在学术思想方面，灌输正确的知识，即在纯文艺方面，亦属上乘，可资轨范，有其崇高的价值与地位。近年来，国人对于现代知识，无论关于科学，或哲学方面，俱有长足进步，远非昔比。然而严先生率先介绍西方各种思想，开拓国人心胸，打破盲古观念，改造风气，对于我国近代文化运动，贡献实巨，厥功至伟。除了上述闻名译著外，尚有一小册《英文汉诂》，用中文诠释英文文法，亦足珍贵。

当时上海，尚有另一社会服务机构，名"环球中国学生总会"，乃李登辉博士所发起。自置会所，发刊杂志。会员遍布全球，会务活跃进步。李氏曾侨居爪哇，毕业美国耶鲁大学。顾名思义，该会性质，实与世界基督教学生会，万国基督教青年会，宗旨相同，不过规模较小。该会附设中学，为我国学生，出洋游学之预备学校。

与圣约翰齐名的学府，有徐家汇的南洋公学，后改称交通大学。该校有几位美籍教授，与我及我的同事，均系熟识。因共同发起组织上海美国大学同学会。第一次集会，系在美国驻沪总领事馆内举行，由美国总领事主席。此后会务推广，发展顺利。同样组织，先后出现于天津、北京。对于中美文化交流，感情联络，颇多贡献。同时我国留美同学的"美国大学精神"，得以继续保持。

父母在日，立意要使他们的子女，接受美国大学教育。不幸他们先后弃养，未克目击其成。我为完成他们的心愿，特资送幼妹〔昭，庆莲〕赴美，学习音乐。她毕业于维金尼亚州的司徒学院（The Stuart Hall, Staunton, Virginia）。她专习"器乐"，毕业时，以成绩优异，获金质奖章。后来她与舒厚仁〔栋臣〕医生结婚。厚仁妹倩留学英国习医，获阿褒淀大学（Aberdeen University）医科硕士及博士，以行医终其身。

我在上章，曾经提过美国妇女对于暴露身体羞怯态度的改变。就在我国，所谓男女不相授受，两性分隔的旧俗，也逐渐改进不少。在二十世纪初年，圣玛琍女校举行毕业典礼时，所有圣约翰未婚美籍男性教员，全被柬邀观礼。惟独对于未婚的我，不发请柬。盖核校女校长〔美籍〕认为中国单身男性，不便与中国女生会面！〔想法奇怪。〕现代我国青年男女，交际往来，开放自由，在通都大邑，交际场中，彼此伴舞，亦如美国。仅仅三十年的时间，我国风气转变，如此其速！

每年春秋两季的跑马，在凡有英国侨民群居的地方，竟成了他们团体生活中牢不可破的重要习惯。旅沪英侨举行赛马时，竟然不容中国人进入上海跑马厅。（上海道台以客人身份，率领一群制服褴褛，形同乞丐的随从，可以入内。）于是上海一般"白相人"，与福州路的"长三"妓女，借此机会，各着鲜艳衣服，乘坐敞篷胶轮马车，招摇过市，举行所谓时装大游行。驾车马夫们，亦穿上奇装异服，点缀其间。张园（味莼园）为彼时上海社交，最时髦的约会场所。啜茗清谈，可以消磨永昼。跑马厅围墙四周，有人搭盖临时看台，一般"普罗"群众，花费制钱数枚，即可高据一席，略窥厅内究竟。〔上海公共租界举行跑马时，各业休假一日。〕

基于我的英国语文知识，和教授地位，经常被邀担任国内名流或美国来华贵宾出席各种集会、演讲时的舌人。集会种类不一，或为茶会，或属酒宴。久而久之，我对众演说之名，遍传上海。所谓达官、富商，纷纷纡尊就教。各种社团组织，咸欢迎有我加入，可望进行顺利。当时"西人基督教青年会"，曾举行一次"废除外人在华治外法权"的辩论会。我与唐君介臣〔国安〕，担任正面辩论员，主张"废除"；反面的辩论员系两位西人，主张"保留"。评判员为一英籍律师。辩论终了，宣判结果，我与唐君获胜。唐君亦系容闳博士早年率往美国留学幼生之一，民初曾任北京清华学校第一任校长。

在一九〇〇年代初期，我国各种社会运动中，天足运动，颇居重要地位。反对妇女缠足会的组织，英籍某女士推动最力。曾由彼召集大会数次，因而掀起国人的重视，而我国妇女，参加尤为热烈。运用文字宣传，收效颇宏。今日三十岁以下的妇女，已无缠足者。国人讨论外交问题的第一次群众大会，发生于签订《辛丑条约》之后数月内，地点在上海静安寺路的张园。开会要旨，为抗议帝俄占据满洲，不守诺言，延不撤

兵。发言人中，有一位年轻女士，群情益加激昂。〔按《辛丑条约》，系光绪二十七年七月二十五日，即一九〇一年九月七日签订。〕

数年之后，同人认为上海地方，亟应发行一英文报纸，作为国人对外喉舌，使外人明了吾人意态，转变其对华政策。约在一九〇五年，上海《南方报》（*South China Journal*），特辟英文版一页，报导时事。我与唐君介臣，同意担任该报英文编辑。工作并不繁重，仅每日撰一简短社评，译发几条电讯新闻而已。但因此却引起英文读众的注意，发生超过预期的影响。许多华洋交涉案件，均在吾人严正批评指摘之列。例如牵涉沪宁铁路建筑合同的诉讼案件，在上海会审公廨裁判时，我国审判官与陪审洋员，常常发生争执。吾人则代表我国审判官合理的判词，为文力争。事态演进，竟有一次，上海公共租界南京路商店，全体罢市，表示愿作官方后盾。我还记得，上海道台由静安寺路，步行至外滩，沿途亲口劝谕商家镇静，以待公平解决。此次由于地方官的坚决不屈，舆论的从中支持，致陪审洋员，不获施其高压手段。《南方报》之存在，虽为时甚短，然实为国人用英文自办日报之先驱，树立利用舆论，对外保障国家权益的楷模。

一九〇六年，我与季弟及新婚弟妇，和幼妹团聚，共同度了一次颇感愉快的长夏。季弟时任京张〔北京至张家口〕铁路分段工程师，主持开凿南口山洞隧道工程。南口距北京甚近，他的工务处与住宅，均在"长城"的里边，山势逶迤，景色不恶。住宅房间，铺有地板，避免潮湿，装置纱窗，隔绝蚊蝇。食物则运自北京。有马匹代步，得以畅游附近古迹名胜〔明朝十三陵、居庸关、青龙桥、八达岭等〕。山地气候凉爽，宜于消夏。我当时正从事《英华标准大辞典》的编纂，利用假期多暇，居然积稿达数百页。赴南口之前，曾在北京小留，此系拜谒首都的初次。此后与该地竟然发生深切关系，对于当地的知识，增加不少。

同年〔光绪三十二年九月〕，清廷举行第一次留学欧美毕业生考试。年前曾考试留日毕业生一次，中式各人，政府并已尽先拔用。朋友中决意应考者，已纷纷聚集都门，并怂恿我前往参加。乃与施君植之（肇基）结伴，由沪乘江轮至汉口。彼适奉会办京汉铁路之命，遂乘其专车北上。火车昼驰夜停，经过三日，始抵京城。旅途中，两夜所受之痛苦，终身难忘。虽所乘名为专车，而卧铺满布臭虫，令人整夜无法入梦。

此次考试，事乏先例，与昔日科场情形不同。唐少川先生任主试官。唐氏系容闳博士率往美国留学幼生之一，现系京朝显宦〔时任外务部侍郎〕。副试官中，有严几道、詹眷诚（天佑）两先生（詹氏系闻名的铁路工程师，美国耶鲁大学工学院毕业）。此外尚有政府医官、法官数人，共同主持试事。盖应考学生中，有医科、牙科、法科毕业者。我系报考哲学门，主试官为严先生。试题及答案，均系英文，亦异事也。试毕发榜，陈君锦涛（美国耶鲁大学博士）名列第一，我列第二名，季弟德庆（美国理海大学学士）列第三名，施君肇基（美国康奈尔大学硕士）列第五名。此外尚有五人，均系美国大学毕业，同列一等，赐进士出身。列二等者，多系留日毕业生，悉赏举人。习牙医之二人，其中一人，实系内科医生，牙医系其副科，中式毫无问题。其一系专门牙科。时值庆亲王奕劻当国，领袖军机，认为进士头衔，何等尊贵，只宜授给"读书人"。牙医属于方技，列入九流，纵勉予功名，赏给举人足矣！

中式各人，照例拜谒学部尚书、侍郎，及主试各长官。并须恭诣颐和园，敬候引见太后及皇帝。引见仪节，对于我等草茅新进，至感新奇。当日按照品级，各着官服（且有装置假发辫者），分为八九人一列，由学部官员带领，步入殿庭高台〔丹墀〕之前。太后、皇帝已升宝座，帝座较低。学部尚书跪于御案之前，我等亦随之跪于台阶之上。各人遂依次，分别朗声报名，背诵年岁、籍贯。同时学部尚书，向太后恭递绿头牙牌，上书各人姓名、履历，以便太后得以认识报名之人。第一列报名完毕，第二列递进，直至全体报完为止。按照朝仪，臣下在殿上，必须脱去眼镜。我系近视，脱去眼镜，对于太后，皇帝尊容，一片模糊。惟据同列见告，各人报名时，太后注目凝视，频频点头，亦似对于各人面貌，尚感满意者。当时清廷对于回国之留学生，颇存猜忌。学部既负引见之责，对于我们所着官服，及进退容止，在至尊之前，有无失仪，或竟发生其他意外，不免战战兢兢,大担心事。政府一面很想利用我等所受的现代教育和所具的新知识为国家服务,同时又怕我们变为革命分子,推翻满清,心理至为矛盾。钦赐出身后,我被分发学部工作。但我在上海原有职务,因即请假南下。〔按此次考试结果,授进士出身者,计八人:陈锦涛(法政科)、颜惠庆(译科)、谢天宝(医科)、颜德庆(工科)、施肇基(法政科)、李芳(法政科)、徐景文(医科)、张煜全(法政科)。〕

我等留学生,此次考试,所受待遇,可谓优渥。比一八八〇年代,所派游美回国之幼生的遭遇,简直不可同日而语。且看彼中一位的叙述:"我们所得的待遇,直同被褫夺了国籍的罪犯。上岸之后,即由兵士一队,押解入上海县城,安置于一所破旧不堪,久无人踪的书院里。每人发给两张床板,一袭秽被。室内潮湿霉烂,臭气熏人,可达里许之外。大门小户,布满兵卫,既禁止我等外出,亦不许亲友入内探视……。我等手中不名一钱。……直蛮荒野人之不若……。"

一九〇六年之北京,依旧渗透于守旧势力之下。"皇城"横亘京城之中心,东西、南北的交通往来,必须绕道而行,浪费时间不少。有少数马车,形同车轮上,放置一项肩舆。没有弹簧的骡车,坐了既不舒适,行动又慢,在烂泥路上驱驰,反不如步行痛快。由西南城,往访住在东北城的朋友,来回就得花上一天的工夫。到颐和园一趟,就须四小时。当时的大官如唐绍仪等,备有自用〔新式〕马车,由本人驾驰,一般人竟认为有失官体!

　　我在上海的熟识中,有好几位系印刷兼发行公司〔商务印书馆〕的董事。彼时学生对于英华字典,需要迫切。英文已成我国"第二国语"。他们于是请我编辑一本简明合用的字典。约集助手十余人后,我们便开始工作。为时两年,幸告杀青。助手多系上海圣约翰大学毕业生〔亦有香港皇仁书院毕业生〕。我们采用《纳特尔的字典大全》(Nuttle's Complete Dictionary)为蓝本。而以韦伯斯特(Webster),及其他著名大字典供作参考,分别加以中文注释。书成后,装订两巨册,都三千余页(Page)。此书问世,已历三十年。近来我国各方面所用新名词时有增加,该书仍不失为内容丰富的"字书"。常思如有机会,极愿一本三十年来个人读书所得与作事经验,对于该书重行修订,以飨学者。实缘当时我们一般编辑,对于编纂英华双解字典,全是尝试的拓荒者(Pioneer)。尽管对于字义、名物、成语等等的注释、移译,勤思苦索,然决不敢自信其如何正确,雅驯,明晓,或毫无舛漏。例如编辑员中,译释demi-god一字,作为"半个上帝",不免偏重"量"的方面,而忽于"质"的方面。〔颜氏主编的字典,名为《英华标准双解大辞典》,严复作序,光绪三十三年(一九〇七),由上海商务印书馆印行出版,另有缩本《英华双解字典》行世。〕

　　在编纂一本英文成语辞典时,也有不少趣事。英文习用语(idioms),往往使中国学生感到困惑。外籍教师,尤难予以明白解释。我的一位助手，学问很好，不惮烦琐，尽量搜集了不少相类的中国成语，互相比对，以资阐释。成书之后，对于学生，助益不少。

教授翻译时，颇难得到近乎理想的现成课本。惟有随时由书报内，撮取短篇作品，使学生能于一小时内，可以由中文译成英文，或由英文译成中文。我曾将学生的翻译课卷，细心校正，评判甲乙后，选出其中最优越的若干篇，汇集成为一册《翻译捷径》(*A Manual of Translation*)，由上海商务印书馆出版。出乎意料的，这本小书，竟然备受欢迎，销路甚畅，使我收到不少版税。经过三十年，仍有人需用此书。我也曾将瓦寇的《政治经济学》(*Political Economy, by Francis Walker*)译为中文出版，但结果并不见佳。

教书的好处很多，每年有长期的休假，即其中之一。借此可以旅行各处。我由美返国时，道经日本，但停留时间很短，所经港埠不多。任教期间，我曾数度游日，深入内地，实极游观之乐。我与游侣由长崎出发，穿过九州，特登高山之顶，得目睹火山奇景。第二次游日本本州，参观在大阪举行的小型博览会。遍游京都、奈良各名城。在太平洋海岸上一个小镇里，首次亦即末次，获晤在彼避暑的维廉主教（Bishop Williams）。他是我受洗礼时的"教父"。又有一次，我和居住香港的朋友，偕游澳门和香山。香山系孙逸仙博士，与唐少川先生的故里，出了不少名人。后来改称中山县。在澳门，我们曾凭吊过葡萄牙诗人简慕思（Luiz Camoes，1524—1580）的坟墓。当然也参观几家赌馆。该处是以赌馆出名的。顺道一访别号"羊城"的广州。当时广州尚未举办市政，一切古旧。城内窄街之上，行人拥挤，肩舆充斥，有不少庙宇、佛塔、茶楼、酒榭〔南园之类〕。珠江水上，布满舢板、游艇。此后我虽无缘再往，据闻兴办市政之后，市容改观，已具近代大城规模。摩天高楼、电影院、汽车道，应有尽有矣。

至于乘车谒南京，渡海礼普陀，坐内河民船，畅游号称"天堂"的苏州、杭州（火车未通之前），探幽访胜，足以涤除尘烦，爽快身心。西湖景色，印人最深，终身难忘。乘民船循运河至拱辰桥，易人力车以至湖上。车行平原之中，忽见丘陵突起，转瞬面临湖水，双峰夹峙，桥接堤上，寺临水边，私人别墅错杂其间，益增雅趣。惟美中不足，我等往游时，正当盛暑，风景无殊，而蚊蚋肆虐，一俟天黑，只有藏身罗帐内，以避其锋。太湖形势，较西湖为雄伟，风物天然，不假人工。所谓三万八千顷中，岛屿棋布，其面积有近一英方里者，太半辟为田畴渔村。游人可乘船至苏州，转达无锡，然后舍舟登岸，循陆路以至南京。明月之夜，在太湖上射击水面野鸭，此情此景，即今思之，如在目前。

六年教学生活，积渐了不少经验。同时"教学相长"，学问方面的进步，何尝逊于大学所习。"学院"的职责，既很单纯，诚实，而富纪律。交往的人，又多系学养兼优之士。复有充沛的时间，可供自由研究。讲坛言论，不受拘束〔往时如此〕。兼之假期甚长，位置比较稳定。且能"得天下英才而教育之"。如此优异的报酬，殊难估计其价值。前后从学的学生，不下数百。离校后，无论服官政府，折冲坛坫，从业金融，创办企业，以及兴学布道，咸能用其所学，分道扬镳，为师门增光。此则私心引以为慰，而认为个人无上之光荣。

辞典编纂，将告杀青，适伍秩庸先生膺出使美洲之命。伍先生于我，宿所深稔。我的英文写作，我的当众演说，尤承推许。因效毛遂自荐，愿随使节，为国尽力。承其慨允，任为使馆二等参赞（当时钦使有全权任免属员）。因于光绪三十三年丁未（一九〇七）冬季，作再度美洲之游。由于钦使易人，使馆全部人事，整个变动。而伍先生同时兼任出使墨西哥、秘鲁、古巴等国钦差大臣，故此次随行参佐人员，连我在内，人数特多。尚有学生多人，愿趁此机会，附船偕行。总计同舟人数，超过六十。我被指派管理团体旅行事务，诸如指定轮船舱间，分配饭厅座位，监督行李运输等事，相当烦琐。惟上船之后，秩序井然。同人参加各种游戏，和社交活动，有时且到舱底享受中国菜饭，咸感舒适愉快，忘却离乡别境，远适异国之苦。船抵横滨，我随伍先生至东京拜访美国驻日大使馆。到檀香山，承当地中国学生会张宴欢迎，其中不少旧识，多系在上海主持环球中国学生总会时结交者也。

第四章　参赞使节

（一九〇八——一九〇九）

　　我们一行，抵达侨胞集中的美国旧金山后，备承他们热烈欢迎。排日邀宴，直无虚夕。伍氏宗亲、新会同乡，对于钦使，因有同宗同乡关系，尤为亲热，极致崇敬。民国以前，旅美侨胞，可谓极尽保存国粹之能事。衣冠服饰，饮食起居，完全华式。聚族而居，罕与外人交往。当地美国商会，设宴款待钦使时，来宾中，有一美方官员，为引人注目起见，于所着晚膳礼服白领上，不系玄色横领结，而代以黑八字胡须，可谓生面别开！大莱船长（Captain Robert Dollar），亦曾与宴，尚系初次认识，后来我在北京，曾相见多次。

　　同行人数既众，行李多至二百五十余件，因特包租专车一列，以供同人乘坐，直驰华府。上车时，查点人数，巡视有无失物，遗留旅馆。虽属小事，亦颇劳神。盖同行各人，多系初次出国，人地生疏，诸待照料。

在一九〇七年时，我驻华府使馆，位于第十九街转角的U街，原系伍博士上次任内动支美国退还我国某宗公款所建筑。在U街前面的正房，供作钦使官邸。后面部分，作为办公室及馆员宿舍。参随各员中，只有少数人说英语，着西服。因此大部分同人，均以留住馆内宿舍为便。馆内特雇本国厨师一人，侍役数人，以供伺候。生活既系统筹，不啻一大家庭，尚称和洽愉快。

我的职司，为办理一切英文案件。既有旧档可稽，且随时可向钦使请示，虽系初次担任外交工作，尚不感觉困难，幸免陨越。除所有咨送美国国务院的照会、备忘录等，均由我主稿外，一般英文函札的答复，新闻记者的接见，馆内帐目之记录，对外一切接洽，莫不由我承担。本人对于国际法学识，自知有限，关于办理交涉的实际经验，尤为缺乏。因特在华盛顿大学（George Washington University）施柯脱博士（Dr. James Brown Scott）门下，作为期一年的学习。同时购置有关书籍，以资自修。后者，曾终身行之而不倦，盖知学问之事，毫无止境。平时常向本馆顾问科世达将军（General John W. Foster）〔科氏任过美国国务卿，曾随李鸿章赴日本马关议和，系后来美国国务卿杜莱斯（John F. Dulles）的外祖父〕请益。因而也结识他的女婿蓝辛先生（Mr. Robert Lansing）〔曾任威尔逊总统的国务卿，签订《蓝辛石井协定》〕。施柯脱博士与蓝辛先生亦属好友。一次两人约我到国务院午餐。满以为二人合请，菜肴必然相当丰富。到时，始知不过让我分享他们带到公事房以资果腹的几个苹果和一些三明治与牛奶而已。这真可谓"高尚而简单的生活了！"由于他们两位的介绍，我加入了美国国际法学会。嗣经撰稿投登该会杂志之后，遂成为终身会员。

协助国内派来美国接洽的公务人员，或出席各种国际会议的代表，全是使馆的职责。政府适于是时，筹设印刷局，特派陈锦涛博士来美，招聘雕刻铜板的技工，和采购印制钞票的纸张。他在美国停留数月，直俟工作完毕，方始返国。不久华府举行国际捕鱼会议，南通张季直先生特派专员，代表我国出席会议。来员对于我国捕鱼技术，颇为熟习，惟不通英语。由我与彼合作，曾发表演说数次，深受出席各人重视。各国出席代表，多属科学专家。承他们介绍我加入国际俱乐部（Cosmos Club）。我在使馆服务的两年中，颇能尽情享受该俱乐部的权利。

伍钦使抵华府后，罗斯福总统定期在"白宫"接见。有参随人员，一同偕往。仪式相当隆重，钦使一人先至国务院，由国务卿直接陪往"白宫"。罗总统在群僚环侍中，相候于"蓝厅"（Blue Room）内。伍钦使趋前向彼致词问候，恭呈国书。总统随致答词。复由伍博士介绍同来馆员，与总统一一握手，礼成而退。记忆所及，此后我与馆内同人，似仅参加过"白宫"游园招待会一次，盖不久即逢光绪帝与慈禧太后的大丧，使馆照例停止对外应酬。中国所谓"遏密八音"的国丧，须守制三年〔对于一般老百姓，仅一百天〕。

使馆同人，虽不便参加任何交际酬酢，惟钦使仍可应邀至纽约等大都市，发表演说。伍博士的演讲，事先多由我代为起草，而我亦得以随往各地，饱增见闻，结识名人不少。伍博士既系著名的"素食者"，所有素食同志，及制造素食品的厂商，往往特设便席招待。可能借此以资宣传。各大学举行毕业典礼时，伍博士便成为最受欢迎的致词人。有一次，我随他到伊利诺州"尔班那"城（Urbana, Illinois）的州立大学演说。我们住在校长吉慕士先生（President James）的家里。使我感觉奇怪，校长公馆内，既无厨役，也无佣人。一切烹饪和扫除工作，全由家中妻女担任。据告"尔班那"城，市面太小，佣人工作完毕，无处消遣，无人愿来受雇。我们顺路往访圣母大学（Notre Dame University），和支加哥大学。是年适值共和党在支城召集大会，我们得在会场内外参观许久，目睹美国人的团体精神，党务活动：诸如结队游行，齐声喝采，及特制的彩色制服，无一不代表他们的一般国民性格。我们随即被邀到支城附近的"南弯"（South Bend）演讲。该市在支加哥的南端，属印地安那州，乃钢铁工业中心，正当繁荣时期。派来欢迎的汽车，前呼后拥，为数不少。可惜由支城至"南弯"的公路，实在太坏。车行速度，每小时不过二十英里，而尘沙飞扬，蔽天遮日。我们坐在车里，简直看不见前后驰行的车辆！然而"南弯"的一所大旅馆，美轮美奂，内部十分考究，殊出意外。

我在使馆，兼管留学生事务。当时留美学生，领官费的约四十余人，分散各地大学。因此时须赴外探视各生，就便参观哥伦比亚、哈佛、麻省理工、耶鲁、康乃尔、西芮克斯（Syracuse）、"西点"军官学校等学府。一度参加耶鲁与"西点"的毕业典礼。该届我国有学生两名毕业"西点"军校。其中一人，名列榜尾。陆军部长分发文凭时，特用手掌轻拍他的肩膀，表示鼓励地说道："朋友，慎勿气馁，敝国许多名将，毕业时，有不少背榜的呀！"我曾参加过一次东美中国留学生的夏令年会。耳聆他们演说辩论，滔滔不绝的口才，目击他们运动竞技，敏捷活跃的身手，令人心满意足，深感后生可畏。

一九〇八年（光绪三十四年戊申），唐绍仪先生以特使名义聘美。外间颇多揣测：有谓系谋中美间进一步的接近者；有谓将谛结一种中美协定者。惟此事始终系当时的秘密国策，局外人殊难获得正确的情报。他自从留美回国后，逐渐成为彼时军机大臣袁世凯的心腹。袁氏以"总理朝鲜通商事宜"的官衔，驻扎汉城时，他即在当地担任海关和领事的职务。袁氏扶摇直上，一九〇〇年后，实授直隶总督，他也官至天津海关道。迨袁氏内任军机大臣，他便升任外务部侍郎。寻被派往印度，谈判藏印界务。因不得要领，回北京后，提议在北京与英国公使直接交涉。一九〇六年（光绪三十二年四月初四日）四月二十七日，订立《藏印条约》。他的能力和经验，颇得清廷的重视。在留美学生中，他的官运最好，升迁很快。

唐氏正在海程中，尚未抵达旧金山，"两宫"已于十月二十五日先后"崩驾"。他例须为"国丧""成服"。最不幸的是，新帝幼冲，由故君的胞弟醇亲王载沣摄政，第一道谕旨，便是罢免背叛先帝，党附太后的袁世凯。唐氏来美，所负使命，既系由袁氏策划，促请太后发动。现在朝局忽然大变，他的处境，自属十分尴尬。他抵美后，在华盛顿逗留时间甚长。"国丧"期内，人民不许雉发修面，是以唐氏一行，到达华府联合车站后，莫不蓬首垢面，衣着暗黪，外表十分丑陋。

唐氏原系容闳博士早年率领来美游学的幼生。对于美式教育，素所钦崇，对于当时旅美求学的本国青年男女，深具爱护提携之心。适值耶诞假期，因嘱我代为招请各生来华府度假。所有费用，完全由彼担负。各生欣然群集。唐氏原有女公子数人，正可借此机会，雀屏选婿。结果不出所料，竟有两人入彀。后来他们在外交界，均官拜大使，各有成就。泰山老眼，毕竟不差。

伍博士兼任出使墨西哥、古巴及秘鲁钦差大臣。在古巴与菲律滨尚系西班牙属地时，中国钦使原兼任出使日司巴尼亚（西班牙）大臣，每年例须赴马德里一行。美西战争之后，即无须如此。光绪帝与慈禧太后奉安时，墨西哥与古巴均指令各该国驻北京公使充吊唁特使。为代表政府答谢两国盛意，并呈递履任国书及处理馆内事务起见，伍博士决定赴两国一行，由我与另一位参赞随往。经由德克萨什州，乘火车直抵墨西哥城首都，沿途尘沙飞扬，几有被湮没之虞。所乘卧车窗户，虽系两层玻璃，而灰沙依然侵入，致所着衣服的口袋内，亦贮满尘土，此实平生得未曾有的经验。

我们一行，抵达墨西哥城，我国使馆代办，与墨国政要，均齐集车站，隆重接待。此行因负有答谢任务，故礼遇特优。该国外交部礼宾司长，仪表端雅，衣冠出众，颇具西班牙华贵风度。当时墨国总统为富有力量的狄亚士（Diaz），除按例接见伍博士及随来各员外，并特张国宴款待。我因向同事暂借袍褂䙆䙆，以便穿着赴宴，惟只欠发辫而已。钦使则着稍加变通的官服，与国内朝服略异。只穿绣龙的蟒袍〔一称花衣〕，不套有䙆䙆的外褂，不佩带朝珠，惟斜披双龙宝星大绶。虽不完全符合体制，但看去却也堂皇大方。且在外国，似亦不必苛求。此种衣饰的折中办法，彼时驻外行人，颇多采用。即如前驻德钦使，曾将孔雀翎，移置于官帽之前，向下直插，有如匈牙利军官帽饰。当然那位钦使，原系武官，身穿将级制服，可以将军帽式样，加以更改。惟随意变更国家法定制服，究属僭越。我旅美任职期间，向穿西服。严格言之，亦有未合。只以伍博士为人豁达，观念自由，一切解放，表面并不反对。他的内心，可能十分赞许我的独立态度。实则当我准备赴美留学时，父亲亲手用一把大剪刀，将我的长辫剪去后，我即与此"累赘"永远告别。但我的父亲和两个哥哥，留学回国后，重新蓄起发辫，恢复中装，一切照旧。或者当时所处环境，不得不然。

在墨西哥时，我们照例被邀参观斗牛。虽人与牛斗，手法尚属公允，屠牛的技术，也还爽利高明，而不显得残忍。但是激怒了的牡牛，追逐一群蒙着眼睛的马匹，先用牛角戮伤群马，再用两角穿胸破腹，掘出心肝五脏，将群马支解，以致遍地狼藉，令人看了十分震栗不安。我们深以能提早离去此一屠宰场所为幸。另一比较有趣而且美观的场所，是墨国有名的赛马俱乐部。一次那位温文尔雅的礼宾司长，十分缜密的带领我们一行，去一座大礼拜堂里。经过重廊复隧之后，到了一间密室，室内墙上悬挂着西班牙名家缪芮乐（Murillo，1617—1682）所画的一幅圣母尊容。据告此系世界独一无二的"神品"，由该国慎重收藏，向不轻易示人，民众无从得见，意在避免盗窃。

由墨西哥的"维娜克露斯"（Veracruz）海港，我们一行，向"夏湾拿"（Havana）进发。维港景色，真是一幅天然图画，予人印象最深。启碇之际，墨国代表以法国香槟酒相饷，向我国钦使惜别，一面举杯祝福，一面喃喃口语："饮呀！饮呀！"（"Poison! Poison! "）〔字源来自拉丁文Potio, to drink〕继则岸上礼炮齐鸣，仪式至为隆重。

到"夏湾拿"后，随即趋谒古巴总统于总统府。我们一行，由该国大礼官导引，分乘有篷四轮马车多辆。抵总统府大门时，军乐队即恭奏中国国歌。吾人肃立车上，直候乐止。所奏中国国歌，实系广东乡间流行的小调！进入大礼堂，即见不少男女拥挤在内，且有人拖儿带女，如赴游乐场所一般。该国总统接见外邦使节，似乎公开，任民众入府参观。全体阁员，当然出席，列坐总统两旁。伍博士向总统呈递国书，介绍参随各员后，宾主就坐，自由谈话，气氛友好，毫无拘束。

"夏湾拿"首都，我国驻有代办，情形亦如在墨西哥城。留彼期间，我们不仅由古巴政府邀宴，当地侨胞，亦纷纷设席欢迎。旅居古巴侨胞，较住墨西哥者，似乎殷实富有，经营商业者多，出卖劳力者少。且颇受当地人士尊敬。种族及皮色之成见，亦不显著。由史实证明，我国侨胞，对于古巴民众，反抗西班牙的革命运动，不断出钱出力，参加支持，因此博得人民好感。我在华府时，古巴驻美公使克沙达君（Senor Quesada）曾出示所撰小册，记述我国侨胞帮助该国完成独立革命，捐助金钱，乃至牺牲性命的经过，颇表感佩。我们经由"西礁"（Key West）返抵华府途中，所乘平底轮渡，由"夏湾拿"至佛罗利达州的一夜，直同梦魇。其令人难受的情况，可想而知。幸登陆后，乘火车至华府一段，尚无意外。不久钦使有秘鲁之行，我以馆务待理，不克分身，未获随行。

伍博士的严格素食习惯，完全基于卫生的理由，毫无宗教意味。他也时常向我们宣传他的素食主义，颇想感化我们成为他的同志，我们也尽力运用纡回战术，以资应付。并说倘若伍府全家实行素食，我们自当追步。他老先生还另有一套摄生理论。那是晨起之后，工作之前，不进食物。他晨兴甚早，起床之后，即步行至使馆附近小丘，上下数次，然后回到办公室，翻阅早报，批答电报及函件，直至十时，方始早餐。

他的年事虽高，动作仍极活跃，性情异常和易，谈话充满趣语。他具有引人的强烈吸力，虽素昧生平之人，经过和他一度谈话之后，无不倾倒悦服。他在国外，总着中国衣冠，确能表现一种尊严的风度。他追随李合肥多年，无形中养成了彬彬有礼、雍容豫悦的士君子典型。他的一些演说词，多经采入《餐罢酒余畅谈录》内。还有不少别人的解颐比喻和幽默隽语，编纂的人，往往不经考订，也记录在他的"帐"上。他公开的演说，经常注意两点：一、中国竭力向民主方向迈进；二、中国乃是各工业国家生产品的尾闾。他一向努力于中美邦交的增进。〔胡适说伍氏："全靠他的古怪行为与古怪议论，压倒了西洋人的气焰，引起他们的好奇心……"这些评语，似乎施之于辜汤生，或者较为恰当。〕

他的独子朝枢，当时正肄业于美东大西洋城（Atlantic City）中学。后以优越成绩毕业，知名全校。寻赴伦敦专攻法律，步乃翁后尘，考取律师执照。一九二〇年代，曾膺我国驻美公使之命，克绳继武，不愧名父之子。在他代表我国出席日内瓦国联会议时，由于他出众的智慧与辩才，曾给人以极良好的印象。他逝世时，正当年富有为。实属国家莫大的损失。

我离开母校九年之后，始于一九〇九年毕业典礼时，重访维金尼亚大学。承阿尔杜曼校长（President Olderman）的邀请，我以毕业生的资格，被选入全美高材生荣誉学会（Phi Beta Kappa）为正式会员。在一九〇〇年，我毕业时，校中尚无分会，此后则不断介绍有资格的毕业生加入。母校由新任校长的不断努力，一切已有显著的进步，不独学生人数增加，教授方面，亦罗致了不少学人。除由毕业同学捐款外，阿尔杜曼校长并经募集不少基金。校舍建筑，亦加扩充。大学在学术上，既多贡献，地位亦日益提高，已成为有名学府。

　　彼时使馆各参赞中，周君自齐，能力卓越，胸襟开朗，擅长英国语文，不久即迁调回国，在外务部担任要职。他在部内，颇著能名，力促主管登用新进。寻复建议设置"新闻处"（Press Bureau），并推荐我担任处长。当时我国亟须有一宣传机构，以便对外传达一切政策。在我动身回国之前，并经奉派在华府及纽约，先做一番联系工作。彼时驻北京的外国新闻通讯员，不过三四人。代表纽约先驱报（*The New York Herald*）的，有阿尔君（Mr. Ohl），代表伦敦太晤士报的，有莫礼逊博士（Dr. Morrison）。还有两位记者，则分别照料路透社和美联社的社务。实际有关我国一切新闻之报导及分发，大部分均由阿尔与莫礼逊两人主持。惟报导并不详尽，分发亦多不能准时。我国既无自办的英文报纸，一切只有随外籍访员的喜、怒、好、恶。周君有鉴及此，遂建议设立新闻处，争取主动。第一在使外国驻京记者，直接向新闻处采访消息，以收论调一致，报导正确之效；第二由自办之英文报纸与杂志，可以随时发表政府决策，澄清视听。此事已由部中指派丞参一人，先事筹备，一俟我归国后，即交我主持。

奉命之后，我即往费城与纽约两处，访问当地重要报馆的主持人物，借资观摩，并试探他们的反应。同时受到上海商务印书馆的委托，代为接洽美国书商，俾便该馆在国内担任代理。我首先拜访"金氏公司"（Ginn and Co.），很凑巧，得遇该公司的重要合伙人卜林登君（George Plinpton）。从此两人之间，建立了多年的友谊。卜林登君在他的纽约寓所，搜藏了不少新旧书籍，特别数学方面的珍本、孤本最多。

搭乘"慕尔坦尼亚"号海轮（S. S. Mauretanis）〔倒运的"露西坦尼亚"号海轮（S. S. Lusitania）的姊妹〕，取道大西洋返国时，适逢冬季，风狂浪巨。该轮载重，虽属超级，惟龙骨过长，驰行分水时，波涛汹涌，船身整个备受打击，震动至剧，致乘客极度不安。此次系我二度游英。抵伦敦后，趋谒李钦使经芳，并拜访陈参赞贻范。陈君后来复在北京相遇。顺道曾赴巴黎一行。此系初次游法。承在巴黎"巴斯德学院"（The Pasteur Institute）习医的国内老同学导游三日。因得参观一切美术和文化的珍品，与乎花都多彩多姿的夜生活。游罢，遂搭乘万国卧车公司的快车，经过柏林、瓦沙、莫斯科，转乘西伯利亚铁路快车返国。在莫斯科转车时，几乎错过开车时间。上车后，巧遇我国驻巴黎使馆的一位随员，彼此结伴，得免旅途寂寥。否则此一漫长的征程，延伫于冰天雪地中，正不知作何消遣也。

我的圣约翰老同学施君肇基适在哈尔滨，任吉林西北路兵备道兼滨江关关道。承其招待，住入他的美丽俄式官邸，将近一周之久。哈尔滨为中东铁路局驻在地，生活方式，建筑气派，大半俄化。滨江关道，为当地最高行政长官，规模堂皇。施君公出时，驺从甚盛，有骑兵一队，为之前驱。哈尔滨为中俄边界重镇，冬季男子均头戴皮帽，身披粗毛外衣，肩负来复枪，腰跨骏马，犷悍异常，有同道台衙门的骑马卫兵。居室外尽管积雪盈尺，室内有俄式暖气设备，温暖如春。俄人烹调，包括鳇鱼子和松花江白鱼，几于每餐必备。华人集中区域名傅家甸，正在发展中，颇陈繁荣进步气象。施君初驻华府，继随杨子通钦使转往圣彼得堡，外交经验丰富。在哈尔滨时，对于办理中俄交涉，颇能提纲挈领，在大处着笔，故政绩昭著，此亦由于外务部与奉天督抚，知人善任，不加掣肘，且能为其后盾。用能收回俄人非法侵占我国沿中东路线的许多权利，也纠正了不少俄人无理取闹的举动。

我与同伴辞别哈尔滨后，径往奉天省城，趋访咨议局议长〔吴景濂〕（此人后来在北京任众议院议长，声名狼藉）。由彼领导参观咨议局建筑，及盛京行宫，得见宫内所藏磁器、古玩等。并赴城外“北陵”，游览清朝入关前，历代陵寝享殿。

其规制视京汉路上之西陵，及南口之明朝十三陵，大致相仿，而气魄则瞠乎小矣。奉天省城，面积不大，驻有总督、巡抚。南人留寓者不少，多在教育界任职。由奉天省城乘京奉火车，二十四小时后，抵达北京正阳门车站，这是我第三次进京。

第五章　观政京师
（一九一〇——一九一一）

以一个驻外使馆的青年秘书，初到北京，既乏交游，又无官阶（虽系进士出身，只是功名，并非实官），而且阮囊羞涩，官服未备〔一身西装〕，京朝习气，一无所知，简直有同"畸人"。在外务部同寅中，除周君自齐外，尚有不少熟识。我以到京稍迟，新闻处长一席，已由部派刘君玉麟担任。入民国后，他曾充驻伦敦公使。我则被派为该处职员之一。该处同事，多系英美留学生。初步工作，为接见外籍驻京记者，并协助发刊英文《北京日报》（*The Peking Daily News*）。

《辛丑条约》成立之后，清廷将以前所谓"总理各国事务衙门"，改组为"外务部"，由庆亲王奕劻为总理部务大臣，大学士那桐为会办部务大臣，兼领尚书。此外尚有专任尚书一人，侍郎二人。尚侍之下，设左右丞两人，左右参议四人，郎中（司长）、帮办、员外郎、主事（科长，科员）等，若干人。部中分设四司办事，各司又分为英、法、德、俄、日等科〔四司为：和会、考工、榷算、庶务〕。各科主管，悉系新进人员，无论国内国外学校毕业，咸通主管国家之语文。此外尚有新闻处与秘书处。两处人材济济，颇多学人，擅长撰述。新闻处以系新设，职司重要，搜罗了不少英文写作好手，故待遇特优。

当时在外务部任职各员，既多系回国的留学生和曾任驻外使领馆的旧人，彼此交往，颇具同情心。盖以所受教育，所积经验，大致相同，容易互相了解。至于高级主管人员，虽不习外文，然思想均极开通，富有世界知识，不似其他各部堂官，不明外情，安于固蔽。此则由于前者与外人接触较多，无形中，增加不少闻见。庆亲王仅一年到部一次。他原系内阁总理大臣〔未行新官制前，实系首席军机大臣〕，公务自然忙碌。管部大学士兼尚书的那桐，则每周到部一次。实际公务，则由专任尚书、侍郎、丞参、司长等办理。所有驻外各使馆来去文电，每日清晨，均汇送内阁各大臣核阅，俾其对于交涉事件，均能整个明了。因此公文呈转，手续相当繁复。惟既经多人过目，自然减少错误遗漏，亦属有益。我初进外务部时，尚书为梁敦彦，他也是容闳博士早年率往美国留学的幼生。两位侍郎之中，一位曾任驻外外交官〔胡惟德〕多年，另一位则系总理衙门的耆宿〔邹嘉来〕，有如美国国务院的副国务卿艾迪（A. A. Adee）〔参阅《施肇基早年回忆》第二七页〕。

在昔日中国官场，除系阀阅，或有姻娅背景外，两种人事关系，相当重要。一为"同年"，凡同岁被举登科第者，即为"同年"（有如大学里的班友）。一为"同乡"，凡来自同省同县之人，即为"同乡"。此种年谊、乡谊，在中国官场，即用作互助、援引、朋比的资本。第一种关系，完全为感情作用。各省乡试，同年中式者，何止千人，素不交往，一旦变为同年，遇有共同利害，即属痛痒相关。〔唐宪宗问李绛曰："人于同年，固有情乎？"对曰："同年乃九州四海之人，偶同科第；或登科后，然后相识，情于何有？"然唐穆宗欲诛皇甫镈，令狐楚、萧俛以同年进士，极尽保护之责。〕此外还有同年出生之人，彼此结为朋友，又称"同庚"。盖照我国一般想象，彼此既同在一年出生，其一生命运，当大致相同。我在部中，有不少江苏同乡，均对我很好。我原籍上海，民国前属松江府，故松江同乡，对我尤为亲热。在前清时，新进京就职的官员，例须请久驻京城的同乡京官数人，代为证明其籍贯、年岁、科份、出身等，谓之"具结"。申请人照例缴纳小费，积存本省或本府会馆，除开消会馆费用外，余款则由具结各人按时均分。

我在部内所支薪俸，虽属优厚，但仍难敷个人开支，必须兼差，以资调剂。严几道先生适任学部"审定编译馆"总纂，因招往襄助审定工作。彼时外务部办公时间，均在午后，上午时间，我可自由支配，故虽兼职，并不妨碍公事。部中对部员，例供午餐。彼时厨房功能极大，我们的薪俸，即由厨房头领于每月底发放。薪俸系用北京银号庄票支付，可以按照京秤兑成银两。银两多由元宝切碎，每块大小轻重不一，须用秤称其重量。我在京服官，自须购置官服。官服按季节更换，四时不同。种类甚多，有单、夹、棉、皮之别。单、夹衣料，有纱、葛、绸、缎、锦绣（蟒袍系刻丝织锦，亦称花衣），种种区别。皮毛官服，类别亦多。有羊皮、狐皮、貂皮、灰鼠、猞猁、水獭、海龙等等。其中如狐皮一种，又分大毛、二毛。羊皮一种，又分珍珠毛、草上霜、紫羔等。缝制则分出锋或不出锋。穿着则有正穿或翻穿，均视参预的场合，而有不同的规定。照以上所述，如须完全置备，非白银数千两不办。而日常衣服，尚不计算在内。有爱排场的人，还花相当银两，捐一虚衔，可在官帽上，配上一只孔雀翎，用资炫耀。我对此种无聊举动，既不措意，也不愿花钱。至于珍贵皮毛的长袍短褂，我也无意购置。遇必须穿着相当服装时，如趋谒上司，或进宫当差，尽可向同寅暂时借用！我初到京时，并无固定官阶。为保持礼貌起见，通常仅戴一"水晶顶"〔五品官阶〕。后来升任参议，例得戴一蓝宝石顶〔四品官阶〕，但仍无孔雀翎〔清制，有军功者，始赏戴孔雀翎〕。

我在北京，可说是打破官场旧俗的第一人。我升授参议后，仍乘胶轮人力车到部办公。当时职官上衙门，悉乘无弹簧的骡车，又称官车。除军机大臣可乘绿帏官车外，尚书、侍郎则乘红帏官车。每值官员到部时，门房〔司阍〕即高声报告："某大人到！"我所御者，既系部内微末下僚通常所乘的人力车，门房见了，从不高声报告。后来知道我系"四品京堂"，官阶已不算小，也就照例传报，不管我是否乘坐人力车矣。我终于买马一匹，备车一辆，排场已自不同，门房对我，更加恭敬。清制，官至大学士〔位极人臣〕，始得乘坐官轿，由轿夫四名，肩负而行，另有后备夫子四名，则乘骡车追随，以便中途，或回程时，可以换班接替，亦趣闻也。

　　清华学校，系用美国退回的第一批拳乱赔款所兴办。在筹建之初，周君自齐与范君源濂（代表学部），分别担任总办、会办。周君后以外务部公事过忙，无法分身，荐我接替。每周我须赴筹备处办公两次。该校地址，原系清室某亲王别业。离城十五英里〔按仅十五华里〕，邻近颐和园〔实际毗联已废之畅春园，接近焚毁之圆明园〕。我由家中乘车前往，需时三小时始达。惟出西直门，越过田野，有一捷径可通。我一向平民化，且系讲究实际的人。每次赴筹备处办公，特雇小驴，骑以代步，由侍役一人相随。只须一小时，即可到达，省时不少。

　　当美国退还庚子拳乱赔款时，曾暗示我国，应用以遣派学生赴美游学。于是发生究应遣送何种学生之争辩。学部主张选派成年而中文已有根底的学生。外务部方面，特别梁尚书敦彦，则认为须拣选幼童，以便使之彻底美化。梁氏主张造林自应选殖幼苗，日后方可成为青葱可爱之森林。他并提议立即资送为数上千的幼童，直接赴美。将来学成归国，分布国内各府、厅、州、县。庶几每县一人，直接进行地方改造〔此实过于理想，后来回国之留学生，多集中于通都大邑，返本省偏州僻县者，几无其人〕。他曾严重的申说，我国外侮频仍，备受侵略，如不彻底改革，时不我与，覆亡立致。他的见解，全凭本人过去经验和印象。〔不免偏颇。〕彼随容闳博士赴美时，不过一个十二三岁的幼童。他对于留日本回国的学生，印象最坏，认为多系"小政客"，昧于国家观念，简直未曾了解现代教育的真谛。至于反对方面，则深恐幼童去国太早，势将丧失其"国民性"，变成一彻头彻尾的"洋人"。回国后，至少在最初的几年内，将失去服务国家的效能。

除上述争点之外，留学生究应选择何种科目——政治，科学，工程——均属待决问题。鉴于彼时留日学生，多趋于政法一途，回国后，志在作一小官，或公务员，以资糊口。殊少立志改造社会，兴办企业的人。因此多数主张学生游美，必须着重理、工、农、商等实际有用的学术与技能，庶几回国后，可望对于祖国的改造和建设，有真正的贡献。少数学生亦可选习文、哲一类的科目。〔后来规定清华游美学生，百分之七十习理、工、农、矿、商等应用科目，百分之三十习文、哲、政、法、教育等科目。实际许多人，抵美后，往往改变初衷。〕

争辩经过，既如上述，结果不外折中调和。于是决定筹设一高中程度的留美预备学校，期于四年毕业后，赴美可以径入大学一年级。〔后来成立的预备学校，分高等、中等两科，共计八年，赴美后，可以插入大学二年级，或三年级。〕在预备学校未开班之前，先采行公开考试方法，拣选各省青年学生，分批直接送美深造。前来北京投考的学生，多系大都市有名学校的肄业生。此类有名学校当时亦并不多。赔款数额，既系由各省分摊，预备学校招生名额，即比照摊额分配。〔按赔款系由关税收入项下拨付，并未由各省直接摊缴。〕俟该校范围逐渐扩充后，毕业及格各生，即径行资送美国，不再公开考选。〔民国四年起，按年在国内考选大学毕业生十人，送美入研究院，又每隔一年，考选女生十人，送美入大学。〕经由清华送美留学男女生，前后不下三千人。在美领受高等教育，回国后，多在政府机关、公私企业担任要职，形成中美文化与经济合作的桥梁。此于美国对华贸易，助益着实不少。曩时列邦，对于美国政府此一措施，不免反对，且继以讥笑。兹既目击成果，转而纷纷效颦。

彼时《北京日报》主笔为李君湛霖（Mr. Li Sum-ling）〔中文确名待查〕。在一九〇六年，李君对于推动中美友好关系，殊为尽力。一度引起美方人士，对彼注意。他与纽约先驱报的主人宾来德君（Mr. Bennett）友好，宾氏因在该报加以鼓吹。虽效果并不彰著，然自从宾氏遣派阿尔君（Mr. Ohl）来华担任特别通讯员之后，北京乃至全中国，在美国人民心目中，始有更进一步的印象。李君乃一文笔流畅的写作家。所主编的英文《北京日报》，既在首都，又只此一家，他的社论，自然为外人所重视。国人自办的中文报纸，则限于《北京日报》一种，由报界耆宿朱淇主持。尚有《顺天时报》，则系日本人的机关报。自新闻处成立之后，处内各人，经常撰写时评，或对专题发挥意见，均交由英文《北京日报》发表。有时关于外交上的内幕新闻，亦尝交由该报首先公布。因之该报地位无形提高。

美国驻京公使，时系支加哥的柯尔洪君（Mr. Calhoun）。他的民主态度和同情心，尝予人以好感。他和我国留美学生，交往颇频。而我们之中，亦有一群，不时在各人家中聚会，轮流作东，间有牌局。英国使馆对于部中擅长英语的青年官员，颇为客气。经验丰富的朱尔典爵士（Sir John Jordan），时任英国驻北京公使。

朱尔典爵士觐见宣统帝暨摄政王时，我以外务部职员地位，曾在傍观礼。朱氏乘坐"明轿"，自使馆直入紫禁城，于便殿前下轿，由外务部堂官接待。清帝及摄政王已在乾清宫正大光明殿升座。充任御前大臣的满蒙王公，肃立左右。另有羽林翊卫一队，手执古代武器，鹄立殿外两厢。于是外务部尚书、侍郎公同导引英使由阶陛直趋正殿，其文武参赞、随员等，鱼贯尾行。当时万籁沉默，鸦雀无哗，仅闻欧洲人所穿皮靴着地步履之声。俟尚、侍、公使、参随各员步入殿庭后，尚、侍首先跪于御案之前，公使则肃立致敬，行三鞠躬礼。旋即开始恭读书就之英皇祝词。以朱氏之阅历老练，朗诵祝词时，声调不免震颤。环境如此庄严肃穆，天威咫尺，不由人不生敬畏之心。朱氏读毕祝词，举步向前，将国书呈递于摄政王手中，略事寒喧而退。仍由外务部尚、侍伴同朱氏及其参随各员，退至便殿，略进香槟果点，握别而散。此次典礼，外务部同事认为十分隆重。事毕特齐集东华门外东兴楼饭庄饱餐一顿，所有费用，由部照付！

北京住宅轩敞华贵，惟缺乏现代设备，冬季最感寒冷。外务部官员，特别年青一辈，多系居住国外有年，习于物质享受。对于居室，必须装置地板，安设火炉，西式家具，地毡窗帘，电灯风扇，应有尽有。各房之间，特辟内廊往来，以避雨雪。且多雇用西餐厨师，及曾受训练的侍役。此种排场，一方面固为使本人起居舒适，一方面则为招待外国宾客，可以增进国际间的交往联络。这种做法，势将使埋在坟墓中的反动派老人们，跳将起来。国际联欢社里，比赛网球时，中外女士，不时担任招待主人，中外人士间的鸿沟，因之逐渐泯除。礼尚往来，彼此酬酢，既然频繁，北京城内，居然构成国际社交的重心。中外官方宴集之事，日益增多。外务部迎宾馆，适时落成。厅堂轩敞，陈设富丽，不少盛会，举行其中。我国妇女，包括清室贵胄，对于社交活动，复深感兴趣。原来死气沉沉的帝都，竟然转老还童，生气蓬勃。京西跑马场俱乐部，规模虽非宽宏，跑道亦欠广阔，但每值赛马季节，往往吸引不少观众。

给于外邦女宾印象最深，而时常引为谈助的，莫若国丧释服后，隆裕太后与冲帝举行的招待大会。我的内人（招待会系在我们结婚后举行的），和其他受过西方教育的女士，担任传译。招待会地点，系在宫内正中的御花园〔坤宁宫门外〕。我与部内一位同事，当日奉派先往"大内"，巡视布置是否就绪。照例招待会进行时，我等男性官员，必须回避，不得出面。正当我站在水池边，静候外宾莅止时，忽传太后与冲帝驾到。我等迅即避入附近的空屋内，仅由纸窗窥见两位"天家主人"的御容。冲帝时年约七岁，身穿朝服，帽顶缀一枚大型东珠。

留日学生，当时人数众多，供职政府，颇有地位。曾组织有堂皇的俱乐部。我们时常借用，招待客人。直至一九二〇年代，欧美留学生始就北京石达子庙址组织欧美同学会，方有固定会所。曾将原来庙宇建筑，加以美化，另辟花园、网球场、宿舍等，颇具规模，成为北京招待外宾中心之一。该会开办费，包括建筑、布置等，多系彼时服务外交界之同学所捐助。

美国陆军部长狄庚孙（Dickinson）一行，于巡视菲律滨后，返国途中，特来北京访问。清室亲王、贝勒，与外务部曾予以盛大招待。宴集时，彼此恭维的词令，不绝于口。军咨府正使〔即参谋总长〕载涛贝勒，系冲帝的叔父，特在北京西郊万牲园，预备大规模的午餐款待。涛贝勒致欢迎词时，我奉派担任翻译。狄庚孙的答词，则充满瑰丽字句，极尽幻想之能事。在美国所谓"夸张"（Spread-Eagle）的演说。美国使馆中文参赞，负有传译为中文之责。自知工作艰巨，不克胜任，暗中向我商洽，为彼代庖！狄庚孙生长美国南方，隶民主党，但参加共和党的内阁。他曾参观我国军事设备，印象良好。他和随员等取道西伯利亚铁路返国时，由外务部、陆军部及军咨府派我与职官两人伴送至东北满洲里。中途经奉天省城时，由东三省总督特别招待。狄氏的旅行伴侣中，有一位波士顿富翁，后来出任驻日大使。数月之后，他寄给我们伴送的三人，每人一枚高贵的瑞士袋表，刻有文字，以资纪念。

我已年逾而立，尚未授室。此在中国，殊属罕见。然亦有故。缘我早年游学时，本拟在美多住几年，以求深造。不幸双亲相继弃养，只好提早回国，然仍拟于短时期内，再度出国，故暂不作成家之想。但光阴荏苒，事与愿违。二次游美，距初次回国，中间已经六年。现既在外务部任职，工作固定，成家时期，殆已成熟。我在"童年回忆"一章内，曾经提过在上海教英文时，得识翰林李公。现在李公正寄寓京师，愿任蹇修，为我撮合婚事。对方系曾任出使德法钦差大臣、现官山东巡抚〔孙宝琦〕的胞妹〔宝琮〕。过去因随乃兄旅居法京两载，通晓彼邦语文，谙娴外交仪节。私心认为条件完备。现正与母亲、长姊、仲兄〔宝瑄〕同居北京。按照我国旧俗，男女双方，未婚之前，向不谋面。一切悉凭媒妁居间，传达意见。新进人物，亦不过交换小照。当时舍妹适在北京，为我照料家务，因由彼与对方在李府茶会相见。婚约既订，数月之后，择吉在我的住宅内成婚。她不曾受过洗礼，故不在教堂行礼，只请一位中国牧师在家中，按照基督教仪式证婚。我们均穿当时中国流行的全套礼服。终我一身，总算有机会戴了一次珊瑚红顶〔清制称头品顶戴〕。这是中国新郎的一种特别权利。虽无一品官阶，亦不认为僭越。至于男女两家，互相赠送礼物，所谓"纳采"、"送妆"等旧套，全部照办。作为新郎的我，届时衣冠乘马，恭诣坤宅，举行"亲迎"。敬候新娘升彩舆后，为之前导，接至乾宅。至于"三朝"，新郎伴同新娘归宁母家，以及宴飨亲友等等细节，均依例举行，毫无遗漏。

内子出自名门，他的父亲〔孙诒经，清史有传〕，曾任清光绪帝的师傅。他的长兄，与当时执政当道系儿女亲家〔孙宝琦之女，系庆亲王奕劻的儿媳〕。第一次大战期间，他曾任民国的外交总长，签订关于蒙古事件的《中俄蒙协约》。民国十三年（一九二四），曹锟任总统，他出任内阁总理，我任农商总长，彼此同寅。

宣统三年（一九一一），我在外务部的重要工作，为与英国代表谈判关于印度输华鸦片案件。谈判结果，总算局部完成先君决心禁烟的遗志〔参阅"童年回忆"一章〕。由于读到当时我国严厉而诚挚地禁吸和禁种鸦片的堂皇报告书，英国舆论颇为感动。人民群起要求印度政府，停止对华鸦片贸易。惟印度不愿放弃此项"既得利益"。我方因提出逐年减运办法，使英国经营鸦片商人的利益，不致立即消逝，而印度政费，亦可从容筹措抵补。经过谈判后，宣统三年四月初十日（一九一一年五月八日），由外务部尚书邹嘉来与英国驻华公使朱尔典签立《禁烟条件》十条。

外人申辩输入鸦片的理由，往往借口于国人相信吸食鸦片有药剂功效，害小益大的论调。此种强词夺理，实属误谬。我个人确知国人对于鸦片之输入，深恶痛恨。虽吸食上瘾之人，亦恒认为有害无益。从不曾听到"益多害少"的说法。纵传说一些愚陋无知的母亲，唯恐爱子不务正业，浪费家产，因而诱其吸食鸦片，使之日趋萎顿，志气消沉，长年家居，不致出外为非作歹。此类情事，固难必其绝无，而尤以旗下旧家，最为可能〔世传慈禧太后，曾一度强迫光绪帝吸鸦片〕。凡此恶果，其实完全由于政府与人民自召。政府既无能力严申禁令，言出法随，彻底根绝。人民复冥不知耻，自甘沉湎，不求振拔。遂贻人以口实，而受其挟制。终于采取龟缩政策，以求息事自保。尽管政府对于鸦片之禁吸禁种，三令五申，且不惜对犯禁者，置之重典。然而官方执法，漫无统一标准，张弛不定，常视当权者之喜怒好恶。终于难言效绩，可叹可恨。

鸦片贸易之难以根本推翻，吸食鸦片恶习之无从彻底消除，关键所在，无非"税源"而已。当政府感觉无法不使印土输入时，为免厚利尽落外人之手，于是听由国内农人自种，借博"不义之财"。染有烟癖的人民广布全国（此种罪业，悉由自召），于是栽种鸦片有税，贩卖鸦片有税，吸食鸦片有税。税源既如此其多，税额复相当富厚。虽极正派之官吏，〔极革命之政府，〕岂能无动于衷！除对外须付巨额赔款外，无论中央，或地方政府，各项军政开支，均日益增巨。理财当局，遂不惜灭绝天理，饮鸩止渴，尽情开辟此项税源。凡事一成惯例，再想推翻，费力极矣。尤以赋税之施行，最为彰著。鸦片之产、运、销，其数量既然增加，对于此项产、运、销所征之税，美其名曰"禁税"。官方便引"寓禁于征"的成语，而掩盖其饮鸩，和搜括之丑行，强使其合理化。被税的农民，商贩，瘾民，既公认为系一种罚锾，不独不敢抗缴，对于税率，随时自动提高，自亦毫无异言。外商输入烟土的进口税，虽系依照协定征收，但中国政府由于多年所积经验，时用尝试手段，提高税率〔基于寓禁于征的理由〕，固亦取得国际间的谅解。

庚子之后，朝野力求振作，明达爱国之官吏，对于弱国灭种的吸烟恶习，极思铲除。唐绍仪氏即为推动此事，最有力量之一人。他对于鸦片之害，宿所痛心。迨被派往印度，身经目击，感触益深。回国后，特发起"反鸦片贸易运动"，实为拒毒最烈之斗士。他在政府，号称能员，挟其毅力与诚挚，主持对外交涉（禁烟一事，竟然在当时成为对外交涉重要事项），颇受外人尊敬。由于他的坚忍固执，终于纠合了一群反对鸦片贸易的寅僚同志，共同奋斗。素性懦怯，遇事瞻顾的满人，对于他的主张，亦只好言听计从。光绪三十二年七月（一九〇六年八月），遂有十年之内，禁绝鸦片输入、栽种、贩卖、吸食的上谕。同时饬知中央与地方官吏，妥筹代替烟土捐收入的新税办法。

此一禁烟上谕，彼时各级政府，奉行殊力。内地各省罂粟之栽种，顿形减少。地方官吏，对于禁种、禁卖、禁吸的功令，竞相推动，期符考成。即以出产鸦片最富的陕西一省而论，由于该省当道的认真努力，三年之内，罂粟之栽种，几于完全绝迹。〔译者幼时居住之贵州，亦为出产鸦片地区。清末宣统年间，鸦片栽种，亦几绝迹。〕我国人民，义利之辨，向极明白。情愿牺牲财富上的收入，而维持人道上的正义，于此可以证明。对于弱国病民之祸殃，誓必根本扫除，在当时确属上下同心。

光绪三十三年（一九〇七），中英政府双方同意，自次年阳历一月起，三年之内，印土输华，每年减少百分之十。际此期间，中国政府如能使土产鸦片之栽种与销售同时减少，则英国政府愿使输华印土，每年减少百分之三十，十年减尽，直至一九一七年为止。英方如此让步，完全由于彼国内舆论的督促。同时该国亦乐观我国实行禁毒之完成。宣统元年（一九〇九），上谕公布禁烟条例细则。事实上，若干省份，前次呈报禁种、禁吸的经过，成绩良好，令人满意。此一明谕，无非重申前令，用昭划一而已。

在未颁发上述禁烟条例细则之前，各省当道，对于抽收进口印药税，须照条约规定办理。税率恒较加诸土药者为低。兹既奉禁烟明谕，实行寓禁于征，遂不分印药、土药，一律重税。英方因之向外务部尚书提出抗议，认为各省当道破坏成约。但外务部告以各省对于瘾民所吸食的鸦片，无从辨别其为外来或土产。既然寓禁于征，惟有一律重税，以期禁绝。理由既极正大充足，英方自亦无从责难。外务部亦深知英国政府决不致因此而发动另一"鸦片战争"。

有如上述，英国政府根据该国驻华领事和教会报告，及使馆商务参赞等会同各省当道巡视结果，深信我国对于禁烟一举，雷厉风行，已著成效。遂决定执行停止印药进口办法。深知此举，早迟不免，曷若自动执行。

吾人试一读宣统三年签订之《禁烟条件》，不难明了英方动机，及条件内的要点。英方所争执者，在中国若以自产鸦片代替印药，则彼将绝对不放弃对华鸦片贸易。如中国禁烟办有成绩，则彼实无理由，继续输入印土。但为使印度鸦片贸易不致骤停，故有第三款"各省有绝种兼不运他省土药者，印土亦停运，惟广州、上海为最后"之规定。盖上海、广州两埠，乃鸦片聚散中心。

按照《禁烟条件》第六款，"如中国土药税划一，印药亦加税厘至每箱（一百斤）三百五十两"之规定，对外来鸦片所征收之新税，虽较旧税率增加三倍。但旧税中，尚须加入由地方当局征收之种种附加杂税，故新税实际并不较旧税为高。同时中国政府鉴于印土进口数量，势将逐渐减少，但价格则将日趋上涨，因提议此后应"从价"征税。每三个月，或六个月，对"从价"税率调整一次。英方拒绝同意。迨《禁烟条件》公布之后，印土价格，迅即狂涨，中国政府不能"从价"征税，致税收损失非细，而进口商则利市数倍。印度政府对华鸦片贸易，当时每年计值二百万英镑，数目细微。然而我国与之交涉，浪费时间不少，且予种种让步，始将此一最不名誉的商业廓清。〔禁烟之举，英廷本非所愿，徒以内迫于议院，外制于邻邦，公论人道，难以违拒，不得已乃始为此逐渐减少之议。盖印度政费，半赖是出，且以几次战争辛苦所得之利，一旦放弃，其情自亦不甘也。〕

宣统二年（一九一○）冬季，施君肇基时任外务部左丞，和我在北京组织满洲防疫处，进行消除正在东三省流行的肺炎疫。在哈尔滨成立防疫事务所，由伍连德博士主持。伍博士系留英医学专家，由中外医生六十余人协助，执行防护工作。医生之中，不少来自北京及满洲的教会医院，不惜冒生命危险，为人群服务。竟能在短时期内，将来势汹汹的瘟疫予以扑灭。否则且将引起国际干涉。罹疫死亡人数，成千上万，尸体埋葬，顿成严重问题。棺木用罄，冻地难掘，益使情况恶化。集体火化，虽属惟一办法，然格于习俗，事乏先例。若贸然执行，可能引起民众反对，仇视防疫人员。幸而外务部主官与摄政王，明达决定，特降上谕，饬准就地集体火化，以重公共卫生，始获进行无阻。后来复在奉天省城，召集"万国防疫会议"，各国派遣专家代表出席，讨论瘟疫病源，及防治方法。此次防治瘟疫措施，不独得到出席代表们的赞赏，而召集国际学术会议，在我国实为有史以来破天荒的第一次。

德国太子环游世界，将来华报聘。外务部为筹备招待事宜，特指派干员多人规划一切。先则修葺某处皇产，作为贵宾行台，并特电德国皇家工厂，订制大餐用磁器，和镀金刀叉等事。适逢满洲瘟疫蔓延，德廷深恐有碍太子健康，遂取消来华之行，惟外务部种种准备，并不虚费。后来招待法国霞飞将军、瑞典太子及其他国际上宾，亦均得应用。

宣统二年（一九一〇），盛宣怀氏继唐绍仪氏任邮传部尚书，次年签订四国银行团六百万英镑借款合同（必要时，可以增至一千万英镑），以供建筑卢汉（即京汉）铁路之用。我与另一同事，代表外务部校阅合同文字，核对中文本与英文本的内容，有无两歧。盛氏不通英文，然对我们二人所提出英文本内，应行修正各点，颇能扼要了解，迅予核定。足见其人，确有过人才智，值得佩服。他在我国近代大僚中，实属一位卓越人物。凡所兴办和助成的事业，如铁路、电报、轮船、矿业、纺织等，诚开我国维新建设的先河。

我在外务部任职，虽有相当时间，但殊少升迁希望。此缘本人并无实缺官职。是年清廷复举行留学生殿试，凡有进士、举人出身者，均可参加。我因亦报名与考。殿试地点在大内保和殿。时值盛夏，衣冠前往，有人且装置假辫于官帽之后，在殿内，盘膝趺坐于拜垫之上，矮几之前，舐笔调墨，搜索腹笥，作文写字。监试官，不少王公贝勒，在殿内往来逡巡。就中一位蒙古多罗郡王，原系素识。他注意到与考各人，衣冠累赘，跌坐姿势，既已狼狈，暑热侵人，尤所难堪，因提议"免冠"。俟各人将官帽脱下，挂于殿柱钉上，只见帽下垂着假辫一排，见了令人失笑！此种殿试，看来严重，实亦官样文章。只要写作整齐，不失规定程式，对于题旨，不闹笑话，即可中式。与考各人，本系进士出身，试后即分别授为翰林院"编修"、"检讨"或"庶常吉士"。余则分发各省，以知县试用，为亲民之官。我试后，获授翰林院"检讨"，不久即由主事，升任外务部参议。

清朝仕路，以科目为正途。科目最重翰林。凡进士殿试，得授"庶吉士"者，谓之"馆选"，皆称翰林。非翰林出身，不能官拜殿阁大学士〔地位等于明朝的宰相〕。大臣饰终〔死后荣典〕，必翰林出身，乃得谥"文"，如曾文正（国藩）、李文忠（鸿章），皆是。〔左宗棠以举人出身，拜东阁大学士，谥文襄，乃稀有之荣。〕他官叙资，亦必翰林尽先。庶吉士在馆二三年，更试高等者，授编修，或检讨，谓之留馆，人尤贵之〔略如美国的 Post-Doctorate〕。翰林最重前辈，一科至七科以上，自称晚生。十三科以上，称大前辈，自称如前。进士馆选后，遣人遍投名刺于前辈，谓之大拜。越日，具三白刺，躬诣阍人投刺，谓之"求面"。翰林拜客，则用红刺，名字特大（中国官场旧习，名刺大小，与官阶成正比例。由翰林出身者，名刺长尺许，宽六、七寸）。翰林拜访各省督抚，由侧门入，但出时，督抚必开中门送出，以示敬意。法国通儒院（French Academy），对于新选入院之院士，入院典礼，已极隆重，但较之前清庶吉士入翰林院之仪注，则简单多矣。此项仪注，及有关事项，订有章程，印成专书，计六册之多。此则由于我国历代注重学人，尤以翰林为清品。北京孔庙〔在安定门内成贤街，元大德十年建〕门外，建有进士题名碑，计明朝七十座，清朝一百一十八座，上刻自明朝开国以来，历届所取进士姓名，以迄清末。光绪三十一年以后，所取游学毕业生进士姓名，亦均附刊于上。

宣统二年（一九一○）中，有两桩涉及内政的大事，值得一提。一为汪精卫谋刺摄政王载沣案，详细情形，记载甚多，世人尽知，无劳再述。一为资政院的成立（三十年后，在重庆召集之国民参政会，与此性质相似），由贝子溥伦任总裁。惟清廷之设立资政院，仅供政府之咨询，实无使之与政府立于对等地位的意义。亦可解释为召集国会的准备。资政院的会期，每年计三个月。戊戌（一八九八）政变，康有为、梁启超失败之后，他们领导的一群青年志士，对于立宪运动，极为努力。盖以庚子拳乱，招来前未曾有之外侮，国人认为非变法改制，无以图存。光绪三十一年（一九○五）六月，遂有五大臣出洋，赴日本、欧、美考察宪政之举。五大臣归来，连折敷陈各国宪法之优点，认为我国必须立宪。慈禧太后表示"既然大臣皆言立宪有利，只要办妥，深宫初无成见"。次年（一九○六）七月，清廷即下诏仿行宪政，以十年为预备之期（有如国民党所主张之训政时期），先行改订官制，厘定法律，广兴教育，整顿武备，普设巡警，使政府机构，日臻现代化。光绪三十四年（一九〇八）六月，下诏颁定各省咨议局章程，及议员选举办法。同年八月，下诏颁布宪法大纲，定九年之后，召开国会。然而人民望治心切，认为凡此朝廷措施，虽属重要，究不如即时实行立宪，既足以昭示大信，而对于拯救危亡，更可集思广益，与人民共负艰巨。实际此时，全国民众对于清廷已失信心。革命危机四伏，狂风急雨，迅将降临。而枋国之人，始终不悟。未来之国会，已选定北京东城贡院旧址，开始兴筑，尚未奠基，而宣统三年（一九一一）十月十日，武昌革命爆发，起义民军，群奉新军协统黎元洪为军政府都督。此一备作人民谋国议政之所的建筑工程，遽尔中断，日久且为众人所遗忘。

人民不满意满清政权之原因很多。清廷历年对外之颟顸无能，慈禧太后之反动思想（与光绪帝的维新进步思想，适得其反），造成拳匪祸乱，招致八国联军攻入北京，结果缔结辱国丧权的《辛丑条约》，益增人民反感。至于近因，尤为不少。无一不非招致革命，推翻清廷的导火线。庚子乱后之数年内，有权势的满人，自知愚陋，闯了大祸，均销声匿迹，退缩不前，坐待机会。俟时移势易，则纷纷露面，渗入政府，占据要津。摄政王载沣，人本平庸，优弱寡断，复缺政治经验，远不及慈禧太后之果毅权变，遇事独裁，决非戡乱定国之才。自袁世凯放归田里，清廷已无主持大计之人。迨新官制公布，政府改组，庆亲王奕劻任内阁总理大臣，那桐、徐世昌分任协理大臣，梁敦彦任外务部大臣，肃亲王善耆任民政部大臣，镇国公载泽任度支部大臣，唐景崇任学部大臣，荫昌任陆军部大臣，贝勒载洵任海军部大臣，绍昌任法部大臣，贝子溥伦任农工商部大臣，盛宣怀任邮传部大臣，寿耆任理藩部大臣。以上十三员，均为国务大臣，其中九人为满人，汉人仅四人而已。此种满汉人选比例，既违向例，显示重满轻汉。而九个满人之中，七人又系皇室懿亲。构成皇室内阁，与宪政精神，绝不相容。而人民益知立宪之无望。皇室亲贵，多系少年纨袴，既无学识能力，更少实际经验。尽管风度翩翩，性情和易，直同摆设，无一足以担当扶危定倾的大任。

光绪三十二年（一九〇六）冬，清廷初设邮传部，统一管理全国已筑成或尚在建筑中之卢汉、沪宁、道清、正太、汴洛等铁路线。并拟施行国有铁路政策。兴筑铁路，早经李文忠在北洋大臣任内，予以推动，而津海关道盛宣怀实助其成。自邮传部成立之后，改由唐绍仪氏主持。盛氏即不直接与闻其事。盛唐两人，既经先后主持铁路建设，遂造成苏、粤两个系统。邮传部尚书〔后改称大臣〕一职，人恒视为有钱有势的膏腴肥缺。不仅为钱财聚散之总汇，而雇用成千上万之员工，声势尤为浩大。盛、唐两人，既各成派系，而唐则素来党附袁世凯。迨袁氏下野，唐失凭依，盛于是卷土重来。宣统二年，盛氏代唐氏任邮传部大臣，对于主要铁路干线，明诏公布，实行国有，其不甚重要之铁路支线，则听由人民投资兴办。

不幸此一合理而明智的铁路国有政策，竟成满清皇朝之丧钟，促其覆亡。初则湖南巡抚，代该省咨议局奏陈湘省人民反对举借外债（指四国银行团借款），情愿自动集资修筑湖广铁路之湖南省内一段。嗣奉朝旨，切责不许。实则湖广铁路所经过的四省，对于举借外债筑路，均极反对。而四川民众，对于川汉铁路收归国有，反对尤烈。尽管清廷运用武力镇压，将川汉铁路公司总经理及四川咨议局议长、议员等，捕逮收押，仍不能制止反对风潮。衡突结果，引起辛亥十月十日，武昌革命的爆发。

同年西藏达赖喇嘛，与清廷驻藏大臣联豫发生严重争执。达赖声称联豫卫队在西藏境内焚杀奸掠，因起而反抗。驻藏帮办大臣温宗尧氏遂被迫离藏出走。达赖于是对清廷宣告独立。清廷内定派周自齐氏出任驻藏大臣。周君向我商量，拟推荐为帮办大臣。正在考虑中，武昌之变作，一切当然作罢。

第六章　辛亥鼎革
（一九一二——一九一三）

辛亥革命的详细经过，各家记载已多，且有国史可稽，不必由我赘述。兹欲记者，只限于北京方面，个人身经、目击、耳闻的事实，并略抒当时一己的感想。

武昌民军的突发，对于北京政府，有如迅雷不及掩耳。当时执政当道，多系平庸低能、缺乏经验之辈。监国的摄政王载沣，虽亦有向善之心，然素性怯懦，决非应变定乱之材。领袖百僚的内阁总理大臣庆亲王奕劻，富有经验，但年老力衰，早陈暮气。协理大臣那桐，能言善辩，惟华而不实，且缺少果断。在满洲大臣中，镇国公载泽，比较稳健，亦具毅力。另一满人，荫昌将军，早年留学德国习军事，曾任驻柏林钦使。虽系武人，毫不威重。即在公共场合，亦喜开玩笑，好恶作剧，借以掩饰其空虚浅薄。另一协理大臣徐世昌，曾任东三省总督，后充民国总统，虽系文治派领袖，富有行政经验，但以厄于同僚，曲高和寡，难有展布。汉大臣中之梁敦彦、盛宣怀，均属学识优长，经验宏富。但皆体力不济，暮气沉沉，且世故太深，决断纡回。兼以不习军旅，难望其能应付非常局面。总而言之，当时衮衮群公，色厉内荏，如非失败主义者，即属迷信运命之人。对于各省实情，既非深悉，而宴安已久，习于因循。事起仓卒，徨徨然无所措手足。军队未与对方交锋，而心理上，固已准备投降。

当时的内阁，已陷于群龙无首的状态。应付革命军的会议，虽不断日夜举行，而出席各大臣，面面相觑，束手无策。纵有决议，亦举棋不定，难期贯彻。正在山穷水尽之际，忽然想到一位干练人物。于是群相推重，挽其出任艰巨，期能扭转大局。此人即三年前放归田里的袁世凯。在武昌革命发动后四天〔阴历八月二十三日〕，袁宫保〔当时一般人对袁氏如此称呼〕授任湖广总督，代替弃职潜逃的瑞澂。同时清廷起用素号忠诚鲠直的岑春煊，任为四川总督。袁宫保在未将心腹党羽布置就绪和尚在斟酌个人出处之际，是否"应召出山"，毫无表示。十天之后〔阴历九月初六日〕，清廷再颁上谕，任命他充钦差大臣，统辖前方军队。但他仍旧逗留不前，并无准备接受朝旨迹象。

在北京城内，盛宣怀既因实行铁路国有政策，闯了大祸，旋被罢黜。复由唐绍仪代为邮传大臣。清廷最初鉴于武昌革命军声势浩大，于〔阴历〕八月二十一日，特命陆军大臣荫昌亲率禁卫军南下，至汉口戡乱。陆军部遂致无人主持。后方空虚，殊为失策。武昌起义后之一个月，袁世凯对其个人有利布置，既已就绪，其三年前原有的地位与权势，亦经恢复。百事俱备，他本可继庆亲王奕劻，而任内阁总理大臣。但他仍无入京就职的表示。直待半月之后，前方军事，显有进展，这位清朝有史以来权力最高的汉人大臣，始逡巡来京〔时为阴历九月二十三日〕。

袁氏抵京之后，人心顿形安定。对于政府戡乱的能力，恢复信心。证明他过去应变的能力，和累积的声望，确具相当魔力。在此之前，留京人士，神经之紧张，实出意想之外。记得某日，外务部高级官员，正在讨论重要问题。部内主管电报的员司，突然走来，面色苍白，口称发往天津总督衙门的电报，已接不着回电（当时盛传潜伏北方的革命党人，将袭击天津）。于是参加会议的各人，均同声吩咐套车，预备立即回家。几分钟后，主管电报员司，复来报告，京津电报，畅通无阻，顷间实缘对方收报员，暂时离开而已。

由于时局动荡不安，清廷遂不假思索，指令海关总税务司，负责保管全部关税收入。照过去办法，总税务司只管征收，税款收入后，即交由关道〔后来称海关监督〕收存保管。惟自军兴，关道多畏缩潜逃，或则被民军撤换。清廷无法，只得饬令英籍总税务司代为保管。关税收入，既大部分指作偿还外债本息，及支付庚子赔款之用，英籍总税务司因此得以自由分配，中国政府惟有听命于彼。收入税款，应存入任何银行，亦由彼为政，而国家银行反无从沾润。向来海关所收罚款与吨税，原系指供驻外使领馆经费，兹亦被总税务司扫数卷入支付赔款和外债之用。从此英籍总税务司权力日益膨大，几同第二财政当局，至内国公债之还本付息，亦由彼把持操纵。此种流弊，实造端于辛亥革命时，清廷措施之谬误。

袁氏抵京后三日，成立新内阁。他的旧属和故人：如梁敦彦（外交）、赵秉钧（民政）、严修（度支）、王士珍（陆军）、萨镇冰（海军）等，分任各部大臣。仅理藩大臣达寿，乃惟一之满人。在最近的数周内，事态变化至速。四川业已宣布独立。钦差查办大臣、满人端方被杀。独立各省公推湖北军政府为中央政府。外蒙古的库伦，伺机宣布独立。民军占领南京。继之以南北两军，宣布休战三日，嗣再延三日。摄政王载沣引咎归藩，唐绍仪充任全权代表与民军议和的惊人消息，相继传出。休战时间，因又延长为十五日，寻复增加七日。和议在上海举行，由伍廷芳代表南方。

孙逸仙博士适于是时由海外归来。各省代表十七人齐集南京，公举孙氏为中华民国临时大总统。他于民国元年（一九一二）一月一日宣誓就职，正式采用“格列高运”历法（Gregorian Calendar），定五色旗为国旗。一月三日，临时政府内阁成立，同时黎元洪将军被选为副总统。际此期间，南北双方，各利用所占政治和军事上的优势，极尽讨价还价的能事。嗣唐绍仪以遭遇困难，辞去全权代表任务。有关和议的谈判，由袁内阁总理大臣，与南方伍代表廷芳电报商洽。此或缘于袁氏对于牵涉本人利害的一切，不愿他人居间代表。

我曾以外务部参议的地位，被派随同袁氏造访驻京各国公使，尤以对于英语国家，往来较多。我和他虽有葭莩之亲〔袁氏第七子克齐娶孙宝琦之女〕，但向无往还。迄今始有机会接近，详查其人。他的躯干短而健。他的毅力，他的果断，均予人以深刻印象。按照我国旧传相法，他的体格，属于"虎型"。他的头部特大，两眼锐利有神。动作虽慢，而有规律。据其最亲近的友好所说：他在办公室内，从无片刻的闲暇。纵无公文可阅，亦必趁机将案上什物，加以整理。但他每日决无任何体操或运动。我到过他的宏敞私邸，准备伴同前往东交民巷时，他由后院寝所来到前院客厅，虽距离极短，亦必乘坐肩舆〔椅轿〕，未尝步行！后来他由私邸移住外务部新址，从办公厅回到楼上私人燕息处所，仍然乘轿上下。〔戊申十二月，袁氏开缺回籍养疴，朝旨有"……袁世凯现患足疾，步履艰难……"等语，似亦有据。〕此或由于中西锻炼个人身体理论之不同。西洋人注意运动，使体力发达；中国人主张静养，保存元气？然而他仍不失为充满勇气与毅力的人物。一次，他散朝后，回返官邸，路过东华门附近，突然茶楼上，有人向他所乘的马车，抛掷炸弹一枚。奇怪的是：他的马车安然驰抵官邸，惟双马之一，猝然倒毙，显系碎片击中。中国迷信："大难不死,必有后福。"这于袁氏,也许有几分应验。

炸弹发生之后,袁总理大臣即停止趋朝。一切遂由内阁里的几位大臣,每日进宫,向头脑简单的隆裕太后,分别奏报。这几位大臣,当然遵照袁氏指示,无非对于军事及政治各方面,尽量张大局势的日趋恶化,前途极度暗淡,使深居宫闱的寡妇,心理上惟有静候恶运的降临。当她追问朝廷掌握的军队何以不向叛军进攻时,所得到的回答,无非"库空如洗,饷糈无出,兵乏斗志"。皇室方面,只好一而再,再而三的,将历代储藏的金银元宝,尽量交与度支大臣,兑给京城里的银号钱庄,以充军需。然而统兵的大员,仍然按兵不动。彼时盛传紫禁城内,某处宫殿前面,窖藏着无量数的金银财宝。有关的秘密地图,则在一位收藏图籍最多的外国顾问手中。经过拳匪之乱,八国联军进占北京,也不曾发掘。兹为供应军需,曾经勘测开发,始终一无所得。总之隆裕太后已将她的私房全部交出,但对彼仍一无好处。许多清朝亲贵与大老,认为如此勒索,殊欠光明,表示愤慨。

为扫除南北和谈的障碍,袁氏不惜采取种种手段,逼使隆裕太后就范,接受清帝逊位的提议。他先后嗾使驻外使节,和四十七位军官〔署名者实计五十人〕,奏请清廷改建"共和"国体,以息兵争,停止流血。一九一二年二月十二日,清帝正式逊位,结束有清二百八十六年皇统的命运。逊位诏书上,由满籍大臣三人,会同署名。内中二人,系代替辞不就职的汉大臣的。〔实际署名大臣，除内阁总理袁世凯外，计有署外务大臣胡惟德，民政大臣赵秉钧，署海军大臣谭学衡，署农工商大臣熙彦，署邮传大臣梁士诒，理藩大臣达寿等七人。至署度支大臣绍英，学务大臣唐景崇，陆军大臣王士珍，司法大臣沈家本等四人，则均在请假中，未曾署名。〕逊位诏书，系由南方主稿，经袁氏自行加入："即由袁世凯全权组织共和政府"一句。诏书中最后有："予与皇帝得以退处安闲，优游岁月，长受民国之优礼，亲见郅治之告成，岂不懿欤！"等语，完全中国文人笔调，闻系出自当时一位社会贤达的手笔〔按系张謇〕。所谓"民国优礼"云者，即袁氏与民军商妥的"优待皇室条件"。至于实地奉命诱胁隆裕太后赞成共和，勉允清帝逊位的三位大臣，乃赵秉钧、胡惟德、梁士诒。据传袁氏本来主张君主立宪，惟唐绍仪与南方民军接近，且素性同情美国民主政治，故积极赞成共和，力劝袁氏同意。少数满洲亲贵，如肃亲王善者、镇国公载泽、军咨使良弼，虽力主用兵戡乱，但形格势禁，曲高和寡，已无能为役。而大多数则赞成和平解决，以息兵争。当时一般心理，认为共和政体，可以包医百病。

袁氏在天津北洋总督任内，曾延揽不少容闳博士带到美国的留学生。现在他重握政权，当然需要彼等赞襄。唐绍仪和梁敦彦两人，已如上述。此外蔡绍基〔第一批游美幼生〕及蔡廷幹〔第二批游美幼生〕，因与外人熟稔，并成为他的非正式外交联络员。袁氏此次任内阁总理大臣，即首先派蔡绍基任外务部左丞，以其系旧日亲信也。惟蔡氏并不同情当时办法，且不愿牺牲其在天津之舒适生活（曾在天津购置宏敞住宅）。正值清帝逊位，改建共和政府之际，他竟不告而别，拒绝再返都门。我因此连越二级，升任左丞，接替他的遗缺。民国政府成立后，我即晋升次长。

在改建共和之前，袁氏左右，已有不少东西洋留学生，为之策划一切。他经常于会食时，与这般"智囊"讨论重要问题。在情况极度紊乱之际，他力任艰巨，一方须敷衍清廷和激烈分子，使战事早日结束，免召列强干涉；且切望取得外援，尤以财政方面为最。一方则重新建制，以求适应新的政体；遴选干员，接替旧人；或削弱割据的武人，代以心腹，借谋秩序安定。由于他有丰富的行政经验，和带兵驭将的天才，在巡抚、总督、军机大臣任内，积渐了不少声望和阅历，确能应付裕如，操纵活络。在当时，无疑的，他是中国政治上出众的领袖。尽管他的措施不合民治精神，他的思想违反民主潮流，这全由于他囿于历史背景，和所受旧式教育的影响。他本人固然无法立即转变已经定型的思想，也绝无机会重新学习现代政治的技术。可惜他的左右，不独不能匡济其美，反而将顺其恶，要不能不负重大责任。他以缔造共和之人，而公然违誓叛国，帝制自为，卒致身死名裂，真是愚不可及。

当和议告成，袁氏为求尽量迎合共和形式，变易不少过去政府的旧有名称。即如原来各部大臣，现则一律改称为各部

"首领"，有类小说里所谓山寨中的"头领"，称呼不免俚俗。袁氏本人，则自称"元首"，盖据《书经》上的"元首起哉"，所谓"君也"的意义，多少带些封建色彩。剪发易服，也发生不少笑话。理发师、裁缝，乃至皮鞋匠，工作顿形忙碌。许多人不知如何梳洗剪短的头发，率性剃成光头，有如佛寺里的"和尚"。各色奇装异服，触目皆是。官场中，有人穿上西式的晨礼服，却配上一顶"鸭嘴帽"。由于北京气候寒冷，晚礼服内，有人吊上狐皮衬里，顿使身躯臃肿。着晚餐礼服时，则配上有直条纹的呢裤。诸如此类，可谓自作聪明。一方面由于时人的喜新厌旧，一方面也可说一切均在转变之中。倘若此种顺应潮流的心理，并非投机取巧，只作个人衣食的打算，则求变求新的精神，未始不是打破旧观念，跳出旧樊篱，步入现代化的推动力。总而言之，旧环境中的中国全民，虽然步伐蹒跚，确已大胆的向着未知的将来迈进。而将过去的种种，置诸脑后。

清祚既移，最显著的现象，莫若一般胆小的满洲达官，包括皇室亲贵在内，不是避往天津、大连租界，便远走德国租借地的青岛，以资存身。低级满洲公务员，无力离京远避，则发明改用汉姓的妙法，伪装汉人，借以避免麻烦。其实除南方各省，有驻防旗人的城市，汉满之间，不免仇视，革命时，略有屠杀外，大体均相安无事。且自逊位诏书宣示五族平等，化除畛域，由民国政府代筹八旗生计后，满汉之见，殆已泯除。

一九一二年二月十五日，天下为公的孙逸仙博士向参议院辞职，推荐袁世凯任临时总统。旋即由十七省代表所组成的参议院，一致公举袁氏为临时大总统，黎元洪将军为副总统。随即由几位革命伟人，代表南京临时政府北上，欢迎袁世凯南下，在南京就职。代表等抵北京后，正拟伴同袁氏赴南京时，曹锟统制的北洋第三镇，其中一部分军队，忽然发生兵变，时为辛亥年十二月二十九日夜间。（十二年后，曹锟竟变为中华民国总统。）实则第三镇原系袁氏任内阁总理大臣时，调来北京维持治安的军队。兵变时，各方窃窃私议，认为系出于上级的指使。南来代表诚恐袁氏一旦离开北京，可能发生大的动乱，危及新造的共和，对于南下就职原议，已不坚持。

兵变之夜，我正在友人家中聚餐（我的家眷，采取同寅的劝告，事前已经送往天津），忽闻枪声发自对门一家典当铺内，随即起火，开始抢劫。友人的住宅，系一所西式楼房，因登楼远眺。但见东北城区有火头数处，并听到断断续续的枪声。同时外出探听消息的仆人，回来报告，确系兵变。惟叛兵虽开枪示威抢掠，未尝伤害居民。胆小谨慎的主人，忙着将所存元宝，和金珠细软，藏在卧榻之下，或不易为人注意到的墙角。所幸叛兵未曾前来光顾，并无损失。据报袁氏官邸卫队，亦曾参加抢掠。有人亲见好几部大车儎的掳获品，确曾运入外务部大厦（袁氏时驻节其中）。第一夜，叛兵行动，限于东城。第二夜则在西城抢劫。许多第二天忙着逃往天津华界避乱的人们，受到的厄运更坏。缘天津叛兵，焚抢骚扰的程度，远较在北京者,有过无不及。此次兵变,蔓延颇广,实开政府新军抢劫人民之恶例。北京外侨,均未受害。且二十九,三十两日夜间,外人纷纷散步街心,态度悠闲,眼看叛兵纵火抢物。我与友人(均穿西装),于三十日夜间,冒险出外观查,亦未发生意外,只是街头冷静,路无行人(当晚西城商店与住户遭抢)。

由于南京派来代表之建议,袁氏即在北京宣誓,就任临时大总统。

三月三十日,新内阁成立:唐绍仪任国务总理,陆徵祥任外交总长(时系驻俄公使),所有重要行政部门,如外交、财政、陆军、海军和内务的总长人选,均系袁氏的老友,或其旧属。剩下的各部总长,则由南方革命伟人担任。

陆氏任外交总长后,推荐我担任次长,旋得袁氏同意,我即正式就职。我的顶头上司,与我同系出生上海。他的夫人隶籍比利时,擅长法国语文。他任职外交界多年,先任我国驻俄公使馆参赞,嗣任公使,也任过驻海牙公使。在十九世纪末叶,曾两次代表中国出席海牙和平会议。革命的前一年,他特由驻荷兰公使任所,回到北京,与荷兰驻华公使贝拉斯,谈判设置领事的条约。经于宣统三年四月初十日(一九一一年五月八日),签订《中荷领约》。〔中荷交涉,多系与荷兰属地华侨有关,故必须就荷兰属地,设立领事,以祛隔阂,就近折冲。〕我于彼时,与他结识订交。

民国成立后,除外交部原已革新外,各行政部门,均须改组，重新命名，尽量现代化。人事方面，则多沿用原来机构的旧有人员。外交部的人事，亦不例外。不惟可资熟手，且过去许多悬案，仍须由旧人继续办理，藉期迅捷。至一部分能力不逮的满籍，及旧式部曹，则分别停职遣散。因此冗员大减，工作效率增高。办公时间，亦改照西方国家习惯，由晨至晚。原由部内设置官厨，供给同人膳食的制度，亦行取消。厨司收入，大为减色〔参阅上章〕。政府整个组织，迅速完成。虽仍保留不少空缺，以备位置南京临时政府北上人员，然颇难满足彼等愿望。我在次长任内，收到各方的荐牍，不计其数，实苦无法应付。陆总长与我本拟保留若干空额，以备安插回国的驻外干员。实际殊难如愿。我记得曾与富有行政经验的内政总长，谈及遭遇的困难。他大笑说道："我的办法是就职之日，即发表全部职员名单。等到朋友荐人时，我说，'对不起，现在已无空额，可以位置了！'"

陆总长驻外多年，外交经验丰富。就职后，特将旧日驻京各国使节，施于外务部的积习，整个涤除。例如：外国公使要求见他，提出无关重要的问题时，他很客气的告知对方，应与主管司员接洽；倘遇同时请见的人太多，他便示意访客，何不往见次长。他正式通知各使馆，每年只接受各使馆邀宴一次。因此减少许多无聊应酬，节省不少宝贵办公时间。有些公使要求晋见总统，直接谈判。他总设法劝阻。此种习惯，因之得以纠正。从前外国公使中，不少粗鄙失态之辈，敢于在总理衙门，对王大臣，拍桌扬声，致彼此面红耳热。兹则颇知自重，不愿失礼，招致批评。我方对于彼等，除接以适当礼貌外，摈除从前动辄饷以酒果，实行"口腹怀柔"的办法〔现在我国仍有人强调酒肉外交〕。一切交涉，直截了当，实事求是，不劳传译，不绕圈子，"是"则是，"否"则否，决不含糊模棱，拖延时日。如此办理，各国代表，亦殊同意，对于外交部，增加信仰与敬意。

彼时各部次长，多在壮年，大都曾留学欧美，因共同组织一聚餐会，每周聚首一次，谈论有关各部问题，彼此交换意见。最初每部仅设次长一席，嗣以政务增繁，逐渐增加一席，乃至二席。

陆总长身体孱弱，时告病假，部务尝集于我身。在中国过去的当国者，对于外交之重视，殆无有逾于袁总统者。许多在外国认为属于内政范围之事，在中国则多牵涉外交。诸如海关、邮政，由外人掌握，雇用不少外籍职员；铁路、航运、银行、实业，或因外债关系，或允许外人直接投资，亦多由外人操纵或管理。至于租界、租借地、使馆驻兵、领事裁判权等，无一不损及国权，尝使中国的统制权瘫痪。推动一般政务时，须向列国商取同意。外债的清还，赔款的偿付，实际已将中国可靠的税源，海关收入，消耗净尽，致不得不向列强，大举外债，以济急需。

因此身任总统之人，不容不对外交特别注意，或躬自主持。袁氏晨兴极早，往往上午七时，即有电话召我前往谈话。到时他一面进早餐，一面咨询一切。他的食量惊人，除照例的稀饭、咸菜外，尚有鸡蛋、整碗的面条和河南著名的大馒头，均能一一下咽。时常邀我同食，且食且谈。详细垂问：部中对于某项问题如何处理；驻外各使，有何报告；各国对于新政府态度如何等等。新政府成立之后，驻外人员，不时请辞，如何派员接替，应派何人前往，亦常在讨论之列。他因之交下名条，以备选派。彼时他对于各国承认新政府问题，最为关切。一次在与高级人员讨论外交事项时，有人叹息列强对于承认我国，过于迟缓。他很不耐烦的说道："我们自己人，还拒绝承认我呢！如何能期望外人先行承认？"这当然指他的政敌而言。

袁总统就职不久，孙逸仙博士特来北京拜访，设行馆于外交大楼。袁氏则移居陆军部。其时帝俄煽动外蒙古活佛脱离中国。外蒙独立问题。正形尖锐化。早在一九一一年十一月九日，帝俄政府照会清廷、日本、英国，及法国，曾与所谓"蒙古政府"签订条约，承认蒙古自主，拒绝中国军队入驻，与人民移殖，并正式追认帝俄在彼已取得的商务权益。实则此项俄蒙条约，完全抄袭数年前英国与西藏所订条约的故智。

袁氏深知当时中国无力抵抗强邻，迫得与帝俄谈判，以便待机作最后的解决。舆论则极端反对向俄让步。袁氏遂利用孙博士到京机会，借谋取得对俄意见，以资应付。我因奉命晋谒孙氏，并陈递有关说帖。孙博士极端反对向帝俄让步。他主张我国应拒绝俄国有权干涉外蒙一切，决不应签订任何有关条约。并说：一俟将来国力强盛，随时可以将帝俄势力驱逐于库伦之外。他认为与帝俄签订任何有关外蒙条款，不特有害，实属耻辱。他的意见，自然代表南方的一般看法。袁总统实亦无从选择，只好将此问题，暂时搁置。直到民国二年（一九一三）十一月五日，孙宝琦担任外交总长后，始行解决。〔民国二年十一月二十二日签订的《中俄声明文件》——中国正式承认外蒙古的自治权，并应允"不将兵队派驻外蒙古，及安置文武官员，且不移殖人民"。外蒙古遂实际脱离中国。〕在此之前，梁如浩于国民元年，曾任外交总长数月，次年陆徵祥再度长部，对于此一问题，均不克与帝俄商得任何结果。

当梁如浩氏到部不久，吾人曾巡视部内房屋一次。走到一间向不使用的外室，忽然看见内中堆存许多凌乱旧档。因嘱部员加以整理，不期寻出久已失遗的李文忠与俄使巴布罗夫所订的《李——巴布罗夫条约》（Li-Bobonoff Treaty）〔即《旅顺大连湾租借条约》，订于光绪二十四年三月初六日（一八九八年五月十五日）〕。梁氏认为与帝俄签订有关外蒙条约，将违反当时舆论和孙博士的主张，故到职不久，即行引去。但彼对其老上司的忠诚如故。

唐绍仪氏任内阁总理后，第一要事，为向列强进行所谓"善后大借款"，以供解散南北军队，及革命军事时期应付的政费。南北和议成立之后，适四国〔英、美、德、法〕银行团与清廷所订的《湖广铁路借款合同》，成立不久。银行团表示愿意续谈其他借款。惟我国当时颇有人致疑银行团将因承放大宗款项，而提出苛刻条件，实行国际共管中国财政。同时磋商条件，势必需时，目前需款孔亟，殊难久待。且共和政府尚未经列国承认，银行团提出的条件，必然十分严酷。唐氏赴南方接收政权，宣布组织内阁之前，〔诸如结束南京政府机关，遣散各省派驻军队〕，既需巨款，故于三月十六日，特向华比银行借得英金一百万镑，以资应付。当袁氏在北京组织政府之初，四国银行团经由度支部首领〔周自齐〕，许以优越条件，先后垫出白银三百十万两，由唐氏携以南行。连同所借华比银行之款，不久均即耗用净罄。袁氏左右既病唐氏过于挥霍，而银行团意在垄断借款，〔对于另借华比之款〕，提出严厉抗议。唐氏于是备受内外攻击。旋由熊希龄氏〔临时政府财政总长〕与银行团直接磋商，订立垫款合同，先后收到垫款一千二百万两。至于大宗借款，则继续谈判，静候结果。〔唐熊之间，因此发生龃龉。〕然谈判并不顺利，其间发生不少争执与误会，终于八月间停止谈判。直至民国二年（一九一三）四月二十六日，善后大借款合同始行签字成立。去唐内阁之解散，已近一年。〔大借款合同签字时，适为宋案证据宣布之日。合同签字人为国务总理赵秉钧、财政总长周学熙。由外交总长陆徵祥署名。〕

袁总统与唐总理原系多年老友，关系密切。袁氏以道员驻扎朝鲜，"总理交涉通商事宜"时，唐氏已为其得力僚佐。两人既均干练，个性坚强。同跻高位后，意见不免分歧，互不相下，可以随时发生冲突。袁氏左右复媒孽其短，浸润肤受，袁氏不暇详察，遂疑唐氏挟民党以自重。唐氏崇信民主，同情南方，固系事实。然对袁氏，亦未尝怀有二心。惟唐氏组织内阁时，即明白表示，将根据《临时约法》，内阁应向国会负责。袁总统仍以中国老官僚口吻解说："我们都系老朋友，一切可以商量，总统内阁，相辅而行，不分彼此。"此系当时列席的一位部长告我者，盖已预知两人思想之不同，早迟必将发生冲突也。

　　据与唐氏接近之人语我，唐氏本人自认对于北方政情，了解甚深，袁氏为人，亦所素习，同时对于南方民党要人行径，颇多认识，亟愿自任桥梁，居间缓冲，调和双方意见。倘袁氏遭遇对方攻击时，可以出面排难解纷。坚信自身地位超然，对于各方，不独均具友谊，且获彼此信任，不难遇事调护，委曲求全。殊不知，事与愿违，桥梁自始即无法搭成。而袁氏疑惧唐氏与孙逸仙博士同隶粤籍，乡情必笃，遂益增戒心。

　　袁唐两人，直接冲突，系为直隶都督之任命。直隶都督一席，在一般人心目中，认为有同昔日之北洋总督，密迩都门，与中央关系深切，权重位尊，为疆吏领袖。时直隶人士及省议会，均属意王芝祥将军担任斯职。缘王氏系本省人，且与南方民党要人接近。唐氏以总理地位，因事择人，亦认为王氏适当，因取得袁之同意。惟王氏以不属袁系，袁氏借口北方军人反对，改派王氏赴南京办理遣散军队工作。唐氏拒绝副署此项命令。而袁氏仍将此项未经唐氏署名之命令交给王氏。唐氏知事无可为，遂留辞呈而赴天津。五月二十七日，袁总统准其辞职。两日之后，发表外交总长陆徵祥代理国务总理。南方民党阁员与唐氏联袂辞职，内阁等于改组。于是由周自齐任财政总长，朱启钤任交通总长，范源濂任教育总长。各人多属袁氏故旧。不久袁总统特授孙逸仙博士以筹备全国铁路全权，授黄克强氏以督办汉粤川铁路事宜。认为如此安排，可以暂时满足南方要求。彼时四国银行团扩充为六国银行团，除原有之英、美、德、法外，加入日、俄两国。我国正值需款孔亟，若非甘愿接受苛刻条件，借款实无成立希望。适我国驻英公使，代表政府在伦敦签立克利卜（Cripp）一百万英镑借款合同公布后，银行团认为中国固仍有能力独立举债，并不专恃该团，颇感奇异。

陆徵祥总理由于健康关系，不久于任，当年九月，即行辞职。旋由旧派的内务总长赵秉钧兼任国务总理，梁如浩接任外交总长。梁氏不愿签订有关外蒙古条约，突然辞职，离京赴津，已如上述。陆氏遂又出任外长。外交部首长，迭经更换，我仍照常担任次长职务。陆氏既系我国外交耆宿，颇著声誉，惟身体过于孱弱，难望担负艰巨。他处理公务，躬亲细节，着重手续，公正廉洁，醉心欧化。他对于袁总统，素所钦崇，本人所主管的外交职务，无论巨细，均唯袁氏之命是听。

他对我个人，情挚谊厚，关于人生哲学，尤不断予以高明的指教。他认为凡担任公职的人，必先使个人经济独立，然后可望忠于自己的信仰，实行平生的抱负。否则顾虑身家衣食，势必仰人鼻息，依阿取容，终致一无成就，甚且丧失人格。他深知我虽非为贫而仕，确系以禄为养。因之力劝我应出任使节，或可稍事储蓄，并资养望。适驻柏林公使出缺，彼遂向袁总统推荐我承乏中欧使节，任德、瑞、丹三国公使。

民国二年（一九一三）春季，我遂携同内子及长男〔棣生〕，与秘书二人，取道西伯利亚铁路，径往欧洲。实则彼时德意志，及其他欧洲国家，对于我国新政府尚未正式承认。

第七章　出使欧洲
（一九一三——一九一九）

按照我国政府规定，公使出国履任，可乘专车。由北京至奉天一段，我偕眷属及同僚，乘京奉铁路所备专车，一切舒适。惟专车傺重不多，易感震动。抵哈尔滨后，在风雪弥漫中，停留数小时。备承友好多人招待，飨以俄式盛馔。经过西伯利亚，沿途平稳，尚无意外。惟冰雪载道。观听至感单调。

此次出国，决意顺路一游莫斯科。特在该城闻名的都城饭店，留住三日。后来在不同情调之下，重履旧地，与该旅社再续前缘，实不胜城郭依旧，人事全非之感。当时沙皇政权，如日中天，鼎盛一时。莫斯科虽非帝京，然而结构雄伟，宫苑名胜，所在皆是，不失为帝俄繁华都会。都城饭店的高贵生活，与西欧各处的著名大旅馆相较，规模服务，并无逊色。适逢星期日，我等一行，得在该城大教堂巡礼参观。于人群拥挤中，饱聆悦耳的音乐。惟所见一般牧师，则逢迎民众迷信心理，举动有同我国寺观的庸僧俗道。伪托神异，鼓惑愚夫愚妇，殊为讨厌。不是导人求签掷珓，以卜休咎，便将所谓神秘古物，置于玻璃橱内，招引善男信女，顶礼膜拜，冀迓神佑。我等曾游名贵的皮货店，和考究的食品公司。所见珍贵皮毛，美味佳肴，不胜枚举。在严寒的冬令，食品店中，居然备有不少进口的热带果品。导游人并带我们到一家闻名的餐馆，享受鱼羹、乳猪、鱼子等名馔佳肴。

我国驻柏林公使馆的庶务员，特赶来莫斯科相迎。我们一行，遂向瓦沙进发。在瓦沙逗留数小时，因转车须越城而过，得以略窥市容，印象不深。使馆庶务员，乃一中年德人，从未到过中国，但能操一口流利的北京官话。童年时即在我国使馆服务，迄今将近四十年。亦略通俄、法语言，除系干练的"管家"外，实属一理想中的旅行"随从"。他对于我国早年派驻德国的各位钦使，均极熟识。

我国驻柏林使馆馆址，位于"柯尔佛尔斯丹顿"（Kurfurstendamm）。该处原系德京"夏那登堡"（Charlottenburg）地段的时髦住宅区。但在一九一三年时，已变为交通要道，布满咖啡馆、小商店，殊不合外交官驻节之用。惟馆址系中国政府管业，不惟不便出售，即出售亦难获善价。且脱手之后，欲再购进合用房产，进出价款，亦难相抵。旧址系一幢四层楼住宅式的公寓建筑。每层房间虽多，但均不够宽敞华丽，难作招待宾客之用。同时结构陈旧，装修过时，无法适应吾人需要。过去使馆参赞随员，人数甚多（有时多至三十余人），大半不习欧人生活，势须集团同居。此类房屋，既系公寓，自较合用。因此底层作为办公室；二楼、三楼，供作公使及眷属住所；四楼作为未婚与低级职员宿舍。现在惟一办法，只有将公用各房间，加以修理，俾携来家具摆设等，得以陈列，庶几略壮观瞻，稍存体制。

当时中华民国，未经列强承认，我尚不能呈递国书。惟承认之举，仅属时间问题，我早已成为事实的中国公使。经趋访德国外交部长叶高君（von Jagow），次长慎茂曼博士（Dr. Zimmerman），礼宾司长采恩君（Herr Zahn），远东司长蒙特格拉斯爵士（Graf von Montglas）诸人。慎茂曼博士曾任驻天津总领事，对我特致殷勤。蒙特格拉斯爵士任过驻日大使馆参事官。柏林的外交团，向称庞大，除列国使节外，尚有德意志各联邦派驻普鲁士的代表，人数不少。我则仅须拜访时任领袖大使的西班牙大使，与美国大使雷息曼君（Mr. Leishman）。多承两人将有关仪节，及当地交际习惯见告。

我对公使馆人事，可说毫无变动。原有各员，工作既称得力，各人亦明其职掌，习于德国生活。精通德国语文之人，亦复不少。馆中延用德籍顾问一人，校阅与德国外交部须用德文往来的一切约章，及备忘录等。至于重要文件，仍由我径用英文拟稿。按照当时德国习惯，如非法语的外交使节，用法文行文致德国外交部，该部亦用法语作复；如对方系以其本国文字行文致德外部，该部则用德文答复。此殆基于相互尊重的原则。至于法文，则群认为系外交公用文字。中国使馆对外文书，例用中文，附加德文译本。嗣觉办法累赘，遂亦逐渐废除，完全采用欧洲习用文字。关于外交文件，运用不同文字，发生很多笑话。据说：一位俄国大使，曾用俄文致函德首相毕士麦。经过多时，渺无回音。本人见着铁血宰相后，不免询问曾否收到该函。毕士麦因问来件究用何种文字。答称："俄文。"首相说："啊！记起了，外交部曾收到一封无法认识的文件。他们已将它投入废纸筐中矣！"

驻德使馆的日常事务，不外照料当时公私费的留德学生。人数约在五十左右。此外尚有旅德的侨胞，多属小商贩，和留住沙马亚（Samoa）的华工。沙马亚地方，我国设有领事。留学生事务，系由二等参赞兼管。其中少数学生，时生事端，最难应付。他们多系由各省官费遣派。二次革命后，各省多半停汇学费，亦有自费生，家中不能按时接济。因此彼等常向使馆借款，发生争吵。使馆既无专款，足资供应，纵欲暂时相助，亦苦无力。虽代向有关省政府电催，竟无回音。

德国彼时，国力充裕，经济繁荣。柏林市容整洁，秩序安宁，堪称模范都会。虽在深夜，街灯照耀，如同白昼。全城环境优美，不乏游观胜地。近郊波茨丹行宫一带，湖淀错落，风物尤称清丽。城内如皇宫、如博物院、如歌剧场、如戏园、如大百货商店、如华贵旅馆、如公私花园苑囿，咸足悦目赏心，益智爽神，令人留连。我在柏林居留四年之久，自较对于欧洲其他都市，所知为多。皇家歌剧场，和皇家戏园两处，我与内子，可称座上常客。对于德国名家所谱的曲调，所编的戏剧，耳聆目睹，尽情欣赏，着实消磨了不少愉快的永夜。

当年西伯利亚铁路快车，按时行驰，游欧国人，尝来柏林观光。函件、报张，邮递迅速，从不衍期。国内消息，传播灵通。去国虽远，尚无离群索居之苦，转有天涯比邻之乐。此实与我早年旅居华盛顿情调迥异。当时通讯不仅困难，通讯费用，亦复昂贵。柏林本地，既有不少新闻报纸，而《伦敦泰晤士报》，与巴黎版的《纽约先驱报》，均朝发夕至。并不逊于柏林各报，与《佛兰克府时报》，所载消息之当行应时。而此英美两家报纸，对于国际新闻之报导，服务尤称周致。

经由德国教师的协助，补习德文，远较我在大学时，容易进步。嗣复感觉英国语文，在外交场合，不敷应用，尤以社交方面为显著。我于是开始学习法文。结果我的法文知识，转较德文为佳。德文文法，与字汇，均较法文为困难。一般人学习法文，咸觉容易。缘法文文法比较简单，文理比较显明，凡习过拉丁文的人，再学法文，尤感方便。对于爱好文艺的人，尤其小说方面，法文在文学上的领域，确有极广阔的园地，可供开垦。意想中智识上的种种珍羞异味，美不胜收，足资咀嚼，充饥果腹。每日翻读巴黎版的《纽约先驱报》，其法文栏，对于练习认识法文字汇，尤以关于外交和政治方面的名词，助益很多。

一九一三年七月，第二次禁烟会议在海牙举行。我与伍连德博士被派任我国出席代表。伍博士曾于一九〇九年，参加过在上海举行的禁烟委员会。一九一二年出席过在海牙举行的第一次禁烟会议。他对于有关问题，极为熟习。因参加此次会议，使我增加不少有价值的经验，至感欣幸。借此机会，也结识了不少外交方面的人物，游览了许多荷兰的名胜。会议告终前，曾由与会各国，共同签订一种合约。主旨为敦促未经履行一九一二年第一次禁烟会议决议案的各国，从速执行各种决议，并请原签字各国政府，正式予以批准。中国政府对于此一合约，深为重视。盖第一在我国境内，既获国际合作，则在租界及租借地区域，可以严格执行禁烟法令；第二对于居留海外，如南洋群岛、荷属印度、香港、台湾等地的吸烟侨胞，亦可因此戒除烟瘾。此一合约，虽不能尽符我国期望，但既可应用于英荷等国属地，而该地瘾民，又多系侨胞，则对于我国，无论公私，总属有益。惟各地殖民政府，既不愿放弃鸦片贩卖税，与瘾民登记税，种种收入，仍使国际禁烟法令，遭遇阻碍，难以执行。出产鸦片国家，印度之外，尚有土耳其与波斯两国。对于此项国际法令之推行，自然竭力阻挠。情势之最坏者，莫过于各种麻醉剂之推销，其危害人类之身心道德，远较鸦片为烈。诸如吗啡、古加因、及其提炼品，竟使白种人，亦耽溺其中，无以自拔。凡出产与制造该项毒剂的国家，既惟利是图，当不惜用尽方法，对于毒剂的管制和减除，竭力阻挠。尽管美国政府如何努力拒毒，其他各国如何极力赞助，绩效至微。

一九一四年六月，又召集第三次会议，会期十日。散会前，无非再行签订一形同具文的合约。尽管签字的国家，数目增加，而一切依然毫无进展。不久欧战发动，鸦片问题，当然束之高阁，无人过问，且为世人整个忘怀，在会议进行中，某国竟称罂粟子，乃制造面包所需之香料，使用既属无害，应不在禁止之列！抑何其可笑也。

欧战告终，蓝辛君（Robert Lansing）时任美国国务卿。据闻将代表美国出席和平会议。我因立即函彼，建议将一九一三年禁烟会议各国签字，及批准的合约，列入协约国与同盟国所签立的和平条款内。蓝氏欣然同意。不幸战胜国与战败国在日内瓦国际联盟，对于禁烟问题，虽迭经讨论，但均不欲牺牲税收上的既得利益。故迄无人愿将鸦片及其带来的罪恶，诚意而彻底的予以禁绝。或者各国政府及人民良心上，认为尚有远较鸦片流毒更深，破坏人类道德尤烈的毒剂，势将变成整个世界的威胁，不如将来一网打尽，借收除恶务尽，一劳永逸之功？

是年〔原文作That year，按应为一九一三年〕，德国公主（凯撒之女）与布伦斯威克公爵（The Duke of Brunswick）结婚。外交团当然被邀参加典礼及宴会。德国外交部虽暗示各国驻德贵宾，亦在柬邀之列，然无人措意此事。〔时德国尚未承认中国政府。〕我得本国政府允许，因偕内子前往法、比旅行。一则借与同寅晤面，一则避免届时留在柏林。彼时我国驻欧各使节，特相约聚会于日内瓦，商讨我国外交方针，以便向政府建议。内兄孙君宝琦时正任外交总长。

承认问题，不久将告解决。当然中外之间，尚有不少交涉，须待清理。当时我国政府已允许德国要求，在山东境内，建筑铁路两条，延长青岛至济南路线。对于帝俄，我国已表示愿意继续谈判外蒙问题。结果签订《中俄声明文件》。美国及南美拉丁国家，于是年五月，对我国正式承认。因此我奉命正式拜访驻柏林的美洲各国，有关使节。至欧洲各国，直至〔民国二年（一九一三）〕十月六日，第一届国会，选举袁世凯为正式大总统后，始行分别正式承认。

德国承认我国政府时，正值德皇出巡各地，须次年三月始返柏林。我向德皇呈递国书日期，势须延缓。最后接到通知，德皇将在"波茨丹"行宫接见。我因与德外部次官慎茂曼博士，同乘火车至"波茨丹"。早有皇室礼车在车站相候，遂同乘车驰赴行宫。在接待室，略候数分钟后，德皇全身戎装，独自步入。交换例行的礼貌寒暄后，德皇即将我所呈递的国书，转交慎茂曼博士。彼此即开始自由谈话。他强调交通建设，对于中国的重要，尤以建筑铁路，实刻不容缓。查其用意，无非解释最近该国外长，向我国政府坚执要求展长胶济铁路建筑权的适当。他并赞美过去德国工程师建筑津浦铁路北段，及济南附近黄河铁桥的成绩。他忽然转问慎茂曼博士，那位工程师的姓名为何。慎氏当然无从记得，颇形尴尬。但是这位"陛下"，略假思索，自言自语的说道："对呀，对呀，他不是姓'多尔奴娄'（Dorgmuller）吗？"慎茂曼博士只好随声附和的回说："一点也不错，陛下的记忆力真不可及！"如此这般，德皇陛下的"天纵英明"，便深深的印入中国公使的脑海中！

向德皇呈递国书之后，我便前往丹麦、瑞典两国，分别执行我的任务。在丹麦京城哥本海根，呈递国书的礼节，相当隆重。我与丹国的大礼官，和我的参随各员（在丹京原有我国固定使馆），乘坐古式的两轮马车，直驰王宫。礼车御者，身着辉煌耀目的全套礼服。抵王宫时，宫内大臣已先在殿陛企候，即迎导至丹王御座之前，并无外交部长随侍。我当将国书亲呈丹王手中，然后作简短寒暄。参随各员，亦被导至御前，由我一一向丹王介绍，成礼而退。在瑞典京城斯脱克荷姆的仪节，亦复相同。嗣阅丹国印就的外国使节呈递国书仪注说明，如系大使身份，呈递国书，则乘四轮马车，御者载不同颜色的礼帽，宫内大臣则"降阶"相迎。惟各国彼时尚无大使驻扎该国。

瑞京斯脱克荷姆的外交部长，原系一富有的银行家。他的异母弟，曾任瑞典驻北京公使，因此对我招待殷勤。我参加一位大礼官夫妇的宴会时，见着所用绘有中国图案的磁器，十分夺目。这些杯盘碗碟,似乎先在瑞典将磁胚制好,然后运至中国,彩绘上釉。按照君主国家习惯,外邦使节呈递国书之后,例须亲诣太子致敬。我因此得与瑞典太子卡尔殿下(Prince Karl)接谈。他对于红十字会工作,深感兴趣。我也曾见过丹麦太子韦尔德玛殿下(Prince Waldemar)。他曾一度访华。瑞、丹两国,对于中国仅有商务利益。瑞典一向以纸浆输入中国。丹麦则有在华经营的海底电线公司〔大北电线公司(Great Northern Telegraphic Co., Ltd.)〕。我之旅行斯甘的那维亚,尚属首次。对于丹、瑞两国京城、街道、旅馆、戏院等,美丽,整洁,繁荣,华贵,在在予人以良好印象,而深羡其人民生活水准之优越。除瑞士外,我实难追忆任何欧洲大陆国家的人民,能如此安居乐业者也。瑞典最大缺点,厥为天气苦寒,冬季昼间太短,下午二时,天色已暗黝无光。后来重游,正值夏季,则又几于有昼无夜。黄昏之后,不到一时,已然破晓。然而此次游履所及,最深印象,莫如该国以有限的国土,少数的人口,始终保持其继续不断的繁荣。富力逐年滋长,工业日趋进步。瑞典人民,在许多地方,绝似他们的近邻日尔曼人。

在柏林,与亚洲国家有关联的重要社团,当推"德亚社"(The German Asiatic Association)。社长为哥尔斯元帅(Field Marshall von Goltz)。他曾任土耳其军事顾问多年。遇有新由中国、日本、土耳其、暹罗,或波斯抵德的使节,他总在该社正式招宴。至于德国企业，在中国设有营业机构者，如德华银行、礼和洋行、安诺洋行等，其柏林总公司的经理，均不时向我国公使曲意联欢。

柏林的交际季节，自开年起，至三月底止，为时虽短，然极活跃。我们以新到的外宾，初次参预他们的交际活动，颇感新颖愉快。常时被邀赴晚宴、午餐、茶叙、音乐会等。主人除系政府各部首长外，尚有外交团各国使节。在很短期间内，我们除外交界人物外，也接触了不少名流贵胄。诸如海军元帅宝璧兹（Grand Admiral Tirpitz）、福铿恩将军（General von Falkenhayn）、殖民部长沙尔佛（Minister Solf）、海军上将褚伯尔（Admiral von Truppel）、迪尔堡长官（Excellency Dernburg）及其他知名人士。福铿恩将军早年曾应张之洞之聘，充任军事顾问，在武昌训练陆军，对于中国颇存好感。宝璧滋年事虽高，仍极健实，喜谈青岛往事。德国文武高级官员，均擅英语，虽发音沉重，然谈吐流畅。外交团内，法国大使甘蓬先生（Monsieur Jules Gambon），于战事爆发离德时，遭遇许多不快事故。日本大使只说法文，与之交谈，殊不方便。常须借重内子传译。在公使阶级中，古巴的克沙达公使，我在华府时，已经认识。丹麦公使毛奇伯爵（Count Moltke），后来亦成知交，他的夫人来自美国。土耳其大使与波斯公使，均极和蔼，在德亚社会面时，不断长谈。土国大使对于他的国家，摆脱外邦挟制的不快经验，言时犹有余愤。他说："没有坚强

第七章　出使欧洲　**131**

的武力准备，徒恃口舌交涉，无非虚耗光阴。"他的意见，对于后来的一切，证实无误。彼时驻德外交团的领袖，系西班牙大使。他的资格最深。关于当时欧洲业已紧张的局面，他曾向我发表了许多详细意见。我一次问他在职责上，曾否趋谒过德国首相。他说："有过，但是次数不多，因为首相对于外交事务，不过名义上负责而已。"（有如过去清廷庆亲王奕劻，名义上管理外务部一样）。他对于实际交涉，总是直接与外交部长折冲。至于向本国政府报告交涉的结果时，当然声明德国首相业经接洽。

大战之前，德国的"朝会"，盛极一时。正式宫廷交际，庄严华贵，仪态万方。最重要者计有三种：曰"作乐本可尔"（The Tropencour），曰"凯撒寿诞"，曰"宫廷舞会"。第一种朝会，来宾至少在两千人以上，依照各人身份地位排立，鱼贯而行，穿过皇宫内院，直趋帝后所在之小殿。帝后并立其中，接待来宾。各国使节，则率领参随人员，向帝后致敬，逐名介绍，然后退出，复鱼贯步入广阔大厅内，略进茶点而散。此种场合，帝后与环侍左右的贵族男女，直立达两小时之久，接见国内外上千的贵宾，相当辛苦。

德皇寿诞，则由首相夫妇设席招宴各国使节，时间恒在下午五时半。首相夫人，乃惟一预宴的女性。宴毕，相率赴皇家歌剧院，参加庆祝寿诞节目。到达剧院时，则各使节夫人，亦同时赶到。德国帝后暨皇室亲贵，随即光临。节目并不太长，表演完毕，德皇于剧院走廊上，与来宾略事周旋。内子所着中国礼服，引人注目，德皇特趋前与我等寒暄。当国内二次革命战争时，德国有炮舰留驻长江，公然炮轰革命军所据要塞。德皇为解释此种违背公法、干涉别国内争的行动，当时竟向我说："德国如此，委系支持袁总统！"目的在借此向我们夫妇表示好感。

宫廷舞会，参加宾客，人数极多。文武官员，命妇淑女，均着规定礼服，珠光宝气，瑰丽辉煌。宾客毕集后，帝后由大礼官恭导，相将步入舞厅，皇室亲贵尾随于后。厅内男女宾客，则依次鹄立两旁，敬候帝后经过。对于各国大使，德皇则略作寒暄，对于全权公使，则行一鞠躬礼。然后走向厅内，紧靠墙壁中间，所设的宝座就坐。不时招请来宾近前与彼谈话。尔时欧洲局势，业已十分紧张，德皇一举一动，悉在人们密切注视之中。他在舞会进行之际，曾与比利时公使长谈达一小时之久。众目睽睽，咸觉不同寻常。节目中有青年军官，表演集团舞蹈，以娱来宾。步伐中节，姿势英隽。最后会餐：帝后与皇室，及重要贵宾，和各国大使，相聚于一室，公使等另集于一室。其余来宾，则在邻室享受自助餐。自是年夏天，欧战爆发后，此类大规模的交际活动已不复再有。虽偶尔有非正式的聚会，外交团方面，已无全体毕集的机会矣。

一九一四年八月一日，德皇招集所有驻德中立国使节，相见于柏林皇宫之"白厅"。重要国会议员，包括社会民主党分子，亦均在座。时近正午，德皇身御白色戎服，步入厅中，作简短演说。宣称法军开入德境，两国已进入交战状态。并谓整个德意志，现已泯除党见，团结一致，作彼后盾。他曾向素所轻视的社会民主党领袖握手，表示精诚团结。在离去"白厅"时，我见着陆军部长福铿恩将军，随口说道："此后阁下将益感忙碌矣！"他含笑答复："不忙，不忙，电钮已经掀了，一切按部就班自动前进。我已无所事事了。"按照战前德国军事机构的严密组织，作战步骤早经详尽准备就绪，一旦战事发动，主管部门，手掀电钮，自可自动工作，无劳临事周章。福铿恩将军之言，绝非欺人自欺。

日本彼时，对于欧战的态度，尚无表示。一般谣传，它将加入德奥同盟方面。于是一群德国民众，齐集日本大使馆前，对太阳旗大声欢呼。日本大使适不在馆内，仅由代办在阳台上出现。他眼见德人如此举动，恐不免内愧于心罢？我国使馆内的一位随员，在夏那顿堡区内行走，误被认作日本人，经多人扛在肩上，表示亲热。虽经拒抗解释，亦难脱身。后来德人反日情绪增高，竟对街中行走之暹罗人，加以侮辱，引起暹罗的严重抗议。此种现象，无非表示德国民众，对于英日关系，和日本在远东的野心，缺乏认识。在战事尚未发动前的冬天，驻德外交团中，已有人讨论英国在欧战中，中立的可能性，与或然性的问题。根据后来公布的有关文件，证明当时德国驻伦敦大使，送呈该国政府的情报，殊欠正确。他对于英国是否参战的态度，颇为乐观，认为势将保持中立。

我们的住所，位于柏林的商业区，每日耳闻目睹所得到的印象，足够测验德国人民对于战事进展的情绪。在开战初期，比利时的要塞，次第沦入德军之手时，附近餐厅和酒吧间，充满顾客欢呼之声，彻夜不停，使吾人难以入梦。而新闻报纸，在政府严格控制之下，确能对于激刺人民情感，转变舆论趋向，强化仇恨心理，发生难以估计的力量。战端既启，德人对法人极为仇视，继则对于英人，深恶痛绝。最后则集矢于美人，大肆摈击。政府宣传局一纸通知，足使全国报纸，对于敌国的斥责，不难朝夕异词。一般国民所得报导，既发自宣传机关，虚实是非，何从辨别。全凭一时冲动，随声附和，任人牵着鼻子走路，盲从到底，至死不悟，最为可怜。报纸功能之滥用，势必致黑白颠倒，善恶易位，消失人性，涂炭生灵。此在战时的德国，最为彰著。

在八月中，日本实已准备对德宣战。当时留在中日两国领海的德国船舶，已由日本通知退出，并告以在九月十九日之前，应将胶州湾租借地移交日本。我国外交部彼时指令我向德国政府探询，是否愿意将租借地径行归还中国，借免流血远东。我迅即趋访德外部次官慎茂曼博士，及海军部次长，告以奉到指令各节。两人认为我国所提理由充足，且与原来租借条约，亦相谐合。但日本既已送出哀的美敦书，实已无时间考虑中国提议。况照德国传统习惯，凡悬挂凯撒旗帜的军事设备区域，未经战阵，不能轻易撤退，或投降。他们深知以三千德兵，应付整个日本的海军，和她的十万陆军，胜负之数，不待龟筮。他们承认青岛的防守，绝无希望。然而战争却无法避免。两人的结论是：青岛的运命，当决定于欧洲战场，并确信最后胜利，终属于德。事后许多人在他们的著作中，总说我国政府，未尝尽力预测日人的行动；又说袁总统感觉中国因宣布中立，反而备受束缚。凡此立论，不免昧于事实。中国对德国的举动，既非宣战行为，乃系友谊建议，目的在维持远东和平，收回租出土地，避免日本使用武力夺取青岛，有所借口。实与中国宣布中立原旨，毫无抵触。

欧战发动后，我国留德学生，纷纷返国。继续留彼，殊属不智。其余旅德国人，亦多他去。除使馆职员外，为数已极少。战事延长，生活情形，日趋艰苦。一切日用什物，均受管制。如无政府分配证，即无法在市场备价采购。有时，纵令持有分配证，亦无从购到所需的食物。最初则每周素食一日。其实牛乳、鸡蛋，早已缺乏，何况肉类。继则茶叶、咖啡，乃至白糖之供给，均感困难。我们所需的白米，采购殊属不易。马铃薯为德人主要食物，亦告稀少，多以芜菁代替，颇难下咽。欧人正餐，非肉不饱，对于鱼类，非所重视。战事延续，初则以鱼代肉，继则并鱼亦甚难得。

我们总算幸运，所需腊肠、牛油、面包、白糖、茶叶、咖啡，均可由驻丹麦使馆，按时供应。我每次赴丹京公干，或旅行其他中立国家，如荷兰等地，经常带回大量食物，如牛酪、朱可尼、火肘之属。总之我们尚能享受舒适丰盛之日常生活。我们的邻舍，我们的朋友，就不同了。在一九一六年的冬天，气候酷冷，我们的火炉，缺乏煤球。迫得向德国外交部请求协助。官方总算负责慷慨，迅予供给。战事经过年余，酒馆、饭店，已难吸引顾客。不仅菜肴种类减少，烹调技术，尤形恶化。一切均无法与战前标准，相提并论。咖啡品质低劣，白糖则完全绝迹，代以细粒人造糖精。所谓咖啡，据说乃系烘干的苹果皮捣碎而成，茶则系将泡过的茶叶，捞出再泡，泡过数次之后，始行掷弃。此种现象，无非证实欧洲海权国家，封锁中欧国家的成效。记得一次，我在中立国家，度过耶诞，携有火肘数只，回返德国。未经思索，即将火肘一只，送给德国外交部的一位高级官员。他十分欣赏，特于新年元旦，亲身投刺相候。后来他竟自承不知火肘味者，两年于兹矣！兹始得大快朵颐。

当我访问斯脱克荷姆时，一位协约国驻北京的公使，经过该城，特来相访。我任外次时，曾在北京与彼相识。他很想知道德国的粮食情形。经将所知告彼如下：战前德人食量素宏，每人主餐，连汤和点心，总共四品（four courses）；开战一年之后，减为三品，嗣减为两品，去饥饿线尚远。若在生活水准较低的国家，情形当然不同。如平时主餐即只一品，或多至二品，遇有战事，必须酌减，势必濒于饥饿边沿。

由于遭受战事的影响，人民对于填报储存食物的报告，难免不尽不实。由道德观点，情形自属甚恶。高等社会的主妇们，在太平时节，全很诚实自重。在战时，则对储存食物，如牛油、食糖、面粉等之分量，无不以多报少，希望自己的生活，比较别人，可以过得丰富一些。面对食物供应缺乏时，尽可牺牲个人的尊严与身份，使用不正当的手段，攫取平日惯用，而目前难以得到的物品。除非曾经亲身阅历过此种境遇，任何人实难体会战争所带来的一切苦闷困难，足以堕落人类的道德，消磨人类的智慧，削弱人类的体力。

在旅德的第一年，我曾出游两次，均系参观船舶和军器的制造。第一次去东普鲁士的艾尔滨城（Elbing），代表我国海军部视查向德厂订购的鱼雷驱逐舰。该舰的航行速度，每小时约三十海里。试航时，虽系在风平浪静的内港行驰，但以速度关系，舰身起落，颇受震动。我等立于舰上甲板，虽用两手紧握铁栏，仍感不适。据我所知，该项军舰，只有两只驰华。余则因战事关系，停止交货。回程时，我顺道参观但泽港（Danzig），看见古怪的市政会议厅，和有名的大海豚。

另一旅行，系游艾森城（Essen），参观克虏伯厂（Krupp Work）。周历该厂的各部门，计费三日之久。见到创办人（现在主人的祖父）早年所用的炼铁炉。在我所游过的地方，以一个单独的机构，竟占去半个城市的面积，除艾森市的克虏伯厂外，要数山东曲阜瑰玮壮观的孔庙，和衍圣公府了。这一机构也占了半个县城。波伦先生（Herr Bohlen）由于娶了克虏伯家的小姐，改姓克虏伯，是一位干练而多才多艺的运动家。在他的游艇上，招待我们时，大餐桌上，放置无数的金杯，以资点缀。其实全是他历次夺得的锦标。传说德皇特意颁给他一个全权公使的荣衔，使他参加皇室宴会时，在大餐桌上，可以坐在德皇的近边。

回柏林途中，经过杜斯多尔夫（Dusseldorf）、柯隆（Köln）和蓬恩（Bonn，大学城）等处。我们此行，经过一连串的工业区。这些全是德国重工业所在地。我们仅在一处停留，借便参观德国的炼钢高炉。然而对于德国在全世界工业上，所占地位之重要，及克虏伯厂，在德国兵工方面，所占地位的重要，确能得着一个具体的概念。

自从欧战发生，柏林一切社交活动，咸告终止。国人来欧游历，已不取道柏林。凡中国寄来，及寄往中国的信件包裹，均须绕道瑞典哈巴郎达（Haparanda），以达莫斯科，而转西伯利亚。旅客亦须如此，始可来去同盟国家。我的职务，备受包围，仅限于对战事的进展情形，随时呈报本国政府而已。

外交团集会的次数极少。纵令聚会，出席人数，亦复寥寥。一次系天主教礼拜堂追悼奥皇。另一次，则为追悼哥尔斯元帅。在追悼后者的仪节中，发生德国参谋总长毛奇将军（General von Moltke）暴卒的悲剧。当时许多亚洲国家的使节，均出席参加追悼这位曾任"德亚社"的社长。经过土耳其大使对逝者赞扬之后，轮到方由前敌归来的毛奇将军说话。他起立对他的先师致完简短的诔词之后，退归在我前面的座位时，心脏病猝发，忽然由椅上滑跌在地，气绝身亡。会场秩序，立时紊乱。集会在震悼中，不终场而散。

有一次外交团被邀参加柏林大教堂（The Dom）的礼拜。德皇在座，由闻名的褚安道博士（Dr. Dryander）登坛宣讲。他的词锋十分激昂，强调"上帝是站在德国的一边"（God is in the side of Germany）。不久之后，报纸登载敌对国家的牧师，则说："上帝必然扶助协约各国"（The Deity must help the Allies）。

教堂对战事的裁判，自然无人愿意与之争辩。明哲之士，谨守缄默。虽不能认为怯懦，但难免畏缩之讥。至于教堂不问是非，总是支持它的国家和它的教民。这种态度，这种行动，实难向一般人，作圆满的解释。

教堂既然是口衔天宪，替天行道，劝善儆恶，激发人类的良知良能。难道不敢挺身而出，阐扬真理，主持公道，而只以乡愿自居，随俗浮沉，依阿取容吗？要是如此，人们势必公认战时的教堂领袖，将置国家主义于宗教信仰之上，结果必重违天理，深背正义，将上帝卷入人类斗争旋涡之中。不啻利用宗教，徇一己之私，使之"堕落"，"无聊"而已。中国经书上所谓"圣人以神道设教"，难道宗教的真义，就是如此诠释么？

为视查德国国内一般情况，并转换长住柏林的单调生活，战时我曾数度旅行德境。有一次与使馆参赞同作哈尔芝山（Hartz Mountain）之游。正在中途旅馆进午膳时，走来一位军官，以怀疑的眼光注视我们，竟然唐突的进前索阅护照。态度既欠和善，完全缺乏礼貌。我因嘱参赞质问其凭何权威。我的同事留德很久，德语纯熟。来人听后，气焰稍敛，声称系当地司令官。嗣见吾人所持护照，乃德国外交部奉德皇敕令所签发者，顿感局促，迅即敬礼而退。后经旅馆主人告知，山中设有疗养院多处，收容伤兵不少，政府不愿外人探知泄漏。

又有一次，我与内子，偕游巨人山（Giant Mountains）。当地风景清幽，盛产鲟鱼。附近有工厂，精制各式刻花酒杯。图案多系本地风光，诸如积雪的铁杉，林中之麋鹿等。回程时，顺道游览笃莱斯顿（Dresden），及莱比锡（Leipzig）。在莱比锡时，曾发生一桩颇不愉快事件。下车后，我们的德籍侍役已先往照料行李，我与内子则正向车站进发。忽然走来一个商人模样的肥胖德人，开口大叫："日本人！日本人！战时，居然有日本人来到莱比锡，真是闻所未闻！"我当向这个捣乱分子抗辩，告以我乃中国驻德公使，并非日本人。他仍不顾一切，呼叫如故。我忍无可忍，将他的外褂捉着，令其随我往见车站里的驻警。向警员出示护照后，我嘱将该人暂予看管，俟我往旅馆，电致该国外交部抗议后，再行发落。证以次晨我们出游时，已有警察驾车随行保护，并有侦探留驻旅馆防范闲人捣乱，外交当局的行动似乎很快。当然那人不免领受应得的惩罚。他特来函请求为彼说项，并原谅他是一时激于爱国情绪。我回复他，如愿捐助红十字会德币二百马克，可代向主管官署请予免究。各方既均同意，此事遂亦了结。

笃莱斯顿市容整洁，有宏丽的博物馆，庋藏不少中、日、韩的磁器。其搜集远较我在任何博物馆所见者为多。许多磁瓶、磁樽，即在北京古物陈列所，亦属罕有。笃莱斯顿附近有城名迈斯纳尔（Meisner）。我们曾往参观该处的一家皇室磁厂。经理引导我们游览全厂，指示最初的磁窑。他说迈斯纳尔的磁业，导源于一个炼金术士。他在各种矿质中，提炼金沙，而发现磁土。后来证明它的价值，不下于金沙。复出示磁盘两件，一系真正乾隆窑，一系仿制。一模一样，难辨真赝。后经指出仿制品的圆周，适为三百六十度，原制品的圆周，则略欠齐整。盖磁胚一系机制，一出手工。在莱比锡博物馆参观时，馆长指示无数体积不同的纸卷筒。卷筒的大小，代表每一国家消耗纸张的数量。代表中国者，小得可怜。嗣询知系仅凭海关册进口纸张数量之统计，至国产纸张产消数量，虽极可观，并未计算在内。

波罗的海边的消夏名区，战时均不招待外人。惟中立国使节的我们，得在环境幽静的"斯文梦得"（Swincmunde）小住数周。这可说是我们在德国海边仅有的度夏经验。该处背山面海，山上林木青葱悦目。惟游人可数，且多系老弱妇孺。夏季既已大半过去，同时战事正酣，情况颇感萧条。入夜灯火管制尤严，军警在海滩上往来逡巡，检查住户有无灯光外露。沙滩左右道路，通达邻近游览区，均极修整，可供散步。

此次出游，所得印象甚佳。第一火车行驰准时，绝不因战事而有延误。战争迹象，如伤兵，如军运，一无所见。当然旅馆业务清淡，食物品质降低，游人心情显示沉重。一切殆不免为忧郁气氛所笼罩，景象决非正常。但我们居住柏林，战事已经三载，亦从未听到枪声，也不曾见过一架外国飞机，飞越天空。除却有时发现伤兵，食物常有问题，和人民情绪消沉而外，仍然看不出战事所带来的破坏痕迹。惟原料缺乏，则在任何角度，均极显著。德国家庭必须将家具上的金属品拆下捐献，尤以铜类最为需要。计程汽车的橡皮车轮，完全代以铁轮，致街市充满擗拍之声，路面满布裂痕。

我的德文教师，体重逐渐下降。等到一九一七年，彼此分别时，他的衣服，越显宽大，毫不合身。我们的德籍侍役中，有一壮丁，正符兵役年龄。虽由使馆交涉缓役两年，最后仍被征入伍。一个月后，竟报阵亡，遗下寡妇孤儿。

就一般说来，我国留德同胞，在战争期间，所受德国待遇，堪称优厚。有时且逾越吾人希望。当时我国外交总长〔陆徵祥〕的比籍夫人，拟回德军管领的比利时国都布鲁塞尔省亲。德国外部次官说："比利时人终是比利时人，不管他或她与任何民族结婚。"但经过相当拖延之后，德国政府终于允许她，由瑞士进入德境，转往比京。她的行李，并得享受外交官权利，免受检查。她的妹妹，嫁给一位英国人，虽然也获准可与姐姐偕行，但由瑞士进入德境，上自头发，下及鞋跟，均受严格检验。且用长针刺入鞋跟，试探有无挟带。战争期间，国际婚姻，引起的麻烦，层出不穷。一位德国政府的高级官员，与英籍女士结婚已逾五十年。战事发生后，无法在德存活，迫得避居瑞士。一位美籍女士，嫁给德国军官，俟美国参战后，她原来的声誉和地位，一夜之间，竟有云泥之别。结果她也只好出走。

我奉使德国的初期，国内名流来游德者，颇不乏人。袁总统的长公子克定，清末曾任外务部尚书，后充民国交通部总长的梁君敦彦，均先后在柏林小住。袁君当时健康欠佳，过去因乘马倾跌，受伤颇重。他的旅德，目的不明。有人猜测与袁总统的帝制野心有关，他特来试探欧洲国家要人的意向。实则彼时各国均未承认中华民国，我亦尚在静候呈递国书中。他不过一普通游客，谈不到接受德国的官方招待。更无机会可与当局交换任何意见。我虽曾伴同德国外交部的慎茂曼博士，赴袁氏郊外住所，作过一次礼貌的拜访，然亦止此而已。不久他也就回国了。据我观察，他此行并无所获。

梁君过去原系袁总统的得力帮手。他此次在德京郊外湖山胜境，置有别墅，买了一艘大型摩托游艇。我们尝放棹同游，饱览湖光山色。他完全为寻幽探胜而来，不曾与官方发生接触。他与唐绍仪氏完全不同，对于改建民国，不感兴趣。

〔张勋发动复辟时，他出任外务部尚书，曾往访美国驻北京公使，径被拒绝。〕虽曾留学美国，观念极为守旧。逢年过节或遇他的生辰，他的子女必须向他伏地叩头。他对中英文字，造诣均深，且擅书法，此在留美学生中，殊为罕见。在北京外务部任职时，接见外国使节，向用国语。一则保持国家体统，一则利用译员缓冲，以免随口而出的辞句，遗外人以把柄。他与曾在苏格兰受过教育，翻译了许多中国经籍的辜君鸿铭，同在两湖总督张之洞的幕府里，任职多年。惟梁氏自追随比较前进的"袁宫保"后，官运亨通，扶摇直上，升迁甚速。盖后者对于留学生，颇加信任，张之洞则垂青旧时科举中人。十九世纪末叶，梁氏任两湖督署英文文案，办理当地交涉，经历所得，为我述过一桩故事。当时停留在汉口的一位德国舰队司令，访问总督，提出一些无关重要的细碎问题，存心寻衅，借以惹起交涉。总督十分圆滑，肆应得法，对方无隙可乘，悻悻而去。一日梁氏忽接德舰司令留函辞行，颇以为异。开函读后，内容如下："我们不拟再麻烦你们的总督大人了！现将驰往胶州湾。该处的糊涂老百姓杀死了我们德国的传教士。"结果德国占领胶州，造成德国在山东境内的势力范围。

另一位经过柏林的游客为严范孙先生。清末他曾任学部侍郎。民国初年，政府数次约他出任阁员，均坚辞不就。他早年曾将家塾改办南开中学，也是后来南开大学的创办人。他在柏林只住了几天，便率领袁总统的两位公子赴伦敦留学。不久国内发生帝制运动，拥戴袁总统为中国皇帝。虽然不少明来暗去的反对，但是帝制进行如故。十二月袁氏正式接受推戴，愿意"黄袍加身"。我国驻外使节，接到非正式通知，应于次年元旦，用电报恭上"贺表"，庆祝天子御极大典，并嘱须照前清臣下上奏折的格式。许多人遵办无误。我则以不谙奏折程式，电请外交部次长代办一切，以免失仪。次年元旦，改元为洪宪元年，登极大典，亦已筹备就绪。如所周知，由于西南各省，及舆论的反对，次年三月，袁氏被迫公布取消帝制。惟仍恋栈，不愿引咎退职。旋于是年六月愤恚而卒，由副总统黎元洪将军，依据民元临时约法，继任总统。

一九一七年二月，慎茂曼博士约我赴德外部见面，告以德国政府决意采行全面潜艇战术，并申说系对付协约国封锁德国，迫不获已，采取此项行动，深望中国予以谅解。我因迅将德国通知，电达政府。随奉指令，向德国提出严重抗议。此乃中德邦交恶化的开始。三月十四日，我国总统命令，公布中德绝交后，我即遵令向德国政府送达正式绝交通牒。慎茂曼博士接受通牒时，态度安详，表示遗憾。德国上下，对于旷日持久的战事，至感厌倦。胜利信心，远不如前。兹以土广民众的我国，一旦加入协约国方面，分量显然沉重。无论心理上，物质上，其意义，均不容低估。无疑的，慎茂曼博士接读我国通牒后，不免沮丧。尽管一再申说，最后胜利，终属于德，实已色厉内荏。他复强调过去对于中国友谊的情绪，并说个人方面，彼此仍系朋友。他应允照料我们同人安全而舒适的退出德境，到达中立国（丹麦）。

遵照外交部指示，我特访丹麦驻德公使毛奇伯爵，托其在我国使馆撤退期间，代为照料中国在德一切利益。随留二等参赞及随员各一人，协助毛奇伯爵处理一切。经过相当时间，始由德国政府，预备专车，将使馆职员及眷属送至丹麦边境。盖在吾人未离德京之前，该国尚不知留在北京德使馆人员命运如何也。许多交战国的外交人员离德时，情况殊为狼狈，发生种种意外。吾人总算十分幸运，于离德之当晚，即安全到达哥本哈根。

在大战期间，丹麦确系海上桃源，生活最称安定舒适。当时欧洲各国，最严重的问题，莫若粮食缺乏。丹麦为一富足的农业国家，五谷丰登，肉类充足。鸡蛋、牛酪，乃至蔬果之属，应有尽有，而且品种繁多。丹麦人民为彼时惟一可以享受白面包的民族。但有人仍酷爱黑面包或褐色面包。此则令人难于理解。该国对于交战各国，一视同仁，均极友好，而严守中立。哥本哈根实属观察战事进度最理想的前哨站。与各交战国均有通讯网，可资联系。收发电报，寄递邮件，毫无困难。消息至为灵通，不难据以判断一切。当地报纸，报导新闻，正确卓越。丹麦文字，界乎英文德文之间，学习数月，即有阅读能力。凡受教育的丹麦人士，咸能说一种或两种外国语言。旅居丹麦的外侨，无须学习当地文字，亦可应付。丹麦语言，发音特别，不易学好。

我国在丹京设有使馆，平时由代办主持，馆址即系代办寓所。由于逃避战事的外国人拥至，丹麦房屋，颇感短缺。我们特在丹京郊外"霍尔特镇"（Holte），租赁别墅一所居住。乘火车，或摩托车，驰行十英里，可到京城。别墅滨湖，占地约七八英亩，园景布置不俗。湖名"紫光"（The Violet Lake）。我们在此，一住竟达三年，女儿枬生在此出世。附近水木明瑟，有车路可达美丽的浅水海湾。距佛尼德力克斯堡垒（Fredericksborg Castle）不远。垒内礼拜堂墙壁，悬满绘有谱牒徽纹的盾牌，不下千余面，上刻"丹莱堡"（Dannebrog）系统历代武士姓名。有如我国北京孔庙门前碑林中的进士题名碑。所有明清两朝，历届所取进士姓名，悉刻碑上。由克伦山（Kronberg）往北，我们寻着丹麦太子哈姆雷特（Hamlet）的坟墓。此一悲剧角色，实因沙士比亚而闻名遐迩。我将自柏林运出的家具，布置在临时的家中，一切也很安适称意，并且还有四个由国内来的佣人。其中一个厨役，一个侍应生，均系随同俄国驻烟台的领事出国，流落在挪威京城，因此前来投靠。家中养了一只丹麦种的猎狗，这可算是我们有生以来，第一次犬马之好。狗大得像小牛一般，和孩子们玩耍时，很容易将他们撞倒在地。它最坏的癖气是追赶骑自行车的过路人。肇祸之后，使我们常花费很多的钱，赔偿损失。

哥本哈根的社交活动，因受战事影响，颇感沉寂。但在小规模的聚会中,可以会见不少外交团,和丹麦的人物。法国驻丹麦公使,原系北京旧识。挪威公使系外交团的领袖,人极谦和,告诉我不少有关当地的礼俗。意大利公使夫妇,均喜应酬宴客。英国公使也很好客,曾出使波斯。俄国只有代办驻丹麦,他的夫人有一串闻名的东珠项圈,颇似清廷帝后所有的珍珠。

丹麦的"赦尔"政府(The Zahl Government),在大战期间,执政很久。他们解决失业的政策,颇为成功,赢得人民的拥护。外交部长年轻有为,周旋于各交战国之间,肆应得法,保持均势,中立不倚。三个斯堪的那维亚国家,团结一致,抵御各交战国的侵犯,显具力量。三国在经济上,均以严守中立,而获厚利。证以丹京人民生活之富裕,市面之繁荣,决非虚妄,尤以劳动阶级,受益最多。据说此种事实,在歌剧场中,最为彰著。平时工人在歌剧场,均购票价最低的两廊坐位。迫战事继续演进,工人收入日增,遂坐入票价较昂的池座,最后则升入票价最贵的包厢。至于两廊坐位,则留给贵族、公务员,及一般"白领"阶级矣。星期日,工人出游,莫不衣冠整洁,或乘自行车旅行郊外,悠闲自得,谁复能辨其为劳动分子!在丹麦乡居数月之后,习见附近工厂工人生活状况,远较欧洲其他国家者为优裕,比之我国者,直有天壤之别。惟丹麦救济失业办法,是否一无流弊,有待研究。往往男子留在家中,坐领救济什物,妇女外出工作,赚取工资。似此不免鼓励男子偷懒。

丹麦国体，虽系君主世袭，惟国王及其家族，极富民主作风。国王往往一人步行闹市。因体干修伟，不难被人民认识，随时有人向彼行礼致敬。王后亦不时光顾百货商店，虽系德国公主，绝无丝毫贵族习气。因此国王及王后备受国人爱戴。我们由乡间驰车入城时，常在中途相遇，彼此额手示敬。

在远东，除中国、日本外，丹人对于暹逻关系颇深。丹人服务于暹逻海军者，常有多人。丹麦以蕞尔小邦，她的商业和其他活动，深入东方，亦奇迹也。在蒂阿里（Tioli）城之游艺公园中，有一华式戏台的建筑物，柱上悬挂木制对联，所刻文字典雅，书法整齐。丹麦诗人曾将我国古诗，译入该国文字，传诵一时。此则可能由于丹国曾遣派教士来华传教，因而引起国人对于我国文物，发生兴趣。

我以职守关系，每年须访问瑞典国都"斯脱克荷姆"一次。回程经过"克芮斯丁那"（Christina），遂借此一游挪威。大战期中，瑞典时感食物缺乏。该国人民常来丹麦一快朵颐。丹麦以农立国，过去颇受瑞典、挪威两国轻视。战时丹麦农产丰富，轻视观念，不复存在。瑞典自王室以降，生活比较贵族化，挪威则与丹麦相仿佛，均较民主。挪威王宫，建于京郊山上。国王常搭乘街车，往来市区，辄与司机闲话，状极亲切。一位外国使者告我：当他呈递国书后，在王宫参加宴会时，一个身穿毛线衫的幼童，忽然走进要"瞧瞧"（Look See）东方人。

这个幼童，便是备位储贰的皇太子！另一位欧洲使节向挪威外交部接洽呈递国书日期，外交部长不假思索，拿起电话机，直接向国王询问何日有暇，可以接见外使。在挪威京城时，我很幸运，适逢易卜生的名剧，在皇家戏院演出。演员表情和台步，均臻妙境，惟对话难以了解，不免美中不足。

乘摩托车遍游丹麦全境，日驰六小时，费时一周。渡海至费安岛（Island Fyoen），住宿一夜。再乘渡船至佳特兰（Jutland），横穿半岛，以达北海（North Sea）海岸。佳特兰地形，高低起伏，长青灌木，遍地繁殖。古拙老城，最饶画意，颇似荷兰村落。丹麦夏季，最足留恋。气候凉爽，阳光充足，空气新鲜，道路整洁。乡间旅舍，结构虽小而甚精致，饮食味美，服务周到。居民尤为和蔼好客，旅客颇有宾至如归之乐。

兵连祸接的欧洲大战，终幸结束。停战消息传出后，真是万万同庆，薄海欢腾，尤以中立的丹麦，最感兴奋。战事进行之际，该国经济，虽臻繁荣，然各人工作却十分紧张。陆徵祥先生时任外交总长，来电嘱我准备参加行将来临的和平会议，盖我国将与协约各国分占议席。各国出席和会代表名单，尚未公布，我国人选亦正在商洽中。我已被内定为代表之一。嗣因对当时宣布独立的广东军政府，尽力联络，以期对外一致，避免列强认为中国内部分裂，特重订代表人选。我遂改任代表团顾问。此举颇违陆总长原意。和会期近，我因奉命赶往巴黎。

我由丹京向挪威柏尔根（Bergen）港进发。该港在战时，为由欧陆往来英法必经之地。由彼乘船至纽卡斯尔（Newcastle），途中适遇大风。北海水浅，整个船身，备感震动，虽开足马力，向前行驰，仍少进步。波涛打击甲板，几无已时，旅客惟有静卧舱内。抵纽卡斯尔时，伦敦使馆代办已在岸上相候，遂偕往英京。沿途经过城镇几处，看见约克（York）的著名礼拜堂。渡海至法境卡那（Calais）一段，海面尚有水雷，随处漂流，乘客须着救生带，以备万一。最后安抵巴黎。

我国代表团颇存奢望。不仅可向同盟各国取偿因参战所受的损失，而且借此将与战胜各国调整一切外交关系，要求因加入协约国团体内，我国应享受的各种权利。然而结果，不免失望。我国政府在段祺瑞将军任国务总理时，由于美国政府的敦促；对德绝交，嗣受日本怂恿，对德奥宣战。不幸当时未经向协约各国取得具体了解，将我国应享的权利，及应尽的义务，逐项开列，签订条约。因此在和平会议开会时，虽经提出：关税自主、收回租界、取消治外法权等要求，不惟不获大会重视，且几于无人理会。对于将青岛及胶澳租借地区直接退还我国的要求，亦因英、法与日本缔有密约，和会认为应由中日直接谈判，不啻承认日本强迫中国所接受的二十一条要求为合法。

英、法与日本所缔结的密约，美国威尔逊总统一无所知。直俟他与克里孟梭，和诺德乔治会谈时，方始闻知，不免大为震惊。此项密约的公布，其所表现的欺骗与陷害阴谋，竟使我国人民及代表团愤懑之余，手足无措。有同一伙强烈炸弹，突然爆发，令人心惊胆寒，神经瘫痪。关于和平会议的详细经过，和我国代表团所取的态度及表现的成绩，早有专载，人所共知，无劳详述。所有未了之事，多在一九二二年华盛顿会议时，由我国提出讨论。据说有人曾向段祺瑞总理建议，我国参战，关于战后应享的各种权利，理宜向协约各国取得书面保证。但段氏答以：我国系与"君子"打交道，无须预索保证！

在巴黎和会中，我国提出有关改善与列强外交关系的各项要求，公正合理，曾经发表义正辞严的详尽宣言。虽当时未获圆满解决，但不失为我国今后外交政策，最低限度的进行步骤。各项要求，由于我国不断的努力和坚持，终于逐件做到。顾维钧博士因参加国联约章起草委员会，我国代表团曾提出不少有关保障集体安全，维持国际公道，促进民主政治的原则，构织于约章之内。我国对于国际联合会（The League of Nations），所缔盟约二十六条之贡献，堪称伟大。

在此值得一述的是：中日之间，虽因山东问题，彼此失欢，邦交几濒决裂。惟日本对国联盟约内，提出种族平等原则，应予加入一节，与我国代表团见解吻合，特予支持。中国古语："君子不以人废言"，此之谓也。在和会中，引起严重反应的事件，莫若我国代表团尽情公布，中日间历年所缔结的各种借款密约。其中若干协定，且系在威胁之下所签订。此实日本二十一条要求的结果。所谓秘密借款，普通称为西原借款，以日本财阀西原龟三出面贷放而得名。日本政府对于我国代表团此举，提出抗议，指为手续不合。我国政府则认为代表团在维护国家权益，保持国家独立自主的立场，举措正当，外人无权干涉。经过如此声明之后，中日间各种秘密协定内容，始为世人所周知。〔所谓西原借款包括：（一）参战军械借款日金六千余万元，（二）铁路垫款日金五千万元，（三）金矿森林借款日金三千万元，（四）有线电报担保借款日金二千万元。此外还有其他借款本息，全部总计约为日金三万万元。〕

尚有一事，当时应加保留，今则不妨公开。此则代表团内重要代表的意见纷歧，自始即难望和衷共济。而首席代表复缺乏整饬纪律能力，难使各代表谨遵命令。当时所面临的任务，何等艰巨。人人公忠体国，困心衡虑，通力合作，尚恐于事难济。何况党见深固，尽情倾轧，口舌争辩，虚耗光阴，无补实际。大敌当前，竟有人不惜运用阴谋，争取席次。此种行为，岂特令人齿冷，实为国事痛心。〔我国出席巴黎和会代表，除陆徵祥为首席代表外，尚有王正廷、施肇基、顾维钧诸人。颜氏英文自传脱稿于一九四六年，诸人时均健在。关于代表团各人的动态，似不愿详述。〕

不及等候和会闭幕，与我的悲剧收场，我先回丹京。去国于今七载，我决意回国一行。获得彼时代理部务的外交次长陈篆氏的允许，我迅即摒挡首途。在离丹麦之前，为处理个人私事，曾赴柏林小作勾留。德国马克币值，已惨重下跌。同样质料的衣服，在同一裁缝店，其价值比较过去，竟上涨二十倍。其他物品，亦复称是。据本人经验，一九二一年，我在北京收到由柏林素有往来的银行寄出的信，所贴邮票计一百万马克，竟将我的银行存款，扫除净尽。其实我原有的存款余额，也还像样。通货膨胀恶化的程度一至于此！然而柏林表面，仍存旧观，并无改变。但人民确真穷乏极矣。尤以过去的中产阶级为最。据一位外国使者向我说，彼此相识的一位德国达官，衬衫上的白领，竟至破裂不堪。高楼大厦的售价，折合外币，低贱得出奇。我曾向外交部建议趁机购置一座可供使馆用的房产，尤以当时我国银元对马克的兑换率，最为便宜。但未邀允准。若干亚洲小国，均纷纷利用时机，购置堂皇广厦，以作使馆。我国使节，虽已升格为大使，馆址仍然株守"柯尔佛尔斯丹顿"老屋。

我们一行，人数较多，不易全购大邮轮的客票，只好乘坐丹麦商船。经由直布罗陀与苏彝士以达上海。大西洋洋面，还漂流不少的水雷，幸一路尚无意外。该船装傤货物，乘客不过十人。途中读书游戏，光阴消逝甚速。经过四十天，安抵上海。

上海虽是家乡，但已多年不到。骤见之下，令人不复认识。昔日空旷地亩，今则房屋栉比。热闹市区，充满高楼广厦，居然仿佛美国城市。我一向注意华洋交涉，因特往观上海会审公廨一次。革命以前，系由上海领事团管理。此次适逢老友之子，被外国巡捕向公堂控告违犯警律，请我出庭证其平昔人品。被告律师竟然通知审判华官，系我作证。华官与我原来认识，即将被告释放。同时有人，被指为"小偷"，仅凭巡捕报告，并未详加审讯，即由陪审洋官记录，判处监禁数月。后来我将此事，告知驻北京英国使馆参赞，指斥裁判不公。他竟说：陪审洋员认为"小偷"原系惯贼，已有记录，故照例判罚！

　　偶往杭州一游，顺便赴附近莫干山小息。该处不少外人常往避暑，组织有管理机关。此种举动，不免侵越我国主权，自应交涉取缔。曾与一家德商旅馆主人谈话，知其曾在中国海关服务多年，熟习我国过去情形。因问彼最触目的中国进步，究属何事。他毫不迟疑的说："中国妇女——每日见到在杭州街中行走的女学生，身着整洁制服，态度大方，行动雍容，活泼愉快。"后来我取道汉口，前往北京，经过鸡公山。彼处亦为外侨内地消夏场所，一切建置，多属教会，设有类似莫干山的管理机构。既然同为侵越我国主权，应亦在交涉收回自办之列。

　　北京当时，局面紧张，气氛严重。直皖两系军阀，明争暗斗，剑拔弩张。徐世昌总统周旋两大之间，左右为难。国务总理靳云鹏将军辞职后，由萨镇冰海军上将代理阁揆。我晋谒徐总统述职，报告欧洲情况，备承垂询。他对于内争的忧虑，见于辞色。早在一九一〇年（宣统二年），他任军机大臣时，我见过他一次。此次交谈较久，对于他的气度、品格，所得印象很深。

民国成立以来，我国内争，层出不穷，不特殃民，实亦辱国。外人之观察我国者，对于此种现象，直是莫名其妙。兹不妨对于内争原因，略予分析，姑断至一九二〇年为止。然不过粗枝大叶而已。先谈历届总统的背景，及其所代表的派系利益，借以明了其所以得势，与所以失势之故。如此然后对于中国近年政局俶扰、祸乱相循的原因，庶可得到较为清楚的认识。

第一任临时大总统孙逸仙博士（一九一二），"中华民国的国父"，他的当选及其卸职，前章业已叙述。牺牲他个人的尊荣，和政治的权力，避免长期战争流血，而让位于袁世凯，目的无非救国拯民，实现"天下为公"的主张。袁世凯，系出河南望族，以训练中国新军，进身显贵。他的"部属"，多募自华北：直隶、山东、河南等省。由于此一集团的武力造成他个人领袖的地位。益以清帝退位的机会，加上他不择手段的计谋，因利乘便，竟然获选为第一任正式大总统。死后（一九一六）由副总统黎元洪将军继任。黎氏籍隶湖北，虽系军人，不属任何派系，缺乏武力支持。为人忠厚朴实，爱国守法。惟材器平常，优柔寡断，不足以领导群伦，共跻治平。继黎氏而任副总统的冯国璋将军，原系北洋军阀嫡系，曾任江苏省督军。黎总统时代的国务总理，段祺瑞将军隶籍安徽，号称南人，实为北洋军人领袖，与冯副总统同为袁世凯练兵时的得力将领。他算得一位典型中国军人，节约刻苦，不贪财好货。惟刚愎自信，崇尚武力；不究是非，偏袒下属；尤昧于议会政治的真谛。黎段之间，个性不同，作风迥异，彼此合作，自不可能。对德宣战问题，两人意见参商，竟至决裂。招致张勋乘机发动复辟。一九一七年（民国六年），黎总统避入日本驻京使馆。段氏时已辞去总理职务，退居天津。把握时机，率兵入京，驱逐张勋，定乱俄顷，成其"再造共和"之功，重任总理。黎氏自承失职，无颜复位。冯副总统依法继任总统，结束袁总统所余任期。冯段两氏，同隶北洋军系，宜乎可以合作无间矣。实则两人政治立场不同，主张异趣，由友变敌，时生摩擦，终使政局恶化。冯总统对于统一南北，赞成和平调解，段总理则主张武力征服。为解决此一各趋极端的不同政策，一般希望取决于未来的总统选举。袁总统所遗留的合法任期（一九一三至一九一八），行将届满。中间虽曾发生两度职守"断续"经过，但现在必须由第二届国会重新选举替人。冯段两氏自然为最适当的候选人，而第三者徐世昌氏的姓名，亦经提出，但多认为当选可能性不大。民国七年（一九一八）九月四日，选举结果，徐氏竟然当选。

关于徐氏经历，在此不妨一述，俾读者略知其与北方军阀首领的渊源。他是翰林出身，早年曾在河南州县衙门任过幕友。嗣襄助袁世凯训练新军。彼时袁世凯帐下的高级军官，亦均系彼属员。他出任东三省总督时，张作霖将军在奉天不过偏裨末将。因此直、皖、奉三系军阀首长，均系彼之故人。正在北洋军人互不相下，群龙无首之际，他总算中立不倚，可以周旋各方的适当人物。他在四百三十六张选举票中，以四百二十五票当选为中华民国的总统。彼时各方厌战，能有文人主政，罢兵谈和，自所企盼。他的年龄，他的经验，无论在前清，在民国，对地方，对中央，可称丰富成熟。论学识，论修养，论手腕，再加上他和北方军人的历史关系，均足够使他有取得总统地位的资格。

在袁总统任内，民国二年（一九一三），发生二次革命，民党领袖，悉被放逐。迨袁氏发动帝制，引起西南各省起兵反对，实启全国分裂之危机。黎元洪将军当国（一九一六至一九一七），被迫解散第一届国会，议员群赴广州，造成南北分离局面。兵连祸接，民生凋弊，直至国民革命军北伐，国民政府成立（一九二七），始行统一全国。黎氏解散国会之后，曾发生张勋复辟，喋血都门。民国六七年间，冯总统虽有意与南方独立省份妥协言和，然扼于段总理的武力统一政策。固尝派兵遣将，对湘、粤进军讨伐。结果引起直皖两系直接冲突。至徐世昌出任总统，益形尖锐化。同时南方独立各省，内部亦时起兵争，统兵将领，朝秦暮楚，唯利是图。直皖两系军人，既互争雄长，各殖势力，分赃不均，致以兵戎相见。益以皖系领袖之亲日政策，为国人所深恶，遂成众矢之的。民国九年（一九二〇）七月，直皖之间，在京师近郊，发生军事冲突。

幸战祸不长，直胜皖负，段祺瑞下野，避居天津。自从民国成立，以迄民国十七年，我国境内，几于无日不有内战。

我在北京，本无官守，述职既毕，遂赴天津暂住，静候大局澄清。直皖之争，告一段落，徐总统指令靳云鹏将军重新组织内阁。周君自齐被任为新内阁的财政总长。由于周氏的推荐，靳将军向我征求同意，加入内阁，担任外交总长。当时直系领袖为曹锟与吴佩孚两将军。奉系领袖为张作霖将军。直奉两系军人，既有左右国内大局力量，徐总统亦惟有趋跄于两大之间。

第八章　入阁参政
（一九二〇——一九二二）

　　靳云鹏将军第二次组阁，已于民国九年八月十一日，见诸总统明令。阁员中，除我任外交总长外，其余多系老友：周君自齐长财政，萨君镇冰长海军，范君源濂长教育，叶君恭绰长交通。靳氏籍隶山东，追随段祺瑞将军有年，向属皖系，现则接近直系军阀。他的密友，现任内务总长的张君志潭，亦复如此。此次阁员，颇多进步分子，政治派系彩色，并不浓重。董康、范源濂两君，均系知名学者。分长司法与教育行政，咸能凭其学识经验，专心本职。经过最近直院战争之后，皖系失败，人心望治益切。对于新内阁，实寄相当希望。徐总统与新阁员，多系旧交，相知既深，倚畀亦专。政治前途，似感乐观。惟财政、外交，难题重重，有待努力。

　　财政部第一难题，即为收兑"中国"、"交通"两银行所发行的贬值京钞。当年九月间，周君便与内国公债局〔梁士诒时任该局总理〕商妥，由财政部发行整理金融短期公债六千万元，以关税余款担保，作为收回两行京钞之用。结果尚称圆满。京钞持有人免受损失，整个金融亦得以活动。

周君在财长任内，另一重要措施，为整理自民元以来，政府所发行为数不下十余种的内国公债。此类公债，多属缺乏可靠担保，而又难以按时还本付息的证券。总计金额超出国币三亿元。他的办法是，将已经流行市面的各种内债，集中统筹，指定新的税源，拨供基金。并决将基金管理权，交由海关总税务司，英人安格联（Sir Francis Aglen）掌管。此举不仅提高政府所雇洋员的声望，实则太阿倒置，使外人直接干涉我国财务行政。安格联以驵侩之材，骤膺重寄，得意忘形，妄作威福，终于招致罢黜，此则咎由自取。惟此次整理旧债，发行新债，新债信用昭著，实缘新债基金，由总税务司独立经管，无人得以移用，此系事实，勿庸讳言。

新阁成立不久，北方五省，发生严重旱灾，灾民多至五千万人。数月以来，雨泽缺少，造成灾象。政府因在北京组织国际赈济委员会，梁君士诒任委员长，内务、财政、交通三部总长，为当然委员，进行赈济工作。外交部则通饬驻外使领馆，分向当地侨胞呼吁，劝募赈款，为数亦殊可观。此次救灾，完全运用以工代赈办法。此在我国，尚属初次试办。灾民工作包括筑路、造桥、修堤、作坝等项。最初颇招反对，指为虐待灾民。嗣见进行顺利，成绩良好，于是群相赞许。此后各慈善机关,遂亦纷纷仿效。自此次旱灾发生之后,政府与民间,对于造林、治水、灌溉、储粮、移民、改善交通运输等公共事业,渐知注意。美国驻京公使柯兰君(Charles R. Crane)对于赈济委员会工作,深感兴趣,愿予协助。承他居间推动,美国红十字会对于筑路代赈计划,捐款特多。北方旱灾赈济工作结束后,委员会成为固定机构,工作继续进行,改名为华洋义赈会(The China International Famine Relief Commission)。该会对于国内天灾的救济,贡献良多。

我就职后,对于外长与各国使节的往来造访,仪节上颇多改动。例如,过去习惯,外长履任,先访驻京各国使节。此与列国通例不符,且耗费外长时间。兹除分送就职通知书外,仅遣价向各使节投刺而已。帝俄所派驻华公使,当时仍留北京,并照旧列名外交团。实则彼早经苏联新政权否认。我因嘱对彼缓发就职通知,亦无庸投刺。此举殆为准备新内阁对于帝俄代表地位,采取不予承认的初步。他深知其地位将发生变化,特来拜见,借探真象。我乃正告彼之地位与众不同,我国政府正在考虑处置办法。当时我国南北分裂,意见纷歧,对于中苏关系,毫无确定政策。虽苏联曾向我国不断接洽,但迄未能把握机会,作有利的安排。

在内阁会议中,外交部提出有关此一问题的两个办法:(一)对于帝俄原派驻华公使,及各地领事,不予承认,以免对苏联新政权发生恶感;(二)一俟时机成熟,我国对于苏联新政权,予以承认。我方曾经示意帝俄留华人员,自动引退,以免发生不愉快情事。惟彼等颟顸,竟予拒绝。我国既无所选择,惟有由总统明令否认帝俄驻华外交及领事人员,有继续留华权利。同时指派专员分别接收天津及汉口租界,与哈尔滨的帝俄各级法院。并指派人员保管法院资产,以待将来我国承认苏联后,再行解决一切。帝俄应收庚子赔款,过去曾由留华俄国官员支用一部分,供作使领馆开支。兹则停止支付。

我国此项措施,法理人情,可谓双方兼顾。驻京外国使节中,竟然有人发生异议。嗣经外部说明立场后,亦遂谅解。中国政府收回天津、汉口租界,及治外法权后,一切谨守诺言,依法执行。不独租界内所居留的各国侨商,毫无不便,即原住俄侨,亦均得到公正待遇。天津、汉口及哈尔滨的法庭,咸由政府选派精通俄语的公正法官担任推事。苏联对于我国取缔驻华帝俄机关措施,反应极佳。直至苏联与我国建立邦交,申明取消过去中俄一切不平等条约后,上述保管责任,自动告一段落。其实早在民国九年(一九二〇)十一月,苏联业已宣布废止所有过去帝俄与我国所签订的各种条约,取消治外法权、租界、庚子赔款,及中东铁路等。

民国十一年(一九二二)春间,过去中俄签订有关陆路通商的商约,经过四十年,现届满期。惟以苏联迄无可以承认之政府,中国无法与之修约,亦只得由总统明令公布该项陈旧条约无效。命令中申叙:两国间陆路通商,因情势改变,商务发展迅速，旧约过时，已不适用；俄方既无合法政府，可以相对谈判此项急待修订的条约，中国政府惟有自本年四月一日起，将该项商约，予以废止。原约内所订：中俄边境，及免税地区（双方边境一百华里内），进出口货物，减收关税三分之一，及某种商品免税的各项规定，统归无效。此一举动，不能认为中国无理由，而只系片面废约。盖自修筑中东铁路，该路与西伯利亚铁路联运之后，两国间，陆路贸易，与海路贸易，已无分别。最初规定对于陆路贸易，减收关税三分之一的原则，早失意义。中国废除对俄陆路贸易商约，无非对陆路与海路贸易，征收一律的进口关税。

自袁世凯氏任总统以来，外交部对于中日关系，特加注意。当局深知国力脆弱，必须与强邻亲睦，不容发生直接冲突。中日之间，人事关系，最为重要，偶有误会，如人事配合得当，不难大事化小，小事化无。是以外交部次长一席，尝由日本留学生担任。四员参事之中，亦必有一员曾经留学日本。他们的职责，为随时揣摩对方外交的脉搏，预止其责难，安定其意气，消弭其滋扰。换言之，即防患于未然，弭祸于无形，不使两个民族间的关系，趋于恶化。日语流利的秘书，经常与日本使馆人员往还，或则酒食征逐，或则妓馆〔艺妓〕周旋，无非曲意交欢，借以知己知彼。甚至阁员中，亦须有人纳交日本使者，互致殷勤。

中国俗谚：工欲善其事，必先利其器。本此意义，外交部特设储才馆，训练后起人材。部中干练之高级人员，则尽先外放充任公使、代办、领事等职。其遗缺，即以新进有能力之次级人员，循资递补。如此新陈代谢，庶几人材辈出，既无窒塞之虞，亦无滥进之弊。

当时内阁各员，咸认为努力改善中日关系的时机已到。首应尽量避免彼此间的误会，消除彼此间的敌视，以达到双方谅解。因此我方深愿开诚布公，与日方解决一部分悬案。借以转变空气，俾较为严重的问题，双方得有接近磋商的机会。双方既然表现和善的精神，两三件地方性的交涉，在互让互谅态度之下，亦遂轻易的得到解决。最后轮到《中日军事协定》。此系中、美、日三国联合出兵西伯利亚时，中日间所订的密约，最为国人所反对。认为日方将乘机在我国境内长期驻兵。经过相当谈判之后，终于民国十年（一九二一）元月，予以废除。

关于山东问题，日本不断向我国政府要求，依照《凡尔赛条约》所规定的程序，予以解决。美国有意在华盛顿召集会议，商讨一切有关太平洋事件的消息，虽已传到北京，惟经过相当时间，我始收到邀请参加太平洋会议的正式通知。日本因此愈加努力，拟将山东问题剔出，希望中日直接谈判。惟我国政府态度坚定，不予同意。并经正式通知日方，山东问题，我国本可在任何时会，根据公平原则，谈判解决。惟不能依照《凡尔赛条约》处理。缘我国未曾在该条约上签字。

收到华盛顿邀请参加会议通知后，我即在部内成立"参加华盛顿会议筹备处"，自任主席。由于过去经验的教训，对代表人选，特加审慎。不独代表各人，须能彼此和衷共济，而代表团必须表示举国一致的阵容。代表团首席代表由驻华盛顿公使施肇基博士担任，副代表则为顾维钧博士〔时任驻伦敦公使〕，与王宠惠博士。王博士乃我国的法学专家，系南方各领袖的好友〔代表中尚有代表南方的伍朝枢博士，惟迄未赴美出席〕。其余团员，包括顾问〔黄郛为顾问之一〕，人选亦极慎重，务使对于正副代表的工作，有所裨益。正当财政极端困难之际，如何由关税收入项下，宽筹经费，以便赴会人员，不致因费用紧凑，而误公事，最关重要。经在内阁小组会议商酌多次后，拟定详细指令及章则，俾代表团有所遵循。

本人原拟亲身出席会议，故与秘书人员特向下月开驰太平洋的各家邮船，预订舱位，以便随时起行。结果因国内政务缠绕，无法分身。在某次重要阁员聚餐会，座中有总理、内务、财政、交通各总长，及交通次长（总统之弟徐世章）与我。此外尚有一二外客。适由东北来到一著名相士。同席各人，因相向询问本身命中秘密。彼则先将金钱三枚，抛掷桌上，视其阴阳反正，加以推算，画一秘图，据以答复发问人的命运。彼谓座中某君，命中应有二女。惟某君自承只有一女，但彼坚执如故。嗣某君忆及曾有一女早殇。我对于江湖术士，素缺信任。经同席多人怂恿后，因问最近期间，有无远行可能。彼答："不会，此时无法分身。"此事于我，无非巧合。盖在未来数月之内，发生两次"阁潮",我均被迫,先后代理阁揆。

　　我国既然对《凡尔赛条约》,拒绝签字(因其中有关收回胶州租借地、铁路、矿山,及德国在华所享权利等之规定,与我国之主张不符),故在法理上,中德两国,仍在交战状况中。惟战后德国,急欲恢复在华地位,尤以通商方面,最关重要。因特派波尔君(Herr von Borch)前来北京洽谈复交问题。我则指派部内参事二人,与之谈判解决方法。华盛顿会议既迅将开幕,所有中德间各问题,能早日获得妥帖措置,则我国在会议中,更少束缚。德国联邦既已备受《凡尔赛条约》惩膺,态度不免柔驯。同时因热望与我国早日发生商务关系,一切颇事迁就,故所缔之中德复交条约,完全基于平等互惠原则。该约于民国十年(一九二一)五月二十日签订。德方郑重声明:一八九八年三月六日,中德所订条约,及其他条文内列载德国在山东省内享有的一切权益,既经《凡尔赛条约》之规定,完全丧失,德国自亦无从归还中国。

　　至于战前德国旧有的租界,及治外法权等权利,则正式归还中国。其在中国商埠居住的侨商,所享权利,不能超过第三国侨商所享受者。所有驻北京使馆的卫队,馆外所置练兵场等权利,亦均整个予以取消。除庚子赔款,因中德绝交,早已停付外,德国为赔偿我国参战损失,包括管理德俘等开支在内,曾付出巨额款项。波尔君交来的支票,在经我背书的款项中,金额可称最巨。该项条约公布后,一般印象极佳,实为民国成立以来，第一次对外签订的平等条约。

当时内阁一切，进行顺利，但仍不免改组。其中个里，无庸赘述。显著的理由，无非总理必须有一亲信之人，掌管财政。现任财长周君自齐，原系财政金融界耆宿，与总理谊属同乡，且系老友。只以政府财政，时感困难，关税收入，支付赔款，及外债本息外，所余无几，不足供应政军开支。而巨额新债，一时无法再举。同时有人，亟欲使用关余全部，或一部，作为提高内债地位之用。因之造成内阁危机。同时某部总长〔按系交通总长叶恭绰〕，违反阁议，对外签立某种合同，益增总理的烦恼。于是财政、交通两总长，遂不得不联袂出阁。

上述与外人所签立的某种合同，就所定办法而言，亦复切实健全。过去类似的合同甚多。惟此次则经多人指责为有损权利，且曾引起几国公使的抗议。为免惹起纠纷，内阁决议新的合同，必须详加研究后，再行签订。但主管部，未经内阁同意，即已签字，此则无怪总理向总统提出辞职。同日内阁改组成立：张君志潭调长交通，李君士伟任财政总长，张君所遗内务总长一缺，由籍隶吉林之齐君耀珊接任。其余阁员仍旧。内阁阁员，经此次更换后，政府遂加深直、奉两系共同支持的彩色。阁员中，籍隶东北者，计有二人，皆系张作霖将军的代表。李君士伟辞不就职，由次长潘君复代理部务。潘君与张君志潭均与靳总理接近。对于筹措军费，自然尽力。政府既由直、奉两军阀首脑予以支持，在未来的几个月中，尚形安定。

前章我曾叙述清华学校，系用清末美国退还的第一批庚子赔款所建立。我由欧洲回国后，发现部内库存该项退回赔款，收入超出该校支出，结存颇丰。惟该款之管理，与稽核，不无可议。我因决定组织董事会，将该款由部中移交该会保管。董事会由外交部总次长，及美国驻华公使任董事，并制订董事会章程，及保管细则。原存银行仅孳薄息之款，由董事会提出分别投资营运，借以孳息增本。为免后任对于董事会办法，有所更改，特由部方呈准总统备案，以垂永久。后来该会并入民国十三年（一九二四）成立之中华教育文化基金董事会。该会计设中国董事十人，美国董事五人，共同保管美国退回的第二批庚子赔款。

列国对于我国表示的好意，有时竟然变成引起国内纷争的因素。此或不易为读者所了解。事实如下：华盛顿会议议决，中国海关除照原税率征收进口税外，可以增抽二点五的附加税$2\frac{1}{2}$%（surtax）。中央税收，因此增益很多。于是引起军阀垂涎，群思染指。如能将内阁掌握手中，自可予取予求。一般失意政客，遂蝇集奉天，煽动张作霖将军，争取内阁席位。奉系当时阁席，仅有两人，而总理复偏袒直系。财交两部首长，既均属直系，是直系势力远较奉系为大。张作霖将军遂约其盟兄，直系首领曹锟将军相见于北京，并正告总统，彼等对于现内阁人选，殊不满意。曹氏为人木讷朴质，远不及张氏之机巧善辩，被张氏说服后，竟同意改组内阁，由梁君士诒出任总理。梁君素与奉系接近，向不为直系所喜。

　　时当我国出席华盛顿会议代表，努力折冲，希冀提高国际地位，俾得与列强共跻平等之列。同时正在英美环伺之下，与日本代表，短兵相接，谈判山东问题。靳内阁因遭遇奉系之反对，被迫辞职。民国十年（一九二一）十一月十八日，徐总统招我谈话，嘱暂摄阁揆，以资过渡。我以对于内政，素乏经验，颇示踌躇。他说代理之期，不过一周，最多十日，新阁当可成立。十二月二十四日，明令发表梁君士诒为国务总理。梁氏约我继长外交（后来获知徐总统曾以此为条件），张君弧任财政总长，叶君恭绰回长交通。阁员中，除司法总长王宠惠博士（时尚在华盛顿）、教育总长黄君炎培、海军总长李君鼎新及我外，其余均属奉系。直系方面，则无一人入阁。

　　在梁氏邀宴张、曹两将军时，于分别介绍内阁阁员后，我被请报告德国战前、战时、战后情形。我借此机会强调无论个人，或国家，穷兵黩武，决无善果。凯撒在欧洲，何尝不是一世之雄，今则流亡出奔，避居荷兰，由国君而变为寓公，可为殷鉴。曹、张两氏，听我讲话后，当时固不知作何感想。惟一人则于民国十七年（一九二八），由北京退出关外，中途惨遭炸毙；一人则于民国十三年（一九二四），避往天津，度其毫无人生乐趣的幽居生活，碌碌以终。

　　新内阁虽经曹锟将军同意，明令发表成立，但曹氏部属则心有未甘，群起反对。此次内阁人选，奉系彩色过重，新政府的生命，难望长久，早在意料中。曹张两人分手之后，一则懊丧失意，一则踌躇满志。不久直系将领吴佩孚将军，号称中国鲁登道夫（Chincse Ludendorff），即领衔对梁总理，通电攻击，措词十分严厉。指斥梁氏亲日蠹国，对日本公使要求我国借用日款，赎回胶济铁路，竟然让步接受，抨击尤烈。国人遂有倡议国民捐，代替借债赎路之举。此种爱国热情，用意可嘉，究亦无补实际。正值谤铄繁兴，外交关系微妙之际，梁总理履任未久，对于华府会议，中日谈判，不甚深悉，竟贸然接见日本使者〔小幡酉吉〕，已属不智。他违反我国代表团在华盛顿会议的宣言，对日本公使要求，遽作肯定答复，尤失计较。结果引起严重纠葛，招致舆论指摘，殆非始料所及。后来纵有文字更正，辞费而已〔似指梁氏门人所作年谱〕。梁氏此一发生恶果的接见日使，当然不可能不传入我国在前方作战的代表之耳中。如竟隐瞒不使彼等有闻，更属非是。代表们在华盛顿的一举一动，和他们的宣言，无时无刻，不在两位中国国民代表〔蒋梦麟与余日章〕监视之中。他们对外折冲的战略战术，既大半系在代表团办公处商决，可说毫无保密可言。倘若代表们的策略，与北京当局的意向，过于径庭，其结果之严重，当可想象。

　　总之，山东问题，在国内当时，既为人人所注视，如不假思索，轻率表示意见，或竟见之行动，均足招致剧烈而严厉的攻击。矧其人又素不嫌于众口，而政治上复树敌甚多，或尝遗人以把柄，则攻击者，必能如愿以偿。在华盛顿会议开幕之前，各团体代表，即纷纷来外交部见访，询问政府是否愿意与日本直接谈判山东问题；会议进行时，又纷纷询问对于日本要求，是否准备让步。有一次，上千的学生，拥入外交部署址，摇旗呐喊，要求见我，对山东问题发表意见。此种场合，出言偶一不慎，势必引起骚动。如竟用武力弹压此种爱国情绪，岂特不智，实亦不幸。

吴将军对于梁总理的恶毒攻讦，再加以直系各省督军的同声附和，结果梁氏无法安于其位。虽由国务院与外交部，对外间误会，加以解释，仍归无效。梁氏遂先行告病，避居天津。总统又挽我暂摄揆席。我说此次局面，远较上次严重，代理期间，势将延长。总统说："总理与外长职务，目前最好一人担任，对于华盛顿会议的种种问题，可由一人负责裁决，然后由我最后核定，以免群言庞杂，自相矛盾。"由于他的心口如一，彼此以诚相见，颇能合作无间。加以他的明智，和对外情的深切了解，结果使我国在华盛顿会议中，确有相当收获。

法国霞飞元帅（Field Marshall Joffre），时正访问我国，照例携来法国荣誉勋章，以备赠给中国政要。惟他仅带来法国最高级的大十字勋章（The Grand Croix）两座，原备一赠张作霖将军，一赠梁士诒总理。适梁氏避居天津，我代阁揆，此项荣誉，竟由我承受。迨霞飞元帅会见梁氏时，谓将由巴黎补寄一份相赠。谈到勋章，徐总统对于我国出席华盛顿会议代表，礼遇优渥，酬劳报功，曾各颁赠高级勋章。我亦邀一等大绶宝光嘉禾章之赐。综计我参政期间，除蒙政府授给勋章二座外，并曾迭膺文虎章等之赠给。于上述法国勋章之外，我尝接受丹麦政府的"丹莱堡"（Dannebrog）大绶勋章、瑞典政府"北极星"（Polar Star）勋章、葡萄牙政府的"基督"（Christ）勋章、罗马教廷的"庇护十一世"（PiusXI）勋章、秘鲁政府的"太阳"（Le Sol）勋章。德国以战事关系，未曾授勋。后来我奉命出任苏联大使，国民政府为酬奖我出席日内瓦国际联盟，及军缩会议的劳绩，特颁给头等彩玉勋章。早年我曾执教上海圣约翰大学，后承该校赠予文学博士荣誉学位。我对于此一光宠，衷心铭感。袁、黎、徐三位总统，尝循清帝新年，颁赐"福"字、"寿"字之例，对于民国高级官吏，时有亲题匾额之赐。我亦尝叨此项荣典。各项荣典中，最奇特者，莫若宣统逊帝举行婚礼时，对我有"紫禁城骑马"之颁赏。当时我适代理阁揆，循例致送贺仪。逊帝或认为我将前往申贺，特有此举，免我动步！可谓设想周到矣。所谓"骑马"者，实即乘轿之意。在清宫内，惟武臣骑马。为纪念逊帝婚礼，清室特精制刻花大银杯分赠来宾。

彼时访问北京之贵宾，尚有美国驻菲律滨总督伍德将军（General Leonard Wood）。相偕同来者，有傅尔普君（Mr. Forbes）。沿津浦铁路各车站，无分昼夜，我国政府均盛陈仪仗，以示欢迎。鼓角之声，不免有扰贵宾清梦！我询问伍氏卸职后，有何计划。他的答复是："深愿得替贵国训练陆军。我在铁路沿线所见贵国兵士，莫不体强力壮。"曾数次任过法国内阁阁员的班乐卫先生（Monsieur Painleve）亦尝来北京观光。我国曾遣一半官式访问团赴巴黎报聘，并代徐总统接授巴黎大学所赠的荣誉博士学位。建筑辉煌瑰丽的北京协和医院开幕时，带来一群知名人物：其中如煤油大王之子，小洛克斐勒先生（Mr. John D. Rockefeller, Jr.），洛氏基金总理范宣德博士（Dr. Vincent），均极引人注目。北京西郊，淀园附近的燕京大学，举行校舍落成典礼时，中美董事齐集观礼，不少两国教育界领袖在座。我国总统，暨外交部均曾先后予以盛大招待，远来宾客，咸感欢忭。

回忆童年时，先君每年总率领我们兄弟赴戏院，观赏京戏一次。我辈彼时对于全武行戏剧，和舞灯一类的节目，最感兴趣。后来我在上海圣约翰教书，来华观光的美国旅客，尝央我领导彼等往观京戏。惟我国戏院包厢座位，悉系木凳，亦无坐垫，不耐久留。特嘱院主换置舒适坐椅，以便欣赏夜戏。我尝将当日所演剧情，译为英文，俾彼等对舞台表演，易于了解。徐世昌总统任内，我们欣赏京戏的机会很多，而且每次全是由北京名脚出演。在新华宫总统招待公使团，或外国贵宾，宴饮之余，即由北京名伶表演精彩短剧三四出，以娱坐客。歌声舞步，均臻妙境。此种优越艺术，实为世界任何地区所罕有。前清帝后，多耽京剧，故京师名伶辈出，无论专业或"玩票"，均有不少人材。所谓上有好者，下必有甚焉。皇室贵胄，家中时有

"堂会"，主人往往粉墨登场，以娱宾客，且以自娱。

梁总理的财政计划中，有发行九千六百万元国内公债作为偿还各种内外短期公债之举。其中百分之四十系日本债务。此项九六公债〔当时简称〕，虽担保不甚可靠，而条件及利率〔八厘〕，均极优厚。在我暂代阁揆时，此案经提出阁议，财政总长亟盼早日通过。盖以梁总理对此十分重视。惟我对之则深致怀疑。梁总理既在病中，阁员不愿重拂其意旨，因予通过。此项九六公债之发行，除将所欠日本短期公债清还外，其余部分，以担保既不实在，债信难以维持。成千上万的无辜持券人，和存心投机分子，后来均同陷于悲惨境界。我迄今思之，不免耿耿于怀，内疚神明。

此项九六公债，用以整理的各种内外短期公债，其性质备极复杂，而用意亦殊易引起指摘。各方面颇怀疑其中必有弊窦，因而群起反对。于是政府特设立〔偿还内外短期公债〕审查委员会，审核持券人的要求。财政总长〔张弧〕看见风色不对，竟然一走了之。审查委员会审查结果，指出弊窦不少，该项公债市价的涨落，曾打破历来公债买卖的纪录。投机倒把之徒，用尽心机，散布谣言，波动市面。甚至捏造海关总税务司，将置该项公债于所管基金范围之内，一并加以整理。盖借此希望其债信可以提高。尽管各方施用种种压力，总税务司迄不为动，始终否认有此办法。此则不能不承认总税司态度超然，立场坚定。我还记得后来另外一位财政总长，在家中宴请总税务司，敦促其接管该项公债还本付息事宜。客厅中挤满银行钱庄老板，静候总税务司首肯的消息。这些人，无非希望捷足先登，可以"抛出"，或"购进"，借以大发其财。结果由人为的市价上涨，次日一泻千里。

民国十一年（一九二二）二月之前，华盛顿会议中所谈判的山东问题，幸告一满意的段落。二月四日，签订有关条约。由于美英两国友好协助，中日间山东问题之解决，虽不能完全满足国人希望，但总统与我，认为尚不失为一公平的办法。应为大多数具有理解的人们所接受。惟若干不负责任，蓄有成见的派系分子，对此会议，既多严酷抨击，代表们，对该项解决办法，能否获得国内各方面的同意，不免深致疑虑。所有条约中各种条件，由代表们电我请示时，我迅即复电慰劳，并告以一俟呈请总统裁决后，再行电告。代表们来电称：在未奉到核定前，暂停一切活动。次晨我携签呈，晋谒总统，报告一切，他立即画"行"照准。国务院及外交部遂据以电知代表团查照。同日内阁国务会议正式核准公布。两日之后，关于远东问题，闻名的《远东九国公约》（*The Nine Power Treaty*）亦正式签字成立。对于此两项条约的签订，总统与我，咸相信大多数国人均将表示同意。若陈意过高，以不切实际的眼光，指摘一切，亦未尝不可吹毛求疵，借以鼓动政潮。

根据华盛顿会议所决定中日解决山东问题的方案，政府特派王正廷博士充任"接收胶澳督办公署"的督办，与日本洽商，办理有关接收青岛、胶州租借地、胶济铁路等事项。经过数月的商洽，山东问题，得以顺利解决。我以一身，兼任国务总理及外交总长，在国内主持华盛顿会议，颇感劳顿。今幸各问题次第解决，因特呈请解除总理兼职，稍轻责任。四月四日，遂由继张君弧任财政总长之周君自齐，接任国务总理。我既得稍苏喘息，特利用机会，遄往杭州，探视家眷。

在华盛顿会议闭幕之后，我本意拟约三位代表即行返国，重新组织内阁，以便实行此次会议所决议有关我国各案。一方企求满足国人之愿望，一方借副友邦之热情。不意代表们对于回国之举，迟回瞻顾。盖不知国内对彼等之反应，究属如何。嗣只一人返国，而其余二人，仍逗留海外。时机一逝，国内政局，日趋险恶。除山东问题解决外，此后数年，我国在华盛顿会议所取得的有利机会，丝毫未能利用，殊属可惜！

张作霖将军所支持的梁内阁，既然倒塌，张氏何尝甘心。北方两军阀领袖，初则仅在文字上攻讦，然而大规模的军事行动，早已甚嚣尘上。总统处于两大之间，毫无实力，全恃双方保持平衡，政局赖以维持。双方各持一词，向其申诉，彼实无从评判曲直，作左右袒。惟有尽力劝告双方，息事宁人，容忍合作，避免军事冲突。双方既争雄竞长，互不相下，曹张二人，复急欲攫取总统地位。虽下届总统选举，即将于一年半之后举行，彼等亦难静待须臾。同时我国由华盛顿会议中，所取得的比较有利条件，对于彼等的政治野心，重加激刺。大有如矢在弦，非发不可之势。至于两系不少攀龙附凤之徒，虽其能力资望，有待检定，然无不妄思染指内阁席位。而一般失意政客，又唯恐天下无事，推波助浪，借可混水摸鱼。

内战的舞台，既经布置就绪，紧锣密鼓，序幕已揭。观众惟有静候两雄相斗，究竟鹿死谁手。据报张作霖将军实系首先发难之人。他的军队向关内推进，谓已得曹锟将军的同意。继此之后，当然照例有一番通电"骂阵"、"申诉"、"否认"、"攻讦"、"谩骂"，乃至彼此宣布对方罪状。终于大动干戈，造成正面军事冲突。所有通电，悉由曹张帐下，平日所豢养的文人墨客，以意为之，"东家"或竟不悉其文字内容。此役结果，张败曹胜，奉军退出山海关外。倚赖奉系军阀力量登台的一般政客，既然"误选赢驹"（Picked the wrong horse），势必相率下野，且由政府下令通缉。张氏本人，亦奉褫职查办的明令。

五月中，我正在杭州休息，浙江省长忽驾临见访，袖出总理致我密电。告以政局正在酝酿重大变化，促我火速北返。据我推测，奉系溃败如此之速，势将加紧直系军阀奉曹锟将军代替徐世昌总统的野心。他们的步骤，先恢复残余的第一届国会，借以迫使徐氏下台（徐氏系新的〔所谓〕第二届国会所选出，任期五年，已任三年有半），然后由残余的第一届国会选举曹锟将军为总统。徐氏所余任期，最多仅一年有半，但直系军人，实迫不及待。同时彼等认为我国财政危机已过〔海关可增抽二五附加税〕，不愿使此等利益，落入文治派总统之手，听其支配。于是直系各领军，一唱百和，共同通电，主张恢复法统，促进内部统一，请南北两总统同时下野（南方总统指护法的孙逸仙博士）。徐世昌总统的地位，既系直、奉两军阀共同支持。兹既如此，无法恋栈。遂于五月三十一日通电决定下野。六月二日他离北京，避居天津，由国务总理周自齐摄行总统职务。

我到北京后，情势如下：直系领袖决意恢复残余的第一届国会，促退职的黎元洪总统复职，以服满所余法定任期的日数为止。（所余法定任期的日数，各种计算方法不同。）作为一种过渡办法，然后尽速制造新总统的选举。如此，则直系军人所发动的政变，认为有法律根据，同时准备了一条捷径，以便曹锟将军当选总统。黎元洪将军退隐津沽，既已五载，静极思动，未曾不乐于再作"冯妇"。惟表面颇持坚拒态度，且提出若干善意，而难于实行的条件。诸如废督裁军等，不啻"与虎谋皮"，徒托空言。但黎氏通电，颇合国人胃口。直系武人，亦不得不将顺其意。六月十一日，黎氏自天津入京复职。

摄政内阁的周自齐总理，将政务移交黎总统后，出乎我的预料，黎氏竟然邀我组织新内阁。他的理由十分简单。他认为列强对于此次的政变，其态度恐不若国人的同情，对于承认他的政权，或有问题。他希望我为彼渡此难关，因外交团对我颇具好感。由我组织内阁，出任国务总理，于彼容易获得承认。

虽则我对于北京的政治生涯，已感厌倦，然为公为私，亦不便袖手不理。因表示同意，一俟渡其到达彼岸，仍请准予早日退休。六月十二日下令改组内阁，由我以国务总理兼长外交。〔谭延闿长内务，董康长财政，吴佩孚长陆军，李鼎新长海军，王宠惠长司法，黄炎培长教育，张国淦长农商，高恩洪长交通。〕吴佩孚将军则坚辞不就陆长之职。〔谭、黄两人，亦均请辞。〕

广东方面，发生陈炯明之叛乱，孙中山先生避居舰中（民国十年四月被举为非常大总统）。在此混乱局势之下，我的老上司伍廷芳博士，于六月中逝世。他已年逾八十，时正协助中山先生的护法政府。他因一向素食，自信可以活到一百五十岁。

第一届的残余国会恢复后，一般议员为证实彼等合法起见，常使政府感受种种困难。组织内阁，任命国务总理和国务员，既须经国会通过，而各议员遂不惜利用职权与机会，向政府勒索种种条件，致政府无法应付此种职权之滥用。众议院议长仍为吴君景濂。其人我曾于宣统元年在奉天相识。民国二年，我被任命为驻德公使，提出国会通过时，曾由他副议。他在民国十一年，权力更大。他有一群新进的国会议员，为其羽翼，供彼指挥。内阁的成败，悉视其喜怒而决定。而此一国会，既为产生下届总统的机构，因此更增重了他的牵制力量。自八月中，国会复会后，不独内阁必须听其呼唤，总统亦必受其指挥。在此种情势之下，我如继续供职，不特于国事毫无裨益,于个人实自取侮辱。我又何必恋栈。且深知我告退之后,不愁无人愿意接任此一烦恼职务。七月底,为履践原约,我毅然呈辞,并携眷,乘坐专车,径赴北戴河海滨。

在我外长任内,最初曾经引我注意,后来闹得满城风雨,变为极不名誉的交涉事件,是即国人所知的金佛郎案。法国政府当时拟仿效美国办法,通知我国政府,愿将庚子赔款,减让一部分。惟须我国政府同意,使用退回赔款之一部分,充作中法实业银行复业之用,另一部分,作为办理中法两国间教育事业的经费。中法实业银行,顾名思义,系由中法两国合资组织的金融机构。虽已停业,据称尚留存大量资产,如能予以整理机会,其价值相当可观。惟法国应收之庚子赔款,其总额不足以完成此项计划。因建议我国今后应付法方的赔款,不必按照国际电报汇兑的行市,折合佛郎。应请径用美金支付,缘战后佛郎价值,业已大跌。此种请求中国政府改变货币支付赔款办法,法方认为与一九〇一年条约内的规定符合。盖条约内规定各种外币的价值,应按每种货币所含黄金重量计算。外交部对于法方关于退还赔款的提议,经答复如下:(一)申谢其友好善意;(二)同意退还赔款之运用;(三)至于将来支付赔款,是否改用金佛郎,或其相等价值的货币,而不采取向来所用的电汇办法,事属财政部主管范围,且牵涉一九〇一年曾经签约的其他国家,自应由财政部,详加研究后,再行决定。

外交部对于该案,所取的立场,既如上述,十分明显,并不受任何拘束。民国十一年八月，我辞职之后，此一问题，遂由继任外长的顾维钧博士接办。外传在我任内，中国政府业已接受法方要求，以金佛郎支付赔款一节，殊无根据。此案既不曾提交国会讨论，在外交部亦无档案可查。民国十四年，我曾用英文发刊小册，将全案经过予以公布。最好的反证是：在我的任内，中国政府未尝接受金佛郎的要求，而此案的解决，乃迟至民国十六年四月。际此期间（一九二三至一九二五）顾博士曾与驻北京的法国公使，交换不少通牒，并以博雅而肯定的文辞，指出法方要求的谬误。〔读者可参阅台北文海出版社印行的《退还庚款事宜来往文件》。〕

涉及此案，尚有笑话一则，现在不妨一述。对于此案，尽力为法方奔走的国人某君，乃一著名政客。一日前来相访，讨论此案时，彼信口说道，如能使此案顺利成功，当以五十万元为寿。我只好带笑的回答：“至谢盛意，驻外使领馆经费，适愁无着，该项佣金，正好济急！”来客从此再也不提此事。

徐总统对于外交问题，所表现的明辨与判断能力，十分卓越，令人叹服。一方面由于他对中国传统哲理和历代史实，有深切的了解，一方面无论在地方或中央，他所积渐的行政经验，确属丰富广泛，可以随时运用。兼之他的天赋，也非寻常可比。在我所追随的五位政府领袖中，徐总统在品格和学问方面，可谓超群绝伦。除却不擅长对众演说外，他与英国过去的有名首相比较，并无逊色。他们全对本国古典文学，造诣很深，而于物质的自然科学，则少研究。他可说是一位学而不厌的读书人。在晚年退休隐居天津时，他编辑了不少清初北方理学大家的遗著，不下数百册〔包括颜习斋、李恕谷诸人的遗书〕。他的书法，本有功夫，七十岁后，复习绘事，所作山水，亦颇可观。他逝世时，年逾八旬，神明不衰。

袁徐两总统，一向保存清廷"早朝"习惯，晨兴极早。袁氏常于清晨，召集各部要员，共进早餐，商讨要务。至于徐氏，则我入总统府议事时，恒在破晓，各室灯烛辉煌。当两位总统开始办公时，北京市民尚在黑甜乡中。袁氏时御戎装，着长简马靴。徐氏向服长袍马褂，仅于举行典礼时，始着西式礼服。徐氏公余之暇，读书栽花，蕴藉淹雅，态度闲适。袁氏则终日忙碌，伏处斗室，与宾僚商讨要务，无片刻余闲。两人家庭情形，亦不相似。袁氏颇蓄姬侍，子女众多。徐氏以正室无出，仅置簉室，育有二女，家庭组织，至为简单。〔读者可参阅警民所著《徐世昌》，第十章"徐氏之余记"。〕

第九章　暂卸仔肩
（一九二二——一九二三）

民国十一年秋初，以迄十二年底，我的光阴可说是在半退休的情况中度过。华盛顿会议，原望我国能先将内部整理就绪，对于会中决议各案，可以逐渐实行，而跻位于国际家庭之列，共臻郅治。但我个人对于当时整个局势，观察所得，深感政治前途，难以乐观。

际此期间，我曾充分利用财政整理委员会的机构，进行召集关税会议的准备工作。我时任财政整理委员会委员长。该会计分两处办事：一司总务；一掌技术。技术处各委员，均系国内资深学邃的专家，由财政、交通、农商三部，及审计院选充。总务处则分为事务与文书两股。

会中首要工作，为研究我国各种内外公债之历史。盖彼时各种公债债权人，正纷纷呼吁政府，请运用新增关税税率之收入，统筹整理。研究各种公债历史时，特别注意每种公债之发生，是否专供行政费用，抑为建设费用。所谓行政费用，又必须详辨其政治性。盖统筹整理时，此类富于政治性的公债，最易招受指摘。会中制具详明表格，务使债务的特征，借款合同内所订的种种条件，可以一目了然。就整个研究所得，无论内债外债，所有举债的动机与目的，合同内所订的条件，如利率，如手续费，如还本付息方式等，无一不使人发生怀疑。种种严酷而暧昧的条件，适足使整理债务的机关，加强其理由，对于应偿债额，予以削减。而用以调换旧债的"统一公债"，尽可将利率压低，还本时限延长。原持券人均将无由抗议。会中因之编制各种详表，注明不同种类之旧债，调换新债的简明手续，务使持券人容易照办。

海关所增加的进口附加税收入，原拟用作支付政府一部分经常政费，另一部分，则为抵补各省因取消子口税（Transit tax）而遭遇的损失。至应如何分配此项新增收入于各方面，首须详查中央与地方两方面的岁收情形。在施行严格政府会计，和审计制度的国家，此类资料之搜集与编制，本属轻而易举。但在我国，既无制度，即有亦不划一。往往费时数月，用尽方法，虽略有所得，其正确与否，亦必须详加证实。会中曾根据所获资料，特为编制一假定的全国预算表。并将研究所得，用中英文编成各种说明，公布国内，使国人对于本国财政，无论光明方面，或黯淡方面，有所认识。委员会工作，一俟关税会议开幕，本可早日结束。无如关税会议竟迟至数年之后〔民国十四年十月二十六日开会〕，始克召集。此则由于列强中，有人故意阻挠，而法国则坚执必俟我国将不名誉的金佛郎案解决后，始允批准华盛顿会议条约，尤为最不合作之显著事例。

委员会办公处原设北海公园附近的"团城"，以所藏玉佛闻名于世。北海公园有湖山之胜，绕以百年老树，益增幽静。不特宜于治公，实亦招待贵宾之理想所在。在"团城"年余后，委员会迁至南海公园之"瀛台"。"瀛台"即清末慈禧太后，于戊戌政变后，幽禁光绪帝之所。建于一小岛上，四面环水，有木桥可通。相传光绪帝居岛上时，慈禧曾饬宫监于夜间，辄将木桥拆去，防其逃逸。

除主持财政整理委员会事务外，我对于民国六年，陆徵祥先生与美国驻华公使芮恩施博士共同发起之"中国政治学会"的会务，颇多推动。经被推任该会会长，连任数次。该会每月集会，不少中外名人出席演讲。罗素先生，杜威教授，顾维钧博士，王宠惠博士，皆其中最著者。会内自置图书馆，搜藏有关政治方面的西文撰著，不下数千册。筹有基金，发行期刊。其基金之一部分，则来自美国第一批退回的庚子赔款。

中国红十字会曾推选我任该会会长，亦历数年之久。此外尚有副会长二人，协助一切工作。该会总部设在北京，置有房产。惟其中央干事会，与副会长一人，则驻上海，以便进行募集捐款等工作。该会并无基金。有如美国红十字会，其中央干事会，设于纽约。上海干事会，对于北京的总部，并不十分重视。然而在华北的工作，亦复不少。尤以频年内战，扰及近畿，红十字会尝须征召教会医师，及协和医学院师生，组织医药救护队，以补正规军医之不足。当时我国军队，关于医药卫生设备，岂仅窳败，实同于无。

红十字会在中国发展，颇少进步。可能由于该会来自外国，不如红卍字会之系纯粹国产。红卍字会成立，虽较红十字会为晚，而会员人数，及活动范围，则远非后者所能及。经与两会有关人士交谈后，认为红卍字会之比较成功，实缘富有宗教意味。至于红十字会，纵令提倡基督教义，国人仍不免视为外道，难以景从。我本有意请求政府，指定流通的公债一百万元，作为该会基金，但终未实现。某次美国红十字会主席，潘恩推事（Judge Payne）来华游历，我特导彼参观北京西郊的香山慈幼院。他对该院一切设施，颇加赞奖，并正告该院董事长熊希龄先生："你此刻所做的工作，再重要也没有了。就连你过去任国务总理时所做的一切，也还不及它的重要。"（You are doing more important work here than you ever did even when you were Premier.）

与我发生关系的文化和社会事业，不在少数。我曾担任华洋义赈会的主席和委员，计达数年之久。有关此会的大略，我已于上章提及。我曾充任燕京大学、平民教育社、北京协和医学院、北京欧美同学会等团体的理事。为个人消遣起见，我特将京西清华大学（在我外长任内，经扩充为大学）附近的一座百年破旧喇嘛庙，予以翻造。这座庙宇，系向蒙藏局租赁而来的，颇富历史意味。虽系颓垣败壁，但院内不少参天古树。经过改造之后，装置电灯、电话，及室内各种现代方便设备，外加游泳池和网球场等，居然面目一新。与过去的凄凉景色相较，何啻天渊。确属周末休沐妙境。庙内原有少数喇嘛僧，及残破神像，亦均安顿于附近庙宇。

我有一次晚间，被邀参观"救世新教堂"〔似即悟善社，著者作The New Church for the Salvation of the world〕的宏丽建筑。该堂的主持人系清末很有地位的高级军官，一向以热心公益、和蔼慈惠见称于世〔似系土士珍，或江朝宗〕。"新教堂"的宗旨为：撷取世界五大宗教，耶、释、回、道、儒的精英，集其大成，扩而充之，以拯救全世界。口气却也不小。五位教主在堂内一字并肩，享有被崇拜的同等地位。实际道教彩色最为浓厚。设有乩坛，时请"上仙"降坛，指示迷津。堂内正厅屋顶上，曾用电灯泡缀成七个明星，各按方位，布置为北斗七星，使整个堂内空气，顿感神秘。主人约我在餐厅共饭，情意殷切，并有重要教友同席。随出示所摄五位教主在云端里的相片。五位教主的尊容，虽不十分清楚，但与普通图画上所见者亦相仿佛。这位将军（主人）并将摄影经过相告：事先由堂内同人虔诚的作过一番祷告，敬祈各位教主显示尊容。俟在乩盘内奉到俞允后，便即择定某日正午，安置摄影机，恭向云端中，教主法驾经过之处，敬谨拍取。结果良好，令人感激！

我复被导往楼上参观乩坛，共有两处。其一系用一铅笔形状的木杆，由屋顶直垂向下，承以沙盘，木杆可以在沙盘画字。当晚此坛未经延神降乩，故不知其表演如何。惟设在楼上大厅中之一坛，则置有木架，上缀"神笔"，承以沙盘，由两人分扶木架之两端。依术延神至，则"神笔"自动，画沙成文字。每写完一字，将沙赶平，再写第二字。周而复始，可以咏诗，可以作画，可以开药方，可以示休咎。事毕神退。据告扶木架之二人，完全听神指使。"神笔"动作，悉操之于所延之神。在沙盘之侧，立有二人，职同翻译，解读沙盘中所写文字。盖沙盘中文字，非普通人所能认识，有待"专家"整理〔口头说明〕，再由书记笔录，以示观众。当夜所延之神，昭示题旨，颇涉妙奥。后来我收到有关此类哲理的书籍六册，满纸神话。

国人被该坛吸引前往参观者，有如古希腊人之趋候神坛，占卜吉凶。情绪热烈，前未曾有。中国乩语，与希腊"神谕"（Oracle），并无二致。辞意含混，字义双关，任人解释，各得其妙，实集懵懂模棱之大成。所延之神，亦极世故，对于堂内重要执事，时沛殊荣，锡以嘉号，富有宗教意味〔如静虚，冲澹之类〕，或赐墨宝，或颁法绘。承领之前，善男信女，必先在坛前焚香膜拜，虔诚祈祷，方有所获。文人墨客，有时且与所延之神，彼此酬唱，不以为渎！

此种玄虚，有时亦极可笑。欧洲鬼神，亦往往应邀而来，尝以似通不通之英语，启示世俗。某次有英国名政治家降坛，居然以中文指示一切。问其何以通晓我国语文，则称由戈登将军（General Gordon）随任翻译！惟据史载，这位常胜军头，对于华语，殊无所知，遑论汉文！此种纰漏，不难一语道破。民国二十三年（一九三四），我曾在故都吴佩孚将军家中，亲见堂上高悬基督耶稣所赐手书中文匾额。（吴将军系继承上述某军界大老，在新教堂的地位。）尤其妙者，"我主"居然学了中国文人的谦冲，署名之后，还写了"学书"二字！（Learning to Write!）灵魂主义（Spiritualism）的学说，今日尚在极幼稚阶段。将来也许可能发展为一种重要的科学。然若落在幼稚、浅薄、迷信、无聊的人之手中，不免贬损其地位，使与巫卜星相、江湖方技，混为一谈，可悲孰甚！如再加以利用，愚弄无知，以谋达到个人自私自利的企图，终于误己误人，尤为罪过！（我国近百年史传中，不乏事例：两广总督叶名琛深信扶乩，不设城防，迨英兵已入广州省城，彼犹在乩坛，求神问计，终于被俘辱国。）

因此令人想到一般著名的军人和政客，失意下台之后，相率"遁"入宗教一途，不入于释，即入于玄。终日诵经礼忏，以求内心之安，扶鸾降乩，以占未来运命。理由各人不同。军阀武人，则以过去果于杀戮，涂炭生灵；政客策士，则以阴毒险狠，祸国殃民，均自知罪孽深重，竭力忏悔，借求生时心神安定，死后恶报幸免。此或与我国历史上，遭遇不幸之人物，往往于事无可为之际，"遁迹空门"、"终老黄冠"、"乘桴浮海"、"托足异邦"，同其心理？〔许多美国共产党徒，脱党后，转变为天主教徒，或亦同此心理。〕

在我居住北京的数年中，曾两度与友人相偕作国内长途旅行。第一次系访京汉铁路上之"西陵"〔在河北省易县永宁山〕。前清帝后数人，包括慈禧太后，安葬于此。〔清世宗泰陵，仁宗昌陵，宣宗慕陵，德宗崇陵，皆在此，统称"西陵"。至于慈禧则葬于河北省遵化县昌瑞山，附清文宗定陵，该处总称"东陵"。〕各陵建筑犹新，不似明朝十三陵之颓废。体制则大同小异，结构亦颇坚实。惟由各陵高处远眺，则其布置，远不及昌平南口明陵之宏伟壮观。周围林木亦不及其畅茂苍翠。游罢，返经都门，再沿津浦铁路，南趋济南。在济南停留一日，即往泰安，游泰山。由泰安登山，一半步行，一半则乘坐篮舆。泰山山峰高出平地约六千英尺，尚非甚高。惟布满古迹，包括孔子弃骑步行登泰山绝顶处。沿途碑碣林立，山边崖上，亦多刻石，行至半山，则教会所建消夏平房，罗列左右。至山顶，则所谓"没字碑"在焉。附近小庵，可供游人憩息，有窗凭以观日出，称为奇观。当日下山，回抵所乘专车。途中舆夫狂奔直下，矫捷若飞。经过悬崖陡壁，令人目眩心惊，不敢回顾。山麓岳庙，规制崇宏，建筑堂皇，壁画尤为著名。住持出示所谓"温凉玉"，一端暖，一端凉。有人谓系僧人先将玉之一端，用热毛巾包裹，玉既非传热良导体，故游人手触，自觉一端热，一端凉。

十余年后，闻名之国际调查团团长〔国联李顿调查团〕，百忙之中，忽发雅兴，趋谒泰山。半途休息时，失去富有纪念价值的手杖。当时虽经穷寻苦觅，毫无结果。次日省政府兴师动众，特派步兵一营，遍布山谷，搜岩探穴，竟使物归原主。

我们此行，最足启人景仰之地，莫如"至圣"与"复圣"之故里——曲阜。县城本非甚大，直径或不及半英里，然而圣庙与衍圣公府，实已占去城垣面积之半。圣庙建筑，体制崇宏，与北京大内宫阙相仿佛。大成殿中，置有铜质棕叶花圈一具，一望而知为欧洲出品，系陆徵祥先生恭献。此物如安放于普通殿堂，必甚触目。兹则殊形渺小不称。后殿两列，为"至圣"夫妇寝宫，各为九楹，实与帝王宫室体制相拟。大成殿廊前，石柱一排，雕龙刻凤，备极精致。此种瑰丽伟大的艺术品，世所罕见，即北京大内，亦未曾有。衍圣公适不在府，无缘把晤。据告府内所藏至圣遗物不少。历代帝王，对于孔子，多有追谥。至御赐孔氏子孙之珍玩宝货，法书名画，尤美不胜收。如陈列展览，将成为一最丰富的博物馆。孔陵仅一简单土邱，石碑耸立，上刻"至圣先师孔子之墓"。墓前石制供案，上列石制香炉，烛台。不远为孔氏族人茔地，成长方形，周围有墙。每代坟墓，自列一行，迄今计七十代矣。有史以来，世界上最长远、最闻名的家族，其谱系，可以上溯至纪元前五百年者，实"只此一家"。至于纪元后八百年始闻名之日尔曼"哈布斯堡"皇室，虽在欧洲公认为既远且长，但若与孔氏相较，不啻暴发户（Parvenu）之于故家乔木！

我们一行，趋访复圣颜子祠，经过《论语》所载"复圣"居住之陋巷。祠内殿前有巨柏一株。嗣闻被雷火焚毁。复圣后人，承袭兖国公者，后至北京，携来所藏某朝御赐精裱对联一副，用以相赠，并呼我为"老兄"。

徐世昌总统在任时，尝语我以北方之山西，南方之南通，一系模范省，一系模范县。庚子拳乱，极端排外之满人毓贤，时任山西巡抚，杀戮不少外国传教士，此则人所尽知。辛亥革命，山西陆军起而响应，由阎锡山标统领导独立，寻任都督，后称督军，迄今十有二年。阎督军在各省军事长官中，乃主持省政为时最长久者。我既久闻其治绩卓越，早拟一访太原，俾得实地观察。因决与外交界同寅老友，并偕秘书二人，同作山西之游。我们乘京汉铁路火车，由北京出发，至石家庄，转正太铁路（由石家庄至太原一段为窄轨），直抵太原。抵站时，阎将军本人，早在月台相候，并有仪仗队欢迎。遂同乘摩托车驰抵宾馆。车经城内窄街，司机开足马力，速度约为每小时四十英里，令人感觉紧张。好在警察早已禁绝行人，与其他车辆往来，否则难免肇祸。

在太原小住期间，观察所得，证实该省在阎氏主政之下，一切建置，确有不少进步。惟山西本非富裕之区，僻处内地，与外间隔阂，新兴的科学，和文艺，输入的机会较少。教育和其他事业，未能如沿海各省进步之速。即以山西大学而论，亦系在庚子之后，经人强迫，始告成立。山西大学毕业生，颇多送往英国深造，专攻采矿工程。缘该省煤藏，富甲全国，亟需矿师开采。庚子一役，山西杀戮教士（多系浸信会教士）案之解决，应由该省当局广设学校，启发民智，消除仇教排外心理，实为当时谈判条件之一。山西省内，另一改革，厥为各级法院。我们访问该省时，芝加哥大学法科毕业的徐维震君，正任高等法院院长。由于他的继续努力，全省司法制度，颇多新猷，堪资他省仿效。我们还参观了该省的模范监狱。太原省城，中小学校数目，亦复不少。此外尚有师范及职业等专门学校。总而言之，省垣面积虽不甚大，一切朴质，组织管理，均极紧凑完备。

我们曾赴距省垣有三日行程的五台山游览。此行承省政府招待，筹划周到。省长公署除指派秘书一人导游外，尚有中西菜厨师二人，及卫队等随行，且携带不少食品酒菜。旅程第一段系乘摩托车，循公路直达河边村，阎将军封翁家中。当夜下榻村中模范小学。次日起，乘骡轿，或骑马向山区进发。晚宿五台县城内。时当十月底，因地势较高，颇感寒凉。第三日起，则面山而行，愈走愈高。当夜已达五台群峰边缘。即留宿山中一大寺内。寺为满人某出资所建，极为辉煌。地上已有残雪。由寺门远眺，可望见南台峰顶，巍然峙立，高出地面约一万英尺，颇似巴黎铁塔。五台计有东、南、西、北、中五峰，高出地面，均在一万至一万二千英尺之间，状如滚球。山中寺院四十余处，分散各区，不少富丽堂皇之丛林古刹。我们留住于一喇嘛古庙名圆通寺，计有三日之久。寺中有喇嘛僧十百名，殿宇宏伟，铜铸小塔无数，禅堂装饰，尤为灿烂。山中各寺院，均拥有大量田产，由僧众自耕自种。圆通寺附近，望衡对宇，有不少大规模之招提，崇宏壮丽，金碧辉煌，不亚于北京雍和宫。

五台山本系"文殊"道场，各大佛寺多奉"文殊菩萨"为主神。《五台山志》卷帙浩繁，刻印亦精，所记有关"文殊"神话颇多。内有一则，大意如下：一位知县官于履任途中，忽见寺僧与村女同浴山溪中，认为有伤风化，饬亲兵追射僧人。僧人中箭。逃避寺内。亲兵尾追入寺，搜寻不获。最后见射出之箭，插在神龛，"文殊"塑像之侧！

五台既为我国佛教四大名山之一〔此外为峨眉、九华、普陀〕，国内佛教徒尝不远千里，前往巡礼进香，尤以来自关外东三省及蒙古者为多。据告：夜间山顶有佛灯出现，但亦仅虔诚信徒，可以看见。我们曾遇一着半汉装的蒙古人，由山下步入寺门，随走随用手攫其头发，向空飏散，自谓可以解除罪孽。另一山冈上之庙中，有一僧人，自称由华南步行到此，每行十步，即对五台山方向，叩头一次。关外居民，每年捐献大量金钱，为修建或刷新五台各寺院之用，是以庙宇大都庄严瑰丽，整齐洁净，有同京师宫阙。

我们私计内蒙古章嘉活佛，彼时可能驻锡山上庙中（庙由袁总统拨款修建，以结活佛内向之心）。嗣彼得知吾人来游，特设宴招待。他的佛寺，位于山中斜坡之上，建筑犹新，装饰考究。宴席完全蒙古式，主馔为烧烤全羊。宴罢，承赠哈达一方（由彼祝福过的丝巾）。游览全寺时，见木桩上铁链锁着几头凶猛无比的蒙古狗，猖猖不休。昼间既然没有自由，它们的脾气愈来愈坏。夜间解除羁绊后，它们不免飞扬跋扈。无论大贼小偷，遇见它们，其后果之哀惨，可想而知！在北京时，活佛与我，因公事，常有过从。我每每看见他，乘坐黄呢肩舆，出入于总统府。这是政府给他的特殊礼遇。他尽管号称"活佛"，与普通中年人一般，也照常吃、喝、游、乐享受。

五台之中，我们仅登南台绝顶。先坐骡轿，迨无路可循，乃舍轿骑马。山巅并无庙宇，仅一岩石搭盖的粗陋石室。然而举目四望，景色奇绝。所见浮现于云层中之群峰，有若海上之岛屿。山顶附近，竟见田畴，有人耕种。地力之尽，叹观止矣。不禁令人回忆伍廷芳博士，昔年乘火车经南美之"安德斯"山（Andes）〔南美洲最高之山〕顶，下车远眺，见一中国老农，正在山上种菜。我国同胞，天涯海角，固无处不可以生存也！

出游之前，山西省当局曾电话知照沿途城镇予以照料。因之来回途中，均有村民，与学校儿童列队摇旗，并鸣鞭炮，表示欢迎。沿路所见学校，建筑亦均结实清洁，我等并曾食宿其间。乡村治安极佳，此则得力于警察，及电话设备。回太原途中，正值某村露天演剧，遂驻足一观，饱聆"山西梆子"。胡琴伴唱，腔调高吭而凄厉。剧中男女脚色，既由男伶扮演，发声悉为假嗓（falsetto voice）。戏台掌班特恳对于所演各戏，予以品题，借增身价。申谢时，口称"敬谢诸位老先生指教！"（北京称老爷，山西则呼老先生。）我的同寅游侣，本系书家，沿路求其墨宝，以资纪念者，络绎不绝，致南纸店利市三倍。

我任华洋义赈会主席时，曾至京绥铁路终点，包头附近之归化，出席该会年会一次。铁路线由南口以达张家口，该处实为外蒙古库伦通往华北各省，商队往来必经之重镇。其次则为山西之大同，地处五台山之北。经过大同，始至归化。此次车行，颇感辛苦。列车既无卧铺，而八人局促于一车厢之中，尚有外宾数人互相碰撞，无法入梦，惟有坐以待旦。归化为绥远省会，气候干燥而寒冷。计有新旧两城。旧城颇颓废，仅存少数住户，均属驻防旗兵家眷。新城繁荣兴旺，官署、学校、商店、住宅，悉集于是。赈济会年会系在一公园内的政府机关中举行。外来出席代表，则安顿于当地比利时教会医院，该院系由天主教神父管理。此次除例行年会外，并举行灌溉水渠落成典礼。该渠系义赈会捐款所造。水源来自黄河，流经附近各区后，导入新开运河内，重返黄河下游。因系以工代赈，成本甚低，但工程粗糙，运河河床，未经深掘，常见沙泥。时傅作义将军主持绥省省政，对我等来宾，特加优待。回程时，假以本人设有卧铺之广阔专车，故各人尚能睡眠。

在大同时，同行各人，曾参观当地"盎格利干教会"主办的医院。院内一切，尚臻完备。同时也游览了名播遐迩的云冈石窟〔在大同县西武冈山〕。石窟不下千孔，佛像何只万尊。所凿石像，有高至七十尺者，雕饰备极精致。惟岩石易遭风解，历时既久，颇被风雨侵蚀，毁损模糊，所在多是。加以过去无人管理，任凭古董奸商，将佛头击落，盗运出卖，今日所存，已非全璧。但以工作奇伟，虽经长期天然剥蚀，人为毁坏，而所存仍不失为艺术巨观。

传遍世界的劫车案，发生于山东境内之临城。时为民国十二年（一九二三）五月六日。津浦铁路载有数百中外旅客之蓝钢车，驰经临城车站时，聚啸附近山中之匪首孙美瑶于下之土匪突然拥至，阻止火车前进，随将中外乘客驱往山中圈禁，以便勒索。经过长期谈判后，由政府收编土匪，被绑旅客，始获自由。政府对外国旅客，当然赔偿损失。我时正任财政整理委员会委员长，北京外交团领袖公使，对于此案，适当其冲，特来相访。所提要求中，有惩办山东督军田中玉一条〔原文作 Tien Wen-lieh（田文烈），当系误记〕，以其对于省境治安，应负全责。惟我国政府拒绝此项要求。谈判迄无结果。田将军系直系军人，平时政绩不恶，山东人民对彼颇存好感。虽经政府暗示由彼自动辞职，借了交涉，但田氏坚执不允。外交团方面特托我居间斡旋。我因敦劝田氏，凡于国家有益之事，担任公职之人，必须忍辱负重，牺牲个人一时毁誉，以大局为前提。此案经各方谅解后，终于完满解决。

第十章　都门万象
（一九二三——一九二七）

　　民国十一年（一九二二）八月，政府发表政治经验丰富的唐绍仪先生，继我组织内阁。唐氏时居广州，事前并未与闻。内阁人选，分子复杂，包括北洋军人，及与军人接近之人物；众议院议长（吴景濂）的亲信，亦占一席。此外尚有王宠惠与顾维钧两博士。〔国务总理唐绍仪，外交总长顾维钧，内务总长田文烈，财政总长高凌霨，陆军总长张绍曾，海军总长李鼎新，司法总长张耀曾，教育总长王宠惠，农商总长卢信，交通总长高恩洪。〕一般人对唐氏内阁，早已预卜其寿命不长。果然不到一月，即行改组，由王宠惠博士任总理。实则唐氏迄未入都就职。改组后之新阁员，多与驻洛阳之吴佩孚将军接近，其中包括财政总长罗文幹博士。〔国务总理王宠惠，外交总长顾维钧，内务总长孙丹林，陆军总长张绍曾，海军总长李鼎新，财政总长罗文幹，司法总长徐谦，教育总长汤尔和，农商总长

高凌霨，交通总长高恩洪。〕

政府与国会直接冲突，至新内阁总理出席国会报告施政大纲时，登峰造极。国会对于此次新阁，因无议员加入，既已深感不平，而总理人选，又非由彼等推荐，尤形愤懑。议员们对于出席国会之阁员，初则恶声叱咤，继则动武推挽，使阁员等不得不抱头逃窜。然而丑剧尚不止此。众议院正副议长〔吴景濂、张伯烈〕复借口财长罗文幹接受贿赂，签订奥国借款展期合同，遂私用众议院院印具函，携往总统府告密。由总统手谕拘捕罗氏，〔送交地方检察厅〕羁押。次日府院召开联席会议，阁员咸谓总统违法，请将罗氏交法院办理。实则严惩，虚则反坐。于是议员多人，〔由吴张率领〕拥入总统府阻止盖印发令。命令未下，而众议院竟提案通过查办内阁王总理，与外交顾总长。空前政潮，于是掀起。其实，王内阁早经呈辞，惟迟至十一月二十九日，始获照准。

过渡期间，由资深望重的汪大燮先生暂署阁揆，并由参议院议员王正廷博士担任外交总长。此为王氏姓名，出现于阁员名单中之第一次。不久由张绍曾将军组织内阁，始获国会通过。原拟以施肇基博士长外交，王正廷博士长司法，其余阁席，则由直系分子、国会议员，及总统亲信，平均分配。惟施氏竟被国会否决〔改由黄郛任外交总长〕。〔新内阁由高凌霨长内务，吴毓麟长交通，刘恩源长财政，李鼎新长海军，程克长司法，李根源长农商，彭允彝长教育，张绍曾兼长陆军。〕

民国十一年十二月，张绍曾将军的新内阁成立。他自同年八月起，已两度担任陆军总长。他在北洋军人中，比较后进。宣统三年，他任北洋第二十镇统制，武昌起义时，由奉天调驻直隶滦州。他于十月通电，奏请清廷迅颁宪法，避免革命内战。民初曾任绥远将军〔嗣改称都统〕，此后即无声无臭，不为时人所注意。他后来与吴佩孚将军结为儿女亲家，自民国十一年起，重行步入政治舞台，装演要角。他的内阁人选，混合直派嫡系、曹锟将军私人和黎总统的友好于一炉。其施政方针，标榜"和平统一"。然而并不发生实际作用，且为北洋军阀所非笑。彼时孙中山先生适由上海回广州，重新组织"大元帅府"，并成立一简化的内阁。〔形成南北对立局面。〕

黎总统复职之初，曾以"废督裁兵"号召全国，尚能博得直系军人表面暂时拥护。至张氏之"和平统一"，简直毫无反应。直系军人既欲利用黎氏之复职，以为达到曹锟将军当选总统之必要过程，虽其主张，明知无聊，然不能不稍假颜色，〔促其出山，以资过渡〕。至于张氏组阁，无非徒供直系进一步的利用，以达到上述目的而已。为使黎总统早日下台，先则由张氏内阁离弃职守，陷北京于无政府境界。继则由彼从中作梗，使新内阁无法产生。惟尚恐不足促黎氏之速行下台，竟至切断其住宅之水电供应，复授意京师军警罢岗索饷，组织所谓公民团体，游行请愿，要求国会从速选举新的总统。种种怪现象，无一而不出于支持张氏组阁之直系分子所策划与导演。故一般认为张氏内阁，实直系驱黎拥曹运动中最方便之工具。黎总统于民国十二年六月十三日，出京赴天津后，国会曾于六月十六日，开会表决，自十三日起，黎氏所发布之命令，概归无效。实则黎氏出京，既系暴力胁迫，当然应由内阁摄行政务。除与直系有关系的议员赞成驱黎外，其他派系之议员，对于十六日决议，一致反对，并有议员多人，随黎氏赴天津另谋活动。

是年六月至十月，直系分子努力于国会选举新总统之筹备。一方使用金钱，直接贿赂，一方则运用武力，加以威胁。国会于十月五日，举行总统选举会，议员五百五十人出席〔一说为五百九十人〕，结果曹锟将军以四百八十票当选总统，是为中华民国第三任总统。据报此次选举，曹氏所付选举票价，每张由五千元乃至一万元。〔参众两院议员总数共八百七十四人，其时在沪议员一百七十一人，在津议员三十余人，在奉议员四十余人，在籍议员三十余人，在京而未参加投票之议员约八九人。〕曹锟将军于民国十二年十月十日，在北京就总统职，并宣布宪法一百四十一条。〔此项宪法，系国会于三日之间，将十年来未成之宪法，加工赶成。〕当时仍由旧内阁继续任职，达数月之久。〔高凌霨代理国务总理。〕最可笑者，选举新总统之命令，即系此一摄政内阁所发布！

民国十三年元月，正式内阁成立，由曹总统任命孙君宝琦为国务总理，顾维钧博士为外交总长。孙君系我的内兄，约我入阁，任农商总长。新任财政总长〔王克敏〕颇有办法，准可每月筹集三百五十万元，以应军政急需。惟此区区之数，仅能使中央政府苟延残喘。根本办法，必须俟关税会议有圆满结果，税收增加，然后方可谈到其他建置。〔国务总理孙宝琦，外交顾维钧，内务程克，财政王克敏，陆军陆锦，海军李鼎新，司法王宠惠，教育范源濂，交通吴毓麟，农商颜惠庆。〕

我在农商部总长任内，对于一切，惟有尽力改进。第一步不外裁汰冗员，以节开支。改组商标局，争取外商对我国制造品的信用。召集全国工商代表会议，讨论有关国内建设问题。部中彼时有留学欧美及日本之农、工、商、矿专家，不下三十余人。终日徘徊部内，或略办例行文书，未获机会，各展所学。当经召集各人会谈后，乃分别指定担任各试验场技术工作，以尽其长。部内附设之地质调查所，向由翁文灏博士主持，聘有瑞典之安迪生博士（Dr. Anderson）、美国之葛利普博士（Dr. Grabau）协助，颇著成绩。对于我国地质科学方面，贡献很大。另一部聘外国专家，年俸颇巨。惜我国不能用其所长，虽年耗多金，未收效果。兹则自动辞职离华。

彼时苏联代表加拉罕君正在北京，进行促进中苏关系之谈判，尤以涉及"中东铁路"问题为交涉重心。民国九年（一九二〇），叶君恭绰任交通总长时，曾与华俄道胜银行（The Russo-Asiatic Bank）签订合约，解除光绪二十二年（一八九六），清廷与该银行所订合约有关"中东铁路"政治性之规定。缘旧合约内，准许该路设置铁路总公司，致我国人民曾受无穷损害。当时铁路建筑费，系由该银行供给，而该银行实系帝俄侵略我国之工具。我国代表王正廷博士，与加拉罕君进行谈判，历时业已数月。而任外交总长之顾维钧博士，对于谈判内容，竟一无所知。在某次内阁会议时，王博士忽将由彼签有"简名"（Initialed）的中苏新约提出。外交总长颇感奇异，深致不满，坚执全约必须先交外部详细审查，然后内阁始得核准。此事不仅使王博士处境尴尬，全体阁员对彼印象，亦均欠佳，即总统于彼，亦失好感。结果决将谈判工作，改由外交总长主持。加拉罕君亦颇感烦恼。最初彼且坚持中苏新约底稿，既经中国代表"简签"，一切等于成立，何能反汗。最后迫于我国舆论反对，亦遂接受改订的新约，由彼与顾总长签字成立。

读者在前此各章中，必已深知财长地位在内阁之重要，及与总理关系之密切。惟现任财长（王克敏）与总统私人交谊颇深，出任财长，完全由于总统主张，但对总理殊欠友好，且不够忠实。国务院每月经费五万元，既须由财长筹拨，而彼竟借口财政困难，如非靳而弗与，亦必多方克扣。国务院非同其他行政机关，毫无出息。在如此掣肘之下，几于无法进行。总理与财长之间，益乏好感。总理虽对各方人缘不恶，但财长以有总统及其近幸支持，总理对之竟一筹莫展，惟有辞职不干，一了百了。结果由顾维钧博士以首席阁员代理阁揆。

八月内阁改组，总理一席，又落在我的肩上。我亦深知前途荆棘。奉系及其盟友，反对曹锟总统至为激烈。惟我本人认为倘能为国家维持一线和平希望，实属义不容辞。内阁旋经国会同意成立。我以总理兼内务总长，其余各部总长人选照旧。然而内战终于无法避免。此次内战之导火线，由浙江督军卢永祥首先被江苏督军齐燮元，与福建督军孙传芳夹击，战败于上海附近。卢氏原隶皖系，现则与奉系联合。齐、孙两氏则属直系。

直奉两系正式冲突之前，照例通电攻讦，互相宣布对方罪状。继则奉军分五路入关，向华北挺进。总统则派军队分三路迎敌。其中北路，则由世称"基督将军"之冯玉祥负责指挥。他的军队步行向热河前进。吴佩孚将军，时任陆军总长，担任此役的总司令，已由河南洛阳来京（吴氏一向驻洛阳练兵），曾经与我，和其他阁员相见。这算是他以陆军总长的地位，出席阁议的第一次，亦即最末一次。内阁会议时，我特请外交、陆军、与财政三部总长，分别就本人职掌立场，说明对于内战的看法。吴氏则毅然决然口称奉系违抗中央命令，破坏统一，必须加以讨伐，予以彻底消灭。他深信对于军事前途，极有把握。当时我与另一位阁员，请他特别注意因战事可能遭致外人干涉，和国人互相残杀之不智。最后谈到此次战事所需军费数目。他说每日有三十万元，足够开支。随即询问财政总长，如何筹措此项巨款。财政总长的回答是："谨遵台命，勉效棉薄。"

阁议之后，继在总统府举行重要会议。由总统、吴佩孚将军、总统府秘书长、直隶督军、陆军总长，和我出席。我特正告在场各人：如战事进展至东三省境内，确有引起日本出面干涉之危险，同时张作霖将军的东北军，即令一时败退，不难分散在东北各地，万难加以扫荡消灭。不意，总统对于消灭他的盟兄，其态度之坚决，较之吴佩孚将军，殆有过之而无不及，此则很出乎我的意料。他并说，如有必要，应将他们（指奉军）赶到哈尔滨！如此严重的局面，倘在平时，国会早已叫嚣喧哗，响彻九霄。今则装聋作哑，噤若寒蝉，龟缩曳尾，深恐开罪任何一方，危及身家。

此次双方实力，既已集中于津奉铁路沿线，主要战线殆已选定在长城边缘山海关一带。直系前锋，由彭寿莘将军统率，吴氏本人虽统筹全局，但对此路特别重视。第二、第三两路军队，则由热河（古北口与喜峰口）推进，威胁敌人后方。惟路途漫长，军队悉系步行，进展迟缓，纵能与对方交绥，亦必须数周之后，始可望有详细战报到京。冯玉祥将军系第三路总司令，乃离京赴敌之最后将领。据一般观察，除曹总统与吴将军外，第二（王怀庆统率）、第三两路军队，对于进攻奉军，并不热心。至上级军官，久居繁华都市，生活腐化，且与财政当局，及税收机关接近，可以随时讨索军费，实无人愿意远出行军。惟吴佩孚将军意志决绝，必须贯彻个人主张。至于将各军调离首都，尚另有深意。

九月初，南路军队已与敌人接触，发生战斗。两周之后，双方在北路亦已开火。整个战局，全部展开，日趋严重。内阁每日下午，不断开会，听取战报，同时盱衡各方局势，时有讨论。当时阁员黄郛君任教育总长，系冯玉祥的密友，革命前，留学日本习军事，曾加入同盟会。辛亥革命，参加攻打上海制造局之役。民国十一年（一九二二），我与他初次会面，他适由欧美调查归国。他的旅费系由徐世昌总统所付，并传徐氏所撰《欧洲战后之中国经济与教育》一书，系彼捉刀。华盛顿会议开幕之前，由徐总统提名，我曾聘请他充任我国代表团的顾问。因此，回国后，他便加入北京政治圈内活动。同时，他和北京大学，与中国银行的当局，过从颇密，并担任大学讲师，甚形活跃。此一略历，无非借以说明他被任命为教育总长的来龙去脉。他早年是一位毫不妥协的革命分子。内阁举行会议时，他常常缺席，但亦未尝引人注意；直到后来，方始看出其所以然。

且说九月二十三日，清晨七时，家中看门人，十分惊惶的将我唤醒，口称："街中忽然布满兵士，据传系冯玉祥将军的部队，虽经用电话向警察局询问，但电话线已被切断，无法通话，情势看来相当严重。"我起床后，迅即与警察厅、卫戍司令部，及内阁同人，分别谋取联系。同时派人出门打听可能得到的消息。派出之人，经在附近探问后，回来报称：冯将军的队伍由前方开回北京，发表"和平政策"，派兵包围总统府，要求总统同意他们的主张。此时，我心中揣想"基督将军"已然发动"政变"。不久，一位内阁同僚来访，询问应付方法，同时证实我的揣测无误。

追九时左右，一位参谋官，乘坐敞篷汽车，率同卫兵四名，来到我家，袖出孙岳将军（当时系冯氏的部属，并为曹总统之义子）的名片，声称孙将军请我往距我家不远的庙内与彼相见，并谓接到上峰命令，有要事奉告。我很坦然无疑的到了孙将军的招待室。但见他正和曹总统的秘书长，对卧烟榻，狂吸鸦片，畅叙友情。我此时心中益觉轻松，相信北京城内一切问题，暂时可望兵不血刃，和平解决。孙将军礼貌周到，当即解释冯将军（据说他始终未离北苑兵营）回师首都的理由，无非为停止不必要的流血，消弭万恶的内战。同时提出严重条件：吴佩孚将军必须由（内阁下命令）褫职查办。我对于此一要求，不免迟疑。因谓个人建议，不妨给予吴氏闲职全其体面，俾彼自动辞职下台。我最后告知孙将军，一切须俟内阁会议裁决后施行，好在总统府秘书长既然在座，当可报告总统作最后决定。

我转回家中，全体阁员除黄君郛外，均已坐候。当即举行临时紧急会议，讨论冯将军所提出的要求。过去直系阁员，与冯氏往来密切，今见彼忽然倒戈内向，咸感惊奇。此次政变，有如迅雷不及掩耳，殊出各人意料。由热河前线撤回的冯军，行军消息，首都卫戍司令官，竟一无所闻。直至当天清晨，他由床上起来，亲自读到冯军在他的住宅墙上贴的告示，始知一切。他的情报部，工作低能何至如此！内阁会议，除接受冯将军的整个要求外，别无话说。总统府既被冯军包围，外间无法与府内通讯，亦无人得见曹总统。他对此次政变的反应如何，自亦无从知道。

内阁会议，尚未终席，忽然走来军官六七人，催促从速发表命令。并谓部队步行三日三夜，极感疲劳，情绪恶劣。大局如不即时解决，势将发生意外。继复称：机关枪、小钢炮，均已在公府门前，安置妥帖，他们对所辖军队，仅能控制到下午二时，过此时限，将无法维持京师的安宁。数周前，我曾被邀向这般军官谈话，并与他们会餐。现在我殊不可能被他们的威胁言词所动摇。因正告彼等，政府公布命令，由办稿，至签署和盖印，有一定手续，需要时间，决非呼吸可就。这无非使他们明白负有维持秩序的责任。他们随即离去。总统既被幽禁，惟有由他的秘书长前往报告一切经过。在当前局势之下，对于内阁所拟处分吴将军的命令，他惟有同意盖印而已。据说：他只深悔"为人所误。"

为保持责任内阁的立场，我与全体阁员，即向总统呈辞。辞呈内略谓：使国事如此混乱，我等实有负委任；情形如此，无法行使职权，惟有引退等语。似此，新的内阁，势须依照冯将军的意旨，从速成立。出乎意料，他竟派亲信携同他的手函前来，请我继续担任总理，并请将原有直系阁员，酌予调换新人。我对他的提议，当然拒绝考虑，因即示意总理一职，应请教育总长兼代。缘彼对于此次政变，既属事前知情，应付一切新的发展，当有成竹在胸。冯将军对于我的拒绝（认为不予合作），殊不满意，但对于我的建议，则完全采纳。他认为曾经将他反对内战的主张，向我透露过，但等到紧要关头，我却不予支持，深表遗憾。我因此追忆到他的一位亲信，时任内务部次长（薛笃弼），（我系兼总长）在政变前几天，曾匆匆的向我提及冯氏反对此次内战，有意主张和平。我当即告彼，我又何尝赞成内战，惟双方既在山海关列阵以待，而我又站在政府一方，临时主和，势将使整个局面，益加混乱。此君见我态度如此，即不往下再谈，兴辞而去。他可能不曾将我的意见，报告冯氏。〔可参阅沈亦云所著《亦云回忆》上册，第二〇二页。〕

黄郛将军最初表示不就阁揆。理由如何，不得而知。惟终于接受代理国务总理职务。所有直系阁员，全体调换，另由王正廷博士，及黄君友好分任各部总长。〔外交及财政由王正廷兼任，交通由黄郛兼任，海军杜锡圭，陆军李书城，司法张耀曾，内务王永江（薛笃弼代），教育易培基，农商王乃斌（刘治洲代），参谋李烈钧。〕现在段祺瑞将军已与冯玉祥、张作霖两将军合作，成为新的盟友。他特由天津家中，赶到北京，建立新政权，组织政府，将过去所谓"法统"，所谓"护宪"等名词，一笔勾消。在段氏抵京之前，曹锟总统通电下野（民国十三年十一月三日）之后，由黄郛将军的内阁摄政。

北京政局，暂时放下不提。兹且一谈中华教育文化基金董事会（The China Foundation For the Promotion of Education and Culture）。该会之产生，正在此时。吾人当能回忆美国退还第一批庚子赔款，我国政府用以设立清华学校的经过（嗣在我任外长时，改办大学，由我的一位中表曹君云祥担任校长），历年资送不少青年学生赴美深造。民国九年（一九二〇），美国政府复查出中国政府溢付庚子赔款，为数颇巨，拟作第二批的退还。此事在施肇基公使领导之下，由我国驻华盛顿使馆，向美国国务院交涉并提供意见。关于退还赔款，应由该院提请国会通过。在美国国会议员中，施博士有不少熟识，均愿协助。同时不少我国美籍朋友从旁赞助，游说国会议员。其中有韦棣华女士（Miss Mary Elizabeth Wood）系美国驻华传教士，曾在武昌文华书院任教多年，对于此事，尤为热心。韦女士遄返美国留住华盛顿数月，向国会方面，不断奔走。她对于中国图书馆事业，深感兴趣。过去曾在文华创立"图书馆学专科学校"。她蓄意愿见中国，仿照美国卡内基（Carnegie）的办法，在各地遍设图书馆，以启民智。一九二四年（民国十三年）五月，美国国会通过第二批庚子赔款退还中国的议案。

中国政府于民国十三年九月十七日，明令公布成立中华教育文化基金董事会，作为保管及运用该项美国退回赔款之正式机关。董事会设中国董事十人，美国董事五人。其人选由中美两国政府会商延聘。中国董事中，计有施肇基、顾维钧、张伯苓、周诒春、丁文江、范源濂诸君。美国董事中，计有孟禄（Dr. Paul Monroe）、杜威（Dr. John Dewey）、格林（Mr. Roger Green）、白赖脱（Mr. Charles R. Benneth）、贝克（Mr. John Earl Baker）诸人。（孟禄系哥伦比亚大学师范学院教授，杜威系哥伦比亚大学哲学教授，格林系北京协和医学院董事，白赖脱系花旗银行经理，贝克系交通部顾问。）首席董事范君源濂，曾费数月时间，起草该会章程及细则和有关条文。此一组织，在中国实属首创，缺乏先例。

董事会曾作如下之决议："为决议事，美国退还中国之庚子赔款，委托本基金董事会保管，应用以促进中国教育与文化事业，着重发展科学智识，提倡科学研究，无论实验或论证方面，使该项智识适合中国之需要，同时注意科学教学的训练，推动有恒久性的文化事业，如图书馆之类。"此一决议，系由负责起草人，经过长时间，共同缜密考虑后，所得到的结果，复经中美两国认为恰当满意。至于决议中，特别标出"图书馆"字样，旨在满足美国立法人员，赞助韦棣华女士努力促进中国文化事业之一种具体表示。〔参阅严文郁著《韦棣华女士与庚子赔款》一文，《传记文学》第十八卷，第五期，页一三至一六。〕

董事会既经采取上项决议后，当即准备接受美国政府退还之赔款，以便执行美国国会所通过之联合决议案中希望可以做到的工作。根据美国众议院外交委员会的"听证报告"，退还中国之款，总共美金一二、五四五、四三八·六七元，内计本金六、一三七、五五二·九〇元，息金六、四〇七、八八五·七七元。民国十四年（一九二五）七月十日，美国政府应行付出之数，计美金一、三七七、二五五·〇二元，此系自民国九年（一九二〇）十二月一日起，迄支付之日止，所积存之款。基金董事会原拟凑足基金六百万美元，俾合退还款额之半数。惟以每年指拨运用之款，超出预期，致未克如愿。截至民国二十九年（一九四〇）十二月三十一日止，基金董事会积存的基金，共计国币五、八八〇、五六八·二四元，美金一、二六四、三四三·〇四元，又英金一六、一二六镑一六仙令三辨士。

董事会首次会议的重要决议，系在北京建置一大规模的图书馆，以备庋藏外文的科学书籍。此一中国宫殿式建筑的国立北平图书馆，堂皇玮丽，确足炫耀中外。其中除搜集大量科学书籍外，并有不少定期刊物。馆长袁君同礼利用与世界各大图书馆，交换刊物的办法，使得该馆藏书日趋丰富。中日战争期间，该馆建筑幸未遭受破坏。希望此一中美友好的文化合作事业，得以永久保存。〔馆址为御马圈旧地，及公府操场，共占地七十六亩有余，门阁壮丽。室楼轩敞。馆内组织，设八部两会余分各组：（一）总务部，（二）采访部，（三）编纂部，（四）

阅览部，（五）善本部，（六）金石部，（七）舆图部，（八）期刊部；（甲）购书委员会，（乙）编纂委员会。藏书分"旧藏"（国立京师图书馆旧有书籍）、"新增"、"寄存"三类。〕

董事会原定每年集会两次，嗣以战事关系，改为每年集会一次。该会同时受托代管清华大学基金。清华基金数目，约合中华教育文化基金的两倍。此外尚有若干名目不同的小额基金，亦在代为保管之列。是以该会财务委员会，与会计人员的工作，颇为繁忙。民国三十年至三十一年之间（一九四一至一九四二），向基金董事会申请补助金的文教机构，计有二十三个单位。当年指拨金额，每笔由国币五千元以至十五万元，总共支付国币八十万元，另美金一万六千元。此外尚有国立北平图书馆、静生生物研究所、科学研究教授六名，科学研究员二十五名，研究津贴生十四名，和董事会直辖的编译委员会等，其经费尚不在内。接受董事会补助的机构，尚有纽约的"华美协进社"。

董事会经在章程内明白规定，政府于第一批中国董事选定后，对于该会之人事，不再干预，遇有董事出缺，即由该会董事自行推选。国民政府成立后，对该会章程的超然精神，未能深喻。关于董事人选，颇多干涉，曾指派政治色彩浓厚人员参加。经过相当时期，政府了然个中底细，对于董事人选，亦遂听由董事会照章办理，殊少置喙。

该会工作，确能实事求是，不重宣传，非若许多同性质的组织，徒有其表，而内容往往难以公开。该会每年的财务报告，均极详明正确，经常由执业会计师审核公布。盖内部办事手续，既然严格遵照章程的规定，丝毫不苟，而银钱出纳，尤有精密的会计制度勾稽审核。故信用昭著，工作效率甚高，堪与美国有名的基金董事会比美。此则我国凡属保管公款之机构，所亟宜仿照实行者也。董事会各董事虽系名誉职，然对于分内职责之执行，靡不尽心竭力，并非徒挂空名。

近年来，国币部分的基金，包括清华基金在内，因通货膨胀，遭受贬值。事前未能兑成外币，以供将来文教事业的复兴之用，殊为不幸。倘因此而使基金董事会负责推动的文教事业，与清华大学之发展，发生阻碍，则董事会同人内疚殊深。

话分两头，再谈时局罢。在政治和军事情况极度混沌之下，段将军终于如愿以偿。他和追随他的人们，总算达到平生志愿。民国十三年十一月二十四日，他在北京就任临时执政府的"执政"。他算是由于新近结合的军阀，张作霖、冯玉祥、卢永祥等，敦促"出山"的。同时也曾获得南方国民党的精神支持。孙中山先生应邀北来，与北京的新政府磋商"国是"。直系的吴佩孚将军，在这次的政治舞台上，不获串演角色，只好袖手旁观，暂不露面。

冯玉祥将军于赶走曹锟将军离开新华宫之后，趁机也将住在紫禁城里的前清逊帝，一并驱逐出宫。民国元年公布的清室优待条件，经修改如下：（一）取消皇帝尊号；（二）政府优待经费每年由四百万元，减为补助清室家用五十万元（每年优待经费，除第一年照付外，业已多年未付）；（三）清室私产归清室享有；（四）其一切公产，应归民国政府所有（后来成立故宫博物院，接收清宫一切动产，包括文化珍宝和书籍）。废帝夫妇先则避入醇亲王〔他的父亲〕的府中，随即移居日本公使馆，后复迁往天津，终于远走长春，变为"满洲国"的傀儡"执政"。从此引起政治和外交上愈多的纠纷。〔沈亦云在《亦云回忆》中，曾说："不识大体之辈，群相造作，使溥仪走向极端，供人利用，无形中，都负有对不起国家的责任。"〕

　　段执政组织了新的内阁，但不设总理，阁员多系南方人，大半是他昔日的宾僚亲信。同时公布《中华民国临时执政制》，和临时宪法六条，订明新政权的组织和权力。他主张召集两个会议：一为善后会议，一为国民大会。善后会议旨在商讨善后问题，及全国建设事宜；国民大会则为追认善后会议的决议案，并起草中华民国的新宪法。善后会议经过五十日而闭会，毫无结果而散。国民大会则迄未召集。若干徒有野心、不切实际的政客，甚至懵懵懂懂、毫无法学知识的军阀，对于制订国家宪法，莫不群思染指，借以附托不朽。不到二十年的短短时间，我国竟然产生宪法多至六七种。至于公布在案的宪法，究应由何人遵守，则从无一人过问！

　　上述两种会议，一则虽经召集，而无结果。一则始终不克举行。此固早在一般意料之中。缘国民会议，虽倡自孙中山先生，而段氏剽袭其名目，变更其实质，使有力量之重要政治集团的国民党不得不拒绝参加。其实段氏之所以召集种种会议，无非涂饰耳目，借此赚取一部人的支持，使其因军阀拥护而取得的政权，可以被公认为合法。次则一会之后，继以一会，可以消磨时间，苟延其政权的政治生命。盖临时执政，终属临时，何能"久假不归"，长此下去。此种批评，虽近苛刻，理论却甚正确。

孙中山先生到北平时，病势已甚沉重。〔三角同盟〕最初相互的了解，乃是三巨头见面后，先行磋商新政权的政策、组织和人事。不料孙先生由广州出发，绕道日本，小有耽搁，而段氏及其亲信，迫不及待，竟在孙先生未抵北京前四十天，组府就职，造成既成事实。双方对于若干政治问题之解决，固早已观点不同，时生磨擦，（例如善后会议，孙先生原主张包罗若干有历史的社会团体，但段氏并不同意。）由此可见，南北领袖固然不易合作，即北方的领袖，段、张、冯三人，又何尝不是同床异梦？共同之敌人，一天未曾消灭，为自身利害起见，暂时的结合，多少还可维持。一旦各人的目的已然达到，内部即不免争雄竞长，攘权夺利，无法转圜，终于彼此砍杀。近年来，此种丑态，一再重演，国人厌恶之余，已属司空见惯。尽管各系领袖亦尝激于一时爱国热忱，或坚持某种政治主张。然其终极，不免义始而利终，仍不出大动干戈之一途。

孙先生迁往北京协和医院后，病势有加无减，终于回天无术，赍志以殁。时为中华民国十四年（一九二五）三月十二日。由其亲信同志所起草的遗嘱，经他在弥留时亲手签字，确实留给国民党〔乃至全国民众〕一篇类似典、诰、誓、谟的不朽文件。临时执政府虽照例对中华民国的国父明令褒扬，但当正式在北京中央公园举行追悼仪式时，会众早已齐集静候准备行礼，段执政却不曾亲临致敬，仅临时指派内务总长恭代行礼，理由是"脚肿，步履艰难"。〔据说因赴追悼会前，曾经洗脚，（沐浴斋戒！）穿不进新的皮鞋，不便出门！〕

段氏的执政府竟然接受了法国政府，要求解决金佛郎案的条件。这正符和我国成语"饮鸩止渴"的譬喻。〔民国十四年三月，财政总长李思浩和法国驻北京公使，拟定解决金佛郎办法的草约，四月十二日，缔结新协定。〕此事当然引起舆论的反对。过去的旧国会，曾经通过反对法国所谓金佛郎办法的议案，现在自然更加引起他们的哗噪。段氏因于民国十四年四月二十一日，通电解释，申辩政府所采步骤之合理。他居然说，过去他对此事，也曾表示反对，因为对于前总统曹锟的"忠诚廉洁"，和他的动机，不无疑问。现在本人当国，肩负重任，此案必须立即解决，以便"关税会议"，可以提前举行，借使中国财政上的困难，早日消除。不幸的是：在他执政期间，"关税会议"虽经召集，但由于事先对法国要求的糊涂让步，而他的政府〔执政府〕又忽然坍台，致使会议无结果而散。他对于法国要求的让步，财政部固然即刻收到法国交来一千万元的现款。惟照一般计算，中国却上了法国的圈套，结果增加了三千万元债务的负担。据最后的报告，停业的中法银行，所有实际的资产，其价值比最初的估计，超出很多。如果属实，我国的损失，可能减少。

宣传已久，饱经挫折的"关税会议"，民国十四年十月二十六日，终于在北京开幕。但会议期间，发生了好几桩不幸事件，影响到她的功败垂成。第一桩是上海"五卅"惨案。手无寸铁的一群学生，为援助因游行反对日本工厂虐待华工而被逮捕的同学，在上海公共租界工部局巡捕房门前，聚众抗议，竟遭英国巡捕头开枪，死伤四五十人。第二桩是广州"沙基"惨案。那是广州民众为表示同情于上海"五卅"惨死的学生，在"沙面"〔广州的英法租界〕附近游行抗议，竟被英、法的陆海军在租界外的沙基，开枪死伤二百余人。这两桩惨案，当然激动了国人对于英、日、法等国的极度愤慨。于是全国一致发动抵制英、日的进口货物。虽在香港，亦掀起反英运动。中国民众对于列强情绪之恶劣，此时殆已到达沸点。〔打倒帝国主义的口号，从此高唱入云。〕

所谓帝国主义者，恃其武力，借口保障在华条约利益，不惜施行高压手段，对付气焰方张而富有组织的学生，与工人团体。因此国民党对于平日打倒列强的主张，和废除不平等条约的革命外交，进行益加积极。此适反映我国"无敌国外患者，国恒亡"的古训。民国十四年七月一日，国民政府成立于广州。这可说是民国历史上,展开了新的一页。在国民政府的眼光中,北京政府当然是帝国主义侵略中国的工具。而废除不平等条约的运动,愈益显示其重要。这对于彼时的北京政府,自属不利。

民国十四年十月二十六日,星期一,上午十时,"关税特别会议"在北京中海居仁堂开幕,由执政府的外交总长沈瑞麟主席。我国出席代表共有十三人之多〔沈瑞麟、梁士诒、颜惠庆、李思浩、王正廷、叶恭绰、施肇基、黄郛、王宠惠、莫德惠、蔡廷幹、姚国桢、曾宗鉴〕,其中七人:王正廷博士,施肇基博士,王宠惠博士,蔡廷幹上将,曾君宗鉴,沈君瑞麟,和我均能使用外国语文,直接谈判。会场设在"中海公园",环境优美,而中外出席代表,由政府供应摩托车接送,极为周到方便。参加会议的国家,连我国在内,共计十三国。除签押《九国公约》的九个国家外〔中、英、美、日、比、义、荷、葡〕,尚有西班牙与瑞典、挪威、丹麦等四国。开会仪式隆重,先由外长沈瑞麟答谢各国代表莅会盛意,继由段执政致欢迎词。沈瑞麟总长被公推为大会主席。主席因即致词介绍中国代表王正廷博士,并请其正式提案,以便开始讨论。〔读者可参阅台北文海出版社翻印之《关税特别会议议事录》,第四一页至七三页。〕

会议议程,简单明了,计分两项:一、关税自主(包括裁厘),二、临时附加税。议程尽管如此简单,讨论时,殊多周折。我国政府除对华盛顿会议决议案内规定的二·五附加税之外，特由王博士提出进一步的"关税自主"意见。他说："一九一九年，巴黎和会中国代表团，曾经提出'关税自主'问题，惟当时列席各国认为不属于和会范围，未予讨论。一九二一年，华府会议时，中国代表以'协定关税'，妨碍中国主权，违背国际间均等及互惠原则，虽经提出讨论，惜此项意见，未获充分容纳。现在时机已至，兹特根据九国协约，尊重中国主权完整之精神，应将过去条约上所定税则的各种障碍祛除，推行中国关税定率条例，和实行关税自主。"他随即提出办法如下：一、与议各国，向中国政府正式声明尊重关税自主，并承认解除现行条约中关于关税之一切束缚；二、中国政府允将裁撤厘金与国定税则同时实行，但至迟不得过民国十八年（一九二九）一月一日；三、在未实行国定税则以前，中国海关税则除照现行之值百抽五外，普通品加征值百抽五之临时附加税，甲种奢侈品（烟酒），加征值百抽三十之临时附加税，乙种奢侈品，加征值百抽二十之临时附加税。

吾人深知列强对于彼等不利的条款，惯用延宕手段。同时更难忘怀法国使用金佛郎案以谋阻挠关税会议举行的技俩。故我国代表此次特别宣称，一俟条约签定，不必等候批准，应即于签字后三个月实行。至于海关按照新订税率所抽收之关税，既然为抵补取消"子口税"的损失，则中央与地方政府不难开会协商，制订适当分配办法。〔子口税向系地方政府收入

支用,亦即厘税一种。〕

在公布关税自主与废除厘金制度的中间,对于进口货物所抽之关税,其附加税率由百分之二·五以至百分之十五,悉视货物之是否为日用必需品或奢侈品,而差异其税率。按照各国通例,烟酒之类,赋以重税,自属天经地义。与议各国,在原则上,对于我国关税自主的合理提案,无由非难,对于过渡期间,应抽的税率,似亦准备如拟接受。现在讨论要点,则为关税收入增加后之运用问题。在华盛顿会议时,列强曾询问我国代表,对于由二·五附加所增收入之运用,如何分配。当时我国代表答复如下:一、用以整理国内国外公债;二、用于国家建设事业;三、支付中央政府经常政费。估计由二·五附加所增关税收入,不过三千万元,然而预计的用场,竟然如此之多,不啻"化子拾金"。

为使若干读者,了解我国在进口货物征收关税,所受的束缚起见,不妨略将过去情形,加以叙述。我国过去在征收关税上,应享的权力,远不如最小最弱的国家。我国一向只能按照值百抽五的老办法,抽收进口关税。所谓值百抽五,乃系按照若干年前的固定标准,一成不变。尽管货价逐年上涨,对于税率,从来不加调整修订,实属违反从价税(Ad valorem)的原则。我国虽亦曾在巴黎和会与华盛顿会议中先后提出抗议,无如当时列强全不理会。现在国内舆论对此种国际无理压迫,既然表示愤慨,而政府中主持外交的人员,对于国际法的认识，又远较过去清楚正确，同时兼具勇气和决心，敢于与帝国主义挑战，指摘其昔日束缚中国的阴谋，违背正义，必须改变态度。故此次我国代表在关税会议中的战略，不似过去华盛顿会议时，仅凭过去的条约，加以修正，而系跳出往日的樊篱，积极的主张收回关税自主权。兼之因备受法国施用金佛郎案的骇诈，致会议迟开数年，使我国国库每年平空蒙受三千万元的损失，尤增同人的愤懑，益须作进一步的要求，以资补偿。但无论如何，我国关税自主，在原则上，既于此次会议中得着列强的共同承认，虽实行之日期，未经确定，但不难依法推动，以求能于短期内实现。一百年来，我国财政和经济上，在关税方面所遭受列强不公平的桎梏，现在总算得到解除。

经过一个月的商讨，参加会议的各国，对于我国应享的关税自主权，既予承认，过去不平等条约上涉及税率的种种限制，亦同意废除，并规定新的税率，自民国十八年一月一日起实行。我国则自动宣布全国"厘金税"，亦于同日起停止征收。此一决议案的意义，确属重大，盖可作我国将来对于海关征税，采取片面行动自主的法律根据。可惜当时国内迄未统一，政争频仍，北京忽又发生政变，致此一重要国际会议，中途停顿，未竟全功。〔关税特别会议计有两个委员会：一为关税自主委员会，一为过渡办法委员会。颜氏自传原文称过渡办法委员会为第二委员会（The Second Commission of the Conference）。〕

会议中第二委员会的工作为商讨,附加税施行后的运用问题。当时估计此种附加税施行后,收入可达国币一亿元。其用途将按三,三,三与一的比例,分配于:(一)抵补裁厘;(二)整理无确实担保的内外债;(三)建设事业经费;(四)紧急政费。各省厘金收入,当时估计为六千万元。由过渡附加所能抵补之数,不过三千万元,不敷部分,即由各省所征"统税"项下补足。此项"统税"既系〔对于某种特产品,或大宗制成品,就地一次征收,即可行销国内各地〕,故与"子口税"〔或厘金〕,性质不同。第二委员会中的甲种小组讨论会,由我主持,讨论有关内外公债统一整理办法。所有内外公债总额,将近国币十亿元,但可能由过渡附加税收入项下指拨之数,不过三千万元,所差甚巨。惟如债权人能接受下列办法,则亦不难解决。兹拟(一)发行一种二十五年至三十年到期的新公债;(二)年息定为二厘半至三厘,十年或十五年后再行支付;(三)凡属性质可疑的债务,酌量减削其面值,或竟全部不予承认;其原订迹近盘剥的高利贷,应将已付之数,按照复利计算,扣回〔作为已偿本金〕。过渡期间,我国在关税新税率上所获既属有限,而人民与国家过去所蒙损失,既如此之巨,此项整理办法,堪称公允,且实已达到我国能力的限度。

　　我所提出的整理债务办法,既如上述,惟有听任列席的各国代表自行选择。我国同时主张,无论内外债均应同样处理,不加区别。含有弊窦的内债,正与外债相同,数额亦复不小。各国代表中，有人提议应将建设性的债务，如修筑铁路，购置有关器材等，须与带有政治性的债务（多系日本借款）断然划分，各别整理。亦有人主张应不论债务性质，必须同等待遇，一律整理。关于所拟发行的新债券办法，彼等当然难以接受。有人竟主张年息应订为七厘乃至八厘者，但一经查明所订的过渡税率，既属有限，如不能予以提高，则所要求，亦绝无实现可能。中外双方，既均不愿让步，讨论自然无从进行，惟有搁置缓议。

不幸军阀忽又开始砍杀。初则发生郭松龄将军对其主帅张作霖之叛变。郭氏不满于其主帅之措施，乃与"基督将军"勾结，电请张作霖将军下野，由其儿子张学良接手主持。结果郭氏失败，被执枪毙。他的盟友冯玉祥将军以处境困难，只好暂时退出军政圈子。看来奇怪，却极自然。冯氏下野，反而促成张作霖与吴佩孚两将军的军事合作。

北京的执政府，既不容于舆论，引起学生与工人的游行，群促段氏下野。他对于民众的反对，并不重视。仍然兴致勃勃，改组内阁，任命总理，竟将认为与孙中山先生有关系的旧阁员，扫数掉换，借以巩固其本人所辖派系的实力。奉系的张作霖将军对此表示不满，忽然宣布独立。段氏的内阁，因此又加改组。虽未曾征得我的同意，而我的姓名，却已明令发表为外交总长。最后总算"收回成命"。凡此皆系民国十五年三月中之事故。段氏执政，历时十有六月，其政权现已接近尾声。

在此种政治气氛之下，关税会议内的小组委员会，虽继续举行，但一般感觉大会殆难产生任何预期的结果，尤以对于我国整理内外债的办法，不易获得同意。

自四月起，冯将军的部队，纷纷撤离北京。自民国十三年十月二十五日，政变之后，北京即在他们武力控制之下。现在津奉与津浦两路的军事行动，既然失利，他们自然不便留驻北京。在撤退之前，他们恢复了退职总统曹锟的自由，借以表示对段祺瑞执政的厌弃。后者只好避入东交民巷公使馆区域。在奉军与其新盟友吴佩孚将军的武力，尚未抵达北京之前，北京组织治安维持委员会，暂时维持首都秩序。国民军（即冯氏所部）离开北京之夜，留京元老王士珍、赵尔巽、孙宝琦、熊希龄诸君和我齐集市政府，共同监视冯军和平撤退，并督饬警察严守岗位，维持城厢治安。对于冯军撤移情形，则随时通知张吴两氏〔以便接防〕。市政府门前，车辚辚，马啸啸，整夜不休。这表示国民军正向南口继续移动。四月十九日，段执政通电全国，宣告下野。执政府的政权，在中国历史上，遂成过去名词。他临去之前，明令发表我任驻伦敦的中国公使。由于公私方面的种种理由，我未曾履任，他的盛意，我只有心领。

政局如此推演，原来拥护北京政府的军阀，既然离异，各自为政，关税会议亦殊难继续举行，原定议程，惟有搁置。我国代表为使国人明了会议过去的进度，特于民国十五年五月十一日，通电全国，报告经过。该电文字简明，兹照录于次：

关税会议的目的有三：（一）恢复关税自主；（二）整理政府财政；（三）促进经济建设。查民国十年参加华盛顿会议各国，仅同意我国对于一般进口商品，增抽百分之二·五为附加税，对于奢侈品，增抽百分之五附加税。此项新增税率，所能增加之关税收入，每年至多不过三千万元。至其用途支配，尚须与列强协商。关税自主问题，当时未经讨论。我国政府各种支出，项目至多，区区三千万元，实不敷挹注。数十年来，我国经济，备受关税协定的桎梏，局部附加税的征收，殊非根本解决办法。是以在举行此次关税会议之前，根据华府会议商讨经过，政府决意提出关税自主问题。惟在获得自主之前，过渡期间，对内对外，尚多应行准备事项。且必须抽收较高于华府会议所规定的附加税率，方足使增加收入达一亿元。至于此项新增收入用途之分配，除须顾及华府会议决议案外，应以之支付国内重要开支。拟提其中百分之三十抵补裁厘损失，百分之三十供作整理外债资金，百分之三十储备建设经费，其余百分之十，留供政府急需。以上是为开会前所定计划。

会议开幕后，我国代表团即提出关税自主案，与抽收附加税案。各国出席代表，对于关税自主案，咸表赞助，并同意于民国十八年一月一日起实行。同时我方允将厘金废除。关于附加税率，及所增收入之用途，各国代表意见，原极分歧。经商讨后，已获得相当解决。兹将附加税率，裁厘，及整理公债各问题，分述如下。我国最初提议对于普通进口货物，增抽附加税百分之五，甲种奢侈品，增抽百分之三十，乙种奢侈品，增抽百分之二十。如与过去华府会议所订税率相较，第一项附加税计增加一倍，第二与第三两项，计增加四倍至六倍。各国代表不免认为增加过巨，难予同意。惟经熟商之后，将进口商品，重新分类，税率加以修改，务使关税收入，每年能增加七千万以至九千万元，似可认为合适，但仍有待各方同意。我国提出的新附加税率，既较华府会议所规定者为高，自应候有关各国之追认。此则须自明春方能解决。目前惟有继续施行值百抽五的旧税率，另外增抽百分之二·五的附加税，以裕国库。此则有关增加关税税率商讨之大略也。

裁厘一事，早为我国商人所期待。缘于种种不幸的遭遇，迄今尚未实行。在会议中，我国业已宣言，自民国十八年一月一日起，厘金必须废除，即用附加关税收入，以资抵补。各国出席代表，根据本身在华商业利益，曾提出种种问题，故一时尚无结论。惟我国既已自动宣言裁厘，势在必行。切盼中央与地方政府通力合作，俾成事实，抵补款项，得以早日获致。关于裁厘步骤，尚有待妥帖准备。此则有关裁厘商讨之大略也。

根据财政交通两部统计，我国内外公债，总额计八亿至九亿元。其中外债占百分之六十至七十。外债数额，既如此其巨，各国出席代表，极为注意。会议开始时，我国代表团曾与各国出席代表，举行小组会议，不下若干次。检讨有关债务之总额，整理方法，及利率等问题。但因有关方面，利害不同，主张各异，虽经多次商讨，迄无结论。现拟先行规定整理大纲，至于详细办法，当交由"财政整理委员会"研究制订。此则有关整理内外债商讨之大略也。

其他涉及关税收入之储存，陆路边疆各关抽税办法之统一等问题，均经讨论。

总之在我国立场，如非有大量新的收入，吾人实无法应付各种需要。故当前问题，必须提高关税税率。至于出席各国，为维护其在我国的商务及其债权，莫不切盼裁厘，与整理债务，早日实行。会议期间，尽管我国代表与各国代表，逐日晤面，交换意见。但以立场不同，见解互异，纵有结论，多属广泛性质，尚难得到具体办法。无论如何，关税自主问题，既经提出，记录在案，我国过去所受条约上种种束缚，可谓业已解除，自当依法行使主权。务期一方可以促进国内经济的改进，同时提高进口税率。际此过渡期间，政府需要大宗款项，应付各种支出。附加关税之收入，不过九千万元，不敷甚巨。盖抵补裁厘损失，与整理内外债务，已各占三千至四千万元，所余之数，殊难供应上述其他用途。似此政府惟有力图紧缩，节省一切不必要之开支，静候关税自主后，税收增加，重行分配用途。上述情形如此，国人当能了然于交涉之困难。

综观会议全局，实由各国出席代表，认为我国内政极不稳定，而军用浩繁，对于增加关税收入问题，咸不愿立予决定。最近内战竟迫近畿辅，致令会议停止进行；一部分代表，且整装回国。瞻望前途，令人不胜其忧虑。吾人必须明了我国财政状况之改进，有赖关税税率之提高。而恢复关税自主，对于我国在国际之地位，尤关重要。如将目前机会，轻易错过，实属可惜。我国计划之能否实现，自有待于各方之努力合作。即各友邦亦切望此一会议，能得到完满的结果。

该电目的，一方面在利用简括文词，向国人报告关税会议的经过，一方面指出我国财政经济的危机，借促军阀的觉悟，停止内争。他们当然全不理会。〔该电原文曾向各处寻抄，未得结果，故先就颜氏英译，重新译回中文。最近于《梁燕孙先生年谱》中，查出全电原文，经与颜译逐字核对，译文殊为正确。复与译者译回之中文比较，意义亦无出入，仅词句略异而已。因保留译文，并将原文附刊于本文之末，以便读者考校。〕

段祺瑞将军下野之后，国家已陷于无政府状态中。无论合法与否，新的政府一时难于成立。直系在吴佩孚将军（半年前与奉系尚属仇敌，现在已成为盟友）领导之下，主张恢复曹锟总统时代的内阁，由我复任国务总理，暂行摄政。此种"换汤不换药"的办法，我深知于大局无多裨益，且吴张结合，亦难望长久。在民国十三年，奉直交绥时，我曾以阁揆地位，副署对张作霖将军褫职查办的命令，他现在虽与吴佩孚将军言归于好，共同反对国民军，然而心中，难保不无芥蒂。不过他的地位和声望，在目前还不够与过去的段祺瑞将军相比拟，可以一意孤行。同时他也认为有成立一新政府之必要，对于吴氏主张，并不表示反对。

我在王士珍、赵尔巽和其他元老怂恿之下，惟有勉为其难，暂时担任摄政内阁的总理。当时曹锟总统已于是月一日，正式宣布辞职。内阁阁员人选，虽有更动，大体仍系直奉两系人物，外加中立分子，如施肇基、顾维钧与王宠惠三位博士。一个月之后，我既完成我应尽的义务和责任，我便毫不恋栈，挂冠而去，由海军上将杜锡珪继任总理。他并非政客，当可避免各方攻击。

尽管政府的雏型虽具，但给予列强的印象不深。我卸职之后，他们宣称所派在中国的代表，不克自由出席之前，一致认为关税会议应暂停进行。在我摄政期间，于我国原有代表名额之外，曾加派直奉两系分子数人参预会议，俾可分享增加关税收入的"光荣"！实际会议早已"寿终正寝"，只以未经"发讣报丧"，外间尚少人明了真象。驻广州的国民政府且通电反对该会议的重新召集，并指摘北京政府为求取得二·五附加税，以渡财政难关，竟不惜牺牲关税自主权，因促国人起而反对。当然所述并非事实。然而列强却有所借口，而拒绝继续参加会议。

北京城里的"花样"，变化无穷。九月，杜海军上将自知无法继续任职，只好引退，改由顾维钧博士继任总理。海军上将蔡廷幹任外交总长，为时不过数日。彼时国民革命军的势力，业已到达武汉，吴佩孚将军的直系军队则退抵郑州。冯玉祥将军已由苏联返国，正式就任西北国民军总司令，加入国民革命军的集团。

十一月，张作霖将军为时局所迫，不得不肩起军事重担。驻在南方各省的北方军队，既次第为国民革命军收编或解散，即留存在北方的武力，亦深深感受到冯将军部队的威胁。张将军当月在天津与有关方面的领袖会商后，虽对于北京政府不感兴趣，只知注其全力于军事的布置，但各方认为必须有人领导一切，因于十一月三十日，被推为"安国军总司令"。

次年，（民国十六年，一九二七）二月，在顾维钧博士任国务总理期间，曾发生一桩有国际意义的事件。当时的财政总长系汤尔和博士。他曾任大学教授，后来在伪组织担任要职。当时关税特别会议既已奄奄待毙，惟北京政府不愿该会就此烟消火灭，遗人笑柄。我国代表团因与内阁各员，于元月开会讨论对策。议决根据华盛顿会议规定办法，实行抽收百分之二·五，与百分之五的附加税。至于详细办法，则由国务院草拟。国务院除公布关税附加税征收办法，并指令财政部切实执行外，同时敦促关税会议继续开会，商讨其他有关事项。财政部随即训令总税务司安格联（Sir Francis Aglen）依照国务院所订办法开征。讵安氏拒不遵办，潜赴上海，转往汉口，与国民革命军方面的财务要人通款。北京政府遂于二月一日下令将安氏免职，改派易纨士（Mr. Edwards）为总税务司。国务院此举当然引起各方注意。但在法理及纲纪立场，此举极为适当。为保全安氏体面起见，曾由官方去函奖其过去服务劳绩，并补给一年薪俸。此事英国政府对顾维钧博士颇不谅解，认为不够友好。按我国海关总税务司一职，向由英人担任，虽无明文规定，实已成惯例。此次撤换安氏，中国原有主权，而继任之人，仍系英籍，总算顾全英人体面。英人虽感不满，实难有所表示。

在我职务范围，尝有机会与安氏接触。我与他打交道时，毫无龃龉。他为人做事，廉正尽职，无庸否认。只惜对于政治，缺少敏锐认识，处世接物，也不尽周到圆通。同时在我国担任管理内外公债基金等重要职务，水涨船高，人随权重，竟然忘却个人身份，不免擅作威福。尽管旅华多年，关于中国进步情形，全不理会。认为一切，仍同赫德时代，对于当道，可以颐指气使。但他远不及赫德之善观风色，饶知进退。宣统三年，我奉命与英方谈判禁烟条件时，曾向安氏和布莱登（Sir Robert Bredon）〔布氏系赫德亲串，任海关副总税务司〕两人征询抽收鸦片进口税办法，布氏赞成我国所主张的从价税率，而安氏居然附和英国意见。他完全忘却他是中国政府的雇员。在最近举行的关税会议中，人人均知抽收进口税，应按照累进原则，旧时简单的值百抽五方式，既不科学，也不合理。安氏竟说累进税率，在计算上，费事费时，不便采用！

安氏获任总税务司，实系偶然。按照清廷惯例，凡遇简放公职人员，须由主管部门缮具名单，呈请清帝御笔圈定。简放总税司，亦不例外。安氏英文姓氏第一字母为A，汉文作"安"，笔画亦少，在恭呈御览的名单上，遂排列第一名。清帝不假思索，照例圈定第一名，安氏于是获选。据传主管部首长，另有属意之人。

我国过去所雇洋员，能克尽其职者，并不甚多。即以海关而论，所用外籍人员，其待遇，恒优于本国职员，即在世界各国中，亦较丰厚。我国人员，初入海关服务，月薪最多不过白银十六两，而外籍人员，最低月薪，则为白银一百六十两。一九〇〇年代初期，我国留美大学毕业生，如向海关投效，初不问其教育程度如何，所得待遇，恒与华籍普通职员相同。此则由于赫德蓄意使中国海关人事，充满国际色彩，而不令其为一纯粹的中国机关。动机如此，对于雇主的中国政府，尚得谓之忠诚？邮政脱离海关，成为独立机构后，其法籍首长，亦师海关故智，使所有华籍职员，悉居助理地位。唐君绍仪早年由美回国，曾在高丽海关任职，深知个中情弊，立意将总税务司职权，加以限制。后来在外务部侍郎任内，推动成立"税务处"，管理全国海关行政，总税务司归由该处节制。〔光绪三十四年，税务处成立，铁良与唐氏分任督办与总办，赫德即行辞职回英。〕赫德曾向唐氏自诩中国海关工作效率优越，唐氏告以中国海关开支，平均占用税收总数百分之十三，其他国家不过百分之十，究竟孰优孰劣？后来海关指拨经费，在北京设立"税务学校"，毕业生服务海关，地位差与外籍人员相仿。至于国内，或海外有地位的大学毕业生，加入海关工作，仍须由最低级职员做起！无怪孙中山先生痛责列强以次殖民地，对待我国。

我国政府雇用之外籍顾问中，有一著名的新闻记者〔似指英人莫礼逊（George E. Morrison）〕，薪给相当优厚。盖认为他在国际新闻界，既有地位，如能为我国宣传，势必"一言九鼎"，分量甚重。但当时我国政要忘记此人受雇之后，其超然独立的报导价值，已随其所收受之优厚薪俸而消失。不过我国过去延聘的两位外籍科学专家，在其职守部门，不特贡献了不少他们的专门学识，同时对于我国青年的学术训练，与精神感召，确曾发生难以估计的影响。〔指地质学专家葛利普和考古学专家安迪生。〕还有一位曾在外交界任职的欧洲人，担任我国顾问后，对于我国外交上的疑难问题，曾经提供不少有用的意见。后来他竟成为我国的财政专家。〔似指俄人珂罗惠洛夫（Konovalov）。〕司法部所聘的一位专家顾问，亦备受国人的尊敬，曾帮助我国编订各种法典，并将其译为西文。至于一般军阀，亦尝雇用不少外籍军事顾问，如非用作个人"护卫"，便是内战时，借其联络各方。这般人物与军事学识，毫不相干。袁总统可谓善于利用外籍顾问之一人。外籍顾问之意见，恒供其发抒私人的野心。早年我在北京从政时，尝见各国驻京使馆，对于我国延聘外籍顾问，莫不竭力为其国人营求，且不惜提出"门户开放"、"利益均沾"等原则，直接出面要求与交涉。总之，所延顾问，如系专家学者，成绩往往可观。如系新闻记者，或教会出身者，其人十九平庸，无足轻重。过去政府所延外籍顾问，对其人之学问能力，未尝详加调查，只凭其与达官贵人，有无交谊，甚或出于权贵内眷的推荐。此固我国官场常态，不足怪也！

国民革命军进展迅速，沿长江一带，已尽在其武力控制之下。然而北方军阀，仍欲作困兽之斗，为最后挣扎，借谋保持原有地位。民国十六年（一九二七）六月，安国军高级将领，和其附庸直系军官，在北京举行会议，群推张作霖将军为"中华民国军政府海陆军大元帅"。张氏就职通电，重申"讨赤"决心，盖认为国民革命军不免赤化。北京军政府之成立，实步段祺瑞执政府之后尘，并无丝毫法律根据。原由顾维钧博士领导的内阁，已被弃置。由曾任财政次长及交通总长之潘复氏任内阁总理。阁员人选，当然大部分来自奉天，多系新进人物，未曾在北京任过要职。

有人曾向张氏建议，新内阁应网罗国内名流，以资号召。张氏认为如政府内部分子，过于复杂，不免意见分歧，各有主张，效率反而低减。远不如"清一色"（One Color），意志单纯，力量容易集中，较有作为。他说："无论如何，在如此安排之下，倘若仍然不能成功，我可以毫无怨尤。我至少相信我的决策，已由部下各人忠实执行。"但他并未将政府之门，整个关闭。他曾下令组织各种委员会，协助行政部门的工作。例如孙君宝琦被聘为外交委员会委员长，我亦该会委员之一。张将军的老友梁君士诒及其交通系同人，亦均派有相当工作。他们虽然不为奉天嫡系所欢迎，但他们仍然向张氏贡献了不少意见。

当山西督军阎锡山将军，与冯玉祥将军取得联络，加入北伐的国民革命军阵营之后，奉军备感威胁，旋即对阎氏采取攻势。惟国民革命军由京汉、京浦两路长驱北上，先后占领保定及德州两城，实力已迫近京畿，奉军眼看大势已去，自认失败。民国十七年六月二日，张作霖将军鉴于局势如此，只好通电下野。距其自任大元帅之日，适满一年。他在回返奉天的火车途中，将达省城时，被炸重伤，由汽车运抵官邸，竟因流血过多，不及医治，业已身亡。详细经过，举世熟知，无待赘述。他的生命，如此结束，可云惨酷。至于他对于国家的功罪，一时尚难评判，只好留待史家的公正裁决。他所受的教育，十分有限，完全凭借本人天赋的智慧和机变，造成他死前的领袖地位。他能在东三省，日本军阀极度侵略之下，维持地方秩序，经历若干年，其应付能力，要非一般武人所能阶及。至于他的弱点，要为中国一般武人所共有，不能对张氏个别加以苛刻指摘。倘若他能定居东北，努力地方建设，敦睦邻封，不必好大喜功，问鼎中原，他的结局，势将不同。他的幕府中，不乏高明才智之士，可以共致东北于安定之中力求进步，可惜他不能善用各人长才，又不能使之久于其位。

北京城，总统府所在地，好似油灯一碗，招引不少扑火的飞蛾，结果翼焚身毁。北方军阀领袖，无人不思一登总统的"宝座"。既不度德，也不量力。只图使用种种手段，力求捷足先登。后果如何，非所计及。纵令一时幸达目的，终归身败名裂，又何异飞蛾扑火！其实诚能对于国家民族，矢勤矢忠，力求报称，表现成绩，自然有目共睹，则酬劳报功，何愁国人不予推戴！然而这般人，希冀非分，对于"大皇帝"尊号的诱惑力，无法抵抗，认为一人一姓的光荣，远胜过他对于国家民族应尽的责任。往往不惜倒行逆施，残民以逞，换取讣告与墓碑上的堂皇虚名。

附录：关税特别会议中国委员会通电原文如下：

此次召集关税会议，原以收回税权，救济财政，发展经济为目的，查民国十年，华盛顿会议，列邦仅允对于普通进口货物，加征值百抽二·五之附加税，对于奢侈品，加增较高之附加税，惟以值百抽五为限，核计此项收入，每年不过三千万元，其用途与条件，尚须与各国商定，而关于税权自主一层，未克详加讨论，预计各项用途，上项三千万元，万不敷我分配之用。且我国经济，苦于税权之束缚者，已久，仅增高税率，尚非根本之图。故会议之前，我国方面，即决定根据华会前议，提出关税自主，惟在自主之前，对外对内，不能无所筹备，故又决定以增加附加税为过渡之计，提高华会所定之附加税率，使收入能达一万万元以上，而其支配则斟酌华会时讨论情形与国内需要，拟以三成为裁厘准备金，三成为整理债务基金，三成为建设费用，其余一成，供紧要政费，此原定之方针也。开会之初，我代表即将自主案与附加税案，同时提出，各国代表鉴于我国主张之正大，已将自主一案承认，定于民国十八年一月一日实行，同时我国亦宣言将厘金裁撤，其附加税率及其用途支配办法，各国意见不同，迭经磋商，始有端绪。兹分为税率，裁厘，偿债等数大端，约略言之：附加税率，我国原拟普通货物，值百抽五，甲种奢侈品，值百抽三十，乙种奢侈品，值百抽二十。即普通品增加税率，较之华会原议增加一倍。奢侈品附加税率，增为四倍至六倍。各国以此项税率过高，未肯赞同，经多次讨论，改定税率，重分货类，始有允将附加税增至七千余万元至九千万元之议，仍待正式决定。此项税率，既超过华会税率范围，须俟各国批准，方能实行，至早亦待明春以后，在未批准实行之前，如仍用值百抽五旧率，我国吃亏益甚，拟先暂行华会附加税率，俾税款可早日增加，此议增税率之情形也。裁厘之议，我国商民，企望已久，只以事业错迕，迟延至今。兹由我国宣言于民国十八年一月一日以前裁尽，其抵补之款，先在过渡期间，附加税中筹措。各国代表，因商务关系，亦各具意见，迭经讨论，未有归宿。惟定期裁撤，本系我国自动宣言，将来应由中央与各省区通力合作，总期抵补确定，庶使裁撤可以实行。如何规定程序，预为筹备，尤当通盘加以审度，此讨论裁厘之情形也。我国财政交通两部积欠，无确实担保内外债务，至八九万万元以上，其中外债，居十分之六七，各国对此，最为重视。此次关税会议开会之后，迭与关系各国代表个人接洽，关于债额条件，期限利率，彼此利害相反，主张歧异，舌敝唇焦，尚未确定办法。现拟先定大纲，再由财政整理会，详商节目，此磋商整理债务之情形也。其他关款之存放，陆路边界税收之划一，各项问题，亦皆在磋商之中。要之，我国方面，非有充裕之收入，不足敷各项用途之支配，故以增加税率，为先决问题。在各国方面，则因商务及债权关系，必须将裁厘及偿债定有办法，乃肯决定税率。开会以来，接洽几无虚日，而争议纷纭，综其结果，只得概括之范围，尚少具体之决定。惟自主一层，既编定案。税权不受条约束缚，将来善为张弛，国民经济，自有发展之希望，关税收入，亦宽留增加之余地。至于过渡期内，用途繁多，而附加税收入，既然决定加至九千万元，将来实收之数，能否足额，未敢预定。就此数分配裁厘抵补，偿还债务，每年至少约各需三四千万元。所余建设费及政费实属无几，但不得不拮据支持，以待自主届期，另行支配，此又交涉困难之情形也。以上各端为本会开会以来经过情形之概要。综观关会形势，各国代表，有鉴于国内频年不靖，军需浩繁，对于条件用途，郑重达回，久而不决。比者近畿发生战事，会议因之无形停顿，各国代表中，且间有回国者，瞻念前途，殊深焦虑。夫以我国今日财政经济情形，关税能否增加，所系既属甚巨，而税权之收回，国际地位之增进，影响尤极重大。倘因应付失机，即时乎不再，通力合作，端赖内外之同心，贯彻始终，实亦友邦之殷望。用将开会经过情形，撮要电陈，诸希鉴察！

第十一章　移家天津
（一九二八——一九三一）

张作霖将军进驻北京不久，我便移家天津居住。过去曾数游天津，仅系过客，对于该埠情形，并不熟习。当地住有不少老友，多系退职官吏，和下野军人。我到天津后，特选定英国租界，认为住家最宜。地面比较宽敞，市政管理优良，系由中英人士共同主持，董事各占五席。住宅区清洁静宁，隔绝尘嚣。至于法、义、日三国租界，则悉由各该国驻津总领事管理，界内我国居民，与各国侨商，均无权参加市政设施。此外天津华界，和旧日的德、奥、俄租界，非人口稠密，过于拥挤，即地带偏僻，出入不便。

天津情势，与北京迥然不同。天津为华北进出口贸易商埠，乃一繁荣兴旺的工商业中心，布满各种大小型的工厂。具有历史的开滦矿务总局，启新洋灰公司，久大精盐公司等，均在天津设置总管理处。此外尚有不少地毡织造厂，其中仁立公司最为驰名。驻在天津的金融机关，亦复不少。即如大陆银行，其股东多系居住天津人士，总行即设于天津，当地工商各业，即属该行服务对象。凡此不过举其大概，非谓天津之重要企业，已尽于此。在我移家津埠不久，曾被邀参加几家公司的董事会〔颜氏曾任大陆银行董事长〕，担任董事。

天津除工商业外，尚有不少著名学府，南开大学即其中之一。该校由小学以至大学，和研究所，发源于一九〇〇年的严氏家塾。曾在天津府城外之"南开"，建立中学校舍，因此得名。创始人严范孙先生，原系名翰林，家道素封，前清光绪三十一年（一九〇五），曾任学部右侍郎。革命后，从事社会服务，不入政府。民国当局，虽曾数次邀他担任要职，均经谢绝。严氏家塾开办时，聘请张伯苓博士主持教务。张博士当时适由天津水师学堂毕业，年富力强，颇具远见，竟然于四十年间，不断努力，由一家私塾，发展成为一所规模具备之高级学府。在一九三七年未被日寇焚毁之前，该校已拥有三千名的学生，和价值国币三百五六十万元的校舍。张博士在美国教育界亦颇知名。凡到天津游观的美国学人，总不断向他访问。他既长于管理，复擅演说，由于他的坚忍与诚挚，他为南开校舍建筑，向各界募捐巨款，极为成功。

该校经常费，时感支绌，常愁入不敷出。我忝任该校董事会主席，每每听到张博士说，某项捐款，或某处补助金，如不依时拨到，或银行不予借款，以资过渡，学校殊有关门的危险。惟每到绝望时，竟有不期而来的伙助，足使董事会的焦虑，暂时解除。资助南开的各机关中，自以"洛氏基金"与"中华教育文化基金"为最有力。

九一八事变之后，张博士鉴于不久的将来，华北将遭受日寇蹂躏。南开原系成千上万爱国青年男女的摇篮，其必遭毁灭，自属意料中事。在七七事变之前两年，他便在重庆郊外准备房屋，作为抗战期间教育及学术研究的基地。虽然规模一切，不能像在天津时的伟大和完备，然而极合实用。他的深谋远虑，要足令人佩服。

居住天津时，一位银行界既干练而爱国的好友，极力敦促我与他合作，共同组织一个进出口贸易公司，借以增益外汇收入，抵制外商垄断。这位朋友曾经留学日本，因特别指出日本在此一方面的成就，吾人不妨仿效试办。开办之初，业务对象，限于输出大宗主要土产，成绩良好。惜扩充过骤，经营之商品，种类过多，同时缺乏相当经验，结果颇有损失。且值时局不靖，横添风险，不久遂行收束。至于我所参加的其他企业，虽因内战而饱经风涛，尚能照常营业，对股东亦能按期发付优厚股息。

据个人所得有关股份公司的经验，认为只要公司经理方面，对股东能按期发付股息，召集股东大会时，担任主席之人，能将公司营业经过，条理分明的向出席股东，陈述清楚，同时不使其误解公司章则，或受人挑唆，提出异议，则一切顺利,可免纠纷。大部分股东,既恃股息收入,养家活口,初不问公司营业情形如何,赢亏原因安在,只要收到股息,一切可以不问。但因股东要求如此,公司既无法增厚公积,以备非常与扩充,亦不便减低股息,招致股东反对。我国股份有限公司,合资经营企业,不易发达,此实重要原因之一。

既如上述,略有积蓄之人,宁愿将节储款项存入银行,接受固定的七厘,或八厘年息,而不愿投资于企业。许多新成立的公司,尚未营业,即已照付股息。一般股东,并非不知系在支用本金。惟以彼所储存之有限金钱,目的在孳息以供开缴,实不容投闲置散,听其抱耗。此等徒知近利的观念,必须经过长久的启迪,方能改正。至于一般公司经营失败,不外两种原因。一则资金根本微薄。不敷周转;再则缺乏经营大规模企业之人材。至于一家一族所经营之事业,必须吸收外面人材,方足以言发扬光大,是又重要条件之一。我国家族观念,极为浓厚,对于外姓人材,不加信任。此种心理,如不涤除,事业之成功,与发展,终属疑问。所幸新的教育,新的理想,新的概念,对于过去固陋积习,已逐渐加以纠正。新的秩序与制度,不难在各种事业中,健全树立。实则今日已有不少颇具规模,气象蓬勃的股份公司,分布国内。

当民国十八年(一九二九)岁底,汪精卫适由海外归国,对于南京政府,表示不满,因与阎锡山、冯玉祥两将军联合,并约张学良将军入伙,在北京组织政府,冀与南京分道扬镳。

阎氏被推为陆海军总司令，其部属旋即接管北平、天津。并在北平举行国民党扩大会议，选举阎氏为国民政府主席，成立行政机构。我经被邀担任外交部长，当然立予谢绝。

民国二十年（一九三一）一月，外交部长王正廷博士专程北上，主持天津比利时租界接收典礼。实则天津之比国租界，自始即未开辟，仅为远离市中心的一片荒地。所谓接收典礼，不过象征国权收回，意义并不重大。

天津之社交生活，亦有其盛况。天津租界，实为过去执政要人下野后之乐园。其中有退职总统，有卸任国务总理，有下台的内阁总长，有不少曾任行省督军，及统领过大军的军阀。此外还有不少前清遗老，再加上当地富家巨族。至于重要集团，当数闻名的银行家，和工商业界的知名人物。各人均拥有巨资，纷纷营造美奂美轮的堂皇住宅，酬酢往来，极尽挥霍。地面虽小，收容的政治派系，形形色色，不一而足。其中有皖系、直系、奉系、旧国会议员，及不属派系分子。莫不各树一帜，活动于自己的小天地内。所谓旅津要人，除遇日本驻屯军司令官，或日本总领事等，举行招待会时，被邀参加，见面时握手言欢外，平日彼此亦少往还。

我移居天津之初，黎元洪总统时尚健在，每年少不了招宴老友一次，饷以西餐。黎氏生活起居，相当西化，对于外国烹饪，似有偏好。他在花园里，置有旧式戏台，每遇喜庆，常有京戏堂会。他于民国十七年六月，病逝天津。前清逊帝溥仪，当时亦寄居天津，住在日本租界复辟祸首张勋将军所建的大宅里。〔溥仪初到天津，系租住辛亥革命时，武昌逃将张彪的张园。〕这位逊帝，曾约我相见一次。过去，记得在北京颐和园也见着过他。那是在他的英文师傅庄士敦，特为他举行的茶会中。当时到的客人，约有十来位。他和他的夫人对来宾，全很谦和多礼，并向我表示对于日本的富强，殊为钦佩。他流寓天津时，喜着西服，常偕夫人，在"马厂道"上，乘摩托车"兜风"。

过去的三位元首，徐世昌总统、曹锟总统，和段祺瑞执政，均分别寄居在天津英租界与日租界内。每值各人生辰，所有在津的昔日阁僚，均亲往申贺，参预寿宴。徐总统的日常消遣，相当高雅。除作画、写字、赋诗外，喜莳花卉，有时且在后园种菜，俨然老圃。他常常追忆任内处理华盛顿会议结果之得意，叹息继任的武人，不能加以利用。曹锟总统的在野生活，远不如徐氏之优游闲适。据说他的精神不佳，时感苦闷，绝少乐趣。至于段执政，则素以廉介称，不积资财。他的天津住宅，闻系其旧部的产业。平日除念佛外，喜作方城之戏，每次以"八圈"为度。牌桌伴侣，恒于晚十时，照例兴辞退出。他本人既绝对素食，他留客人共餐时，亦只好"客随主好"。参加他的宴席，往往认为苦事一桩。他常患坐骨神经痛，及严重性的风湿症，往往须将两腿浸入冰水中，使其失去感觉，借以暂时免除痛苦。虽经尝试各种医疗方法，均不见效。最后乞灵针灸，据称有时或略苏苦楚。有人问他中国内乱原因，他总根据佛家果报之说，认为恶魔降世，扰乱人间，非待诸魔彼此消灭净尽，难期太平！

旅津要人，虽久经投闲置散，但对中外政局，实亦未尝忘情。每有论列，亦颇中肯。当然不少人向往过去，不满现实，怀疑将来。对于新政府的建置，多抱悲观。认为政治中心，既然南移，华北已失其重要，且有业被放弃的感想。北方人向趋保守，南方人比较前进。过去北京政府中不少南人参加，隐然具有推动力量。兹则南人纷纷回籍，北方事业，显然落后。同时北平，既仅置所谓"区域政府"〔似指政治分会，政委会一类的机构〕，致无形中在外交和内部方面，失去坚定立场，足够应付各种压迫。且华北不及华南富庶，过去缘于国都所在，政府岁支巨款，从事地方建设，尚能保持繁荣。兹则时移境迁，一切颇形萧索，益增一般人颓丧心理。

经过天津，前往北平观光的国际客人，不少受到当地市长与政要的招待。惟当时平津市长人选，恒随驻在北平的军事大员为转移，殊少久于任所之人。我在天津曾遇到一位欧洲某国的国务总理，系社会党党员。后来不期竟在蒙特加罗赌场中撞见！还有一位东方某国的大使，适由莫斯科任所卸职返国。当时我国适与苏联绝交，我也毫无将来会有被派出使该国的预兆。但我偶然间与他谈起苏联近况。我曾提出苏联官吏的操守问题，如果廉洁，原因何在？他的回答简单，但具哲理。他说据所熟知，苏联大官确不贪污。理由是金钱在苏联国境内，对于彼等，毫无出路。人类所以酷爱钱财，无非用以换取欢乐，舒适，和奢侈。再进一步，不过利用金钱，获致权势与光荣。但在苏联，若欲换取前者，殊无可能。盖每个人的一切生活消费，备受管制，倘逾法定限额，即须向警察报告其来路。至如使用金钱，创办企业，捐助慈善，则在苏联，一切均属国有，私人无法染指，非如美国，可以自由投资，或任意捐献。还有一位客人，乃某一基金的远东代表。彼此谈到中国需要有现代训练的医生之迫切问题。我说北京协和医学院训练成功一个合格医生，所费实巨。但他说，与其产生多数的不合格医生，毋宁无医生之为愈，盖天然疗治，远较庸医杀人为安全。惟我本人向不信服"不服药为中医"的中国理论。西谚所谓"半个面包，总比没有面包好罢！"当然遇着疑难病症，有需专家医治，情形又当别论。

第十二章　出席国联
（一九三二——一九三三）

　　住家天津的几年，从事社会服务的活动，生活上相当满意。当时国府建都南京，外交内政，既入常轨，且多建树，我殊无加入政府工作之必要。北伐之初，激烈分子在南京各处所造成的外交困难，已由政府中稳健分子，循合法途径，逐项解决。民国十八年底，各种商约，与关税自主条款，复经美国领头，我国亦先后与有关国家签字成立。东北易帜问题，政府派员与张学良将军协商后，获得解决，使奉、吉、黑三省重入中央怀抱。国家可谓已臻统一。嗣虽发生中原大战，由于奉军输诚，阎冯势力瓦解，内争告一结束。惟中央派系意见，发生冲突，引起粤方将领离异，独立组府。幸而未动干戈，终亦言归于好。但江西国共之争，进行正烈，不期东北突然发生巨变，造成绝大危机。

　　东北三省，处于日俄两大侵略势力之间，强邻逼处，隐忧四伏，并不因易帜而获纾解。第一次世界大战之后，苏联代替帝俄，照旧保有中东铁路，侵略根据，依然存在。而日本虽对于南满利益，视为既得，然认为必须全部控制，始感安全。故侵略野心，迄无止境。加以我国内争频仍，奉系军人不断入关参预，既疏防范，复乖邻谊，更予日人以可乘之机。纵有《九国公约》保证中国领土完整，事后证明，亦徒属具文。

当华盛顿会议进行之际，曾有人企图将东三省一名词，剔出于《九国公约》条文之外，认为三省既在长城之外，且定义含混，竟间接要求我国政府于"中国（China）"一词，予以诠释。经由外交部直截指出"中国"之定义，载在宪法，解释至为明确，国境领土，曾经缕列，东三省当然在内，无论国民，即总统亦无权更改此项规定。按照《九国公约》，除非经过合法修改，或被废除外，任何外国，尤以参加签约的各国，如非甘冒侵略罪名，不得进占，或掠夺满洲土地。日本如违背公约规定，径向当地政权取得协议，或租让合约，不论有无代价，均属无效。凡此法律要点，参加公约签字各国，当然彻底了解。

民国二十年（一九三一）九月十八日，〔夜十时半左右，日本按照预定计划，派由关东军分遣队队长，带同日兵七八人，将沈阳柳条沟铁轨炸毁三十一英吋，十分钟后，由长春南下之火车，驰跃过轨，准时到达。〕日本于是借口炸轨行为，乃我方驻军主使，因而突然进兵侵袭沈阳，实行占领。事变之后，王正廷博士〔时任外交部长〕迅即电促本人，赶往南京商讨一切，共同应付危机。

　　抵首都后，经被聘充"对日特种委员会"委员〔正式名称待查〕。该会由国民党元勋，考试院院长戴季陶氏担任主席，委员多系党国政要，间有少数具有外交经验之武人参加。事变发生时，适值国际联盟正在日内瓦举行年会。故此突发的"满洲事件"（The Manchuria Conflict），已列入国联行政院议程之中。我国代表团由驻〔英〕公使施肇基博士领袖出席，〔原作误称驻美公使〕根据《国联盟约》第十一条原则，向国联对日本提出控诉。〔要求三点：（一）此项危害国际和平之局面，制止其再扩大；（二）回复原状；（三）确定日本对中国赔偿之性质及数额。〕施代表电呈政府之有关报告，既多且详，均在"对日特种委员会"内，逐项宣读，并由到会委员商讨、指示，并起稿答复，再由外交部指令施代表办理。

　　当时对于处理此项中日冲突的决策，悉由蒋委员长〔时兼任行政院长〕之得力助手，财政部长宋子文氏〔时兼任行政院副院长〕一手主持。外交部长王正廷博士，事变之初，被认为误国失职，痛遭一群学生殴打负伤，给假调养，故未参加会议。其实对王氏的此种攻击，何所根据，亦正难言。外交部务，时由司长徐谟主持。至于原任次长，则系一不通国语的美国土生华侨〔按系李锦纶〕。在如此特殊情形之下，宋子文氏遂不得不分其管理财政之余暇，兼负前所未有之外交重责。他的态度，不免倾向于适来南京访问之国联公共卫生处处长的主

张。〔按即拉锡曼（M. Lacimann），此人于是成为宋氏之谋主，抗战期间，仍在宋之左右。〕

我与宋氏，尚属初次见面，彼此对于日内瓦国际联盟工作内容，均缺乏直接体验。于势于理，遂亦不得不对这位国联处长的议论，加以重视。他本人〔拉锡曼〕对于国联的权威和能力，自然极端信赖。他认为我国对于此案，不与日本妥协，直接交涉，完全交由国联处理，则最后胜利，必属于我。当时国民党部要人，与学生群众，对于此一见解，正不谋而合，自然毫无保留的予以接受。我国既然决定倚赖国联，遂亦深信其足有智谋、公道和力量，可以将东三省由日本手中收回，"完璧归赵"。尽管在满洲境内，我国尚拥有装备完全，训练有素的大军，对日本侵略者，竟然不鸣一枪，不发一矢。我军按站撤退，日军按站占领，无殊彼此换防。直至整个东北三省，尽入敌手！

顾维钧博士到南京后，当亦被邀参加所谓"对日特种委员会"，贡献意见。党国要人熟知顾氏洞悉国联历史，及其内容，历年参加国联工作，尤富经验。对于中日纠纷，提交国联，所获调处（Intervention）的可能性，体认必多。惟据顾氏表示，对于当时的一般看法，并不乐观。在未确知国联行政院及其他会员国，将在大会中所能给予我国，法律上与道义上的助力前，有人认为比较明智的办法，何如由我国与日方，在国联监视之下，直接谈判。基于互谅互让的原则，共同寻觅切实解决方法，然后由国联予以认可。如此庶可避免坚执《国联盟约》，强求大会裁判，同时逼使会员国投票表明态度，赞助盟约，以伸正义。此一主张，亦未尝不言之成理，可供采纳。盖当时我国不过援引《国联盟约》第十一条，止于申请行政院对于双方冲突，从中调解而已。

在某段时期，日本代表亦尝向国联行政院提出解决冲突原则，并示意如经适当修改，亦可据为谈判基础，惟须行政院居间仲裁。然而和解的主张，及一切切合实际的想法，在当时均难孚"众望"，〔不为人们所乐闻〕，致不幸之事件，连续产生。一方因未尝遭遇抵抗，而益长其侵略勇气，一方则完全倚赖虚有其表的国联，"守株待兔"，一筹莫展。在"对日特种委员会"某次会议中，一部分武人所表现的态度与想法，竟然促使一位高级军官委员，与一位维护外交部的文人委员，发生舌战。军官委员指摘外交部，毫无能力，贻误事机，万一发生战事，我国军队势必陷于困难境界；外交部既然不能办理外交，曷若撤消此一机构。词意均极突梯。文人委员的回答亦妙。他说：军人不能捍卫疆土，收复失地，有亏天职，自应解甲归田，以免国家岁费巨款，豢养不战之兵！

一位党国要人，对于应付此次事变的策略，所发表的私人意见，亦足代表党方的看法。他说：国民政府的基础，建筑在国民党之上。而国民党的存在，需要国民的拥护。国民党对于处理此次事变的方略，必须以国民的意向为依归。倘如国民党失去舆论的支持，便将失去政权，国民政府亦即无法存在。国民党纵愿将政权交出，亦苦无适当之人，可以接替。国民党为继续执政起见，必须重视民意，尊重舆论。不过此种三段论法，亦有其弱点。何谓真正的舆论？其实有作为的政府，不仅须能引导舆论，甚且有力量足以形成舆论。否则不免违反国父所谓，"以先觉觉后觉"的道理。

　　不知何故，我国彼时在欧洲与美国的外交阵容，极形空虚。除伦敦使馆外，驻欧美各国的使馆，咸缺首长。后来政府始派一将官级的军人〔按系刘文岛〕出任驻柏林公使。我同时亦被派为驻华盛顿公使。出国前，需要相当准备，直至是年（一九三一）十一月，我始克偕同秘书两员出国赴任。行前，趋谒蒋兼行政院长辞行请示。承他郑重指出驻美公使职责的重要，并谓抵美后，与美国政府商洽的一切办法，呈报政府时，当予以充分的支持。同时我曾在南京参加某一外国使馆的便餐，座中仅我与主人，和他的中文参赞。我们曾将《九国公约》的条文，逐条加以推敲。讨论若由美国单独，或由签约国家全体，出面干涉〔满洲事件〕的可能性。对有关"干涉"（Intervention）的特别条文，尤加注意。至于国联的态度和决策，亦曾反复检讨，冀可获得一条线索，足使参加签订国联盟约，与签订《九国公约》的国家，连贯一气，协调合作。然而终于无路可循。主人显示烦扰失望，最后愤慨的说道："解决此一严重冲突的最大困难，究竟'谁往猫颈脖上系铃呀？'"此言抑何其失望而沉痛也！后来回溯我国在日内瓦的种种遭遇，直到现在，我始终还想不出一句话，足以表达当时《九国公约》的签字国家，和国联会员国的态度与心情，再较伊索寓言中，"谁往猫颈脖上系铃呀？"更为含蓄而深切。

船经日本港口，当然不便登岸。但抵横滨时，我国驻东京公使，蒋作宾将军（民元时曾在北京任参谋部次长）特来船上，与我晤谈。承将彼对当前情势的个人看法见告。

到了旧金山，一群新闻记者，将我包围，咸以中日冲突事件为问。竟有一人，唐突地问我现在是否仍系中国驻美公使。我问他何所见而发此疑问。他说：接着报导，蒋委员长已辞卸行政院院长职务。问话固然出乎意料，消息也来得突然。但我随即答称：蒋委员长辞职，个人深表怅憾；我系代表中华民国，并不因此而变更我的任务与地位。在我国总领事的招待会中，我发现当时的德国总领事，乃系旧识。我任驻柏林公使时，与他的父母均有往来，他的父亲任过德国阁员。他本人曾供职北京德国公使馆，在一九一四年时，他系德国驻波斯使馆的随员，曾经冒着有被俘虏的危险，间道返德，加入军队。在战场上两次受伤，获得铁十字勋章。后来被派往北京德国使馆任职，系经中央区亚细亚，以至新疆。途中所遇险阻不少，终于安抵任所。不久，中德绝交，他只好秘密取道美国返欧。但美德彼时亦属交战国，他遂与一奥国友人，潜入中立国航美船舱，藏身铁箱之中（Trunk），居然未被船长查出。抵达珍珠港后，正拟跳海潜逃，竟被捉获。嗣经证明身份，委系外交人员，始克横渡大西洋，安全返德。他曾将冒险经历，撰成小书，由柏林欧尔曼书店（Ullman）出版。

我到华府时，已近耶诞季节。首先拜访国务卿史汀生（Henry L. Stimson）。他十分客气，并追述他卸菲律滨总督任后，访问北京时，承我招宴的情况。我的出使证书，原系蒋兼院长签字，他虽辞职，照旧有效。惟时值假期，呈递国书，只好延至新年之后。但史氏照常邀我参加元月一日举行的外交团招待会。

新年既过，我照向例，向胡佛总统呈递国书，并拜访华府外交团同寅，对于各国大使阶级人物，特加注意。彼时孙哲生氏继任行政院院长，外交部长系陈君友仁。出乎意料，忽接政府急电，嘱我克日前往日内瓦，出席国联会议。缘施肇基代表过分劳碌，业已卧病，无法继续工作。同时我国并无其他驻欧洲国家的公使，可以接替。国联行政院会议，定在〔一九三二〕元月二十日举行。为期既迫，我必须期前赶到。适"白宫"定在元月十日招宴外交团，我已先期复信接受。南京寻再电嘱"不必赴宴，应迅即起程！"筹计之后，我仍可于赴宴之后，搭乘"卜里门"号邮轮（S. S. Bremen）往欧，在国联行政院开会前一日赶到日内瓦。遂决定如此办理。"白宫"宴会，规模伟大，生气蓬勃。惜正值美国禁酒，来宾不获畅饮。整个席位，排作马蹄形。我以系公使地位，座次距总统主位颇远。许多南美拉丁小国，其疆域不及我江、浙半省面积。惟其代表咸有大使头衔，座位不仅在我之上，且接近总统。宴罢，在吸烟室里，总统与国务卿走近我身旁，曾交谈数分钟之久。兴辞时，告以将即赴欧，彼等咸表惊讶。嗣知我系奉政府训令出席国联会议，因对我共祝"成功"而别。〔陈之迈君在驻美大使馆任职时，根据档案，编有《历任我国驻美公使大使一览表》，内称"公使颜惠庆：未到任"，自与事实不符。〕

我离华府之日，曾趋访法国驻美大使。他任过驻福州领事。谈及中日冲突之解决，他殊抱乐观，认为中国有如浩瀚大海，日本虽形同庞大轮舟，但在惊涛骇浪中航行，出没无常，或竟致渺茫失踪。他相信中国虽不免经历艰难困苦，但终将恢复原状！

我在华府的任期，虽极短暂，但是元月七日，美国政府关于中日冲突事件的通牒，适于彼时向中、日两国发出，并在报章上同时公布。通牒的第一句，即说：由于日本最近在锦州的军事行动，一九三一年九月十八日之前，中华民国留存在南满洲的统治权，已毁灭无余。换言之，元月三日，日本攻占锦州之后，其势力已前进到达长城边沿，结果使中国在南满的权力，已不存在。

在此项通牒中，美国确系第一次声明：她无意承认既成事实的合法，也不承认违反《巴黎和约》，而产生的任何协定，牵联中、日、美三国，足以引起损害美国在华的权益，包括涉及中华民国的统制权、独立，或领土与行政的完整等项。

我与同人搭乘的邮船，结构宏大，曾费数小时参观她的机器房，航海设备，和舰台等。她的航行速度，特别惊人。因为补足由于重雾所损失的时间，增加驰行速率，引起剧烈震动，致桌上放置物件，不免倾堕。旅客亦难以入梦。同船旅客，尚有美国前菲律滨总督戴维斯君（Mr. Davis）。他曾以戴维斯银杯（Davis Cup）闻名。此次是我二次游欧，先后曾在巴黎和伦敦参观"戴维斯杯"的网球竞赛。在英国的"温布登"举行比赛时，玛丽王后，亦曾驾临。经过四天半的航行，居然如期到达法国的雪堡（Cherbourg）。在巴黎小休半日，次晨安抵日内瓦，适逢星期日。

我国在日内瓦，设有驻国际联盟代表团办事处，常驻代表系由驻瑞士公使胡世泽博士兼任。办事处职员人数，与驻在其他欧洲国家使馆的职员人数相等。此盖由于国联除大会及行政院会议在日内瓦举行外，尚有各种专门会议常在该处开会，需人照料。尽管各种会议，贡献甚微，我国代表团仍须随时予以注意，借尽会员国责任。我国此次出席国联行政院会议的代表施肇基博士，因工作紧张，致神经衰弱，特赴西班牙马拉加疗养。诸事即由胡博士代管。我国所聘美籍顾问韦罗柏博士（W. W. Willoughby），原系负责在国联主持初步"满洲交涉"之人，已返华府。我离美前，与他作过简短会谈。由他推荐阿尔德君（Robert E. Old）接替他的工作，以便协助代表团起草各种重要文件。阿尔德君原系美国国务院司长，现在巴黎执行律师业务，由我国聘充代表团顾问。在此后数月内，他确曾给予我们不少有价值的协助。

不久，我便对于日内瓦方面应付中日冲突的态度，已得到相当的概念。除与国联秘书处的重要人员，特别是秘书长德留蒙爵士（Sir Eric Drummond），不断交换意见外，我的主要工作与活动，包括出席行政院会议，访问赞助《国联盟约》，亦即同情中国之会员国代表，如西班牙之马尔阿格君（Senor Madariaga）等，联络秘书处不断协助我国代表团的各人，听取他们的建议，和招待影响舆论最有力量的重要新闻记者。凡此种种接触，无非为把握对方态度，征求对方意见，以资引导我们获得具体的结论，帮助我们构成切实的对策，从而赢得交涉的胜利。这可说是我一年来在国联里外，进行的步骤，和所摆的阵法。

秘书长德留蒙爵士，当然是国联秘书处最高领袖，系专任职。秘书处是国联成立以来，设置最早的部门。内中搜罗不少各国的干练人员。秘书长对于国联的事务，可以发生很大的影响。他对于国联的组织、策略、原则，及有关手续，知之最详。出席国联会议的各国总理、外交部长，可以时常更换，但他的地位，总是不变。各国代表，无论出席大会，或行政院会议，莫不事先向他请教，而经常与之保持友好关系，借使所负任务，顺利完成；甚或希冀由他周旋，而赢得国联荣誉职位的当选。他的手下，人材济济，而情报科的职员，尤为出色。他既提纲挈领，总揽全局，所有各国咨请国联调处，或裁判的案件，必先经其手。然而他的地位，确是处于"两姑"之间。他既须伺候他的东家——国联，同时尤须效忠于他的祖国——大英帝国。他的处境，颇像过去我国的海关总税务司。尽管向英国驻华公使们声称他系中国政府的官吏，但至少他有一只眼睛不断的注视在英国在华的重要利益上。

惟德留蒙爵士的地位，比较更多困难。他所主管国联的事务，牵涉各会员国的利害，复杂而且重要。他所领导的秘书处，其职员多属各国聪明才智之士，知识学问，远出过去中国海关洋员之上。遇到国联处理国际争端，关系职员的祖国利害时，秘书长颇难施用独断的规律，责成该员对于国联绝对效忠。这般职员，既如上述，多系各会员国的人材，富有学识，对于国际政治，与外交技术，尤所娴习。倘使国联的政策和理想，与他们的祖国利益，发生冲突时，他们当然感觉处境尴尬，情绪恶劣。反之，如遇国联处理的案件，与他们的国家，毫不相干，他们当然主持正义，热烈维护国联的理想与主张。仗义执言，不畏强暴，不问他们的上司对于强国，是否偏袒。除了一向赞助国联，和崇信国联理想的学者外，不少欧洲的政治家，尤以小国的总理及外交部长，对于我国的立场和理论，往往寄予同情。我们倘若向他们苦下功夫，不难得到他们的共同支持，对强国施其压力。至于一般强国，对于我国向国联的呼吁，始终态度淡漠。

英国代表薛锡尔爵士（Lord Robert Cecil），虽系相信而且赞助集体安全的要脚，也曾给予我国不少帮助，但他的政府和他的国人与他的看法不同，在国联行政院议席上，不久便也见他不着。至于法国的代表葆尔庞柯（M. Paul-Boncour），虽不十分赞成向日本施行压力，但他对于国联所采的程序，确能忠实推进。每值日方在技术上，阻挠我国所取步骤时（即如将双方争执，由行政院会议，提交大会处理等），他总是极力支持我国，而毅然反对日方。他的雄辩，常常记载于国联议事录上。他不仅是一位法学大家而兼雄辩家，他对于自己信仰的坚定，执行态度的忠实，尤足使人敬佩。其余的代表（我已提过西班牙的代表），如来自瑞典、南非、爱尔兰、捷克、瑞士等国者，均见义勇为，毫不瞻顾，主张严格运用国联盟约，裁处国际争端，纵令开罪强国，尤以英国为最，亦非所计。

国联行政院，在一九三二年，计有十四个理事会员国：其中五个系常任理事，即英、法、德、义、日；二个系半常务理事，即西班牙与波兰；七个系非常务理事，由大会就英属自治领、斯堪地那维亚国家、荷兰、比利时、瑞士、拉丁美洲国家（可占三席），和亚洲国家之中选举，任期三年。无论在大会，或行政院会议，五强的影响，当然显著。实缘各国势力雄厚，责任重大。但次要各国，在讨论及决议时，由于他们的代表，均属一时才隽，富有个性，兼之学识优长，对于国联一切，经验宏博，言论举措，均占分量。盖任何问题，均须依法投票取决，而各代表之投票权，不论其国家之大小，又均一律平等，自有举足轻重之势。

行政院每年召集会议四次：元月、五月各一次，九月两次。会期恒在大会开幕前三日，和大会按年选出三位非常务理事之后。行政院会议时之主席，按照各国法文名称，依字母次序，由各该国理事轮流充任。会议计有三种：公开的、不公开的、秘密的。秘密会议不多。三种会议，我均参预过。在公开的会议时，各国代表稳坐于自己席位，向全世界发言，由常驻日内瓦地五洲万国的新闻记者，向其本国报导。会议中，如系讨论例行公事，演讲词干燥无味，且一切，事先均有安排，更难激刺听众的兴趣。当然遇着严重问题，如讨论满洲冲突事件时，不独引起一般听众，特别注意，即行政院本身，亦感觉严肃紧张。空气如此严重，新闻记者当然益加振奋，讽刺画家更形忙碌。秘书处则人来客往，门穿户窬，终日扰攘不停。在不公开的会议时，一般听众与新闻记者，不能到场。各国代表与秘书处全体可以列席。至于秘密会议，即属彼此开襟披沥，只有各国代表，秘书长，及一位通译员可以出席（国联计有通译员十六名）。然而所谓保守秘密，谈何容易！十四个国家的代表，既然各自代表冲突的利害，安能不同床异梦，别有怀抱？日内瓦诙谐的人们，每喜对于行政院三种不同的会议，加以按语。所谓公开的会议者，乃系大众事先预知其结果的会议；不公开的会议者,乃系大众于会后完全明了其结果的会议;而秘密会议者,无非大众业已预知行政院将何以自处的会议。

在我出席国联行政院会议时,该院正在根据决议案,派遣调查团(The Commission of Enquiry)赴华进行实地调查。该团包括英、美、德、义四国代表〔原著漏列法国〕。代表人选,在公开的会议中决定后,复召集不公开的会议,商讨进行细节。我对秘书处的种种安排,曾加指摘。这可说是我批评他们的第一遭。秘书处提出关于调查团的细节,诸如出发的日期,调查的纲要,经费的预算等项,并规定由我国负担全部经费。当时我所得到的印象乃系:调查团前往满洲,并非致力于搜集资料和证据,以便提供行政院,得以按照《国联盟约》,对于中日冲突事件,作严正合法的处置,如世人所期待者。而其真正的用意,乃在探索一委曲求全的办法,或多或少承认日本进攻满洲〔系既成事实〕。按照调查团好整以暇的行程表,系先到日本,作长期停留,继赴上海,再转华北,分别小住,最后始从容不迫的,去到那人们认为最关重要的东北满洲。我国代表鉴于调查团兴师动众,预算花费如此巨款,因而指出该团何以不取道西伯利亚铁路,直截迅速的径往满洲,庶可尽先搜集尚经留存的日军侵略证据,并可目击正在发展的军事行动。因此迭次提出严厉的反对,然而不生效果。倘使调查团确有诚意,希望获致结果,自应火速开始工作,避免拖延,使局势日趋恶化,增加"既成事实"的制造。这些,便是日本求之不得，而调查团正在"投其所好"。国联行政院所以迂回瞻顾，迟迟其行动者，殆不愿因处理此项纠纷，过事积极，造成对日本有捋虎须，批逆鳞的危险。

民国二十一年（一九三二）一月二十八日，上海闸北发生战事，日内瓦与英国态度大变。由于我国第十九路军对日军进袭的英勇抵抗，消息传到日内瓦，使得彼时英国的总代表西门爵士（Sir John Simon）（英国外交大臣）显示惊讶。盖以英国远东利益，集中上海，不似东北之不甚相干也。美国所最关心者，厥为长城以内之一切；其实，亦只承认长城之内，乃实际之中国。一位过去曾驻北京的英国公使，将东三省比作"出墙红杏"，不可能禁止邻居不顺手攀摘！然而上海在他们的心目中，毕竟两样。绝不能坐视日本之攫取，而不设法防堵！西门爵士忽然对于我国代表团表示亲热，并希望向代表团尽量获到所需的战事情报，和中国对于战事的对策。由于国际军缩大会行将开幕，英方认为上海战事继续扩大，对于该会举行，诸多不便。尤以英国内阁的海陆军大臣们，更感关切，不免包围西门爵士问长问短。某晚将近午夜，他〔西门〕忽然约我作友谊的夜饮。竟然发现将近半数的英国内阁要员，在他的房里，济济一堂，咸以谈论上海战局为当时的主题。

二月十六日行政院开会时，上海战局益臻严重，到会人数，几于打破纪录。主席（法人葆尔庞柯，Paul-Boncour）代表他的同事（中、日代表除外），曾向日本作最诚挚的呼吁，指出它〔日本〕对世界舆论所负责任的奇重，希望对于中国关系，力求公正，并自加抑制。同时复强调在上海境内的继续演变，殊使人人忧虑，诚恐局势愈趋恶化，必致危及各国人民在彼的生命财产；而此项危机的存在，对全世界，将横添不少前所未有之困难，尤其将使军缩会议的前途，遭遇严重打击和威胁。

经仔细检查国联的脉搏后，我认为行政院对于满洲问题，态度彷徨依违，殆不愿采取决定性而有力量的行动，我于元月二十九日，得到政府许可，除已援引《国联盟约》第十一条外，兹复增引第十条与第十五条。日本侵略既经伸张到中国最大都市的上海，则盟约第十条之采用，适合机宜。第十条规定"会员国应尊重并保持所有各会员国领土之完整与现行政治之独立……"。而第十五条虽似与第十一条大体相同，但意义确进一步。

依照盟约第十一条之规定，"任何战争，或战争威胁，无论其是否立即涉及任何一会员国，应认为关系整个国联会员国；国联应即采取视为明智而有效的行动，保护各国的安全，在如此紧急情况之下，秘书长应即根据任何会员国的请求，召集行政院会议"。同条第二节规定："每一会员国应运用友好权益，敦促国联大会，或行政院会议，对于搅乱国际和平，与破坏国际谅解，因而影响国际关系的情事，加以注意。"准此，凡属有关国际条约的争持、解释、违背，或破坏情事，均包含于第十一条规定范围之内。大会或行政院会议，均得采取明智有效的行动，防止其凭借武力，或施展威胁，作为解决手段。一切国际争执，如不经仲裁，或法律的判决，应依据第十五条之规定，提交行政院处理。行政院既系一种政治机构，自应努力解决此类争端。如解决成功，应将一切条件，予以露布。如解决失败，亦须将其公正适当的建议，作一报告，予以公布。如行政院之报告，系代表该院的一致意见，国联各会员国对于服从报告建议的国家，自当同意不予敌视。如报告不足代表一致的意见，国联各会员国自将保留其行动，以便于必要时，考虑如何维持正义与公道。

盟约第十一条与第十五条，初视之似无区别。惟前者辞句概括，后者比较详明。盖第十一条所规定之行动及其性质，多属通则，相当宽泛。而第十五条，明白规定会员国间，协商之内容，及如何采取行动。关于不执行国联建议的国家，后果如何，亦有说明。至如行政院与当事的任何一国，发生争执，必要时，应将争端交由大会处理。依照第十一条，既系以调解开始，亦即以调解结束。第十五条，虽以调解开始，而结局则有肯定与明确的建议。

至于各种进行步骤，既属重要，亦有规定。按照第十一条，在未得双方同意时，不能作任何裁决。但照第十五条，则行政院无须取得争执两造的同意，即可作全体一致的裁决。在宣传方面，大会的演讲辞，可以广播于多数的听众，而行政院会议，则列席人数不多。惟由政治立场观察，大会与行政院，显有分别。行政院系由各大国操纵，大会中，则小国拥过半数的表决权。大会既公开举行，可有助于阴谋萌芽之铲除，和操纵力量的分化。因此遇弱国与强国发生争执时，弱国宁愿将全案提交大会处理。此种事例，实由中国在满洲冲突事件中，首开其端。因此行政院的地位与声望，不免贬损，而大会对于处理国际争端的功能扩大。此一日内瓦〔国际〕机构，既能日趋于民主化，自属一种健全的发展。

我国对满洲事件之解决，虽经乞灵于盟约第十五条之引用，但该案仍然继续留中于行政院达数周之久。而该院所取步骤，仍不外调解一途，我国无法，迫得孤注一掷，采取坚定而"赌运"的决心，运用会员的正当权益，将该案提交大会。换言之，即凭国联会员国全体公断。此项权益之引用，时间上有其限度。惟我于限期最末的前一天，趁机迅予执行。兹既采取此一紧急措施，事先亦曾预为地步。经先与有关方面接洽、商酌，或试探其反应。当然必先获得本国政府的批准。接奉外交部长罗文幹博士电复赞成我的建议，并蒙授权，相机办理。所谓各小国的代表，对于中国之意愿，无不热烈同情，并保证将予坚决的支持。不幸列强所施压力过巨，小国们无力抵抗，终于发生动摇。在他们将困难通知我时，我曾质问何以态度转变如是之速。所得到的回答，则为个人方面，对于中国所采步骤，完全同意。一位大国的外交部长向我劝说不必采取如此〔极端〕步骤。他认为大会中讨论此事，于中国并无益处，且无结果。如为引起全球注意，博得舆论赞助，该案由行政院讨论，与由大会讨论，并无分别。

秘书长的意见，亦复如此，固属意料中事。惟在向他征询有关进行步骤的若干技术问题时，例如若何可将该案由行政院移到大会等，他的答复，如非使人误解，必系缺乏真诚。事实如此：在获得行政院允诺中国请求，将"冲突案件"移交大会之后，须等候一个月，大会始克开会；际此一个月中，倘中日冲突，发生重大事变，行政院是否因中国业已将该案提向大会控诉，而该院即可解除处理责任，抑行政院对此案仍将受理，而肩负裁决之责，直至大会开会时为止？如依照常识判断，或照普通民法事例，后者的假定，自属正确。缘法律有继续性，彼此连贯，不容中断。明知理论如此，但也不妨向所谓权威方面，征询意见，以供参考。不意这位秘书长竟然声称：按照他的看法，〔在此种情况之下，〕可能大会与行政院均不受理。很有全案落空的危险！这一解答，真使人莫名其妙，惊讶得出乎意料。过了几天，经由官方证明，他的意见，完全错误。盖行政院除允诺我国请求，可将该案提交大会外，并宣称该院仍当继续努力调解，使双方进入妥协阶段。

国际军缩会议，经过将近十年的筹备，已定于一九三二年春天开幕。因此大批东西两半球的各国政要，咸齐集于日内瓦，人数比参加每年九月举行之国际大会为多。我国特派参谋部次长黄慕松将军，偕同专家两员，担任次席代表，我则被派充首席代表。黄将军系一不平凡的旅行家，足迹曾遍世界各国。他每次出席预备会时，来回均特辟新的路线，因此经历的地方特多。可惜他不擅外国语文，每次发言，均由我一人包揽。其实我们参加会议时，听取别人的意见，多过发表自己的意见。对于陆海空军备，我们应该是扩军，而非缩军。以我国幅员之广大，海岸线之漫长，人口之蕃庶，如与他国比较，我们当时纵令有一百五十万兵员，尚不及格。同时我国居于防守战地位，〔毫无侵略别国的野心，〕如有人向我国建议裁军，不免缺乏常识。

该会议经过若干次大会之后，人们业已认识各大国之间，对于此一重要问题，彼此绝难取得协调合作。当时留在日内瓦的明眼人，莫不诙谐地指出：各国出席代表，无非用尽心思，想法解除对方的武装而已。拥有强大海军的国家，希望削弱别人的陆军，而拥有庞大陆军的国家，则希望紧缩别人的海军。一个具特征性的辩论，例如战时空军轰炸平民问题，捷克代表认为系最不光荣的可耻问题。然而英国代表竟然神气十足的，起而指责捷克代表言论之不当。他的心目中无疑的想到印度的西北边防（The North Western Frontier of India）。除却各国代表发表冠冕堂皇，动听的演说外，全会可说一无成就。各小组会议，虽亦曾努力工作，多少得着一些具体结果，但歧路亡羊，整个会议，终于毫无归宿。我的长次两男，均习军事学，讽刺便落到我的身上。将来他们学成后，一个可来日内瓦相帮主持数量的军缩，一个不妨协助主持品质的军缩！一位德国的出席代表，后来变成我在莫斯科的同寅，常常向我说：当德国遵照《凡尔赛和约》规定裁军之后，但其他签约的国家，并不依约履行。因此他认为太不公平；且空言军缩，实无意义。当然，此项谴责，对方将亦无词可答。德国人民的此种见解，完全由希特勒在德国国会里代为说出：德国业已裁兵，它系遵照和平条约的规定，严格执行，实已超越公道与理性。它的军队不过十万人员。它的警察实力和品质，均备受国际管制。德国在道义上，应有权利要求列强遵守《凡尔赛和平条约》，负责裁兵。

美国出席军缩会议的代表团，系由海军部长施望孙（Mr. Swanson）氏率领。他于听过我演说之后，走来问我，何以说话带有美国维金尼亚州的腔调！他的代表团里，有一位女性代表，系美国某女子学院院长。她很关切的问我，何以中国一反平素酷爱和平，反对战争的传统精神，竟然提出本国行将整军经武的计划？美国代表团的军事专家，私下语我，不出数年，行见德国战败法国，易若反掌。如何惊人而唐突的一种警告！他的预测，确是根据德国秘密加速武装的事实，将大批军实，隐藏于若干中立国家；它的闪电战部队，瞬息之间，不难攻克它的西方比邻，由法国手中虏获大量军需品。虽然这位专家的谈话，在细节方面，不尽符合事实，但大体尚属正确。

经过数月，不见进展的军缩会议，和列强私下毫无结果的磋商，忽由美国总统动议：各国应将现有的军备裁去三分之一。该会顷刻之间，有如受到电流的激刺，不免略感兴奋。然而由于各国政府，对于军缩之毫无诚意，加之远东战火，颇有燎原之势，同时整个经济又在不景气中，欧洲政局复欠安定，美国建议，终归失败。实则此一国际会议，所择日期，即欠吉利。当时正值上海战事进入激剧阶段，黄浦滩上，枪炮与炸弹爆裂之声，响彻云霄，早已播送到会场大门之前，有耳共闻。国联盟约第十条，保障各会员国领土完整，政治独立，抑制外来侵略之规定，形同具文，失其效力。其他《非战公约》、《巴黎和约》，早已等于废纸。当时各国建军费用，超过美金一百亿元，较一九一三年，溢出四倍。世界各国，尽作军备竞赛，无不厉兵秣马，准备厮杀；际此而侈谈军缩，无异痴人说梦。

颇受推戴的大会主席韩德森君（Arthur Henderson）〔英国工党领袖〕，曾尽最大之努力，希冀全会有所成就，但他的本党老同志，现在英国内阁的同寅，麦唐纳君（James Ramsay MacDonald）并不予以支持。自从德国于十月退出会议后，一切陷于停顿。在德方，则指责各国将德国解除武装后，本身并不依约自动裁军。而各国则认为业已允许德国相当要求，德国仍得寸进尺，新的要求，层出不穷，不免蓄意破坏会议。总之，各国对于会议，业已扫兴失望，会议遂亦无期再集（adjourned sine die）。

三月四日，经由中国请求国联召开的特别会议〔比利时外长伊茫斯（Paul Hymans）任主席〕，曾经采取有关上海战局的决议。此项决议之采取，系基于前一日，听取中日双方代表宣言的结果。决议如下：（一）唤起中日政府运用方法，确保战事的停止；（二）邀请在上海有利益关系的列强，对于中日停战谈判开始时，所定订的结束敌对方法，据实报告国联大会；（三）如何监督日本撤兵。五月五日，停战协定签字，日本开始撤兵。上海和平恢复后，列强对于"中日冲突事件"，已失兴趣。虽经我国代表指出上海事件，不过中日争端中的一部分，而最严重之事件，无逾于日本对满洲的侵占与继续进攻。列强充耳无闻。

际此时会，日本政府预计李顿爵士（Lord Lytton）率领的调查团将抵东京，为使其面对既成事实，因特加工赶制"满洲国"。三月九日，捧出前清逊帝（宣统）〔溥仪〕为执政（后以康德纪元）。军事方面，日本武力开始北进。二月五日，早已占领哈尔滨，兹则加紧扫荡该区我国之自愿军与游击队，结果将我方之马占山、李杜、苏炳文诸将军，驱逐入西伯利亚边境。

国联特别大会，最初对于全局，极为关心，处理一切，颇具毅力。在采取解决上海战事决议之一周后，再度采取另一广泛而切实的决议，内容计分三项，以资处理整个冲突。第一，重申《国联盟约》关于会员国间，相互关系的基本原则，并加入史汀生的不承认政策，使会员国感觉到一种〔缔造国际和平〕底压力的存在。第二，大会执定中日争端之解决，不容使用武力。第三，组织一"十九国委员会"，在大会督导之下，代表大会执行列举之各项工作，同时宣称大会继续留驻国联，遇必要时，主席可以立即召集会议。

特别大会鉴于调查团报告，在九月之前，不能完成，因于七月中，决定照盟约规定，延长会期六个月，以便编制其本身之报告。

国联的拖延办法，无非鼓励日本加工赶制"满洲国"，和巩固其内部组织。八月中，日本特派陆军大将武藤信义充任第一任驻满洲国的大使，同时也是日本关东军司令官。九月十五日，武藤与满洲国的总理〔郑孝胥〕签订了《日满议定书》，确定日本在"满洲国"境内的权益，并缔结军事同盟。我们对于日本制造伪满为其傀儡保护国，当然提出严重抗议。

自从调查团成立，即迟迟其行。三月十四日始抵上海，四月〔按系五月〕方到满洲。我国鉴于日本在满洲的积极军事行动，和九月十五日对于"满洲国"之承认，深感事机迫切，一再催促国联加速行动，而所得到的回答如下：国联在未接到调查团的报告之前，无法采取任何行动。而上节所述的"十九国委员会"，并表示对于谴责日本继续向国联挑战行动之决议，亦无意采取。本人惟有基于职责，特向特别大会主席（比国外长伊茫斯）抗议，指斥其态度懦柔，有负大会委任。经我抗议之后，居然该委员会产生另一决议。

本人因利用国联特别大会，及军缩会议休会期间，特往义大利一游，访问许多名城，如米兰、翡冷翠、威尼斯、罗马、莱卜尔，以及危苏卫亚、庞泊等地。经罗马时，遇见我国派往莫斯科，谈判购买中东铁路的代表莫君德惠。日本占领满洲后，此项谈判，当然停止。莫君因受"九一八"事变的严重打击，神经几于失常，特来罗马休养。趋访梵谛冈时，不免变更外交向例。由我国前外交总长陆徵祥氏的先容，我径向教皇提及中日间的冲突问题。陆氏时在比京布鲁塞尔附近，某隐修院进修"本尼狄克特"派修士的课程。他在教廷方面，颇著声誉。我曾电请教皇宣告日本正在进行侵略中国。教皇对此请求，未作正面答复。但不久，他的驻瑞士代表，曾由白尔恩来日内瓦，向我传知教皇意旨：教皇系中日两国的"天父"（spiritual father），对于两国同样爱护；他的地位，不便薄彼厚此，惟有祈祷上苍，默佑两国，化干戈为玉帛，早享太平！

中国向国联的请求，国联的束手无策，现在已属历史陈迹。兹追述过去中国在日内瓦所取的态度，及所采的策略，当不致有宣泄国家秘密之嫌。今日反省，彼时我国政府何以如此坚执向行政院申诉，引用盟约第十一条。而失效后，复执意乞灵于第十条及第十五条之引用。更不惜将全案解决希望，委之于特别大会手中。嗣已明知国联处理该案，将毫无结果，何以不趁早改弦易辙，另谋出路。凡此种种，令人费解。我国由于过听国联秘书处一二重要职员之主张，认为国联盟约，既由强国支持，其权威，殆无比伦。遂致对此一国际组织，寄以重望；终于陷入一种复杂错综，似有作为，实无作为之机构中，无以自拔。失望愤恼之余，认为已被强国所卖，从而感觉国联也者，无非强国的方便工具，徒供其达到自私自利的企图而已。虽然，倘吾人将国联比作海滩浴场之救生员，或可释然于国联存在之价值。救生员精于游泳，职责为援救沉溺，必要时，不惜牺牲生命，以求完成任务。中国被推坠海，呼吁援救，救生员虽尝应命往援，但沉溺之中国如非紧抱救生员身体，与之共浮共沉，则救生员是否尽力，殊难推断。兹中国既然一意仰仗《国联盟约》，力促国联对于控诉，采取行动，不啻欲国联将平日所号召的一切，向全世界加以〔充分〕证实。同时决不愿眼见国联失败，而使公理和正义，归于澌泯。

日内瓦的普遍心理，均拒绝承认中日冲突，同于战争。此则日方自始即欲避免之点。故不惜使用种种解释，力图免用"战争"字样。盖一经认作"战争"，盟约第十六条，势须援用。与"战争"邻近之字眼，为"迹近战争"（Warlike），有人认为尤其可怕。在上海战事进行期间，出席行政院，具有阁员地位的一位某国代表，唇边无意中溜出"迹近战争"一词，全场嘿然战栗，好似已向日本发出最后通牒一般！欧洲政要，如此谨慎小心，实属懦怯可鄙，如非亲身耳闻目击，真难置信。似此情形，无怪侵略者莫不鼓舞兴奋，毫无忌惮，力求贯彻其野心与阴谋，而视列强代表，贱微有如尘芥。

在日内瓦经常听说：国联机构之寡效，由于美国之拒绝加入，和苏联未成会员国。其实美国固无时不在与国联合作，国联有所行动于先，美国未尝不桴鼓相应于后。国联之一举一动，亦未尝不向美国政府，作详细报告。美国固尝派有观察员，经常列席国联一切会议。元月七日，有名的史汀生通牒发出后，国联大会随即采纳；对于由侵略所得权益，不予承认之决议，实即步伍美国后尘。当然满洲事件处理之备受牵掣，由于美、苏两国未曾加入国联，以致步伐参差，缺乏统一阵线，要属事实。

国际军缩会议时，苏联外交委员会主席李维诺夫出席参加，我因获得机会与彼周旋，并告以有关中日冲突情形。我因力促其应向该国政府建议加入国联，借可对于中日争端之解决，有所裨益。实则中日问题，对苏联关系亦极重要。他对于共同解决中日争端之点，认为有其必要，但对于加入国联问题，拒绝考虑。缘在帝俄时代属于俄国的一些小国，现均成为国联会员国，倘遇苏联对列国发生争执时，不免群起反对苏联。结果难以得到公正裁判。他的态度，尽管十分坚决，但在日、德相继退出国联后，一九三四年九月，苏联便也正式加入国联。在其外交政策上，不可谓非一大的转变。国联对于它的加入为会员国，极度欢迎，自不用说。并将保留已久的常任理事席位，作为报酬。

在此种局势之下，中苏复交，实有必要，而国民政府亦极赞成。我与李氏在严守秘密中，遂开始交换意见。李氏既须往来莫斯科与日内瓦之间,以便与该国政府商讨一切,此事不免拖延数月未决。我方既非迫不及待,然苏联对于复交,则显示殷切。惟双方交换文件,关于含意及字句之斟酌,费时亦正不少。嗣我国政府于十二月初,断然训令我从速办妥复交手续。适李氏尚留日内瓦,我遂得于二十四小时内,如命完成。此项新闻露布后,不免震惊世界,咸认为来得突然。惟此一行动,对我国精神上,增加不少力量。苏联加入国联后,它的代表,关于中日冲突事件,对我不断支持。

我国过去,对外交涉,向不注意宣传。原因所在,第一缺乏经费;第二传统观念,认为宣传,有失国格,不值推动。其实善为我国宣传者,莫若国际同情我国之报人。他们所撰的论文,所编的书籍,所发的谈话,往往能使我国在世人的心目中,发生优良印象。此在日内瓦,有不少事例。由于我们的立场光明,理由正大,不少慷慨仗义的报人、记者,对于我们的"案由"(Cause)不断热烈拥护,加以鼓励和支持。他们对于每次会议,有关中日争端的检讨与辩论,发出电讯报导,或专题论著,使全世界晓然于是非曲直,不为邪说偏见所蒙混。《日内瓦杂志》(*Journal de Genève*)的编辑马丁君(William Martin),可谓对于"中国案由"最具力量的拥护人。他每日的论著,犀利有力,对于国联行政院,及"十九国委员会"的畏缩,和缺乏行动,坦率指斥,毫不假借。他的言论成为该市人人每日必读之品。他的头脑清楚,分析透彻,善能把握重点,而能以精简痛快的笔调写出。在日内瓦既然满布所谓"国联气氛"（League atmosphere），虽极顽固、极反动，和极古怪乖僻的政客，在此种环境之中，亦难一意孤行，任性放恣。盖马丁氏的言论，对于这般人，可谓极尽揶揄、讽刺、抨击、鞭斥、嘲笑之能事。许多有名人物，竟被他指摘得体无完肤，剖解得原形毕露。他的如此作风，既不为名，更非为利，只是基于人类正义感而已。说来也许令人难于置信，然而天下事如此者，确亦不少。我国为追念他的仗义执言，几年之后，曾邀请他来华一游。

彼时还有两位出名的讽刺画家。他们的作品，刻画在场人物的个性和内心的蕴藏，无不维妙维肖，恰到好处，使人发出会心之微笑，横添国联不少生趣与姿彩，加深人们对于各国代表人格和个性的认识。此外来自巴黎、柏林、维也纳等地的艺人、画家、摄影师，纷纷为要人们，或代表团体，塑像、写真和摄影，生意极为兴旺，市利何止三倍。此外则日内瓦的旅馆、饭店、汽车行，倚赖各国代表的光顾，营业倍形发达。惟会期一过，一切趋于平淡，顿感冷落。

某日下午，与我的秘书乘车出游附近的蒙特诺（Montreux），驰过城后山边时，忽见下山缆车中坐有身着长袍马褂绅士模样的老人，由一着中山装的中年人相伴，引人注目。彼此走近相见后，认出系曾在北京见过一面的香港何东爵士。他似为就医而来，暂住瑞京白尔恩，当日特出门小作游览。当年十一月，世界经济会议，在伦敦开会时，复于交际场中，与他相遇。何氏的服装和躯干，使我回想到过去的李文忠，与伍廷芳先生，两位大老。九十年代，李氏访问欧陆时，对于各国皇室及政要，曾留下很深刻的印象。伍氏出使美洲时，情形亦复相同。

法国杜美总统（President Doumer）逝世，适我国驻法公使，尚未派人，政府特派我前往巴黎充吊唁专使，得见法国国葬及军容仪仗盛况。在葬礼举行之前一日，到达法京，除代表政府致送大型花圈外，特赴法外部和杜美夫人寓邸，分别投刺致唁。次晨出殡时，参加典礼人员聚齐于皇宫之前，然后恭随灵车至圣母教堂。执绋行列，由比利时国王前导，继为英国太子、安南国王、保加利亚储贰、各国专使及大使，共约三十人。法国阁员则鱼贯尾随。由皇宫至教堂，距离不短。步行需时。抵教堂后，举行弥撒。复由教堂步行至"先贤祠"，祠前设有座位，以便吊客检阅仪仗及军队。计有殖民地队伍、海军陆战队、军官学生队等，整队经过，步伐一律，服装灿烂，颇为壮观。此后我还参加过白里安（Aristide Briand）的葬礼。一切简单肃穆，仅由亲友执绋。白氏系不信有上帝者，丧礼无宗教仪式，由吊客作简短诔辞后，即入土安葬。在近代法国政局中，安氏不愧为一杰出的政治家。

继续再谈国联特别大会处理中日冲突案件。调查团的报告书于九月内编制完毕，经先送秘书处及十九国委员会。调查团的团员，仍由顾维钧博士，和其他中国官员伴同，再作一次闲适优游的旅行。取道苏彝士运河，回到欧洲，向国联行政院，及特别大会报告调查经过。顾博士任该团的中国赞襄员（Assessor），曾与该团团员访问中国各地，直到满洲为止，他当然熟习报告内容及其性质。他与各团员的人事关系，极为友好。他如能参加行政院会议，对于我国，益处必多。我因向政府如此建议，旋获同意。惟我仍被指定担任首席代表。我推荐顾博士代替我的地位，固然基于事实上有其必要。惟我个人方面，雅不愿与日本新派代表松冈洋右，对面折冲。他任南满铁道理事时，我在北京，他曾前来拜访致敬。现在他由于日本军阀的提携，扶摇直上，飞黄腾达，使得静坐在他后面的八位日本大使阶级的代表，缄默寡言，暗淡失色。

在我最初出席国联会议时，日方代表系驻比利时大使佐藤（嗣任驻法大使）。他系接替芳泽的任务（一九三一年秋天，满洲事件提到国联时，日方代表系芳泽）。佐藤过去曾在国联秘书处任职，颇受同事尊敬，对于国联盟约原则，极表同情与赞助。他擅长法语，常用以发表演说。芳泽、松方、松冈诸人，则均习英语。

国联的官定语言，为法文与英文。惟使用任何一种语言时，须相互对译。如发言人使用第三种语言时，须自带译员，译为英文，或法文。德国代表经常使用德文。为保存记录起见，中文、日文在国联开会时，亦常听到。出席代表，大多通晓英文、法文，如再传译，殊嫌费时。大会时，遂运用"隐身译员"，语音由"麦克风"传至各人座位前所装置的耳机。顾、施两博士和我，均使用英语。我对于译员传译的正确，印象很深〔传译（Interpretation）含有解说的意义，常被误作移译（Translation或Troduction）由甲国文字，移变为乙国文字〕。传译虽系译员临时的工作，但通常均做得正确而无遗漏。我历次的演说词，向极流畅，译员传译，颇为顺利。只有一次，我用了bushido一字，原出日文，英文解释为Chivalry〔按即武士道〕，不免使译员一时莫名其妙（责任当由我负）。

我与日本外交人员，在交际场所，碰头两次。一次系英国西门爵士夫妇的邀宴，座中有日本驻英大使松方和我。主人之意，无非想借此机会，调和中日情感。还有一次，是由法国代表团作东招宴，有不少摄影师在场。主人有意"起哄"，特提议中日代表们合摄一影。在如此窘局之下，我因请艾格汗（Aga Khan）〔回教领袖〕参加，夹在中日之间，借以代表远东集团！我们的代表团在日内瓦的处境，固然十分艰苦。但据秘书处的人说，日本代表佐藤，内心尤感痛苦。在职责上，他必须强辞夺理，为他的国家辩护，但对他素所服膺的国联盟约，他实难以自圆其说。

谈到艾格汗，他是从头到尾的欧化人物。无论由任何观点，他的西方习气，远过他的东方本色。〔艾格汗一世出生于波斯，算是回教教主穆罕默特的直系后裔，由波斯移居印度孟买，世受英人保护。本节所提的艾格汗系Aga Khan III，一九三二年曾代表印度出席军缩会议。〕据我所知，他与法籍女子结婚，富有钱财，交游广阔。他在法东瑞南的湖沼区，爱莱泊（Aix-les Bains），置有极华丽的别墅，因为久住该区，人缘不恶，被尊为当地名誉公民。他多次代表印度出席国联，并曾任过大会主席。每隔一年或二年，总回到他的印度孟买故居一次。我记得曾向他的孟买住宅留刺致候。关于印度人对他的感想，可以参阅尼赫鲁所著各书。

李顿调查团回到日内瓦之后，国联行政院及特别大会，忽又生气蓬勃。十一月二十一日至二十八日之间，行政院对调查团报告，继续加以检讨。惟该院始终无法在中日两国代表团的宣言中，寻出一共同基础，可作讨论的有效出发点。于无法可设之中，决将整个报告，送交大会，除附入中日双方宣言，及行政院会议记录外，不赞一辞。十二月九日，大会经过相当讨论，决议请十九国委员会对于李顿报告，连同各方观察，和在大会里所表示的意见，一并加以研究。希望于短期内，拟具解决争端的办法，送交大会核议。

十九国委员会在所草拟的两种决议，及一件理由书内，提议添设一委员会。其工作为根据李顿报告书中第九、第十两章的原则与建议，指导解决步骤。盖十九国委员会认为该两章所揭橥的一切，"义正辞严，大公无私"。在谨遵盟约第十五条之规定下，该委员会深信其首要责任，固属进行争端调解。但如不先对有关争端事实，加以报告；并提出办法，则迹近强制。因之建议邀请两个非会员国的美国与苏联，加入所建议成立的委员会，共同磋商一切。而新委员会则应在一九三三年三月一日前，报告其工作结果。当此一决议送达中日两国时，两国代表团均经提出修正案。十九国委员会遂定于一九三三年一月，开会听取进行报告。

日本军阀不惜再度向国联挑战，蔑视国联进行争端调解。此次日军竟然攻入长城之内，目的在占据热河行省。

十九国委员会在静候日本代表提出新的建议时，相信日方必然反对美苏两非会员国加入新的委员会。迨至读到日方新建议时，忽由美梦中惊觉，始知委实无从草拟一种可使中日双方接受的决议。至于中国方面的新建议，尚与委员会的意见接近，原则上亦颇少出入。

日本代表团与特别委员会在二月内再度交换意见时，暗礁毕露。该委员会调解争端的努力，已无所施。盖日本正式宣称：承认与维持"满洲国"的独立，实为远东和平之惟一保障。调解之路，自一九三一年九月起，初既遵循国联盟约第十一条途径，继则寄望于第十五条之指导，兹均窒塞难过。鉴于日本之放恣叫嚣，对于侵略中国之计划，丝毫不容放松，特别委员会迫得起草报告，送呈大会，然实违初愿。

在大会中，日本代表松冈洋右于是得以乘机施展其素著的辩才，流利的英语，为其国策，大肆辩护。由于他是新进，又以坦率见称，现系日本军阀的代言人，他的言论，当然吸引了不少听众的注意。他的英语诚属流畅，但内容不免肤浅，"言之无物"，未尝敷陈任何法理与道德方面的新义，足以阐明日本侵略行为之正当。他虽负有了解西方历史、政术和思想的虚誉，衡以他的谈吐言论，不免令人失望。他在大会中演说里的"引喻"和"断言"，适足使同情倾听他的人们深为骇异。他竟将日本比作耶稣基督。他说耶稣昔日被时人误解，钉死在十字架上，然而两千年后，千百万人全都公认他是"上帝之子"。他深信十年或二十年后，曾经谴责和反对日本的人们，对于日本，必将改变态度，如非崇拜，亦必佩服。如此不伦的比拟，岂特亵渎，实属荒谬。引喻如此失当，对于各国代表，尤以来自公教国家各人，不仅留存一不良印象，实使彼等难于引申其想象力，将此两项绝不相类的事实，连贯会通。无论如何，全世界固已深悉大会之判决为何——出席各国，除暹罗弃权外，对于报告建议各点，一致投票通过采纳。松冈洋右于是由座位上，僵硬的立起，引导日本代表团全体步出会场，随即宣告日本退出日内瓦的国际联盟机构。日本军阀从此六辔在握，可以驰骋于天下，为所欲为矣！

第十三章　出使苏联

（一九三三——一九三五）

　　完成中苏复交的任务后，即被派任驻苏联大使，这当然使我感觉满意。我既无须重返驻美公使任所，结束一切，遂于国联大会闭幕后，径赴莫斯科履新。时已开春，由波兰以达莫斯科的旅途中，仍然冰雪载道。一九一三年之后，我未尝再到俄国。现则不免怀着好奇心理，亟欲一观苏维埃制度下的俄国，情形究竟如何。到达边境车站，果然景象与前不同。虽守卫兵士，与一般脚夫，也不例外。脚夫搬运旅客行李，竟然拒绝收受"小费"，实与资本主义的国家，作风两样！稍候不久，即被导入苏联铁路快车，附挂的"万国卧车公司"之陈旧列车。尽管车厢年久失修，气味难闻，总算可以乘坐开驰。

　　倘欲叙述苏联的一切，一切，势须大费笔墨，非写成一本数百页的厚书不可。它的疆域，虽失去了芬兰、波兰和波罗的海上一些小国，幅员仍然十分广阔。除占有大部分的欧洲，与西伯利亚全境外，还有中央亚细亚的一大块土地。惟有在苏联、美国、加拿大和中国的国境内，人们乘坐火车，由东到西，可以整天整夜的继续开驰，不致越出国界。我可说：由海参崴到莫斯科，以达波兰边界，铁路火车的旅程，在任何一个国家里，没有比它更长的了。由莫斯科往北走，到茂满什克；往南走，到黑海边上，或塔希坎特；或向西南走，往中国的新疆；乘坐铁路的特别快车，均须行驰数日。

国土既然广博，人口亦复众庶，总计全国不下一亿六千万人。至于民族，尤为复杂：如将西伯利亚，与中央亚细亚包括在内，竟有一百五十种之多。苏联民族，种类既如此其多，语言则尤形分歧得可怕。凡此种种因素，均使研究该国风土人情的外国人，感觉困难。运输工具，如火车、轮船、汽车、飞机等，数目均极有限。外邦人士，如有需用，必须取得政府允许。是以在该国境内旅行，手续既非简单，一切尤欠方便。政治上、社会上、军事上、工业上，苏联均有重大改革，且一直在继续改革之中。因此可以说它是一个变化层出，莫可端倪的国家。一切关于它的记载、描写，往往昨是今非，使人不易获得正确而应时的观念。

衡量一个国家，或一个民族的进展，必须将她的过去，与现在，加以比较，庶可获得相当结论。许多访问苏联的人们，对于革命以前的帝俄情形，知道不多，而熟习帝俄时代情形的

"白俄"，流亡在外，对于革命后的一切，自无机会，加以比对研究。关于苏联真象的权威著作，如望能泯除成见，不以感情用事，良非易事，且恐需要相当时间。

今兹所述者，无非运用漫谈随笔方式。手边既无书籍，可资参考，又乏个人收藏的文件，足供引证。笔之于纸者，仅凭本人记忆所及，信笔写出，内容既属平淡，遗漏势所难免。在许多国家，退休的外交人员，照例不得将所驻国家的情形，撰述公布。此则基于礼貌与慎重的立场。我国虽尚无此项禁条，然而出使人员，既经享受驻在国政府，和其人民的优礼款待，论情论理，似不宜对于本人不同意的事项，在文字上施以讥讪抨击。但在相反方面，也不必如中国留美国的一位女生，竟至谩夸所见的美国月亮，远较中国的光明！

无论在任何立场，为了解苏联起见，首先必须破除个人成见，切勿认为俄国人民的思想、行事，完全与西欧的英、德、法各国人士相同。须知俄国乃系欧亚两洲间的"中站"（Half-way house）。它在欧洲地面的人口，实际含着不少亚洲系统的民族。在历史上，俄国不断被亚洲的游牧部落所征服，因之深受东方思想和行为的感染与熏陶。虽经彼得大帝的英勇努力，截至今日，俄国工业化的程度，若与西欧国家比较，实瞠乎其后，相去甚远。结果人民的生活水准，亦随之十分低落。教育未尝普及，文盲所在皆是。

许多人似乎尚不了解近年来的俄国，仍在革命痛苦中过活。纵令政治的革命，略告段落，而工业的革命，则方兴未艾。因此我们每日惯见习闻的事态，无一而不富于革命性。诸如领袖们的型范，他们的思想、行动、作风和动机，乃至思想之所以形成，莫不向着革命的路线推进。如非全力以赴，然亦决不半途中止。全国上下，怀抱着不进则退的心理，继续努力于社会与政治的改造。一切仍在军法部勒，和控制之下，迄未"解严"。苏联的政治机构，和社会理想，既然如此特殊，人民的生活情况，自难与所谓"中产阶级"的国家，相提并论。如非亲临其境，经过较长时期的实际接触，殆难窥其全貌，而获得相当认识。如欲了解今日的苏联，则上述各点，不容忽视。

明智之士，对于同情的事物，固不必过事赞扬，以免迹近谄谀；对于反对的一切，亦无庸逾份指斥，暴露一己的顽固。但如以客观立场，容忍心情，旷达态度，根据印象与经验所得者，描画叙述，或可减少纰缪。开明自由的国家，对于自认为美善的本国文物制度，主义信仰，固然不必强人从同。反之，又何尝愿意受人强制而追随学步？

常言道，首次的印象，斯为最深刻的印象。初次走进俄国，乃至每次走进俄国，总令人感觉到她的地大物博。由铁路以至房屋（即令是粗笨木头的简陋房屋），由草原以至森林，由男子以至妇女，形式上、面积上、躯干上，无一不表显其硕大无伦。当然到过中国的人们，亦常有此观感。特别来到故都的北京，尽管所见的一切，不免污秽，陈旧，与穷困，然而不能掩盖其伟岸、庄严和瑰丽。

我于前章，提及一九一三年，曾在莫斯科小作逗留。但与一九三三年，所再见的莫斯科，情形却完全两样。昔日的繁华烂缦，已一洗而空。当然经过历次流血革命的大骚动，与大苦难，所有贵族，富豪代表的"有闲"、"浪漫"和"奢侈"生活已完全绝迹。现在国家的政策，需要人民刻苦、牺牲。粮食向不丰富，轻工业也不发达，日常用品，殊形缺乏。由于人口的增加，居住问题，尤感严重。物价按照卢布计算，高与天齐。在大旅馆中，宴请二十位客人的中午便餐，竟需一万卢布；乘坐一次短程的"板车"（drosky），也得花上二十卢布。再加上冷达摄氏零度下三十五度的严寒气候，和每年由十月起，至次年五月止，不断的雨雪，对于见惯阳光，饱餐质美价廉而新鲜之蔬果的旅客，所引起的愁闷抑郁，究竟达到何等境界，不难想象得之。

我们一行，抵达莫斯科火车站时，有我国王参事，和苏联政府的礼宾司司长前来招待。（王君原系随莫德惠专使至俄京谈判中东铁路收购案，莫氏去罗马后，独留此照料一切。）此外还有不少新闻记者在场，内中一位女性摄影员，矫健不群，引人注意，摄取了不少镜头。我国驻莫斯科大使馆，因过去两国绝交，经被接管，改作苏联许多机关的办公处。原有的宽敞厨房，亦变为办公室，所有厕所，则改作厨房。收回原址，势须大费唇舌，而装修布置，在在需时。现有馆址，既属偏窄，且极陈旧，殊不适合大使驻节之用。我在使俄的第一年中，遂不得不寄居旅馆，虽略感舒适，但租金奇昂，且需用美金支付。膳食最初尚觉新鲜，不久便厌其千篇一律，单调乏味。

苏联政府对我，招待周到。礼宾司司长告以该国"总统"将在我到后第三天，予以接见。我当即通知李维诺夫君，以行李尚未到齐，外交礼服未备，可否缓日趋谒。他说：晋见"总统"，任何服装皆可，不必拘牵细节。因此使我注意到这位人民外交委员会主席的衣服，与在日内瓦时，迥然不同。彼时他的穿着，与一般资本主义国家的外交官，丝毫无别，俨然富绅豪贾模样。兹则一派"普罗"装束，还加上一顶工人惯戴的鸭嘴帽。前后完全两人！我的礼服，依时赶到，我遂照例往"克里姆林"皇宫，向加尼林总统呈递国书，行礼如仪。加尼林先生确系一位宽厚长者，外表与一般资本主义国家的慈善富绅，颇为相像，绝不似工人出身，或意想中的"布尔希维克"党员。他和我退入小客厅中，由李维诺夫君在旁通译，略作简单谈话，复由我向他介见参随各员，始兴辞而退。

莫斯科的一般情况，既与其他国都完全不同，我不免感觉执行任务的困难。该国既无独立的新闻报导，复缺乏外国书籍、杂志、日报的流通贩卖。不独使人对于国际的变化，一无所知，即对于苏联国内的政治动态，亦难以摸索。此则在欧洲其他城市绝无，而在莫斯科独有的现象。使馆中一位精通俄文的随员,每日为我摘要译述报章上的新闻,同时由于所聘俄文教师的帮助,我仔仔细细的阅读当天的报纸,借以稍悉所载的重要时事。曾在广东任过我国顾问的鲍罗廷,办有《莫斯科每日新闻》(*Moscow Daily News*)一种,系以英文编辑。后来又有一种德文,和一种法文的周刊与旬刊出版。当然全成我"疗饥止渴"的读物。此则对于旅居俄国的外人,有如身在重帏叠幛之中,约略可以窥见一线阳光。〔铁幕一名词,当时尚未由邱吉尔铸出。〕实则上述三种刊物的报导,亦仅照录"官报",而且还经过彻底的新闻检查。凡"不足为外人道"的事项,仍然不许刊载。纵令读者如何聪明睿智,读了这些刊物,亦决难闻一知二,举隅反三,窥测该国的内幕政情。是以旅居苏联的外人,无不认为采访该国的消息,几于无望。〔一九三四年九月至十一月,蒋廷黻旅俄百日,曾在《独立评论》,分期发表了多篇游俄的观感文字,后来获任我国驻俄大使,在职一年又四个月。〕

在苏联,除与官方或半官方往来外,与当地人士结识,殊不容易,与之交朋友,更属势所不许。与私人往来,既为当局所不赞许,必欲勉强从事,往往引起警察〔其实是特务〕误会,徒陷对方于不利。外交团人物,为避免麻烦,大半深居简出,与当地社会隔阂,有如庚子以前,驻扎北京东交民巷的外国使节,幽居一隅。各国使馆大门前,均有警察站岗,岗内装置专用电话,直达警察总局。遇有所谓帝国主义国家的大使外出时,警察便紧紧尾随，极尽"保护"之责。参加数次交际性质的聚会后，凡所欲见的苏联政要，均已见完。外交团各人为打破沉闷生活起见，亦尝邀请苏联要人，杯酒言欢，联络感情。然而宾主之间，仿佛筑有高墙一堵。彼此一堂，不免咫尺天涯，情愫无由沟通。尤令人诧异者，在沙皇时代，俄人以擅长各种外国语言，见称于世。革命之后，人人只说俄语，虽在大旅馆、大商店，以及通衢闹市之中，亦无人直接使用异国语言。帝俄遗留不少有学问的大学教授，除了在学术，或职业的集会场合，可以与外人晤面外，平时不与外人往来。

在客观方面，莫斯科，乃至整个苏联，确属事事翻新，足以引起人们的好奇心。盖在实行新的社会制度下，一切与欧洲其他国家不同。但就主观方面，环境如此其窒塞，使人深深感觉有如在光波明灭之中，从事摸索，即令五官并用，对于所见所闻，竟难证实其是真是伪。虽积年累月，博览群书，细心琢磨，实地考求，结果同于盲人瞎马；所获知识，仍不免隔靴搔痒。倘冀能搜集第一手资料，据以形成任何独特见解，将终归失望。

我到后不久，照例由礼宾司司长伴同参观"模范监狱"、"模范工厂"、"工人俱乐部"一类足以夸耀的组织。此人原系帝俄官吏，擅长法语。所到的第一所监狱，邻近森林，犯人在狱中，可以自由走动，学习各种工艺。并有铜乐队，供其消遣。据告犯人颇有"此间乐，不复思蜀"之概。监禁期满，被释外出，对于狱中生活，极感满意，恋念不忘。〔在苏联，居家与坐牢，似无多少分别。〕我曾游览"克里姆林"皇宫的博物馆、礼拜堂和其他名胜，包括昔日我国商人聚居的"中国城"。

莫斯科经过不断地扩充、改建，居民由一百五十万人，增至三百五十万人。公用的交通工具，限于街中有轨电车。其拥挤程度，有如我国过去内战时，难民在火车上逃命情形。此外尚有马拖的四轮板车，数目并不甚多，颇难遇见。外国使节惟恃自备的摩托车，以供往来。车辆须由国外运入，当地无从购置。遇有损坏，修理极感困难。修理行（Garage）并不多见，即有亦难得其服务。

过时不久，苏联表示极愿与我国发生商务往来。我因即草拟条约两种：一系商约，一为互不侵犯条约，送呈南京研究审查，以便据以谈判。惟当时政府如非被其他重要事件所纠缠，即对于中苏关系，认为适可而止，不愿作进一步的考虑。也许尚有其他力量，向不同的方面推动。

九一八事变之后，马占山、李杜、苏炳文三将军所领导的游击队，和护路队于抵抗日军获得战果后，相继由满洲退入西伯利亚，正循西欧路线，回返祖国。经过莫斯科时，我特赴车站与彼等相见。惟彼等不能离站，只好由使馆准备中国食物送往车上，略事款待，借表慰劳。马将军在黑龙江英勇抗日，远近知名。日方数度受其诓骗，他因将经过，为我详述，谈来津津有味，令人神往。苏将军原系我国中东铁路护路队司令官，最后退出满洲里时，由于时间及准备关系，未克将"东安岭"〔？〕（Tung-an Mountains）隧道炸毁，以致日军得以加速尾追。所有由东北退入西伯利亚军队，经先后运抵新疆，由盛世才将军收编，盛氏时任新疆省政府首长〔号称军事督办〕。

在我履任数月之后，外交上最重要的问题，当数苏联出售中东铁路与日本一案。前章曾经提及民国九年（一九二〇）十月，交通部与华俄道胜银行缔结谅解，将过去有关中东铁路条约加以修正。使该路成为纯粹的中苏合营企业，由两国人民分别担任高级职员，并参加该路理事会，充任理事。嗣于民国十三年（一九二四），顾维钧博士与苏联代表加拉罕签订有关该路法定地位，及管理权的正式条约，并在约内，订明关于今后中国赎路，及收购价格等事宜，当由两国代表开会商讨决定。因此，该路遂由中苏两国共同组织理事会管理，各派理事五人参加。此项办法，虽符理想，惟双方理事，不断发生争执，致对实际工作，横生阻碍。

九一八事变之后，情势整个改观。原由我国派往莫斯科进行赎路谈判之代表团，已不受苏联重视。首席代表莫君德惠，既深感处境困难，因以养疴为名，避往罗马，以免僵持，致伤感情。日本既获自由利用铁路，运输军队，迅速占领北满，致马、李、苏三将军，惟有率其残余部队，退入俄境。此系过去情形。苏联除听任日军使用铁路外，并对伪满所派该路理事会的理事，予以承认，同时在铁路沿线各项建筑上，高悬伪满旗帜。于是日本军阀利用伪满为其鹰犬，尽量予俄人以种种不便，至少使其在铁路沿线之生活，几于无法忍受。目的在逼迫中东铁路，变成南满铁路之延长部分。苏联方面除将一部分车辆，与沿路居民移至西伯利亚外，惟有听任日方前来占领。盖认为不值以兵戎相见也。既然实逼处此，苏联政府遂决意将该路售给伪满，其实即系由日本收购。在五月之初，莫斯科报纸曾有关于日本大使与李维诺夫晤谈的简短报导，并称李氏提及苏联有将中东铁路售给日方的可能。我看到此项记载之后，即约晤人民外交委员会副主任委员加拉罕。他告以决无此事，所传纯系谣言。我当即据以电报南京。不久，我特约晤李维诺夫，他竟承认与日本大使谈过出售中东铁路之可能。我立即质问何以加拉罕对此坚决否认？他说：彼时尚未关照加拉罕，致彼此两歧。我极感诧异，立即宣称此后无法再与主管远东事务的加拉罕氏接洽一切。事后推测，加氏既经与顾维钧博士签订有关中东铁路条约，当然不愿见李维诺夫主张出售该路成为事实，使彼经手订立之条约，成为废纸，故尔冒险予以否认。结果加氏失败，不久被派出使土耳其，或即由于我对彼表示不满所致。

我与苏联高级官员厮混较熟之后，一次在闲谈中，曾向一位达官，以苏联外交上的一般原则为问。他说："原则么！外交上没有所谓原则的，要紧的是利害呀。"他的率直，适与苏联平时对外标榜的崇高理想，背道而驰。他对于自己政府在外交上，不择手段的行为，不啻坦白承认，不免使我感到惊讶！证以苏联出卖中东铁路一事，此君无意中所流露的见解，确属诚实无欺。后来苏联人民外交委员会主任委员，对于他们破坏庄严条约的蔑义背信，一再加以辩护，竭力解释其行为的正当。不仅此也。且进一步责备我国于"九一八"之后，未克履行条约上应尽的义务，使彼方单独应付困难局面，殊欠公允。此种强词夺理，使我国，"挨打之后，还遭侮辱"（Add insult to injury）。他又说：双方既然无法保护该路，苏联惟有决定出售一途，并认为确有权利如此处理；中国如具眼光，亦必不反对此一有利无害的措施。缘铁路既非动产，日本无法搬运，中国早迟收复满洲，对于中东铁路，彼时可不费分文，收为己有！其言既辩而谲。我国除严重抗议外，在当时情势之下，殆亦难对该路权利，加以保障。惟从此国人对于苏联过去的种种花言巧语，更失信心，所谓"中苏友好"，无非口号而已。

国联推动的世界经济会议，将在伦敦召集。我国代表团由财政部长宋子文氏率领出席。他特电约我在伦敦相见。我因此离开莫斯科有数月之久。先到柏林，为大使馆购办一些家具后，即转往巴黎，与顾维钧大使相偕至雪堡，同登宋部长一行所乘的邮船，驰抵南安木登，以达伦敦。

在伦敦举行的世界经济会议，特由英皇亲临主持开幕典礼，盛况空前。一如过去的军缩会议，先由各国首席代表发表演说，申述本国意见及愿望，继之以当场辩论。宋部长在演说中，除对各国经济衰落所遭遇的痛苦，寄予同情外，并称凡中国可以出力协助之处，亟愿尽其棉薄；惟关于失业问题，则中国今日千百万人，均无工作。至于美国代表所敷陈的救济世界经济衰落办法，似难使听众动容。提出有关贸易事项，仍不外加高进口税率，差别待遇，承认货币集团等老办法。会议进行，当然不外成立委员会，指定委员或专家，分组讨论，与军缩会议办法无别。惟此次中国以拥有商业及经济上的潜在力量，颇获一般重视，竟得在议程委员会中占据一席。

交际方面，各国代表既备受英国朝野优渥招待，咸得尽情享受贵宾权利。除各国首席代表入宫觐见英皇帝后，并承亲临赐宴外，英廷复在白金汉宫举行游园大会。英皇帝后特设宝座于华盖之下，延见来宾。威尔斯亲王则另据一席，所有皇室亲贵，亦齐来参加招待，周旋于宾客之中，盛极一时。英国首相、伦敦市长，咸分别大张酒宴，厚飨各国代表，礼貌既极周致，布置尤形辉煌。下议院议长先后分批招请各国代表，参加便酌，俭而不陋，最后则举行盛大招待，亦奢不近侈。至于富于美感的集会，端推英国"金银器手艺公司"的公宴。餐厅内陈列无数珍贵精工的金属器皿，灿烂光耀，富丽堂皇，令人目眩。该公司由一勋爵担任名誉董事，平时代为结交豪贵，此次即由彼作东，邀宴各国代表。宴前有"四人合唱"，宴罢，以纯金盆一只，贮满玫瑰香水，传递客人，以供洗手。洵属别开生面。曾经旅居远东，及对东方文物有兴趣的英国男女人士，特在"洽谈馆"（Chatham House）设宴招待远东各国代表，场面亦极隆重华贵。在伦敦时，曾游郊外"艾斯科特"赛马场。彼处向系英国所谓高等社会士女会集之所。不时举行服装游行，邀请皇室亲贵前往参观。我虽未克参观"艾卜森姆"的"得白"赛马场，但很幸运获见夺得蓝带锦标的名马"慢来"（Manna）。此马属于居住"新市"的一位友人，我们一伙曾在该地消磨了一个愉快的整天。我们对于养马既无经验，尽管"慢来"已成传种的良马，对之仍乏兴趣。居留伦敦数月，对于英国高等社会生活的富厚，应酬的排场，谈吐的尔雅，确也领教不少，印象很深。所有各大公园内的精舍别业，对于莅会代表，莫不尽情开放，一使人人对英京四郊的园林布置，幽静环境，不胜其欣慕、赏识与眷恋。无疑的，如此名都，经过百年的经营，踵事增华，启人仰止，自属意中之事。

对于会议进度，殊感迟缓，而国内政务丛脞待理，宋部长迫得提前离欧返国，因将代表团事务交我主持。当时由美国参议员毕德门推动的《白银协定》案，虽与世界经济会议无涉，但以宋部长既在华府洽定该案大纲，协定中的细节和手续，则移至伦敦分别办理。最后即由我代表政府签字成立。我国应负之责任，在协定中第四条，有明白的规定。自民国二十三年（一九三四）元月一日起，四年之内，中国不得将国内银币毁销出售，目的在缓和世界银价的暴涨暴跌，并维持白银辅币的推广使用。

大会进行期间，在迭次交际场合中，有不少机会，遇见英国当道，及在野党领袖。其中许多人，均曾去过日内瓦。他们的智能和经验，在在予我以良好印象。但一提到远东情形，不少人显然缺乏应具的知识，甚至可说无知无识。以英国与世界各地的长期交往，结果如此，诚属怪事。由私人立场，尝与英方政要，以及下议院的各党领袖，谈及我国当时战事情况〔诸如日军占锦州，"一二八"上海战争，日军侵山海关，日军犯热河，占承德，进犯河北等〕，彼等以事不关己，不惟无动于衷，简直对于事实真象，一无所知。至于因战事而产生的后果，影响欧洲到何种程度，更非彼等所关怀。当然英国内部的问题，已够使他们困惑头痛，安有余暇，研究东方情形。其实，今日的世界，由科学和技术的进步，尤以交通与运输工具的日新月异，世界缩小，天下一家，一切动态，息息相通，势难孤立自保，作一"自了汉"。然而若干具有悠久历史的大国领袖们，对于时间与空间，今昔观念的不同，似乎缺乏认识。依然墨守成规，一成不变，惟求国内安定繁荣，不问境外洪水滔滔，泛滥天下。第一次大战所予人类难忘的教训，若干伟大的民治国家，早已整个忘记。中国代表们，在日内瓦时，一再提出警告，力促各国必须认识当前的严重危机，共同尽力遏阻野心的侵略势力，不使坐大与漫延。终于曲高和寡，毫无反应。吾人在良心上，固可告无罪于天下。彼时惟一具有智慧与眼光的捷克外交部长班尼斯博士（Dr. Benes）对于眼前局势，体认最为深切。他诚挚的向我说道，捷克在国联里所以极力帮助中国者，亦即所以自助。盖其国家的处境，与我国正复相同。果然不出十年，捷克所遭遇的运命，与满洲如出一辙。此则不能不叹息痛恨于当日列强当道之短视与怯懦者也。

此次旅英，尚有一事，足资纪念。即参观著名的两大学府，剑桥与牛津。次男〔朴生〕毕业天津新学书院后，该院院长赫德博士（Dr. Livingston Hart），原系剑桥高材生，深盼彼能升学该校。我因偕小儿携带赫德博士致该校圣约翰学院评议会主席（Public Orator）的介绍信，前往接洽入学手续。当以学额告满，一时无法收录，建议暂在当地私立莱氏预备学校补习数月，以便参加下次入学试验。后虽考试及格，惟已膺美国西点军官学校之选，遂即赴美就学。

长男〔棣生〕承在日内瓦所识英国伦敦德莱爵士（Lord Londonderry）的介绍，肄业于英国沙德厚斯特皇家军官学校。英美军事教育制度，颇不相似。英国陆军学校只须学生住校一年有半，美国西点则须住校四年，并参加夏令营三次。英国的办法，注重学生了解人事管理，不甚讲究军事理论。学生毕业沙德厚斯特后，即送往印度实习。至于西点的教育原理，则为预备毕业生于服满军官义务后，可以参加任何职业。可以充任工程师、银行经理、企业董事、外交官、教员等。在校时，对于各个兵种，不论步、骑、炮、工、辎，乃至航空，均所必习。

在英国，则专习一科。在校时的学生生活，两国亦各不同。在英国所谓"学生老爷"（Gentlemen Cadets），居然有"伴当"伺候，上操时，术科教练员〔职业的军曹〕对学生，竟以"老爷"（Sirs）相称。

访问牛津大学时，仪节隆重严肃。我系与宋子文部长、郭泰祺大使同往。先由该校当局在校本部（University College）设午宴款待，与宴人员悉着"学院冠服"（Academic Cap and Gown）。其中有不少犹太籍教授，多系由德国流亡至英国的学人。宴会分为三段：第一段系在膳厅用酒用菜；第二段系移至客厅进水果点心；第三段则在花园饮咖啡、吸雪茄。宴毕，导游各学院及校园。学院建筑古朴陈旧，校园则花木扶疏，芳草如茵，经过百余年之长期栽培，无不雅趣横生，幽静宜人。总之，是日也，周旋于当代学术权威之群，畅游乎历史上著名学府之中，不仅发思古之幽情，实坚学术万能之信念。

世界经济会议，拖延时日，既已数月，问题解决，毫无进展，一时难望结束。我本有职守，未便久留，因决告别英京，取道斯特汀（Stettin），经由芬兰以达列宁格勒。在德国港口所乘芬兰轮船，全身漆白，益显清洁悦目。抵波罗的海之大陵港（Tallinn），令人尤可想见昔日日尔曼民族，与斯拉夫民族争霸情形。高岗之上，两个不同派系的宗教建筑物，巍然对峙。一边是路德教堂，一边是俄国教堂，壁垒分明。芬兰京城赫尔新基建立海上，市面不大而颇秀丽。在彼留宿一宵，次日遄往列宁格勒,旧名圣彼得堡。

列宁格勒,仍不失为苏联巨镇。昔日彼得大帝所创造的宏伟规模,依然存在。与我国故都之北京,颇多相似之点。由建筑上观察,列宁格勒属于西欧型范,而非俄式城池。街道宽阔,莱娃河上,不少壮丽桥梁。现代建筑,遍布全市,豪贵甲第,绵延栉比,在帝俄时代,洵属居家胜地。宫廷生活,既极繁华富丽,学术机关、博物院、美术馆、歌剧场和郊外离宫别馆,所在皆是,诚盛极一时。今日则景色暗淡,市面萧索,难与过去相比。

过去列国驻圣彼得堡之使馆大厦,多改作领事馆,或竟全部关闭。沙皇冬宫,有如北京故宫,所遗皇室起居痕迹,徒供游客观览谈笑之资。一切陈设,照旧保存,无非暴露过去帝王思想之落伍,趣味之低级,道德之堕落。有名的大礼拜堂,改为反宗教陈列馆。大圆屋顶之下,用长钢丝系一铁球,悬之中央,有如钟摆,用以表示地球转动,反证圣经天动地静之说。九月时,有露天歌舞、笑剧等表演,但无歌剧。苏联各大城市,照例驻有人民外交委员会代表,料理外来贵宾,参观各处。列宁格勒,自不例外。我游彼时,备承招待,享受一切方便。该国的旅行社(Intourist),有如英国的"通济隆"(Thomas Cook and Son),对于游客,服务周到。

我回到莫斯科后,忽然接到外交部长罗文斡博士,已到迪化的消息,他并拟取道西伯利亚,转回南京。我因即电邀其来莫斯科一游。虽未获同意，但彼提议可在突厥西卜铁路终点（Turk-Sib Railway terminus）的罗哇西拜尔斯克（Novo-Sibirsk）相见。我如约前往，相与盘桓三日。该地官方极尽地主之谊，招待十分周到。如此小域，宴席上竟有鱼子一类的珍馐，及各色洋酒。叱咤之间，不知由何处得来。罗部长安抵南京后，特来电致谢招待盛意，和协助他得以"脱离"新疆省境的安排。当时新省当局〔督办盛世才〕，与中央意见参商，颇怪罗氏有此一行，致对彼必需之汽油，亦拒不供给；嗣由苏联总领事得知，彼将与我相见，特赠给充分油量，足敷驰往莫斯科之用。当时中央对新疆政策，似尚未使地方当局完全了解，乃至误会重重。黄慕松将军视察迪化时，亦尝遭遇同样困难。我因有西伯利亚之游，致不克出席当时的国联大会，一切遂由顾维钧博士代表。

在罗马公教史上，本年有一值得记载的事项。这是我国前外交总长陆徵祥氏在比利时，洛芬木那卜鲁基，接受"本尼狄克特""高士"（Dom）荣衔的典礼。他的比籍夫人逝世后，他即践履宿诺，皈依公教，献身上帝，在本笃会隐修院，勤参苦练。经过多年，功行圆满，特由罗马教皇，指派前驻北京教廷代表柯斯但丁尼主教代表，前来授予荣衔。海内外陆氏寅好，除邮致贺辞、彩幛、联轴外，我国驻欧外交人员，特请假数日，躬往观礼申贺。典礼在一肃穆无华的教堂内举行。礼毕，继以聚餐。进食时，除由本笃会教友一人恭诵圣经一段外，坐客终席静默，不交一言。餐毕，始由柯斯但丁尼主教，我国驻比利时使馆代办，及隐修院住持，分别致贺词，末了由弼瑞、舍力斯丁、陆徵祥高士（Dom Pierre Celestin Lou Tseng-Tsiang）致简短答谢词。次日我国驻比京使馆，特设宴招待比国政要，及参加典礼各来宾。此在中比邦交上，着实留存一段佳话。在中国公教史上，近年尚未闻有接受教宗荣典之知名人士如陆氏者。他原拟返国，于四川峨眉山成立教会，传法布道，嗣以康健关系，未能如愿。

我以离家两载，趁此国际风云平静，特请假返国一行。道出巴黎，正拟赴威尼斯乘船归国，忽与美新任驻苏联大使蒲立德（William Bullitt）君相值。他到莫斯科呈递国书时，我适他去，未克相见。此次彼为接洽使馆职员任用问题，将赶回华府。美国驻莫斯科大使馆新址，原系备作加尼林总统招待宾客之所，建筑装置，堂皇美丽，特由官方让与。李维诺夫对于美苏建交成功，极为得意，盖系彼努力促进者也。同时由罗斯福总统亲信的青年干员蒲立德君出任第一任大使，俄方尤感光荣，极表欢迎。美国当时正值经济不振，百业凋蔽，认为借此建交机会，可与苏联发生商务关系，推动出口贸易。一时盛传苏联将向美商订购大批物资，价值不下万万美元。其实亦只希望而已。

我由威尼斯搭乘义国邮船康德罗梭号，前往上海。船上遇见中外友人不少。沿途经过港口数处，尚不感觉海行单调无聊。过开罗时，参观该处博物馆及金字塔。因系首次履践埃及国土，颇感新奇。惟船上职员，接待我与同胞旅客，殊形怠慢，我等未尝得到应得的礼遇。船抵波赛时，我特函墨索里尼，指责船员服务不周及傲慢等情，告以中义既然正谋增进邦交，此等细节，亟宜首先注意。俟船抵星加坡时，船长忽然向我道歉，声称委实不知我在船上！该函似已发生作用。后来在南京晋见林主席时，他也提到过去某次由瑞士回国，搭乘义国轮船，情形亦复如此，言谈之间，犹有余憾。外国轮船公司运载国人，目的无非赚钱谋利，对乘客自应礼貌有加，服务周到。此之谓互惠不欺。国人受委屈后，不愿提出抗议，明白指责，绝非表示满意。往往从此拒绝再行乘坐该公司船只，或竟对该公司所代表的国家发生恶感，终身不忘，此则船公司不可不知者也。

在南京逗留不久，即遄返天津家中。嗣即赴北平拜访主持政务与军务的黄郛将军和何应钦将军。他们二位，均系蒋委员长畀以腹心重责的人物。黄将军过去在北京时，原系同寅。现在北平身任艰巨，有如甲午时的李文忠，不惜拚却声名，忍辱负重，与日人相周旋。民国二十二年（一九三三）五月，他奉命签订所谓《塘沽协定》，颇受一般人的误会与攻击。此次我和他见面时，在百忙之中，他竟费了两小时的工夫，将一切困难经过，及不可抗力（Force majeure）的详情，向我叙述签字的迫不得已。

不久蒋委员长北上视察。黄将军特在北平旧外交大楼，准备盛大的宴会，以示欢迎。参加人物，包括过去及现在各派系的领袖。其中不少昔日北京政府的一些阁员，和北洋各系军阀。此外满蒙王公，亦均被邀入座。济济一堂，齐向最高领袖致敬。最引人注目者，为吴佩孚与吴光新两将军，昔日彼此敌视，"仇深似海"，兹则晤言一室，握手交护，前嫌尽释。寄居天津的退职国务总理、清室遗老，和在野名流，亦均赶到。此一聚会，委实给予留在北方的过时要人们，心理上一种安慰与兴奋，群认为蒋委员长躬亲北来，实地视察，证明中央未尝忘记华北。许多人对于南京政府的误解和不满，此次会面后，殆已涣然冰释。蒋委员长本人在此热烈欢迎会中，深感高兴，回南方后，对于各方印象至佳。

是年夏天（民国二十三年），我曾赴牯岭小住，得有机会与蒋委员长，及国府要人会面，作长时间的谈话。曾经举行几次有关外交的会议，不少外交界人员参加。随后我便到青岛度完夏天。海边的闲适生活，令人回想到法国的芮维耶那（Riviera）。此则得力于市长沈鸿烈将军的热心整理，努力建设，俾此一美丽海滨，成为华北消暑胜境。

我由欧洲返抵国门时，先赴南昌行营晋谒蒋委员长。彼时正值军事倥偬，委员长驻节于南昌江边的一座教会院落内。昔日教会颇有远致。居然能在江边选得如此幽静去处，经过长年不断的培植，花木扶疏，一尘不染，堪供领袖居停。

第十四章　重返苏京
（一九三五——一九三六）

　　回国后，当然不能久留。政府已数度催我早日返任，但实非所愿。在南京时，曾与当道接谈多次，对于外交方面，实亦看不出有何决策。一切不免随时俯仰，静候国际发生变化，因利乘便。在接见新闻记者谈话中，我曾暗示条条大道通罗马，可以采取的途径很多：不论日内瓦、莫斯科、东京，乃至华盛顿，均可试行，只看政府的决心。一位外交部里的高级官员，认为政府之所以迟回瞻顾，无非过受舆论的束缚。我率尔告彼，古今中外，对于外交政策，从无一致的舆论。要恃主持外交的首长，因势利导，纳真正的舆论于正轨，使之发生力量，然后根据大多数人民的意见，以为决策的依归。过去北京政府对于一些交涉，即准此原则进行，亦尝获得国人拥护。

　　我此次重返莫斯科，同行的人很多：最著者，当数京剧名演员梅兰芳博士和他的班底，还有电影明星胡蝶女士。他们此行，目的在沟通中苏两国的文化交流。我们一行，系乘坐苏联的近海轮船。行前在上海国际饭店，备受国人的盛情欢送。航行四日，于浓雾掩罩中到达海参崴。港口形胜，环抱皆山，而蓄水特深。市内景况，颇形萧条，街道及建筑物均陈旧失修。吾人在该埠停留数日，所住旅馆，殊觉简陋，设备及服务，不及国内普通旅馆远甚。我国总领事能说俄语，熟习西伯利亚情形。侨胞成千上万，与当地官方情谊尚称融洽。我们在彼，参加不少欢迎集会，免不了一番演说和摄影的繁文。在海参崴，除我国外，仅德、日两国设有领事馆，其他国家，当时尚未获得许可。直至美苏建交后，始由美国驻莫斯科大使馆派员前来充任领事。

苏联人民，对于种族成见不深，此则由于该国边区人种，备极复杂，而尤以中央亚细亚一带为最。但官方则不然，对于游客，及旅居外人，毫不客气。旅居苏联之任何外人，如非加入共产党籍，对共产主义共同推进，变成该国制度中之一员，不惟不受欢迎，简直无以存身。生活上，势必遭遇到不可忍受的困难。尝因莫名其妙，或无法置信的控诉，受到由身体虐待，乃至流放极边的种种惩罚。外国人忽然失踪之事，数见不鲜。虽由领事官尽力探寻，终无下落。一经秘密警察逮捕后，即受特种法庭的审讯，而在被拘期间，虽领事官亦不许与之见面。受审时，更不容领事在旁观审。纵在正常情形之下，外国人在苏联境内，不能如在其他国家，可以自由谋生。此则由于苏联一切事业,均属国有国营,个人无权自任雇主(self-employed),或经营商业。虽有积蓄,亦无法将存款汇出。出国时,即对无甚实际价值之纸卢布,亦不准随身携带。旅俄侨胞中,有愿移居新疆省者,曾由使馆代为安排,并办理出境手续。但苏联官方决不允许彼等携带任何工具,或器械出境。惟所娶俄籍妻子,不在此限。意或因此可以减少粮食消耗。

我离职后数年,根据我国驻西伯利亚领事馆的报告,所有从前居住该地的侨胞,悉数被移送他处,理由为外侨不得居住于国防区内。此项禁令,可能为对付居留边境的日本移民,不愿其混入境内担任第五纵队。然而对于开发西伯利亚极有贡献的华侨,因此便将辛苦赚来的些微财产,丧失罄尽。惟来自山东的侨胞,身体壮健,意志顽强,对于与彼等思想和背景不协调的共产主义,及其暴政,仍甘忍受,情愿继续居留。但大多数,则投奔新疆,另谋出路。

留俄的中国共产党员,颇受优待。他们不独可以享受苏联劳工的休假和医疗等权利,并且常常见着他们与党部领袖们,在戏院包厢里平起平坐。在公共场合,遇见同胞,从来不打招呼,竟然装作蒙古人。

我们一行,曾由领事馆同事,偕往参观海参崴北方之伯力(Khabarovsk)城。该城远较海参崴繁盛而富生气,市容亦殊整齐,并多新式建筑。虽每日起卧于火车包房内,在彼竟然逗留数日之久。嗣由当地人民外交委员会代表导游各处,包括新建的炼油厂、电疗专科医院等。附近库页岛（Sakhalin）的原油，即送至该厂提炼，以免远运巴库或巴统。我原拟一访加伦加将军（布鲁齐尔），话彼已赴莫斯科，致失之交臂。在西伯利亚境内，最后停留于赤塔，系由满洲里及海参崴（往西伯利亚）支线的尽头。该处城小而清静。官方准备盛大的欢迎会，对于我们所住的旅馆房间，亦事先加以扫除洗刷。在彼停留不久，其余同行各人，亦由海参崴径乘快车赶到会合，遂一同乘车直驰莫斯科。在罗西拜尔斯克，我国新设立一总领事馆，新任总领事特携中国食物至火车相饷，并对当地情形作简单报告。

抵莫斯科时，我国大使馆址，修理完工，焕然一新。所有红木桌椅，宫式挂灯，字画像片，咸系国内运来，西式家具，则购自柏林。布置得法，堂皇富丽，极壮观瞻，不啻表示欢迎我等归来。馆址原主，本系豪商，革命发动后，只身逃往斯堪底那维亚，惟按时汇款接济其留守妻室。后以手边拮据，因通知其妻可以发掘浴室墙壁，及地下室地板下所藏金珠细软，变价使用。嗣为官方探知，尽数没收。在未经苏联政府发掘前，我国使馆代办居住该处两年之久，竟然不知置身宝山之中！〔按我国当时代办为夏维崧。〕直至中苏绝交，他率领馆员撤退至芬兰京城后，始由警察将窖藏掘出。

我国艺术大家既经到了莫斯科，当然有一番应酬招待。现在有一座像样的大使馆，正可加以使用。梅博士第一次表演，遂决定在馆内大客厅中举行。厅内除布置戏台及奏乐人员外，足可容纳来宾一百六十人。头场戏目为"刺虎"，梅博士饰剧中的"费宫人"，服装都丽，戏情动人，音乐别致，使观众见所未见，闻所未闻，不免轰动苏京，成为一时谈话资料。嗣由梅博士在莫斯科大戏院中，按时表演京剧若干出，附带中国古代各式舞蹈，如舞剑、舞带之类，继续┼夜之久。观众踊跃，门票难得，不少向隅之人。使馆每晚保留包厢两间，以便介绍梅博士、胡蝶女士于外交团后，即作招待贵宾观剧之用。此次出演，得力于张彭春博士，和精通京剧某君之提调，一切有条不紊。李维诺夫与其夫人对于上演各剧，极感兴趣，几于每晚必到，坐列前排。其他苏联党部领袖，则由一伙中国青年伴同高坐包厢之内，尽情欣赏。

在梅博士所演各剧中，以"打渔杀家"一出，最受欢迎。盖以剧情富于打倒权威的革命意义，适合苏联观众的心理和胃口。梅博士兼擅绘事，所作中国毛笔水彩画，最受俄人珍视，咸冀得其寸楮尺幅以留纪念。胡蝶女士的艺术，虽仅在银幕上与苏联民众相见，但她本人的举止仪态，在在予彼间人士以一种温柔娴淑的深刻印象。于各种欢迎她的大会中，她不时高歌一曲，以饷宾客。她的清越歌声，抑扬曲调，常常博得震耳的喝采。总之，这两位艺人，访问苏联，可称十分成功，对于中苏文化的连络，贡献不少。

在莫斯科欣赏艺术文化的机会与去处极多。博物馆、画廊等，不仅限于苏联本国艺术家的作品，对于西欧方面的收藏，亦复不少。至于改为博物馆的旧教堂，和修道院，所在皆是，无不收藏丰富。歌剧院和戏园所占地位，尤为重要。若论莫斯科歌剧之擅场，世界任何城市，恐难与之比美。至芭蕾舞，俄国虽负盛名，但在巴黎与芮维耶拉，不难时见名脚表演。俄国大型歌剧，无论音乐、歌唱、服饰、布景，可谓各尽其妙，登峰造极。同时充满活力，尤为他处所不及。国人旅行外国都会，常见采用中国人物和中国背景所演出的戏剧，不独音乐服饰，奇离怪诞，不伦不类，而情节举动，尤属荒谬绝伦，想入非非。常有看惯法、德、义歌剧的人，认为俄国歌剧的服饰、布景，不够堂皇富丽，难以引人入胜。因此苏联人民外交委员会的高级人员，不断邀请外交团各人不仅赴歌剧院，或大戏园参观特出节目。且亦尝邀往私家，鉴赏新摄影片的演出。盖以公共电影院，一向拥挤，难于购得门票。美国蒲立德大使于新住宅布置就绪后，亦常邀我等前往鉴赏美国电影新片，缘在莫斯科殊难看到美国影片也。

在我旅俄两年后之一九三五年，苏联〔第一期〕五年计划，显见成功。莫斯科市内的交通往来，由于宣传已久之地下电车（Metro）的完成，大有进步。计程汽车数目，亦复增加，确予人们不少方便。农产品如不外销，供应国内市场，足有富余。粮食统制，因而放宽。新开张的百货商店，陈列各种本国制造品，不独价廉，品质亦佳，均为前所未见。惟以气候严寒，诸如花卉、蔬菜，及半热带水果等，均难购致。

由于五年计划的施行，重工业方面，诸如摩托、拽引机、飞机、傲重车等之制造，悉有显著的进步。有一时期，在苏联境内，服务的外国工程人员，为数不下四千。西伯利亚铁道，已铺设双轨，沿着我国新疆西部边境的突厥西卜铁路，亦经筑成。利用伏尔加河连贯首都，以通大海的"莫斯科运河"，最近复告通航。凡此种种，工程浩大，堪称宏伟建设。一般说来，运输方面的铁路和公路，诚然不少新的建置，但其他企业，似尚未能与之比例配合，同时进步，致货运客运业务，并不繁忙。近来我国对于公路的修筑，进展似已赶过苏联。同时苏联铁路运输，除特别快车外，普通客车，开行与到达时间，并不准确，车上设备，因陋就简，既欠舒适，也不够清洁。

每年"五月一日"，与"十一月七日"，苏联政府例在莫斯科举行大规模的武装游行，意在耀武扬威。所有代表陆、海、空三军的各种部队，及其装备，全套搬出。配上百辆以上的坦克车，和各色机动化的重武器，在每点钟驰行三十英里的速度下，浩浩荡荡，齐向广阔的"红场"，依次推进。上空复有成群的飞机，构成阵式，比翼飞行，轧轧之声，令人震聋。武装队伍之后，继以排列整齐，步伐中节，手持大旗的民众，和数不清的男女运动员。还有由人扛着行走的共党首领之巨幅照像，与讽刺外国政要的漫画。最后殿以各色抬阁与花车。项目之多，叹为观止。实为我有生以来，第一次所亲见的伟大游行。我在学生时代，所见美国总统就职典礼中的大游行，差堪比拟。据当时估计，参加活动的人数，不下一百五十万众，约合莫斯科居民之半数。全市交通断绝，一切车辆停驰。此外遇有军队检阅、野战练习，乃至哥萨克兵的马术竞技、降落伞队的集体跳跃，莫不招邀各国驻莫斯科的武官前往参观。

兵士与工人，特别工厂的工人，均备受优待，可以享受种种权利。一般兵士，身着修长外套，配上及膝马靴，愈显精神抖擞，姿态英隽。有时竟然有不少女兵，参杂军中，扑朔迷离，难辨雌雄。工人工资，划一平等。但对于模范工人，另有奖金，或给与特别权利，诸如免费参观歌剧之类。是以工人实际所入，亦有区别。帝俄时代皇室的避暑行宫，豪族的游乐别墅，教士的幽静道院，现均改作工人休假或疗养处所。在华贵的大戏院内，随时可以看见工人模样的听众，一面咀嚼"三明治"，一面倾听典雅的歌曲。

在苏联社会制度中，两项问题最使外人注意：一为宗教，一为家庭。为明了苏联反对宗教的理由，势须对于革命前，俄国教堂的性质与其水准，加以了解。若以现代眼光衡鉴，帝俄时代的一般教士，实属鄙陋无识。教堂政策，不外崇尚迷信，拥护皇室政权，推行愚民教育。由于宫廷不断的赏赐，人民自动或被动的捐献，致教堂拥有大量财产，和广阔土地。现在人们参观的"反宗教陈列所"，悉系旧日教堂改设，可以看见无尽藏的珠宝、名画、圣像、金银器皿等珍贵物品，和过去所有的房屋地产统计图表。往时所谓"灵异"，所谓"奇迹"，现均由陈列所将其和盘托出，暴露其作伪技俩。一切无非牧师们利用粗笨的机械，自行导演，欺骗无知愚氓。凡此行为，当然为革命领袖所深恶痛恨，势在彻底肃清之列。实则教堂本身，并非主犯。于此获得一证例，即天下许多信条，原意亦未始不善，只以后人奉行不得其法，遂致流弊滋生。尽管苏联政府反对宗教甚力，老年俄人，照旧赴教堂礼拜祈祷。星期日尤见拥挤。人民礼拜，虽不受干涉。但牧师"说教"，则绝对禁止，视同反革命，罪大恶极。青年男女的宗教观念，由于所受现代教育之不同，极为薄弱。

　　家庭如何？是否业经毁弃？子女如何养教？婚姻制度是否存在？如尚存在，是否健全？离婚手续如何？凡此种种，均为外邦人士所极欲明了之事。对于苏联大城市的居民，由于居室问题之不易解决，所谓"家庭"，已成为一备感困难的社会问题。一家老小，仅局促于一间，或两间斗室之内，殆难想象其为理想的家庭。此一面积有限之房间，足供夜间睡眠而已。故工作之暇，街心闲逛，公园静坐，图书馆读书阅报，俱乐部打球下棋，转比幽居家中，毫无回旋余地为有趣。街上虽少见老人，但大批儿童随处皆是，足以证明成年男女，仍有"室家之乐"。在大革命之后不久，苏联家庭关系，不免涣散，然此实大动乱后，常有现象。在西伯利亚遇见一位医生告我，俄国的婚姻制度，亦如其他各国，经过数世纪的发展，欲望于短暂期间，整个废除，殆难想象。我所遇见的苏联达官新贵，咸有妻室，且常在交际场中露面。自然离婚事件，极为平常，手续亦至简单。过去只须一造动意，即可成立。无论男方或女方，愿意离婚时，向政府机关登记，经由机关通知对方后，彼此即可自由重婚。现行法律，稍加拘束，必须双方同意，离婚方属有效。新法较胜旧法。旧法表面似对男女，一律平等，实则女子不免立于不利地位。男子纵令年事稍高，不难再娶，女子则否。且有子女拖累，生活不易独立。离婚女子，虽亦可领赡养费，但男子可以宣告无力支付，且往往避不见面，甚至渺无踪迹。

人民的经济状况，是否胜过昔日？答案当视其究竟属于何种阶级。贵族与中产阶级，当然早已绝迹。至所谓普罗民众，如劳工、军人、农夫等，其经济地位，相信改进不少。他们的身份，远较过去提高，富有前途。他们不仅享受得未曾有的许多权利，诸如休假、旅行、文化与教育的接触机会；而他们的子女，全有接受高深教育，和专门训练的可能。这些全是帝俄制度下，不可能做到的。工人既可集体参加政治活动，当然感觉得意，致不惜捐弃物质享受，牺牲家庭幸福，以求达到五年计划的完成。

一如过去外人尽情游览我国之名山古刹，出入于收藏丰富的古董商店，我尝以报复心情，尽其可能，参观过许多俄国教堂和道院。俄国教堂有如中国寺观，墙壁喜涂红色，以志喜庆。往时婚礼，新娘辄着红袍，新郎头顶皇冠，恰似前清新郎,得戴红顶官帽,不为僭越。丧葬时,竞尚白色,亦与我国习俗近似。

我们曾尽量利用所存的卢布,搜购俄国旧书与古董。旧书中,不少英、德、法文字的善本,且有很多涉及中国的著作。除去关于社会、经济、科学、工程方面书籍外,所有文学、游记之类,几于无人过问。此类版本,均属印刷精美,装订考究的珍本或孤本。多系旧时私人或国家所收藏,售价则出乎意料的便宜。至于古玩,不少珠宝首饰、珍贵磁器、圣像、油画和零星玩好之类,均足以招引好奇访古的外国游客,不惜破费光阴,流连观赏。苏联政府有鉴及此,因之组织一种连锁商店,分布各大城市,出售此类宝石、珠玉、名画、古玩、珍本或孤本书籍。其代价为外币、现金、现银,或金银首饰。此种商店名"夺尔革心"(Torgsin)。凡属普通商店可以购到的什物,该店亦有存货。即如食物中之黄油,有时竞视为稀有难得之珍品,仍可在该店购得。苏联政府利用此一方式,确曾吸收不少外汇,及其等值的金银。至于民间历代收藏的金银首饰,亦因此被政府囊括殆尽〔民间用以易取难得物品〕。

大旅馆中的餐厅,恒为外人下午,或夜间散戏后,约会之所。但其烹调手艺,十分退步,远不及柏林、巴黎、伦敦,乃至天津、上海所有的俄式菜肴之佳。此殆由于苏联境内,过去讲究饮食烹调的有闲阶级,业已绝迹。配上"爵士"(Jazz)音乐的通俗跳舞,近在苏联颇见流行。在公园里,大群男女,亦常练习"狐步"、"探戈"一类的社交舞。化妆品企业的发展，颇有一日千里之势。苏联的新妇女，决不反对已往中产阶级粉面朱唇的修饰！高加索的烹调，配上高加索的音乐和跳舞，许多人均愿尝试。由于汽油价廉，公路修整，驾驰摩托车追风览胜，已成一种娱乐消遣。莫斯科四郊，森林环绕，不少别墅（Dacha）散布其间，全成游客消夏胜境。"莫斯科河"上，每逢假日，游艇出没，欵乃之声，闻于远近，足使山水生色。当然冬季，仍有不少重要游乐节目，诸如滑冰、滑雪、滑撬诸戏，不一而足。至于雪后，驾车循"银林"（Silver Forest）驰骋，所见苍翠松柏枝叶积雪，可称世间仅有奇观。美丽清绝，入目难忘。赛马季节，规模宏伟的马戏场（Hippodrome），虽地上积冰未融，仍然吸引成千上万的观众，胜况可想而知。

总而言之，苏联堪称泱泱大国。大革命所遗留的深痛巨创，业已逐渐消失。目前所见若干现象，决非一成不变。假以时日，不难多少恢复旧观。正如钟摆，左摆之后，必然右摆。然此非谓一切返回原状，此则势所不许。惟俄国革命，一如一般革命，终有喘息安定之一日。苏联不惜牺牲无量数生命财产，推动史无前例的伟大试验，其成功部分，固然有不少国家，势将仿效。其失败部分，又何尝不可引为殷鉴？惟此种伟大试验，是否必须付出如此奇重代价，抑或尚有其他中和方法，可以达到同样目标，一时尚难置答。经过相当时间，如与其他国家相类的经验，互相比较，或不难得到合理结论。摈除峭刻的讥评，冷酷的敌视，平心而论，人们对于具有牺牲精神，勇往毅力，情甘付出任何代价，进行空前的伟大试验，冀可发现人类幸福之路的一个国家，至少应寄予同情。至于苏联是否已经发现一种空前绝后的优良社会制度，姑置不论。当然任何国家应有自决之权，可以选择本身认为适宜的政治，和社会制度。只要各行其是，并不强人从同，则我不犯人，人不侵我，亦未始不可并行而不悖，殊途而同归。

时过境迁，世界各国对付苏联的政策，发生不少基本变化。最初群认为犹同传染病菌，必须加以隔离，防其广扩。嗣知隔离无效，举世无法布置一可禁锢一亿六千万人的集中大营。继则采取开窗凿壁政策，俾外界空气阳光得以透入。今日〔一九三五〕除南美拉丁各国外，苏联已与世界各国建立邦交；国联并特为保留常任理事一席，虚座以待。

过去中俄两国间，利害问题不少。吾人对于今日苏联的一切，不容不特加注意。中苏两国，虽处境不同，然外交上，固皆遭受同样困难。而苏联的两个五年计划，其动机与目标，与我国目前的物质建设，亦正同其旨趣。也许它的规模和气魄，来得更大一些。似此吾人正宜密切注意它所推行的方法，例如成本应如何计算，成效应如何考核，可资借镜观摩之处很多。

社交方面，苏联官吏亦颇近人情，礼貌既属周到，而在情势许可之下，亦尝以助人为乐事。特别一群外交官员的集团，很难看出他们有何与众不同之处。彼等均曾周游列国，见广识多，决非不出国门，囿于见闻的顽强分子。无论为公为私，与彼等打交道时，尚不致格格不入。有如前章所述，基于种种理由，一般苏联人民均不愿与外人多所往来，言谈亦极慎重，迹近木讷。与之熟识既多困难，欲做朋友更不容易。此种社交隔离，对于双方，均极不利，情愫难通，误解迭出。

在苏联首都的交际场中，三种官员与外交团各人，接触最多。第一人当然是人民外交委员会的礼宾司司长。第二人则为人民教育委员会的文化司司长。第三人为国际文化交换局局长。文化司司长的任务为管理博物馆、戏团，及一切艺术团体。国际文化交换局局长，则对于此次梅兰芳博士赴俄表演，一切安排，曾尽最大的努力，给予我们不少方便。上述三位官员，办事均极干练，对人亦甚和蔼。

人民外交委员会的官员，当然为外交团所常见的人物。至于吾人方面，初期则与人民外交委员会，主管远东事务的副委员长加拉罕氏往来最多。同时访问三位正副外交委员，殊非易事。盖一位说英文，一位说德文，一位说法文；但终于和他们及其夫人，均相知甚深。英国籍的李维诺夫夫人，虽久居俄国，仍旧保持其英国贵妇仪态，每日花费半天功夫，教导基本英文（Basic English）。另一位委员的夫人，系执业医师，并无子女，每日在医院照料儿童，对她实属最高贵的工作。在苏联境内，每一妇女，均须为国服务。

可怕的清党（Party Purge）运动，毁灭了不少我们熟识的俄国朋友，内中竟有他们的夫人。这是在我已离开苏联之后，阅读报纸所得到的消息。使身离其境的我，略减伤感。最使外人难以了解者，莫过若干党国有名位的男女人物，一旦遭遇逮捕后，所得罪名，均难在任何国家的刑律上，可以查出。也不由公开的正式法院加以审判，而仅系发交秘密的政治法庭裁决。被告的最后运命，外间始终一无所知。

如此阴晴不定的政治气候，各国驻苏联的外交代表，对于该国的一切重要动态，莫不深切关怀，咸欲试探其究竟。是以一经充任驻苏联外交官后，在个人的职业经历中，竟成重要的一章。

是年（一九三五），两位欧洲有名的政要，对苏联的访问，曾经轰动一时。一位是英国的艾登先生，一位是法国的拉伐尔先生。〔Pierre Laval，一九四二年任维琪政府总理，一九四五年以通敌罪判处死刑。〕英法两国驻莫斯科的大使馆，当然举行盛大招待会，欢迎两位要人。苏联政府按照外交仪节，特设国宴款待，并邀请全体外交团参加。伴同拉伐尔前来莫斯科的莱格尔君（M. Leger），时系法国外交部的秘书长，过去曾任法国驻北京使馆的参赞。与我原系熟识，不免话旧谈往。此君对于我国当时一些要人的姓名，记忆殊为正确。苏联当时的外交政策，由李维诺夫主持，原则为赞助国联，拥护集体安全。访问苏联的两位贵宾，既然代表支持国联组织的两大柱石，所能得到的特殊礼遇，和隆重欢迎，自不在话下。

我先后曾对两个性质不同，而均富有意义的苏联城市，作过短期旅行。一为基辅（Kiev），一为咯尔可佛（Kharkov）。他们使我渺茫的回忆到德国的笃来施顿和莱比锡。基辅乃一富有历史的老城，足以代表地道的俄国。它的伟大道院名叫"拉弗芮"（Lavrà），现已改为博物馆。基辅本系俄国一大都市，为该区政治与国防中心，但由于地理及其他的理由，它的地位，已由咯尔可佛取而代之。惟咯尔可佛的一切，比较现代化，业已成为苏联的工业和交通重心。苏联境内的铁路快车，仅往来于各大城市，车厢清洁，备有膳车。但基辅与咯尔可佛之间，只有常班客车往来。我们此次虽获特别优待，享有卧铺权利，但设备既欠舒适，且一切恶浊，而厕所尤为污秽，简直不堪涉足。至咯尔可佛市内，街道宽阔，全用碎石柏油铺筑。房屋建筑，悉系现代化。工厂、公园，均经周密设计而后兴工，大体与美国中西部的繁荣工业城市相仿佛。我们走马看花，所得匆促的结论，即苏联的确对于劳工的福利方面，做了不少努力的工作。

　　我久居欧洲，蓄意一游巴尔干各国，借以明了当地政情。虽在日内瓦和莫斯科两处，曾与彼方知名之士，不断接触，但迄无机缘亲至其地。今夏（一九三五），子女等由美洲来欧省视，因约在巴黎相聚，一同出发，作东欧旅行。游程包括瑞士各大城，然后由维也纳至布达佩斯，转往伊斯坦堡。维也纳原系旧游之地，但已时隔二十年。至于伊斯坦堡，数年前与孟禄博士（Dr. Paul Monroe）有约，至彼必往"罗巴特学院"（Robert College）参观，借以远眺博斯善鲁斯海峡，居然践约不误。原拟由黑海经奥德萨（Odessa）回莫斯科。适值义阿战事发生，义国黑海航线停驰，因改循陆路，取道保加利亚京城苏菲亚（Sofia），及罗马尼亚京城布加勒斯特（Bucharest），以达波兰京城华沙，遄返莫斯科。既得略窥保、罗两国生活概况，而华沙则正当繁荣鼎盛之际，斯则此行无意中之额外收获也。

回到莫斯科略事休息后，接到南京训令前往日内瓦，出席国联大会，担任我国首席代表。此次大会，十分重要：缘于阿比西尼亚问题之尖锐化，英法两国将联合应付义大利。阿比西尼亚问题，实无异满洲事件之重演。惟由种族、文化、地理、商业与经济立场观察，则远不及满洲问题之严重。代表团同人回忆到过去在日内瓦的经验，因之对于此次列强，及会员各国所采取的策略，和代表们的态度，莫不特别注意，庶于国联推动此案步骤，及各方讨论的争点，不无可供吾人参考借镜之处。同时借以分析欧洲列国的外交阵线，对于国联的原则，是否热忱拥护，或竟袖手旁观。他们对于满洲，一向认为地方窵远，鞭长莫及。至于此次的义阿冲突，虽在非洲，却距欧洲较近，而且牵涉欧洲的利益很大。因此对于两个问题的看法，完全不同。同时日内瓦还有一种流行的信条，即是：弱国与弱国争执，或强国与强国争执，国联均不难平情调处，获得解决。独对弱国与强国争执，国联势将束手无策。既然如此，国联对于处理此次争端，认为比较应付"满洲事件"为容易。盖以中日两国，强弱之势，相去太远！

秘书处的重要人员，向我保证此次争端，决依国联盟约原则，公平裁处，借以恢复国联的声望与光辉。盖以英法两国，已坚定的站在一条线上，共同反对义国〔的侵略行为〕。必要时，〔两国〕且将援用盟约第十六条以资裁制。利用过去中国的经验，英国决定乞灵于盟约第十五条，随即在大会提出。过去若干中立国的代表，对于满洲问题，曾尽量发抒谠论，热烈支持国联裁制侵略。但此次许多会员国的代表，对于义阿争端，所应表示的态度，显呈疑虑。此实由于过去英法两国在国联，对于满洲事件所持的态度和政策，均使人深感失望。而此次所传的英法联合阵线，是否坚定可靠，不免令人疑信参半。

过去国联大会举行辩论时，许多会员国的代表，均欲争先发言。我国代表向例列在第十位。此次出乎意料，竟在英国代表发言之后，即轮到我。英国代表一向是第一位，我此次便是第二位。英国外交大臣报告"进攻阿比西尼亚"的问题时，态度严肃，辞句坚定，深予大会以良好印象。至于我们发表的辞旨，则指出阿比西尼亚所遭遇，无非"满洲事件"的重演，实为国联会员各国对于上次中日争执，缺乏能力与意志，不克依据盟约惩膺侵略的必然后果。希望大会此次不可再犯错误，应立即采取有效的断然处置。

事态的演进，究竟如何，要看法国政府行将发表的论调了。法国代表的演说，排在第二天上午。法国代表拉伐尔的词令冠冕堂皇，讲完之后，令人不知所云。他对于题旨，究竟主张正面，或主张反面，难于摸索。〔当时有人调侃拉伐尔，说他的法文姓氏Laval，反正全通。〕在场的代表，面面相睹，不免惊异沮丧。大家的结论是：两个大国对于现局的看法，并不相同。因此一般代表，益加疑惧，莫不小心翼翼，尽力避免介入此一严重是非之中，实以义大利乃欧洲强国，较在远东的日本，尤不可随便开罪。第二日起，义阿争端之解决，已注定将步中日交涉的后尘。国联地位，愈益低落，全世界对彼之信心，更加动摇。我实无叙述全案在国联经过的必要。惟某国外交部长对我所说的话，虽近刻薄，适足说明此案的症结所在。他说对义大利，运用一切经济性的裁制，当然无可訾议。惟产石油的会员国，则主张禁运原煤，而产原煤的国家，则主张禁运石油，似此如何是好？

拉伐尔先生在法国，时正当权，以亲义著称，当然不愿得罪他的一般好友〔包括当时希特勒的德国〕。英国若无法国诚意支持，自难对于欧洲政情复杂的各国，和南美的拉丁国家，发生号召力量。再则英国籍的德留蒙爵士已辞去国联秘书长职务，现由法国籍的阿文乐尔君（M. Avenol）继任，当然后者站在法国一边。关于他的任命，曾在一九三二年行政院几次"秘密"会议中，加以讨论，始行决定。我曾参加此项会议多次，经过情形，颇饶趣味，足以表现国际政治如何斗法。当时一位欧洲小国的代表,使用手段推翻阿文乐尔君继任的交换条件(此系秘密会议中之秘密),致几次行政院会议,不得结果而散。但他仍毫无所得。

经由柏林回到莫斯科的旅途中,我在莱茵河上法兰克福,曾小作逗留,首先参观该处的"中国学院"。在柏林时,遇见该院院长,和他的助理丁博士〔按即丁文渊〕。丁君系我国有名地质学家丁文江博士的介弟。我曾费了整个上午,巡视该院的各项建筑,并邀请管理委员会各人,在我住的旅馆内午餐,商讨他们进行的工作。该院宗旨为推动中德文化的交流,协助中国学生升学法兰克福大学,一切办法,颇似中美教育文化基金委员会所赞助的"纽约华美协进社"。

国民党元老胡汉民先生,当时正在德国曼玄木温泉(Bad Manheim)附近疗养。因特趋访两次,均在晚间。第二次尚有王宠惠博士在座。王博士正任国际法庭推事,来自海牙。胡先生虽经曼玄木的名医诊治,但病况迄无进步,显见衰颓。由于神经过弱,不能乘坐任何车辆。我因建议,可乘船循莱茵河以达荷兰,再搭海轮经由义大利返国。他回抵香港,不久便传逝世,竟不获再到南京。在最后一次相见时,他还约王博士和我一同返国,为国家尽力,在政府共事。过去,我第一次见他是在南京,正是他处境极窘之时。他独自住在一所半西式的房屋内,闭门不出,谢绝宾客。我向他作礼貌的访问时,竟承延见,殊出意料。谈论中间,我因为他述及毕士麦遇着久留不去的访客,他的夫人总是走来，说一声：服药的时间到了！客人便知趣告别。有如中国昔日官场端茶送客的习惯。话尚未了，果然胡木兰女士手捧杏仁茶一碗，送至她的尊大人面前。我不免含笑作别！

　　这一访问，使我联想到一九三二年，在德国南部窦丙根（Tubingen）的小城里，对另一位国民党的元老汪精卫氏的趋候。彼时由他的秘书们随侍，住在当地的疗养院，医治严重的痼疾。见面时，正是他服药后，必须安静仰卧之际，故彼此交谈不过数分钟。我那次系经瑞士的楚芮西而到窦丙根，正值耶诞季节，因之饱览南德风光。境内公路十分讲究，系用在美国发售市政公债所入的款项，建筑而成，该项债券，据闻迄未偿清。我们在斯杜特加特（Stuttgart）略事停留，即进入第一次大战后，德国归还法国的区域，并在斯土那斯堡（Strasbourg）的有名大教堂内巡视一周。在当地餐馆内，侍者先向我们用德语交谈，但一见法国官员，立即改用法语。市内街道，均采用法文如de la Republique, Clémenceau, poincaré之类。我们由巴舍尔（Basel）重行进入瑞士国境，经过白尔恩，回到日内瓦。

　　一九三五年，国内情势愈趋恶化。日本施用武力，竟然取得《何梅协定》，使我国在华北的权利，更多损削。我曾电呈政府抗议，指出代表政府折冲的文武官员，完全缺乏外交谈判经验，只知不断迁就让步。同时致函外交部，建议亟应争取与国，借获外援。外交当局认为争取与国，在当时不啻打草惊蛇，有害无益；换言之宁愿束手就缚，坐以待毙。

莫斯科的生活既极单调无聊，本人体力，日趋衰颓，深愧尸位，难望有所作为，可以贡献国家。在使馆度过六十岁生辰后，决意呈请退休。默念此后势难重返欧陆，自应趁此访问伦敦、巴黎，与同寅诸君会商公务，并以话别。遂于年底（一九三五），飞往巴黎，继转伦敦。适逢伦敦国际中国艺展，在白灵顿大厦开幕，因特往参观。久拟访问西班牙，迄无机缘。此次承我国驻马德里公使招待，相与盘桓两周，导游各大城镇，周览名胜，凭吊古迹。此次旅行，洽在该国大选之前，最感侥幸。过此之后，西国内战发动，一切遭受破坏，游客亦无此闲情逸致矣！

　　我由莫斯科乘火车至柏林途中，曾发生一桩特出的国际事件。虽然关系不大，确属前所罕有。在我的卧车隔壁，住有一位驻莫斯科日本使馆的青年随员，和他的国人。此人后来始知系一位新闻记者。火车抵达苏联边境时，关员数人照例登车巡视旅客行李是否全部移至车站，以备检查。（外交员的行李，照例免验，可以不必搬去。）当见彼等逗留车上，与两位日人争辩多时，始行离去。为知火车何以延不开入波兰境内车站，不免步入走廊，打听究竟。我的邻人，显见慌张，开始向我申说他的麻烦。他说关员坚执将其行李移至车站，加以检查，但他既系外交官，有权拒绝。但关员口称，按照铁路定章，旅客不便将庞大的皮箱置放卧车之内。他于是自承系"外交文件传递员"（Courier diplomatique），箱内全系重要文件，必须亲自看管。关员因请出示凭证，不幸忘记随身携带。他遂自动向我请教如何应付。我告以可即长途电话日本大使，出面交涉，倘箱中并无违禁物品，如军用地图，或秘密发明之类，一切当无问题。他对我的暗示，当然加以否认，但亦不愿说出内中所藏何物。

关员们会同车站站长随又登车，此次则系执行他们预定的"策略"。站长先向我深致歉意，声称发现列车车轮，有一损坏，只好劳驾移乘另备的卧车。同时已有机关车头将原乘列车拽至旁轨。俟我等步行登入新备车厢时，一群脚夫已将各人行李移出。内中一个魁梧精壮的脚夫，独自肩负日本随员的大皮箱，半途中故意滑跌，将皮箱猛力掼掷于积雪平地。如此者继续三次。皮箱坚实，毫无损坏。站长在旁，且申斥脚夫粗心大意。我的行李，按照规矩，直接送入我的卧车内，毫无阻碍。但等候多时，火车仍不开行，特至车站询问因由，以免耽误波兰车站的联运。站长除抱歉外，无话可说。两位日人，似经与边防守卫队长有所谈判，终于回到车上。年青的随员告我，他可以前往柏林，但不许携带皮箱。据我所知，关员们不顾抗议，竟将皮箱打开，虽未发现军用地图，或秘密武器图样之类，却搜出一位俄国少妇，原系日本随员的女书记！结果我们的火车，竟与波兰的快车脱班，而迟到柏林数小时。这位青年女书记，当然被押解回去，但从此休想再见莫斯科了！

两月以来，殊感神经衰弱，健康日趋下坡。在柏林时，经由名医诊治，并住入疗养院休息。虽断定全身器官，毫无病征，只以过分疲劳，机能受伤，兼之过去卫生环境欠佳，生活单调，思虑复杂，同时身体上发生变化（Climacterium），致有如此现象。计算离我搭船回国时间，既然尚有数周，可资将息，因遵医生指示，特往义、奥边界的茂桑乐（Merano），消遣此一段延伫辰光，希望逐渐康复。该处原系有名的疗养胜境，群峰环绕，山巅常见积雪，平地则百花齐放，尤多桃、李、苹果之属。疗养院花圃中，植有两株真正木本牡丹，花事正盛。复见陈年紫藤，爬满墙壁，蔓延层楼，成串的紫花，垂荫各室阳台，至为悦目。在国内藤花和以蜜糖，以作饼馅，其味甘芳。

茂桑乐环境虽美，惟山中空气，对我不宜，居住彼间，神经益感衰弱。虽略事走动，借资舒散，亦难超过数分钟。上坡下坡，全身尤觉吃力。同时复罹失眠症候。虽服用特效药剂，及施行温泉沐浴等，痛苦如故。在我上船返国之前，特请在柏林时所延医生，专程来此作最后检查。彼认为一俟抵达星加坡，病情可望免除一半，回到上海，与家人团聚后，便可健康整个恢复。遂由个人随从医师、秘书，及舍侄等相伴，同登德国"香荷斯特号"邮船，直航远东。海程颇为顺利，结果证实柏林医生预言无误。到上海时，仍以身体过于衰弱，无法前往南京向当局述职，乃遄返天津家中调摄。家居数月之后，健康始逐渐恢复，而过去精神上，与身体上所感受的痛苦和烦恼，实有难以言状者。俟有机会，亟愿将个人与病魔奋斗经过，为同病者一述。

第十五章　救死扶伤
（一九三六——一九三八）

　　由莫斯科回国，以迄七七事变，将近年余，我均蛰居天津。当时宋哲元将军任河北省政府主席，其部属张自忠将军，则任天津市长。二人向隶冯玉祥将军部下。我在平津的社交集会中，常与彼等见面。有时他们因和日本人交涉，常到舍间征求意见，以资应付。他们对外交涉，固然缺乏经验，但也很少接到上级的指示。在此紧要关头，很可证明国都南迁，实铸大错。否则如此严重的外交问题，决不可能轮到材识平常的地方官吏，负责折冲。"九一八"前，东北即因无大员坐镇，致问题突发，竟无适当人物，主持交涉。

　　一九三六年的夏天，我在青岛消夏，借资调摄。在天津时，除担任几家商业组织的董事外，并被选任天津自来水公司董事长。该公司股东多系国人，但过去系按照英国公司法，在香港注册。现则改向南京国民政府〔实业部〕登记，成为纯粹的中国公司。董事会董事，除大多数由国人担任外，尚有英、法、丹麦国籍人士。彼此合作，业务顺利发达。逐年有盈余，股票市价亦趋上涨。改组后，公司与地方当局和用户的公共关系，均多改进。我因一向参加国内文教，及慈善事业的活动，各种理事会，或董事会在北平开会时，均须亲往出席，故虽退休，仍感忙碌。

一九三七年夏天，我与家人仍赴青岛消夏。惟到后不久，即发生"卢沟桥事变"。过去日军军事行动，均在长城之外。此次竟在平津区域发动，实已演成全国性的战争，而不能目为地方事件。据报纸所载，双方最初，尚从事谈判，谋取和平。但日方实无诚意，不过延宕时间，以便大举进犯。宋将军的部队，虽极尽忍辱持重之能事，然不过鼓励日军之再接再厉而已。迨至七月底，日方竟向宋将军递送最后通牒，限于四十八小时内，退出北平区域。宋军虽曾英勇抵抗，但在日方飞机、大炮、坦克等优越武器进攻之下，遭受惨重损失，终于退却。

同时天津南开大学，和其木斋图书馆被炸毁的噩耗传来，令人深为痛心。木斋图书馆系天津卢木斋〔靖〕先生捐款修建，除卢氏所赠藏书外，收存的中国书籍甚多，不失为国内完备图书馆之一。在我离开天津赴青岛之前，曾将个人收藏的英文书籍，和杂志多种，赠给该馆。此次当然同遭焚毁。据闻该馆所藏中文珍本，幸均事前携出。日军对于南开学生，因一向抗日，早有宿恨。此殆由于校长张伯苓博士平日以热爱祖国，教导诸生，因此开罪对方。实则他的教育宗旨，一向注重中日人民，应本互利互助之平等原则，彼此亲善，共谋发展。

我回国之后，由于健康关系，未克亲赴南京，谒见当道。对于中外情势，不免隔阂。所得有关消息，全由读阅报纸。年来国内最严重的事件，莫过于蒋委员长在西安之被劫持。嗣则政府在庐山召集国内贤豪，商讨对日问题。最后由蒋委员长宣布卢沟桥事变，中国已到最后关头。有进无退的抗日战争，于是开始。过去我国忍辱负重，一方在争取时间，作军事与经济上种种准备，一方期待日本自行觉悟，悬崖勒马，一切和平解决，实现真正的共存共荣。

北平战事消息传至青岛后，人心顿起恐慌，咸思出走。轮船火车的客运业务，因之发生空前骚动。不独无从购买客票，实亦无法搭船登车。车站附近，行李山积，交通为之阻塞。轮船码头，混乱情形，亦复相同。七月底，一般朋友，多已纷纷避往南京或上海。一位富豪，竟特包飞机一架，运送眷属。沈鸿烈市长曾迭次催促我们早日离开青岛，盖彼认为将无法保护我们的安全。事前我已应允于八月八日在青岛扶轮社，与美国大学俱乐部的联席集会中，发表演说。既然不愿临时爽约，同时认为一俟大批逃难的人出发后，应不难设法脱离青岛，可能比较从容。回返天津家中，固属不智，亦不可能。因于八月九日，由青岛乘火车至济南转往南京。不出所料，胶济铁路火车上，并不拥挤，沿途亦未发生障碍。

我们到达济南时，津浦铁路南下的快车，已在车站等候；由济南北上的火车，已不通行。南驰途中，遇见往北的军车不少，因此时停时开，到达南京甚晚，抵上海北火车站更迟。我们到上海的第二天〔八月十三日〕，淞沪战事发动，北火车站已无法进出。

身经目击战事进行，此实生平第一次。上次世界大战时，我们居住柏林数年，始终未曾听到一次枪声，更未见过一只敌方飞机。我在前章，已经述及。国内军阀们在北京近郊的格斗，为期均甚短，未尝对于地方，有何破坏。当他们由长辛店，或丰台沿京汉铁路快到北京城门时，深更半夜，躺在床上，可以听到连续不断的机关枪声，和时有时无的大炮声而已。此次战事，既在上海虹口、闸北一带进行，迫近我们的住宅。虽然双方军队未曾越过北苏州河，进入公共租界或法租界（此时我们家住法租界），但在家中，可以听到黄浦江上的高射炮声，由窗户看出去，可以见到照明弹在天空发光。双方飞机飞越租界上空，并曾落弹两次，死伤市民不少。至于被流弹，和碎片误伤的租界居民，更难统计。某次我走回法租界西边，我们的住宅时，忽然听到剧烈的爆炸声，连续两次，来自附近。事后查明系敌机投弹不准，落在租界空地，幸无死伤，仅将电线震断，致电灯电话一时停止作用。

好几次，我们在国际饭店〔上海静安寺路，跑马厅对过〕的"天台"上，亲眼望见由敌舰起飞的飞机，轰炸闸北市区，和

"北火车站"。后来敌人使用燃烧弹，焚毁南市居民住宅。据我个人历次在"天台"上所见此类燃烧弹的投掷，竟有十四次之多。敌方每日总有三架，六架，或更多架的飞机，飞越天空，前往各处投弹，往往不出十分，或一刻钟之后，即可听到爆炸之声，如雷震耳。惟一般市民，司空见惯，毫不惊慌，每日照营生理。不久国军向苏州，及南市方面撤移，敌军即向南市，和沪西华界推进，于是战火距离我们的住宅，更为迫近。常因敌机投弹，或大炮发射，使得全屋为之震撼。每晨我在小园内体操时，常常"听""见"带有清晰啸声的枪炮子弹，由头上飞向南市而去。

由于国军对于敌方陆海军，与其虹口坚实的司令部，顽强抵抗和进攻，致双方死亡，备极惨重。我国军队，对于卫生医疗的组织，与置备，向来落后，未尝重视。国民政府对此，虽曾力图改进，但终鲜功效。经过此次惨痛考验，弱点毕露。情势既然如此，上海区内的医生，和一般医院，对于救死扶伤，义不容辞。因此集体动员，为国服务。利用"上海全国红十字会"原有的简单机构，由中外医师合作，组织若干临时救急医院，分布租界区内，收纳前方受伤国军士兵。经与军方主管接洽妥帖，所有轻伤兵士，即用大车运至后方，予以即时疗治。至于重伤或需要施行手术之兵士，则移运至医院，予以适当诊疗。新近完成的"中山医院"（位于上海华界与法租界毗联之枫林桥），遂成为此项救急医疗工作之中心。在此项救护工作，尚未组织就绪之前，该院门前露天空地，放置受伤士兵，何止千百，状至惨酷。嗣后每日运到伤兵，最多时，竟在五千名以上。虽有勇气十足的一群自愿医师，不分昼夜，努力工作，然苦于有限的设备，对于伤患者，竟至无法尽数安插！

平心而论，国家岁费巨款，设立卫生，及军医专管机构，将近十年，时间不为不久，所积经验，势必甚丰，而结果令人如此失望！此次抗日战争，对于"人力"方面，不必要的损失，与无谓的牺牲，竟如此浩大而惨重，"典守者"，实难卸责。成千上万的负伤兵士，倘能施行应时的救急疗治，为国家不知将保存若干经验丰富的英勇战士。然而由于毫无野战病院之组织，药剂设备等又极简陋残缺，竟将可以救治的兵员，弃之战场，委之沟壑，任其流血死亡，或终身残废。上海区内的临时救急医院，技术上，虽无可疵议，终属因陋就简，然较之一般所谓司令部后方医院，对于伤兵的照料，实有天堂地狱之别。盖后者，不独谈不到医疗设备，乃至极简单的服务亦等于零。〔所谓极简单的服务，就是送茶递水之类。〕吾人于此，势不得不对于激于爱国热忱，自告奋勇的一般上海医师和护士们，致崇高的敬佩与感激。至于上千的慰问队和服务队，其中尤多女性，不独对于物质上、服务上，贡献宏多，对于伤患兵士的情绪，更发生难以估计的激扬勖励之功效。

不久，吾人深感此项救济工作，必须利用国际组织的力量，继续推动，庶几得道多助。而在财力、人力、政治和道义各方面，亦可取精用宏，提高工作效能。当时上海租界当局，对于救治伤兵工作，颇多顾忌，诚恐开罪日方，竟有加以限制的趋势。例如对于红十字会每日收容伤兵数目，公然不许超过五千名，此外复规定种种无聊手续，以资牵制。为对付此种情势，和解除各方成见，必须发动国际同情与合作。

不特此也，由于敌人进攻，虹口闸北，无家可归的逃难民众，竟然超过二十万人，徘徊于公共租界，与法租界之内。彼等衣食无着，呼救无门。深秋将过，寒冬瞬来，情况益趋严重。食住两项，尤为救济工作中，最感迫切而严重之问题。租界工部局方面，毫无办法。我国各慈善团体，又早已财尽力竭，难期有大规模的作为。似此非联合中外，群策群力，成立一规模宏大，组织严密的救济机构，殆难应付此一非常事态。医治伤兵，赈济难民，既属当前急待处理的两大工作，因即根据中国红十字会章程，成立一国际委员会，以资策划推动。除必须维持国际社会性之外，同时为兼顾当地法律关系，委员人选中，特加入租界当局，俾力量广布，减少阻碍，便利进行。风声所播，此一组织，在短期中，竟在国内各地，树立楷模，仿效成立，对于服务兵民，贡献甚多。

国际委员会主席由我承乏，副主席三人，由英、美、法国籍人士，分别担任。另由一位美籍人士担任总干事。此人向在华洋义赈会工作，素著成绩。适其本人，及所属干部，彼时正无工作，因由国际委员会全部借调，担任管理。结果根据计划，完成使命，各方满意。同时成立各种小组委员会，分别主持医药、赈济等工作。难民收容所，或建置，或租赁，先后成立不少。粮食、衣服、药剂，或价购，或募集，亦均储有成数，足供一时之需。卫生人员按期巡视、指导，维持公共康健。总之对于上万的伤兵，上二十万的难民，所需的物资，所需的服务，尚能尽量供应，尽量照料。

虽然为数以千计的男女服务人员，纯尽义务，不支分厘薪金，而各种什物的购备，仍需大量现金。因与两位同人，造访财政当局，说明工作性质，和所需现款数目，请求政府拨款，为民间示范，以便进行募捐。当承慨予拨给新近发行之救国公债券法币一百万元，以资提倡。吾人因之不仅在国内进行筹募，并向海外各地努力劝捐。美国红十字会上海分会，英国伦敦市长基金委员会，均经慷慨解囊，助以巨款。国际委员会总共募得美金三百五十万元，足敷救济四万伤兵，和二十万难民，十二个月的开支（每人计月需国币三元）。不久之后，国际委员会工作，告一段落，随将未了事项，移交与租界工部局关系密切之"华人纳税会"接管，并将出力之外籍人员，开单呈请政府颁给奖章，以示酬劳。

第十六章　四度游美
（一九三九）

一九三一年，适为太平洋学会（The Institute of Pacific Relations）三年一度的会期，开会地点择在杭州，我被邀担任大会主席。对于不明该会性质的读者，不妨一述其梗概。顾名思义，该会系一种国际性的学术组织，以研究太平洋上各民族的相互关系为宗旨。会员计有十一个民族团体，不带政治彩色，不含政党气味，与官方无涉。该会费用，由理事会理事，运用个人或团体名义，分别向外劝募。设秘书处于美国纽约市，主持全会行政。〔一九一四年，美国地质学者戴卫斯（William Morris Davis，1850—1934）有联合沿太平洋的各国学者，组织学会之倡议。一九一六年，成立"太平洋调查委员会"，寻复组织成"太平洋研究会"（通称太平洋学会）。一九二〇年，召集新西兰、澳洲、爪哇、中国、日本、加拿大、夏威夷、菲律滨，及美国代表，于檀香山，举行第一次会议。嗣后每三年举行大会一次（Triennial Conference），地点每次不同，以理事会为永久中心。第二次大战期间，该会遂由左倾分子操纵。〕

九一八事变后，我被任为驻美公使，我的主席任务，遂由胡适教授接替。由于时局变化，年会改在上海举行。一九三九年，该会决定在加拿大，维多利亚城举行年会，特由秘书长卡尔特君（Edward Carter）亲来上海与重庆，接洽中国代表出席手续。当时我退居上海，适领导的万国红十字会救济工作，正告结束。中国代表团团长名义，遂又由我担负。此种富有意义的国际活动，我自亦乐于协助。

缘于种种理由，我决定取道欧洲，前往美国。因先到香港与我国代表团同人见面，商讨参加会议应行准备的事项。出席各人虽不代表政府，但开会时的言论，和公布的文件，既然涉及太平洋范围内各种问题，势将对于我国官方，及学术界，发生相当影响。自不能不敬慎从事。每一会员国得派代表十人；惟以旅费过巨，我国决定减为五人，或六人，其余人数，拟由旅美的国人中，就近邀约参加。

与我同行之人，除秘书〔魏赓生〕一员外，尚有赴美升学的次女〔栅生〕和外甥女〔舒丽安〕。经过星加坡及槟榔屿，均曾登岸游览。在星加坡，获晤前厦门大学校长林文庆博士。早在光绪三十二年（一九〇六）于北京，已与彼相识。肃亲王善耆任民政部尚书时，曾聘他充任顾问。他在南洋群岛，为当地侨胞待遇问题，争回不少权益，颇负能名。他虽专攻医学，但对政治，极感兴趣。英文造诣亦深，所撰有关"中国"，及"变法"论文甚多，实开风气之先。厦门大学原系星加坡橡胶业侨商陈嘉庚出资创办。林氏担任校长数年，嗣以中日战争，退隐南洋老家。他虽年逾七旬，精神健旺，头脑清楚，对于世界大势，认识正确。船停时间，既然长久，特往吉隆坡一游，参观当地回王（Sultan）宫殿，附近有华式戏台一座，殊属别致。

离开槟榔屿后，我们在船上已意识到欧洲战事，瞬将光临。时系八月底，船长为防万一起见，航行公海中尽量纡回推进，避走直线。入夜复施行灯火管制。当时有人谣传：德国特快商轮"格利孙洛号"，不难立时装置武器，袭击商船，可能已在尾随中。后来证实此说，毫无根据。又传我们所乘之船，将不经苏彝士运河，而绕道好望角。迨船抵哥伦波，旅客照常上岸游览，并无异状。直至九月一日，船到孟买，旅客始确知将经过南非以达英国。情形如此，我们惟有暂留孟买，静待发展。是否赴美，或因会期推延，转回香港，均难立决。该船在孟买停泊时，确曾准备充分食物、饮水、燃料，以便长期航行。留住孟买期间，多承我国干练的副领事，照料一切，颇感舒适。九月三日，我们读到欧洲战事爆发的新闻，眼见同住一旅馆的几个德国商人，经由当地官方押解入集中营拘管，惟妇女仍留住旅馆。

战事对我们最厉害的第一桩打击，便是由香港开出的英镑信用证，价值大贬。驻孟买的纽约花旗银行，拥挤了不少袱教徒的波斯人（Parsee）和当地印度人，争先恐后的开立美金存款帐户。每一英镑，原来可兑美金四元八角九分，现在仅可换到美金三元八角五分，相差何止百分之二十！

在孟买，接到卡尔特君电告：太平洋学会年会如期举行，惟地点改在美国"维金尼亚海滨"（Virginia Beach），并嘱继续前往；复称此次会务，因欧战发生，远较过去为重要，出席代表，多多益善。同时建议应趁留印机会，访问当地领袖人物，尤以尼赫鲁君新由中国战时首都观光回来，必有不少新的见解。

我们在孟买停留的时间，超出意计之外，竟达三周之久。因乘暇周游孟买附近，对于印度，增加许多见识。孟买市区，相当欧化。由《印度年鉴》上，得到不少官方统计数字；由印度人用英文撰著的《佛教手册》，也约略知道一些佛教在印度的地位；读了尼赫鲁所著的《世界史一瞥》（*Glimpses of World History*）后，对于他本人的思想内涵，和他的世界观念，不难窥见一斑。《世界史一瞥》是他在监狱里写给女儿一连串的家训。撰写时，手边并无参考书籍，全凭记忆。英文辞藻，亦殊雅驯瑰丽。我读该书时，对于涉及中国历史的各章，特加注意，叙事均极畅晓正确。我很欣幸，竟获访问几个留居印度的，著名祆教世家。〔古时由波斯移居印度的祆教信徒（Zoroastrians）。〕在晤谈中，领教了不少他们对于印度内政，和外交的看法。尽管他们的势力范围窄狭，但颇能发生相当影响。在银幕上，见着不少印度的明星，也约略知道一些他们的社交生活，和传奇故事。参观普拉城（Poona）的赛马后，始能理解印度富豪和贵族何以有饲养马匹的嗜好，而艾格汗（Aga Khan）之流，且在英国赛马界获享盛名。他们此种后天癖好，无非逃避现实，力求摆脱政治上的责任而已。

我由驻孟买的副领事伴往华尔德哈（Wardha），访问尼赫鲁君时，正值他和甘地先生，及其国会党（Congress Party）的干部，举行会议，讨论印度对于欧洲战事，应取的态度。此行费时一夜，始到目的地。当承尼赫鲁君热忱欢迎，畅谈竟日；关于他访问重庆的种种经过，尤多追忆。他携回不少纪念品，包括我国政要的墨迹和照片。他对于苏联最近的一切发展，显感兴趣。我们所谈到的各种问题，他全十分坦率的，发表了不少个人的意见。他的生活简单而民主。他由预备学校，以至大学的教育，全在英国完成，英国给予他的印象，极为深刻。尽管进出监狱多次，但他对于惩罚他的权威，〔个人方面〕，未尝表示些微怨望。凡此适足证明他的人格伟大，心地磊落。这在其他民族里，确是不易见到的。我们享受了一顿纯粹的印度午餐。会餐时，遇见诗人奈都夫人（Mrs. Naidu），白得尔君（Patel），布芮沙君（Prasad），和一位回教朋友。除后者备有坐椅外，余人均蹲在阳台地板上，用手向铜盘内取食所盛的咖喱，及各种香料混合的炒饭。国会党的领袖们，花费了一整天，起草他们的决议，直到下午八时半始行散去。甘地先生竟日忙于开会，晚间又值当地民政长招宴我和尼赫鲁，致与他〔甘地〕除寒暄外，谈话的机会不多。他的外表并不如一般照片上显示的瘦弱。但他所戴的眼镜，和所披的外衣，则与照片无别。他的相貌，与我在北京所见的诗人太戈尔，大不相同。

邻省的一位民政长，亦系国会党员，特约我参观他的首府，因同乘汽车出发。沿途景色，相当美丽，令人回忆到由上海至苏州的风景。在他的官邸里，介绍我与他的寅僚相见后，遂引导我游览城内各地，并参观有名的大达公司（Tata Company）〔印度大规模的钢铁厂〕。由于英人的俱乐部，不许印度人入内，他们现自建一所崇闳壮丽的社交中心，规定只准印度人进出。曾询以入城时所见庞大建筑，究作何用。他称深悉内容，曾在其中居住两年之久。盖一监狱也。因戏谓当一本过去经验，加以改良，以备再次住入时，比较舒服！随被邀向大学学生演讲，听众不下千人。因强调过去中印历史上的交往友谊，应当继续发扬光大，互利互助。

回到孟买的火车途中，遇见著名律师狄赛（Desai），也是国会党员。交谈时，他对于英国的文物制度，如数家珍，十分了解。后来我还认识一位精神充沛的青年国会党员，颇富鼓荡能力，极为英国当局所注意。他对于尼赫鲁访华，深致羡慕，对于我国抗日战争，极表同情，希望获得机会，为我国服务。

印度一般舆论，过去对于苏联的内政和外交政策，推崇备至。惟自苏联进攻波兰与芬兰之后，报纸谴责苏联的言论，十分严厉。认为过去苏联指斥最力，反对最烈的侵略行为，今日则躬行实践，而且变本加厉。

我们一行，恰好赶上环游世界的"哈芮孙总统号"邮船，经过孟买开往欧洲，转回美国。因系中立国船舶，可以经由苏彝士运河驰入地中海。船上有不少美国朋友，旅程因之不感寂寞。转瞬之间，已到埃及，不免登岸游览开罗，亚历山大各埠。我并趋访英国驻埃及大使〔蓝普孙〕话旧，探听有关我国最近抗战消息。他过去曾任驻北京公使，对我国一切，相当清楚。新近发生日军在天津英租界边境，裸剥英国男女衣服的事故，颇使英国在东方的体面，愈趋愈下。

船抵意大利那卜尔（Naples）时，遇见我国驻罗马大使馆的职员，因导往意国首都观光。在罗马游览时，导游的意大利人对于正在进行的战事，并不关心，且迹近抱怨的说道，一个月来，这还是第一次上门来的生意。当时我国驻罗马大使馆的代办，系已故徐树铮将军的哲嗣〔徐道邻〕。徐将军，人称"小徐"，乃段祺瑞将军的心腹。民国八年（一九一九），曾任西北筹边使，取消蒙古的自治。他游历欧洲各国时，备受优待。返国后，由北京赴天津途中，在廊房火车站，被守军截留枪杀。盖仇家怀疑他将赴南方运动军队，拥护他的老上司段将军。当时段氏身任执政，已成强弩之末。徐氏离开北京的前一日，尚来向我话别，谈他游欧的经过。不料第二天下午，北京报纸即传布他的不幸消息！

到吉洛阿(Genoa)赶上原船，继续航程以达马赛。我本拟由马赛到巴黎作一短暂的停留，以便与我国驻法大使商谈一切。迨抵马赛后，正遇上法国铁道军运繁忙。平时乘火车，一夜可到巴黎，现则至少需时三四日。只好放弃原定计划。邮船舶马赛港口时，发生一件小事，致开船时间，延迟数小时。此则由于一位自印度上船的美国旅客，携有奥国籍的年轻保姆一名，沿途照料他的子女。她原持奥国护照，在印度时，德国领事劝她改用德国护照。在离开印度时，即已引起不少麻烦。幸由她的雇主转圜，始获放行。现在法国官方对她的护照，毫不通融，竟将彼押解往集中营拘禁。这对于她所看护的美国儿女，当然很惨。

船经意大利港口时，据告有一、二水手，谤訾意国首相，被警察得知，竟予逮捕。船抵直布罗陀海峡时，英国海军军官登船验看各种文件，忽由绳梯失足落水。幸身着救生带，仅将衣履渗湿而已。验看工作，经过一小时半，方告竣事，旅客多在睡梦之中。过此即直放纽约，中间已不再靠海岸。由马赛上船的旅客不少，均系撤退回国的美侨。舱位因之顿形拥挤，旅客并须分批进膳。该轮航行相当迟缓，抵埠时，所存食物与淡水，已至最低限度。如再耽搁一二日，势将实行配给矣。

我们到纽约时，世界博览会只有两日，即将闭幕，因特赶往参观。我国正值抗战，既未建筑专馆，公私方面亦未参加展览。承主管员优待，特许我们立即进入通用汽车公司主办的

"未来世界"（Futurama），参观将来（一九六〇）的汽车公路活动情形。运用机械和电光的技巧，将所有背景与动作，缩小尺寸，表现于流动的银幕上，毕真毕肖，令人一如置身其中。惜时间有限，对于各国的陈列馆，和其他部门的内容，只能走马看花，窥其大略。

到华盛顿后，趋访我国驻美大使〔王正廷〕商讨出席太平洋学会的一切细节。他过去对于该会大会的政策，开会的程序，知之甚详。同时我得机会晋谒罗斯福总统于白宫，尤感荣幸。谈话时，他说：母家的一位先人，青年时，曾乘旧式的快船（Clipper）到广东经商，到后特先拜访当地十三行的领袖，名唤"浩官"的（Howqua）。辞别时，随将拟就的一张契约，请主人当场签押。主人怫然变色，避入内室，拒不见面。年轻的美国商人，莫明其故，回到下处，将经过报告"老板"。"老板"不免责其鲁莽失态，并告以向中国人作礼貌的拜访时，不可遽谈生意。年轻的美国商人，迅即赶到"浩官"家中谢罪，恕其粗率。从此两人变为至交。两家友谊经百余年而不衰。直到一九三八年，他的姨母，德那乐女士（Miss Delano）居住巴黎，尚收到"浩官"的后人，每年馈赠的年仪，茶叶两箱。当罗斯福总统提出"浩官"的名称时，我虽然曾在某书上见过，但一时想不出中文为何。后来回到香港，略作一些考证，查出当时广州十三行中，有一"怡和号"（I-ho-Company），东家姓伍（与伍廷芳先生之伍相同），伍氏原籍福建，有名"秉鉴"（Ping-Chien）者，乳名"一浩"（Ya-hao），同业均以"一浩"相呼。我国商人，常喜纳资捐官，人遂尊称为"某官"，"某官"。福建方言，读"官"作Qua，因此伍一浩，变为"浩官"。此外西人书中，关于广州十三行的领袖华商，常有Khiqua or Coiqua, Puauhequa, Seunqua, Wayqua等名称，其中文姓名，一时难以考订。〔据林崇墉所撰《林则徐传》，"浩官"为伍绍荣，尚有"茂官"为卢继光，启官为潘绍光，均系广州十三行行商领袖，一向代英人贩卖鸦片，外纳洋商，内结官府。又据《中国人名大辞典》，刊印《粤雅堂丛书》八十种之伍崇曜，字紫垣，广东南海人，举人出身，父秉鉴，为粤中十三行最后办行者。但《清朝野史大观》则称伍敦元为怡和号之财东，乃伍崇曜（一作耀）之父。惟早在清道光元年（一八二一），两广总督阮元，曾有请将通同徇隐，走私鸦片之行商伍敦元摘去所得议叙三品顶戴，以戒其余的章奏。是伍氏贩卖鸦片致富，保举得官，早经混入官场，跻身搢绅，被称为官，原有所本。至伍绍荣、伍秉鉴、伍敦元是否一人，"浩官"之称，是否即伍怡和的"和"字转音，尚待考订。又普通人家仆人亦常称主人子侄，为"某官""某官"。例如《孽海花》第二十一回，"哪，那不是我们珠官儿陪着吗？"，是即门公称呼龚家的侄孙少爷（按即翁之润）。又中国戏子，亦尝有以官字入名者，如《红楼梦》中之"芳官"、"龄官"，而蒋玉函则称"琪官"。〕

由我国大使介绍，我曾会见国务院里不少高级官员，其中有一些原系旧识。在陆军部与参谋部，也遇着许多老友，不是昔日的同学，便是曾在北京美国使馆任过职务的。华府外交团内，也有不少人物，在别的都会里业经见过。十一月七日，苏联驻美大使馆照例举行国庆招待会，我出席时，感觉美苏之间，颇有隔阂，到会的美国达官，为数寥寥。当时苏联军队正向芬兰进攻。

在美国遇见朋友谈话的题旨，当然不出中日战争。自从一九三七年开始，我即注意听取他们的外交官，和军人的纷歧论调。后者总认为我国在六个月内，势将崩溃。此次一位有地位的政府大员，竟然向我说：中国此次抗日战争，业已赢得胜利。我只好谦逊的说道：直至今日，我们并不曾战败呀！总之我所得到的一般印象，乃是我们当时已取得美方的整个同情。至于物质的援助，假以时日，不难获致。施诸日方的压力，开始时，当不外进出口货物的禁运与封锁。至于政府的一切措置，免不了受到舆论与国会立法程序的牵制，进度相当迟缓。这是民主国家无法避免的现象。

在维金尼亚海滨开会之前，我接到蒋委员长由重庆来电，要我担任外交部长，因为国民党行将召集大会，对于政府人事，将有一番调整和安排。此事殊出意料，而我对于政府最近的决策，又一无所知，虽荷推毂，实难拜命，惟有恳辞，且太平洋学会开会在迩，不容分身。此事不久遂亦忘怀，未加研究。嗣据各方推测，彼时我国外交工作，缺乏机动，不够活跃，当局或拟趁党部大会，加强组织，一新视听。同时我国正谋争取美方援助，可能因我访美之便，肩负外长名义，进行折冲，较有力量。其实此项任务，责成驻美大使执行，最为合理。当时中美友好中，不少人认为我将接替现任大使的职务。为远嫌起见，我不得不尽量避免往来华府。浮沉政海，历尽沧桑，政治生活，早感厌倦，决意退休，已非一日，何致垂暮之年，不知进退，再作冯妇！

　　由洛尔福克（Norfolk）到维金尼亚海滨，车程不需半小时，惟我们系由华府乘船直放，到海滨后，居停于当地的华贵"骑士旅馆"。时届隆冬，除往佛洛芮达州避寒的少数旅客，半道停住外，整个旅馆，几于全被学会占用。日本代表很显著的全体缺席。所见的惟一日人，乃系秘书处仅有的一位日籍职员。因此有人认为在远东与世界立场，此次大会，毋宁停止举行。由于欧战的发动，英、法、意三国应派的观察代表，亦未出席。苏联和欧洲各小国亦无代表参加。是以会员国仅由美国、加拿大、澳洲、新西兰、菲律滨和我国各派代表而已。美国代表人数最多。此类"非官方"的国际集会，我还是初次参预。至于会议进行的顺利，办事精神之认真，工作人员之干练，研究人员之诚恳，研究成绩之富于学术性，在在令人满意，印象深刻。出席代表人数既多，为使参加圆桌会议之每人，均获发言机会，主席遂不得不严格控制开会秩序与时间，使讨论准时结束，议程毫无遗漏。

由于日本代表团的缺席，我国代表讨论有关中日问题，和答复各国代表询问时，道义上，不得不极力克制意气，表现风度。一切惟就我国立场发言，避免指摘缺席的对方。由于我国抗战的理由健全正大，早为世人所公认，我们亦惟有据实敷陈，无须锦上添花（Add flowers to a piece of gorgeous brocade）。我国代表各人，言词含蓄蕴藉，态度平易谅直，听众颇受感动，赢得多数支持。若谓日方意见，无人代表，未免错误。实则若干中立人士，对于日本一切，研究有素，固尝基于日人立场，代为发言，代为答辩。他们可能不尽完全同意日方一切行为，但至少提供第三者的意见，以备检讨。

　　有关一九三九年太平洋各种问题，会议记录上，记载相当完备。在附录上，读者并可看到中国代表团参加讨论的纲要。圆桌会议议题提要所注明的各项问题，讨论时，如各人能纯就题旨发表意见，引申答案，不蔓不枝，则听众司以集中注意力，参加讨论，不致茫无要领，不知所云。同时出席的专家，亦嫌太多，往往陈义高远，过于理论，失之专门，且不免坚执教条，入主出奴，门户之见甚深。对于现实的无情外交谈判，或尖锐的国际冲突，缺乏启示，避而不谈。终于问题太多，莫衷一是，歧路亡羊，无所适从，往往见树，而不见林。结果博而寡要，劳而无功。虽然，"功不唐捐"，该会所积渐有关太平洋问题的各种资料，及其研究所得的解决方案，既均富有价值，足资考镜。则各国政治家，外交家正可因参加该会的讨论，对于将来的实际工作，可以获致不少启示，更可应用专家积年研究的结果，以作施政或交涉的根据。

大会收场后，太平洋学会最重要的会务，为选举主席。原任主席已恳切表示企望退休，惟经某一会员国的代表反对，此一问题遂被搁置。原任主席势将继续负责，但候选人，仍由其他代表提出。

一九三七至一九三八年间，我在上海时，曾被邀参加"国际关系学会"（The Institute of International Relations）。该会宗旨与太平洋学会大致相同，惟内部组织比较健全，且富活力。抗战发动后，会员分散，但秘书处仍留上海，所发行之《中国季刊》，则按时出版，对于会员之间，联络亦甚出力。该会大多数会员又均属于太平洋学会，故当时即有人动议将此两个组织合并为一。庶几力量集中，作用提高，且可节省人力物力，用意至善。只以战事倥偬，未遑推动。

此次系我第四度访美，见到参众两院议员不少，并获与参议院领袖波拉君（Mr. Borah），畅谈一切，不幸他旋即逝世。当时他深恐美国当道将美国卷入欧战，对于鼓动参加欧洲战局的舆论，尤不胜其忧虑。至于已故的参议院外交委员会主席毕德门君（Mr. Pittman），于公于私，均尝尽力支持我国。他在委员会中，颇具力量。曾经接触过的国会议员，对于我国，咸表同情，不过有深浅之别而已。实则一般态度，均集中视线于当局之举措，同时密切注意其本人所代表的区内民意。

在费城对"外交政策学会"（The Foreign Policy Association）
发表演说时，曾提到美苏之间，有增进谅解之必要。向纽约
"外交讨论会"（The Council of Foreign Relations）会员谈
话时，曾详述我国抗日战争的经过。该会对于美国外交政策之
形成，颇具影响。无论在任何集会中，我总警醒美国友人，将
来国际的领袖地位和责任，不论情愿与否，美国实无法逃避。
亟应趁早准备，以免一旦"黄袍加身"（The Yellow Robe,
insignia of leadership, would be thrust upon them）不知所
措。国际间，曲突徙薪的忠告，往往难入对方之耳，及至事到
紧急关头，又嫌言之过晚，失其效用。在我访美的一年中，美
国人民面对当前两个战争的态度，可谓前后异趣。他们的转
变，不是说他们对于世界局势，忽然明白了解，而是说他们过
去认为远东的战火，距离尚远，一时还烧不着他们。至于欧洲
的战火，离他们很近，业已感到有燃眉的危险。现在已不能淡
然漠然，隔岸观火了。

强大的苏联军队，进攻弱小的芬兰时，曾予美国人民以
剧烈的激刺，引起他们的反感，而寄与芬兰以深切的同情。恰
巧我被一位有名的女士，邀往她的华贵住宅中聚餐，同席的多
系与中国有好感的人士。女主人提议"上鱼"之后，可以随意
谈论一切问题。当晚的谈话中心，自然不出世界大势。很少人
对于当时纽约报纸张大进攻芬兰的新闻，表示奇异。在政治
观点，人人知道第一次大战告终，芬兰乃清偿美债惟一的国

家，最顾信义。其他欧洲大国，莫不腼颜赖债，不重然诺。但如以苏联进攻芬兰，与日本侵略中国的事实，两相比较，轻重之间，显有极大分别。岂特后者涉及的土地，损失的物资，伤害的人命，不可同日而语，即对于国际正义公道所发生的恶劣影响，又何止超过十倍百倍。然而报纸上关于大规模中日战况的报导，不过轻描淡写，挂一漏万。对于芬兰的渺小战事，则不厌其详，长篇累牍，连续刊载。轻重倒置，缺乏计较，莫斯为甚。因请坐客为我解释，何以有如此现象。他们竟坦白的说：在普通美国人的心目中，一个芬兰人的价值，胜过十个中国人呀！其实一般国民所表露的同情，和报人所揭发的论调，实亦难以淹没官方的〔对外〕援助，更不可能与官方的策略完全符合。负有谋国责任的人，固然不可轻估友邦舆论的价值，同时对于友邦人民火热般的同情，亦须详慎秤量，不可自我陶醉，以致终于失望。

在另一次大规模的宴会时，居然看见大批私家收藏的康熙窑和乾隆窑磁器，且多属大件珍品，诸如立地磁瓶，巨型磁瓮之类。即在有名的博物馆，亦难见到。尚有一室，满陈明代漆器与地毯，均极名贵。至于墙壁上所悬油画，屋顶上装置小型探照灯，灯光映照，增加图画色泽不少，尤为悦目，尚系初见。

此外我曾参加纽约的"上海聚餐会"（The Shanghai Tiffin Club in New York），并即席发表演说。该会会员，悉系曾经旅居上海的美国商人。在"纽约市会馆"（The Town Hall）大会时，由林语堂夫人主席，赛珍珠女士（Pearl Buck）讲述她对于中国的印象。最后由我讲"印象中的印象"，以资结束。诸如华盛顿美国大学妇女俱乐部，纽约音乐学会，乃至纽约、包提莫尔、洛尔佛克、华盛顿、芝加哥、洛杉矶、旧金山等处的中国学生会，侨胞爱国团体，我均先后出席，发表谈话。对于美国纽约银行和实业界，高级职员的午餐会，我则尽量敷陈远东局势的严重，阐明我国抗战意义的崇高，并详细答复列席各人的疑问。凡此适足证明美国各方面对于我国处境的关怀，特别关于历时三年的抗战，显示无限同情。政治、经济、军事之外，他们对东方的哲理、艺术、文学、社会等等，莫不虚心求知，如饥如渴。每日报张登载广告，也不断插入孔夫子的教训。其中当然不少可笑的错误，然而他老人家，竟然受到如此的尊崇敬仰，在他实属梦想不到！美国人可算世界上的伟大民族，在理智方面，力争上游，对于天下一切事物，尽量求知，寻根问底，自加判断。在我所参加过的各种会社，出席过的一些会议，酬酢过的大小宴会，遇见的各色人等，无论讨论时事也好，研究学术也好，莫不利用机会，争取时间，齐向求知的途径奔竞。自强不息的精神，着实令人钦佩。至于他们的读物，包罗万有，遍及五洲。关于中国的著述，可说汗牛充栋，无非证明他们求知欲望的强烈。同时我国旅美作者，多方面的撰著，亦正可与世界作家抗衡，毫无愧色。

在我此次游美所得印象中，亦不少令人失望之事。因此回忆到，昔日游览北京附近的南口，和山海关时，所见的万里长城。此一雄伟奇特的建筑依山起伏，蜿蜒数千里，西起嘉峪关，东至山海关，即在今日，尤不失象征我国巍然独立的国民性。我国得天独厚，地大物博，无所不有，加之古圣先贤遗传至今的嘉言懿行，在在足使我们的物质，和精神生活美满丰厚，自足自给，尽可闭关自守，与世无争。此种态度，过去谓之"闭关政策"（Close-the-Door Policy），今人称为"孤立主义"（Isolationism）。迨至今日，吾人曷尝不承认西方国家，向我叩关，迫与往来，究属势所必至，利多害少。个人不能遗世而独立，亦犹国家无法闭关以自守。

何以今日，一部分美国人民，对于世界局势，袖手不理，顿萌孤立态度，自亦有故。第一次欧洲大战，美国取消中立，自动介入，无非为伸张正义，制止侵略。参战时，既无意于物质的报酬，和议时亦未尝要求生命财产的赔偿。结果不特所揭橥的崇宏理想，丝毫未得实现，而且被人误解，以怨报德。痛定思痛，虽至愚之人，自亦不愿轻蹈覆辙，再寻苦恼。

问题所在，孤立政策是否切合实际。时至今日，万里长城固已失其抵抗侵略的作用；而过去相去万里，老死不相往来的国家，由于现代交通和运输工具的进步，无不变为比邻近舍，望衡对宇，声息相通，利害与共。既无法择邻而处，更难以拒人于千里之外。所谓孤立政策者，既背乎潮流，尤不切于实际，势非翻然变计不可。

旅美将间，固亦尽其可能，利用机会，探幽访胜，或重游旧地，以慰遐思。福尔佛克斯（Fairfax）圣公会中学〔作者早年肄业之预备学校〕，和维金尼亚大学同学会友，均先后邀往母校聚餐，并得一谒华盛顿总统昔日宣誓的法院。由"维金尼亚海滨"驰行至威廉堡（Williamsburg），除参观"威廉玛利大学"外，并畅游煤油大王二世捐资复兴的殖民时代各种遗迹。再由洛尔佛克至华盛顿途中，横穿维金尼亚州的首府芮吉满时，在大街中发现颇具规模的中国餐馆。当晚宿于大学城，夏乐特镇。四十余年前，曾在镇上居住三年，兹则面目全非，几于无从认识。街道、市房，及住宅区，均经翻造，焕然一新。所幸大学原有历史古迹，丝毫未动，照旧保存。虽为新的建筑物，如宿舍、饭厅等所包围，但仍不失其美观。维金尼亚州的郊原，变化尤多。广阔坚固的汽车公路，四通八达，穿城越镇；驰行的车辆，络绎不绝，极交通运输便利之能事。较之我的学生时代，仅恃乡村土路，以供往来，何止云壤之别。当时每值春冰解冻，步行至泛托卜（Pantops），或至梦的舍乐，行人必须攀沿路旁樊篱，否则势将陷入驰名的"亚尔伯麻尔"（Albemarle）赤色粘土中，难以自拔。

返国时，取道洛杉矶，先经芝加哥以达山打佛（Santa Fe），顺路游览大峡峪（Grand Canyon），堪称造化奇观，见所未见。洛杉矶与旧金山两地的"华埠"（China Town），经过翻造之后，宫殿式、宝塔式的东方建筑，栉比峙立，令人观感一新。惟纽约市"华埠"依然如故，未尝改观，据闻已有重建计划。各地侨胞对于祖国的热爱，在任何角度，皆有表现，值得赞佩。他们多属白手起家，所入有限，但于爱国捐献，公益报效，莫不踊跃参加，唯恐后人。向日派系之争，堂斗之类，今已绝迹。备见国家思想日益发达，合作精神与时俱进。此次抗日战争，固不仅国内精诚团结，海外侨胞亦复同心同力，令人欣慰。

尚有极值一提的进步现象，厥为侨胞督促子女接受美国教育之热心，和训导子女学习国文国语之努力。第二代的青年侨胞，多能使用流利的国语，不少已接受大学的各级学位。过去他们的父母，仅能操闽粤方言，很少受过中等教育。兹则风气转变，一切改观。总之，我此次所接触的侨胞大众，完全与四十多年前情形不同。现时大多数均擅长英语，此在文化和社交立场，实为极显著的进步。语言既为交换智识，表达情感的重要工具，是以今日各埠侨胞，已不似四十年前，独居无友，孤陋寡闻。咸能化除陈见，与当地人士周旋合作，加入公益团体、参加政治活动。

第十七章　香港羁旅
（一九三九——一九四二）

一、香港印象

香港（清道光二十二年即一八四二年，割让于英，英文官称Hong Kong）于我，似有宿缘。我之一生，自幼及长，乃至晚年，殆无不与之发生关联。虽在梦寐之中，仍不免萦绕于胸怀。先母来归之前，曾在香港居住一年，补习英文。一八九三年，我赴美留学，取道伦敦，船经香港，曾登岸游览竟日。一九〇三年，我任教上海，适好友唐君国安避地岛上，特专程往访，并偕同澳洲钟牧师，共作香山、澳门之游，嗣复同赴广州观光。香山为国父孙逸仙博士、唐绍仪先生之故乡，名人辈出，后为纪念国父，改称中山。一九三四年、一九三六年，我两次由莫斯科回国，船经香港，又曾先后上岸小游。目睹商贾辐辏，市况繁荣，真不愧东方之珠。

香港在我国珠江出口之东，为航运中心，南方巨埠。但除居住广东之国人外，内地同胞，对彼一切生疏，亦少注意。英人经营之汇丰银行，驰名远近，总行即设于香港，实为英国经济侵略我国的前哨站。而国内不少工商企业、银行等，又多在彼注册，希图获得英人保护。凡此情形，国人多缺认识。广九铁路筑成后，广州与香港益行接近。班期轮船，按时往来，省港交通，尤为便利。每值广东省境发生变乱，富有之家，或政治要人，辄避居岛上，以策安全。自民国十四年（一九二五），上海公共租界，与广州沙基两地，发生惨案后，国人排英风炽，影响香港商务颇剧，中英感情，顿形恶化。嗣由英国政府退还一部分庚子赔款，作为建筑粤汉铁路南段之用，并由双方同意，将粤汉与广九两路接轨，香港商务遂又恢复固有繁荣。不独为自由贸易港，实属广州及内地货物出口必经之门户。

　　一九三七年八月十三日，我国全面抗日战争，在上海爆发后，不少国人避居香港，视为海上桃源。此实百年前，清廷割让该岛于英人时，未尝料及的后果。涌至香港之国人，分子复杂，由政客以至浪人，由商贾以至教育家，由银行经理以至新闻记者，色色俱全，包罗万有。香港人口，遂由一百万增至一百五十万。地产买卖，与公用事业，骤形发达，无不利润数倍。一般生活费用，自亦随之增高。港币每元原来仅兑国币八角，后来竟可兑换四元至六元上下。

　　香港居民，生活习惯，虽与大陆国人极为接近，但经英国管制之后，对于国内政局变化，早失兴趣。一般智识水准，亦比较落后。国内蓬勃的新文化运动，和激昂的爱国情绪，尤少理解。至于教育的进步，社会生活的改观，益非彼等所容心。一切既憧憬于伦敦的远景，北京南京的动态，似乎不值一顾。且竟有人认为英国乃是他们的"老家"，英国文化，而非中国文化，才是他们的崇高理想，无止境界。他们对于大街小巷的命名，店铺招牌的题字，通俗语言之应对，无不生硬费解，陈旧过时。见闻之际，令人顿生不快反感。外国名词，不经意译，而取拼音。例如商店，称为"士多"，来自英文Store；衬衫呼作"恤衫"，则取英文Shirt之音与义。保险译音作"燕梳"，竟将英文Insurance截去一半。拍球曰"打波"，邮票曰"斯丹"，则由英文Ball与Stamp化出。诸如此类，不一而足。香港天暖，水不结冰，呼冰为"雪"。市区有一"广场"，竟名之曰"公共四方街"，盖误英文Public Square为形容词，因而分译为"公共"与"四方"，从而加一"街"字。可谓画蛇添足！遇无名之短巷，名之为"夏街"，盖将英文Short，加以缩短，作为"Sho Street"。"滑铁卢道"（Waterloo Road），音译作"我打老道"，令人发噱。

若干名词，在国内认为陈旧，早不通行，在香港仍极时髦。即如称警察署为"差馆"，军官为"兵头"，法院为"按察司"，法官为"臬宪"，不胜枚举。至于"皇家"、"皇后"、"太子"、"公爵"等名词，沿街可见，随地滥用，尤觉可笑。所有学校，不论中学、大学、专科学院，一律称为"书院"。在国内三十年来，早已由学塾而学堂，而学校，而中学，而中学校，而专门学校，而学院，而大学，变化多矣。

抗战期间，由大陆移至香港之报馆、学校、文化机关，为数甚多，有意无意之中，确曾介绍与当地人士，不少新的思想，新的知识，新的观念。毕竟使得他们对于祖国的文化，增加认识；民族的意识，引起觉悟。尤以国语的传播，白话文的推广，在青年方面，起了很大作用。

但在相反的方面，由大陆避乱而来的人们，确也带来不少鄙陋的作风，恶劣的习惯，传染与香港的居民。所谓"夜总会"、"跳舞厅"、"伴舞娘"、"女向导"，以及穷奢极欲的应酬，反夜为昼的生活，叫嚣喧哗的酒宴、牌局，皆为香港过去所少有，兹则变本加厉，锦上添花。至于对汽车司机、餐馆女招待、仆役、侍女滥给小费，以示阔绰，多与香港一般节约习气相反。因此无论寄居旅馆，宴客酒肆，开销倍增。广州陷敌后，当地名厨，群趋香港，新开张的酒楼饭馆，有如雨后春笋。借用旧京宫苑名目，榜其门庭，以资号召。内部装璜，复极富丽。山珍海味，应有尽有。一席之费，何止港币百元。

香港以中立区关系，竟变成战火边缘的乐园。原在京沪各地的慈善机关，亦纷纷移来工作。自上海中国红十字总会，移驻香港之后，国际援助，源源而来，尤以美国红十字会运来食物药品为最多。香港女士，对于赈济事业，向来热心，不时举行"义卖"、"游园"和"舞会"一类活动，募集款项，以供救济。不少教堂，复在内地设立孤儿收容所，伤兵医院之类，对于抗战，实多贡献。

香港环境，举行国际合作事业的集会，颇为方便。诸如中美、中英文化基金董事会，内地教会大学理事会，均尝在该地召集。由于地位中立，言论、出版，比较自由，原在上海的书报业，及印刷厂，多前来开设分支机构。九龙"新界"方面，不少海外归侨，建筑住宅，以作终老之计，实缘故乡治安太不可靠。香港与沦陷区，及自由区通讯，亦极方便，而国际航空邮递，尤为迅速。基于地理的形势，和政治的联系，中外消息的传播，来源既多，且极应时。

岛上不少由经营地产，及进出口贸易起家致富的大族。分散全球的侨商，复多在香港设立分号，以资联系。本地富商生活的格律，仍不失勤俭二字，安分守己，绝少挥霍铺张。至由南洋回来的百万富翁，则多建筑广厦，布置园林，或购备游艇，极尽享乐之能事。香港最不公开的俱乐部，会员仅有七人，每人各有一休息室。非会员亦得借用其会所，招待贵宾。富家子弟，多送往英国之牛津，或剑桥，习医习律，各视性之所近。毕业后，回港执行律师业务，或挂牌行医。近年来，"香港大学"，亦尝造就不少专门人材。香港人士，太半好客，宴会恒在家中举行，非如上海，喜在饭庄酒肆设席。我因此获交不少香港朋友，从而深知他们的家庭生活。过从既久，茶余饭后，清谈遣时，颇多雅趣。有时晚间，偶作桥牌或麻将之戏，借破旅中寂寥，极尽友朋团聚之乐。凡所往来之人，多曾游学海外，周历五洲，对于世界大势，了如指掌，不似国内足不出里闬的读书人，一切隔膜也。无论经商，或执行专业，于各人本职之外，对于公益善举，均乐于参加，愿尽义务。由于此类领袖人物的活动，一般居民，容易与英方人士，往来接触，彼此认识，不难合作。执行律师业务之人，均擅长雄辩，对于用英语公开演说，尤为出色。他们无形之中，也习染不少英国人喜欢户外运动的习惯。足球、网球，乃至高尔夫球，各有所长。棒球则由一位留学日本的梁老先生，不断提倡，颇为风行。至于"软棒球"（Soft Ball）、游泳、远足、驾车，更为一般青年所酷好，远较国内为甚，虽上海亦望尘莫及。跑马乃最花钱的运动，非富有之家不办，但在香港，亦极时髦。

香港华人，比较上海居民，一切守旧。惟年来，他们的社交风气，改变甚多，妇女衣着，亦极趋时，但人生观念，颇为郑重，生活亦尚节约，与英国的中产阶级，类似之处很多。

二、马尼拉之行

一九四○年秋天，香港气候酷热，同时欧战发动之后，可能波及香港，许多朋友决定借此前往菲律滨转换空气，我亦相与偕行。此系我第三次观光该地。马尼拉天气，日间虽较香港潮热，但入夜常觉凉爽，此则由于该城位于大洋边缘，海风容易透入。马尼拉的住宅区，相当美丽，城市附近，亦多风景区，不少野餐胜境，均可乘汽车往来。高尔夫球场及其俱乐部，尤为整洁悦目。新开发的"德亚德"（Taytay）区，和位于该区山顶的"乡间旅馆"，面临大湖，实为游客午后品茗谈心，或周末休沐的理想去处。城内城外不少古旧的礼拜堂，最足表示过去西班牙统治该岛的流风遗韵。乡间阡陌交错，布满稻田，与我国江浙乡村风光无异。椰子、芒果，到处成林。耕田的水牛，与我在上海附近所见者完全一样。

马尼拉的一般住宅，无论门、窗，均装置铁制，或木制栅栏，以防盗窃，情形仿佛广州和香港。街道两旁，树木则较香港、九龙，既多而且普遍。该城花费在公共建筑上的金钱，为数颇巨。衡以当地人民的财力，究不知如何维持。计程汽车充斥市区，（车资在世界各国，堪称最廉。）私家汽车几于随处皆是，颇有美国气派，究亦不知一般人如何开销。美侨住宅区，当然更加考究。漂亮的公寓大厦，精巧的单幢住宅、俱乐部、电影院、避暑山庄、军队夏令营，应有尽有。此在美国，固极平常，但在远东，则属仅见。

我国侨商，亦自成一区。区内有铺店、俱乐部、公所、旅馆、学校等等。侨胞多数来自福建，少数来自广东，大都富庶兴旺。我曾应邀往侨胞团体，发表演说，或用国语，或用英语，均由友人传译为福州或厦门方言，广东侨胞，似亦了解。

此种语言的畸形现象，使我回忆到四十多年前，上海举行教会大会，一位福州籍的牧师，对上海会众演说时，口操福州土话，由一位在福州传教多年的美籍牧师，代为译成英文，再由一位能说上海话的美国牧师传译为上海方言。换言之，即一位福州生长的中国牧师，对上海教友说话时，须请两个外国人代为转达！抑何其笨拙而可笑也。此实由于当时无人注意标准国语之训练，故有此种现象。我此次旅行马尼拉，发现年轻一代的侨胞，对于国语，能说能懂；而且一次，在中华俱乐部的晚会中，一群学生，竟用纯粹国语，表演新剧，听后，使我高兴极了。

　　多数侨胞，经营旅馆或饭店，无论规模大小，生意十分兴旺。劳动阶级的当地人，午饭多喜就食华式的"盘舍达芮亚斯"（Pancitarias）菜饭摊头。"盘舍达芮亚斯"一词，令人费解，其中一部分，似系由英文Cafeteria简化而来，而"盘舍"则系福建土语"小吃"或"便饭"（Potluck, Snack）之意。菲律滨人家的包饭，或宴客的酒席，多由侨商经营之旅馆代办。到巴夸窝（Baguio）的沿路，侨商代办伙食的营业，甚为发达，顾客多为美国驻防军人。除两家华侨银行外（一为中兴，一为交通），尚有不计其数的五金店、食品店、印刷店、药房、餐馆。虽规模大小不同，惟纯系侨胞自行集资经理。当地政界中的菲律滨人，不少含有华人血液，即面貌亦与吾人相似。同时侨胞为适应环境起见，恒多采用菲律滨人的姓氏，致遇见熟识的侨胞，互道姓名时，往往令人诧异。由于华侨勤苦耐劳，谨慎和达，事业心重，在商业和经济方面，颇多成就，当地人不免因羡生嫉。

客中，认识不少旅居菲律滨的美国人士，内中亦有到过中国的。我除在扶轮社演讲一次外，曾应邀赴菲律滨大学，对上千的教员学生公开演说。听众情绪，显见热烈。菲律滨群岛经过美国四十年的统治，美国的文物制度，当然给予当地人，很深刻的印象。该地各界领袖人物，领受美国大学教育的，虽不甚多，但确十分"美化"。实缘整个教育制度，完全模仿美国。此则一位美国学者，四十年努力的结果。所有政治制度，生活方式，包括运动、娱乐、交通、运输、社交、经济，无一不以美国为蓝本。居住该地的美人，认为美国对菲律滨群岛，有三大贡献：教育、卫生、公路。此系事实，决非虚语。

但经客观考察之后，有人认为菲律滨，不论在私人生活，或公家行政方面，既然一切效法美国，是否标准过高，超越他们的实际人力物力？一俟美国退出，他们获得独立自主，有无难以为继的困难？不同于欧洲国家的殖民政策，美国在菲律滨，一向以保护人自居，未尝从事搜刮、榨取、剥削，故"与"多于"取"。美国退出后，该地财政收支，势难维持平衡。且因美侨，美军留驻，用钱松动，当地从而享受繁荣，提高生活水准。一旦美侨减少，美军归国，情形势将不同。

小住巴夸窝的三天，颇能领略山居的佳趣。该地位于高原之上，环境清幽，景色绮丽。近边有一小市。山顶的公园与天主教堂，尤为特出。山中有旅社，有公共避暑山庄，有俱乐部，有高尔夫球场，有陆军夏令营。汽车公路四通八达，往来各处，十分方便。巴夸窝本系政府夏季行都，有航空飞机，铁路火车，公路汽车等运输工具，旅客进出，舒适迅速。侨胞长年居住该处者，不下二千人。有华侨学校一所，学生约六十余名。山中三大旅馆之二，系侨胞所有。此外经营菜园，杂货店者甚多。

菲律滨闻名的"斗鸡"，我还是第一次在巴夸窝得见。斗鸡场虽大而实简单，设有长廊，以便观众。两鸡斗争时间，甚为短促，但血战猛烈。系用锋利的刀片，紧绑于鸡趾之上〔即鸡之跗跖骨，可供争斗之用〕，斗争时，互相蹂躏，不过几分钟，一方身负重伤，立决胜负。或谓斗鸡不如斗牛之残酷，其实均以生物的性命下注，互博输赢，违背民胞物与的原则，并无轩轾。回忆童年时，费尽工夫，寻觅善斗的蟋蟀，希冀夺取锦标，心理亦复相同。且获胜利之蟋蟀，称之为将军，为元帅，可谓成王败寇，不免以结局论英雄！

三、欧洲人的殖民政策

再谈我在香港的经验。欧洲人管理殖民地的策略，一般认为十分恶劣，尤以法人在越南，荷兰人在印尼，最不理于众口。至于英人之统治香港，对于华籍居民，虽不十分武断、压迫；然而基本政策，仍不外榨取、剥削、搜刮，借以增加帝国主义的岁收，供应其制造商的原料，优厚其统治阶级的薪俸待遇。最坏之点，莫若殖民政府专卖麻醉毒剂，除渔利之外，堕落殖民地居民的道德，削弱其体力。同时居民中，占大多数的华人，毫无参政权。所谓立法机关，虽有少数华人列席，仅供咨询，且系由政府指派，并非民选。尽管有权发言，但不起重大作用，亦不能代表真正民意。殖民政府虽尚能维持治安，捐税且非苛重，民事诉讼，双方可延律师（多由英籍律师包办），公开听断。但关于刑事案件，则违法曲断之事，往往而有。原告若属英籍，被告如系华人，既无律师为之辩护，仅凭警察一面之辞，动辄科以逾份罚金，或判处监禁，且罚金视为财政岁收之一种！

　　盎格罗萨克逊民族素以官吏不贪污自诩。久居香港之人，对此一夸张，决不置信。近年来，且以种种事实，证明其谬妄。由于丑声四播，殖民政府不能不组织调查委员会，从事澄清。公开受贿之事，报纸时有揭载。诸如关员验放行李，印警巡视码头，卫生人员检查饭馆，乃至营业执照之申请，进行工程之允许证，主管人员，无不公开索贿。如不"打点"，必然遭遇种种麻烦。此则身受其害的朋友，亲口告我者也。至于警察包庇烟馆、赌局，或其他罪薮之事，尚无所闻。调查委员会进行调查之后，果然发掘不少惊人事实，虽素具成见之人，亦难为之辩护。此种贪污风气，可能需要相当时期，方可扫除尽净。惟英方当局既然决心湔祓此项污点，其诚挚勇毅，要可佩服。

伦敦政府接到此项丑声四播的报告后，除选派操守廉介的公正人员前来整顿外，并将所有不良分子，悉数调回，或勒令退职。同时复组织一种甄别委员会，将对香港全体公务员，施行严格审查。嗣以太平洋战事爆发，遂亦停止进行。新任警察局长，在短期内，对于取缔公开的烟馆、赌局，雷厉风行，颇著效果。惟鸦片则仍由殖民政府公卖，此实违反三十年前在海牙签订的禁烟公约。

我在前章，曾提到在印度某一都会，英人俱乐部不许印度人入内的故事。在香港亦有类似情形。虽经英王授勋之华籍绅士，亦不例外。在跑马会中，华人可以加入为会员，但对于会务，无投票取决权。实则香港举行赛马，若无华人参加，不特无人养马，且何来如许观众，与赌客？此种无知狂妄，适足表现殖民主义者的劣根性。许多国人，在出身、家世、教育、道德、修养、财富，种种方面，有何不如一般英国所谓上流人物？

殖民政府中的较高位置，当然由英人垄断把持。在职时，既月支优薪，退休后，复年享厚禄。至一般华籍职员，地位既低，待遇尤薄。实则彼此能力相等，工作相同，而被歧视如此。香港大学，对于华籍教职员待遇，亦复不免歧视。据闻该校曾托爱丁堡大学代为物色一位医科教授。爱丁堡当即推荐一位品学兼优的中国学者承乏。香港大学竟然不予同意，声称宁愿聘一英人。爱丁堡的答复十分坦率："我们认为合格的，想来对于你们也够合格罢！"结果照聘。

华英两民族在香港的社交，似不如在上海和北京者之融洽自然。在香港一个国际性的俱乐部，每周常会中，很可看出双方友谊的表现，十分勉强，绝不自然。此或由于英人生性孤僻，不易与人结交。而在殖民地区者，尤存一种优越感，往往装模作态，故示矜持，眼高于顶，拒人于千里之外。

香港山顶的优等住宅区，完全留供"白人"居住。由于特别安排，两家华籍人士，居然也容许住入此一"圣地中的圣地"（Holy of Holies）〔犹太庙中最神圣的内室，存放长箱，中藏刻有十诫的石碑两方〕。过去岛上像样的外国旅店，照例不接待中国旅客，私家所组织的宿舍，公然布告不欢迎华人。嗣以战事关系，英美旅客稀少，为营业获利起见，旅店经理始对华人表示欢迎。自上海避难来港的一般富豪，挥金如土，小帐出手，一掷港币十元，远比西人大方，尤为彼等争取的对象。由于逐利动机，居然打破殖民主义者的窄狭成见，令人哑然。

四、沦陷前夕的香港

抗战时期，寄居香港的国人，对于重庆国府，表示不满的，颇有其人，当然多系左倾分子。他们且寄望于共党的第八路军。还有少数东北逃出的人物，则希望张学良将军东山再起，将他们带回老家。又有一些不同派系的政客，在香港组织民主大同盟，想与国民党对垒。他们虽然拥护国民党领导抗日，但反对一党专政，希望早日结束训政，公布宪法，步武英美，容纳异党。在朝在野的冲突政见，均在香港自由发抒，自不免笔墨口舌之争。惟自太平洋战事发动后，香港一切，趋于沉静。

英人在香港的新闻检查政策，时常引起华文报纸的不满。奇怪的是许多英文报纸可以刊布的消息，特别有关战事的报导，竟不允华文报纸揭载。虽与英人素有交情的华人编辑，因时遭无理干涉与强制，颇感烦恼，造成不少误会。此种现象，一半固然由于检查员对于一般政治情况，缺乏认识，甚至其了解中文的程度，尚有问题；另一半则由于许多华人编辑，其立场与个性，不无可议之处。在日军占领香港期间，华文报纸对于香港英人，过去的种种短处，曾毫不容情的尽量指摘，想见积怨之深。

香港政府最愚蠢的举动，莫如拒绝重庆国民政府要求在港设置总领事馆。迨至日军压境，又复恬不知耻，要求我国派兵协防。以寄居香港华籍人口如此之众，中国在彼贸易额如此之巨，且我国在英属各地，既均设有领事馆，伦敦政府亦已同意，惟香港殖民政府则一意孤行，不审情势，不顾友谊，始终坚决反对，真不知何所居心。此实为自上海移居香港的大批国人所难理解者也。此种殖民政府不明智的举措，又何怪当岛上英人遭遇困难之际，完全失去华人的同情。

香港的神经战，开始于政府疏散英国妇孺（限于白种）至澳洲。继而日本撤侨，虽亦限于妇女老弱，但不似英方的张皇狼狈。我们的同胞，自亦不落人后。有身家的，决意到上海或马尼拉休假，甚至远走夏威夷，或美国。据上海传来消息，有些人家，已决意举室迁往巴西居住。国人寻求个人安全，何以如此决绝极端！但大多数留在香港的国人，并不相信情势已如此恶劣，咸认为欧洲战局，还未到足以鼓励太平洋方面加入的阶段。战火既未烧到香港的边缘，又何必庸人自扰，轻举妄动？迫至德国对苏联施行闪电战术，日军进入越南，人们开始感觉不安，意识到局面的严重。

新闻纸上对于日本今后的动向，不少揣测：西进、南进，或西南进，乃至三方面同时前进，种种看法不同，议论纷歧，莫衷一是。一般结论，佥以日本的主要目标，当不外先将"中国事件"迅予解决，保存实力，坐以观变。至于美日正面冲突，在最近的将来，多认为不致发动。盖任何一方面，均不愿甘居戎首。且美国民众反战意识强烈，对于德国尚不愿宣战，何况对日。

然而太平洋上两强对峙，局势日趋紧张，美国对日既已采取经济裁制，施行禁运于先，复继以冻结其海外资金于后，不独断绝日方原料供应来源，且窒息其国际贸易活动。不特此也，美国政府复一再通知其侨民退出远东，撤回留驻中国的陆海军队，建置两洋作战舰队，加强菲律宾的防御，进行武装关岛。凡此举措，无一不使日本有如芒刺在背，坐立不安。

十月（一九四一），日本近卫内阁总辞职，陆相东条继任。军人当国，行动自由，战局势将扩大。人们对于前途演进，愈感悲观。签订《日苏互不侵犯条约》的松冈，突然辞职，更加引人注意。嗣见来栖衔命赴华府，对于美日谅解，作最后努力。香港人士忽又感觉太平洋上的和平，可能维持到一九四二年春间，彼时欧洲战局，当有分晓。此种乐观，无非强作解人，自我陶醉而已。固然低估日本向来所怀抱的野心，对于建立所谓东亚新秩序的积极愿望，似亦未加深究。当时在中文报纸或杂志上，有两篇论文，均系所谓日本通的学者所撰著。一篇申论日本势将进攻民主国家，及其盟友；一篇立论，则适得其反。前者预测日军将于本年十二月初发动攻势，认为西伯利亚河流均已冻结，日军跨越方便。

迨至十一月初，忽传美日之间，已获得相当谅解，太平洋和平局面，至少可以维持三四个月。香港人心，因又恢复乐观。不久又传，美国骤取强硬态度，形势再趋紧张。不少人开始出走，纷纷避往上海、澳门。太平洋战事，终于一九四一年十二月八日降临。

五、战火烧到香港

十二月八日清晨，我正在九龙半岛酒店膳厅早餐。约在八时左右，忽然听到爆炸巨响，厅内各人，纷纷赶到窗口观望，但一无所见。膳厅侍者咸称系当地英军试炮,《华南早报》,亦载有此说。但是各人面色,显露张皇。不久住在九龙阿打老道,和太子道的朋友,先后电话报告,当时情形与平日不同,并谓附近的飞机场,有已被炸毁之说。追步行上街后,眼见一大群赴香港办公的人,徘徊码头,竟无轮渡可搭(事前公家毫无通知)。此时证实事态严重,战争确已发动。事后始知日本对英宣战,始于破晓,惟消息传出,各家报纸已不及登载。

当天空袭警报,不断发送,使香港业经步入战争的事实,更加深入人心。九龙半岛酒店的广阔地窖,现已变成一舒适的防空室,内中除安放坐椅,行军床外,尚有电灯,电风扇等设备。除原有住客外,外来宾客亦可入内避弹。

许多人手中不名一钱,至于存储粮食,更谈不到。各种店铺,听到战事发动的消息后,为防抢劫,均深闭店门,停止营业。纵有一二小店,照常买卖,无不奇货可居,高抬市价。我总算在街头寻着一辆计程汽车,特驰往戚串家中探视,始知他们需要小额钞票甚急,但无处兑换。酒店内附设的银行,只允兑换百元以下的钞票。似此情形,当然引起更深的恐慌心理。使用电话的人过多,电话线忽然中断。入夜,灯火管制綦严,各处一片漆黑。环境如此,秩序愈显紊乱,人们的神经更加紧张。酒店经理很明智的将每餐肴馔,减为一汤,一菜,一点心,不久并点心亦告取消。早餐时,已不见鸡蛋。第一夜,有人由短波无线电收音机中,听到日军偷袭珍珠港、马尼拉和星加坡的消息；美军死亡惨重，"阿克拉哈马号"战舰中弹沉没。

日方是否不宣而战，或宣而后战，外论纷纭。其实各地时间，既有差别，日军宣战消息到达后，时间上不免参差。星期一清晨偷袭城市，最为有利。人们于星期日尽情游乐，多感疲倦，晨兴恒晚，梦寐之中，固难以应敌也。

据报：新界第一道防线在九龙"界线街"，第二道防线在沙田，该处群山屏障，山上筑有炮垒，可以长期坚守，以待援兵。在十一月中旬，曾有大批加拿大分遣部队抵港，并传停泊星加坡之"威尔斯太子号"，及"却敌号"两大战舰，亦将移防香港。迨两大战舰均被日机炸沉的消息传到后，人们愈加沮丧。忽然又传殖民政府已向重庆请来援军三万，一周之内，可以进袭日军后方。然此一希望，终未实现。当广州沦陷时，英方曾将我国退至九龙边境的兵士解除武装，加以拘扣，虽经国府多方交涉，亦未释放，报纸迭有记载。兹则由英军使用彼等扛舁伤兵！

开战的第二天，九龙西人青年会内，设立渡海通行证申请处。前往申请通行证的人，成千上万，拥挤不堪，普通人士，无法进入，只好望海兴叹。同时日机不断空袭，吾人整个上午，惟有避居防空室内。事后始知空袭目标，悉在香港，九龙方面，并未投弹。下午天际有云，我因趁机出外散步，并往探视居住山林道的朋友眷属。街上行人稀少；店铺均紧闭大门，外加铁栅栏，或钉上木板。弥敦道上的公共汽车，亦已停驰。

电话时通时停；惟我曾接到何东爵士家人电话通知，何氏本人尚留澳门未回。数日前澳门总督曾亲来祝贺他们夫妇钻石婚庆典，因此他专程前往答谢，竟然避过战乱，可谓天相福人。他的壮丽住宅，已被英军征用，全家特移住"山顶"另一小宅。当晚获悉英美两国，正式对日宣战。

　　星期三，天空有云，小雨，我特冒险过海。到香港后，见着不少朋友，并一同共进午餐。当时一般认为港九情况，尚非十分严重。各家早报均坚称防务充实，足够应付。惟昨夜在酒店所闻炮声，特别清晰，终宵不停，使人难以安枕。下午复接马尼拉友人来电，通知：因游斯干底拉维亚归来，船过香港，将登岸趋访，再去上海！际此严重关头，此君可谓好整以暇。是日天阴，云厚，潮湿，空袭停止，因往兰心酒店，看望友人。

　　我曾应允照料住在九龙山林道的一家眷属。现因空袭频繁，我决意于星期四，将他们母子四人移至半岛酒店，以便照料。幸喜遇见一辆计程汽车，优给酒资后，竟将他们全家接到酒店地下防空室住了半日，他们的紧张情绪，好似稍见松弛。

　　但在同日下午，情势忽然恶化。所有原驻酒店内的几名华警，互相耳语后，相率离去，并将头戴钢盔弃置于地。人心立时浮动，大起恐慌。然亦无人能详言究竟。嗣传说酒店经理已通知"外国旅客"速往香港。我等中有二人遂往质问经理，究系何故。经理弄得走投无路，有如"截断头的苍蝇一般"，最后声称一切全系不负责任的谣言，实无惊惶理由。此时我无意中遇见美国红十字会代表，因嘱其向经理再为探听个中真象。他所得的消息，完全两样。他决定过海前往香港。我旋即通知各友，应趁早决定去留，预计日军傍晚可到九龙。于是各人咸主张应移入私家住宅，缘酒店目标太大，且有被征用可能。

酒店原有改为伤兵医院之说。实则一两天之前，一楼及大厅之半，已划作伤兵病房，并经布置就绪。惟在第三天，又将床褥全数移至界线街的"纳沙尔"书院，盖以酒店并不合用。

我费了大力，始将友人眷属移至酒店，现在又须将他们送回家中。既无交通工具，只好步行。最后幸而觅得人力车一部，勉强拖拽至目的地，然已费尽口舌。临出酒店大门时，遇见素识的一位犹太富商，他和他的看护新近由上海抵港。听了他的报告，愈觉酒店经理之言，全不可靠。

当晚我整夜听到弥敦道上兵车行驰，辚辚之声，不绝于耳。盖英军既步步败退，逃往香港，日军则节节追赶，攻进九龙。同时清晰的枪声，愈来愈近。次晨弥敦道上，及附近的商家住户，被有组织的流氓抢劫的消息，纷纷传来。实则九龙当时已陷入无政府境界。所有警察，悉数退到香港。九龙成千上万的居民，竟同无人照管的孤儿一般。

朋友的眷属，住在一幢可容八家的公寓，每楼各住两家，房东自住底层。房东系一富商，平时交游广阔，与一般地下组织亦有来往。此次因付出保险费，得着他们的保护。朋友的眷属也照样付出港币一百元，言明先交百分之二十，其余俟日军进占后再付。届时既有日军维持治安，即无须再付保费矣。果然当夜有四人在公寓门前驻守，一切平静。凡付过保费之家，未遭抢劫。信乎，"盗亦有道！"

当天傍晚，日军果然到了。次日，星期五，晨起，已见满街悬挂太阳旗，表示居民欢迎。惟街上未见一人，均在家中静坐。清晨尚闻炮声，现已归于沉寂。是否一切结束，或双方疲困，暂时休息？附近有一浸理会教堂，不少妇孺在内避难。惟各家因送饭食不便，次日纷纷离去。各街现已有日军巡逻守卫，居民可以自由出入家门。

中国红十字会即在近街，我因走访主管人。惟会长，副会长均不在港。主管人亦数日未到会所。办事员等不免彷徨无主。昨日竟有流氓一批，入内企图抢劫。经告以系慈善机关，空无所有，亦遂和平退出。惟彼等随将所掠赃物，车运入内寄存。另有一批，打破铁栏，侵入同一院落的人家，幸被仆役，居高临下，以笨重花盆击中匪头，始各自散去。附近各酒店工人，亦多用此"战术"，得保无事。星期五晚，九龙方面，仍可听到密集枪炮声。

次日再往红十字会，特留字条与主管员，告以在目前状况之下，既无人代表难民说话，该会似应挺身而出。恰巧红万字会会长迁住红十字会会所楼上（他的住宅被英军征用），看见我的字条后，颇表同意，特约我往商进行办法。俟我过彼时，适遇日本宪兵数人亦同时往访，因由主人介绍见面。当将两会工作情形告知彼等，颇示赞成，且极有礼貌。

我和朋友眷属所住的公寓楼上，住了几位老太太，每逢空袭警报，她们总到楼下我们的住房内，暂托安全。她们既上年纪，又皆缠足，昼间上下楼已属困难，夜间更形狼狈。因此将他们安顿在我们住所的过道中，以免上下楼不便。当晚一切平静，但自来水忽然断流。幸而澡盆里储有净水，足供一二日之用。次晨即见街中往来的人，手提水桶，各处寻找饮水。九龙住家，原有水井，用电力抽汲，专供清洁冲洗之用。现因停电，须用人力汲取，惟可供饮料之井水不多。

数日以来，寻购食物，最感困难。第一大街交通断绝，无法往来；第二大小店铺，全行歇业；第三住宅区离菜市窎远，往往赶到，食物已售卖一空。我们的佣人，十分勇敢，每日出外购买食物，至少两次。惟回来时，总是妙手空空；偶有所得，无非蕃茄，菜菔之类。公寓对面，系"天文台山"，居然有人发现菜园一畦；不久，园内蔬菜，即被采折一空。嗣又传说，九龙火车站仓库开放，随即看见百十成群的男女，经过公寓门前，手提各种食物，蜂拥而去。我们现已改食稀粥，一以省米，一以节水，佐以饼干、乳酪，聊以充饥。住宅之后，系"皇家公园"，有一俱乐部，旧悬米字旗，现已改挂太阳旗。占领军的风纪尚佳，沿街守望兵士，对于上街取水妇女，尚无干扰情事。徒手日兵两名，曾走入公寓，经饷以烟茶后，随即退出。继因目睹附近空地停有汽车一辆，复又来索取开车钥匙，因以手势比画答复，彼等不得要领而去。

朋友家中，人口既多，食物日趋缺少，我遂决意迁出。幸由红十字会代为寻得对过蔚芝酒店，卧房一间，每日供给简单午晚两餐，暂时居住。虽无自来水，但有不少熟人同住在内，尚不感觉单调。且每日可以到红十字会消磨一二小时。酒店中驻有日本宪兵数名，自称是来保护住客，维持治安。

避居蔚芝酒店的几天，每日可以听到轰击香港的炮声。英军由对岸射出的炮弹，时常落在酒店附近，爆炸后，门窗为之震撼。每日空袭，继续不停，轰炸目标，相当准确，已不向九龙住宅区投弹。某一清晨，我在街头遇见一位朋友，率领一群男女，携带包袱，由奥斯汀道步行而来，将向炮台街他的工厂所在前进。据告所住汉口道的公寓，前夜被炮弹击中，他们幸而事前移住楼下，否则无一幸免。尽管九龙经过双方几天的炮战，居民的伤亡数目，并不如想象之多。

在十二月十七日，我和许多朋友，复又搬回半岛酒店，因连日炮火密集，流弹四射；"半岛"建筑坚实，比较安全，我们一群，约有四十余人，被指定住入该店四楼，复经介见日军的代理参谋长。他旋即派车赴蔚芝酒店，将各人的行李取出，送到"半岛"。同时听说九龙湾景楼旅馆，已改作英俘收容所。

半岛酒店最近曾经数次被抢，但由一位华籍经理徐君，应付得宜，每次督率工友，均将流氓打散，仅门窗略有损坏。所有该店英籍职员，早已逃避无踪，一切遂由徐君主持，秩序井然。除楼上房间窗户，留有机关枪子弹痕迹外，整个建筑，尚属完好。惟面对香港的一排房间，目标显著，易受枪弹，暂不住人。

据住在兰心酒店的客人说：有一英籍和一日籍女士，曾经冒险渡海，至香港接洽停战，希望减少流血。但被英方拒绝。英方坚称非俟日军攻到岸上，决不撤退。既然如此，日军不久，遂发动总攻击。

炮战异常猛烈，空袭次数增加，日本海军在"浅水湾"、"香港仔"一带，亦已采取攻势。九龙方面的炮声，响彻云霄，香港方面，并不示弱。住在酒店的我们，只好用棉花塞入两耳。默计枪炮密集的速度，和声音的响亮，似乎日方已有生力军开到。战斗情况之激烈，可想而知。惟环岛沙滩不多，日军登陆，可能费力。同时海边堤岸甚高，英军容易将机关枪阵地隐藏在坚实工事之后，此于守军殊为有利。

"七姊妹"方面大火，燃烧已有一周之久，当系亚细亚火油公司的油池着火，不断的浓密黑烟，形成厚幕，遮天蔽日，聚而不散。入夜辄见弥漫无际的火焰，一直上冲，高逾邻近大楼的屋顶。

日军的总攻击，大约开始于十九日。在此之前，可以看到香港"山顶"的高楼大厦，尽日在日军密集炮弹严惩之中，不时复有飞机由高空投下重磅炸弹。防空警报，照旧发放。高射炮声，亦不断听见，惟效用不大，未曾击落日机一架。不久警报亦告停止。当晚一切归于沉静。据报日军在鲤鱼门登陆，盖该处港口比较窄狭，容易上岸。

次日继续炮战，香港发现无数火头，居民物质的损失，精神的打击，实在惨重。最初人们咸认为香港比较安全，现在看来，适得其反。九龙总算幸免浩劫。不久日军升放汽球，宣布香港登陆成功。同时机关枪声，愈加密集，当系日军向市中心推进，实施扫荡，清除英军残余。

星期日尽天静寂。我们一批朋友的女眷，因之带同女佣人各自回家，查看一切。实则全家寄住酒店，尽管每日饮食粗简，费用确属太巨。当时有日文简报出现，刊载战事消息，共计一张，就地印刷，转载广东新闻，及无线电讯。系由两位青年女性（一系日籍）带到酒店，复由彼等传译为广东话，再译为国语。我们因而知道艾登正在莫斯科访问斯大林。

次日，又见无数火头延烧香港永安公司附近一带。在九龙方面，则渣甸道的汽油池，被炮弹击中起火。朋友中有人觅得汽车，竟然驰往窝打老道，和太子道，探望彼处亲友，幸均无恙，不过附近略有抢劫而已。虽有日本宪兵竭力维持秩序，但抢劫之事，并不稍减。

十二月二十三日，六国饭店〔原文作Lok Kwok〕近边的海军船坞，及岸上建筑物，均遭炮击，引起大火，沉没船舶不少。有名的百年老木船着火后，燃烧数日不熄。飞机投掷重磅炸弹，次数加多，山南斜坡，不断发现火头。再次停战运动，仍归无效。轰炸目标,现则集中山地,金马伦山顶以东,迭有飞机飞往投弹。飞机大炮同时轰炸所造成的大破坏,其可怕程度,不难想象得知。在天空飞越人们头上的炮弹,其声浪有如球房里,地板上抛滚木质重球一般。一经抵达目的地,数秒钟后,发生爆炸,巨响如雷,尘土飞扬。"山顶"边的一所楼房,中弹数次,虽仍屹立,然亦见炮手瞄准之正确。

耶诞在炮火中度过。照样有火鸡,有甜酸布丁,但各人胃口并非太好,兴致尤不见佳。晚餐总在下午六时。夜间停电,兼之管制灯火,一片漆黑,伸手不见五指。我们的神经已在极度紧张,和雷震般的炮弹声中,受尽考验,但尚未失常。一位白俄音乐员向人乞讨香烟时(当时香烟虽有钱亦无处可买),口称他全家各人的神经全已瘫痪。我不免想到第一次欧战时,伏在战壕里的兵士,经过三昼三夜百千万发的炮弹轰击后,末了还得跳出战壕,用刺刀向敌人冲锋的景况,如与我们所经过的战事环境相比,简直儿戏而已。

香港的防守战,现已步入严重阶段,危机毕露,势将一蹶弗振。(后来读到二十四日的香港《华南早报》,人们推论香港守备战失败之速,实由于水源截断,因而军心涣散。)空袭警报,业已停止,炮战亦近尾声。至于英军高射炮,自始即未尝发挥威力。耶诞的清晨,很静穆的度过。但到下午,忽然发生空前喧扰。"山顶"及半山的建筑物,复又受到严厉的惩膺。油麻地的火焰高涨,无数火舌,夹杂在浓烟密雾中,直冲天空，长达数里，奔向玛丽医院而去。目睹如此恐怖而悲惨的现象，真是人间地狱。想到岛上居民的遭遇，颠沛苦楚，令人战栗心酸。要是现代科学的成就，仅仅如此，还是没有科学的好罢！

入夜，忽又转静。有人耳语香港总督已到酒店，同意放下武器；并说延迟停战的原因，是要使耶诞仍在英国人管制下的香港度过！第二天清晨，和平的消息，业已证实。人们除可略舒喘息外，别无他求。痛苦的日子，总算暂告结束。开战以来，第一次见有汽艇驰行海中。惟机关枪的扫射声，不免打破沉静的空气。可能停战的命令，尚未普遍传达。百年老大木船继续燃烧，岛上仍为烟雾笼罩。大批日军，纷纷乘船开往香港。船只大小不一，式样复杂，实见所未见。

六、香港沦陷

据报一批华籍议绅，随香港总督向日军总部输诚后，当夜各自回家。"总督大人"则留住酒店，暂作"上宾"〔次日即变为阶下囚〕。元旦之后，华文报纸刊载一由陈廉伯〔？〕（Chan Limpak）署名的启事，内称：十二月十三日，彼曾由电话向华籍议绅提议，呈请总督接受和平条件，以免居住香港百分之九十七底华籍人民，遭受战争痛苦，因此被判处破坏"防守法令"罪名，押往赤柱监狱拘禁，现已由日军当局释放，恢复自由云云。

十二月二十七日，酒店中开始恢复电灯、自来水。人人喜形于色，颇有重见天日之感！男女老少，莫不争先沐浴，一除积垢。晚餐改在下午七时，就寝时间，可以延到夜间十时！是晚，宋子文氏出任外交部长的消息传到。有人纷纷推测他是否回国就职，抑或留驻华盛顿接洽一切。

次日，星期日，日军定于是日举行受降仪式，将在香港"山顶"升挂太阳旗，并有阅兵等节目。上午忽由南京飞来日方高级军官一位，分别拜访居住酒店各人。傍午，空中发现四十架以上的战斗机，比翼飞行，盘旋全岛，表演各种队形，及航空绝技。海军飞机多架，亦同时加入表演。港湾内停泊不少日本兵船，还有一艘小型巡洋舰。

三十日清晨，成群的英军战俘，缓步街中，走向集中营。各人身肩衣物行囊，或手携沉重衣箱，及毛毡之类。看去十分狼狈沮丧。有的找到一根竹竿，将什物悬挂当中，两人肩负而行。有的寻着破烂人力车一辆，将所有杂物堆至不可再堆时，相与推挽而行。幸运的，自推"老虎车"一辆，比较省力，显见轻松。俘虏群中，不见印度兵士。少数印度军官，仍着制服，步行街中，态度安闲。半岛酒店的后面，系九龙酒店，现已改作集中营，收容英籍人士。其中不少原住"半岛"的上客，均由日本宪兵逐日押解前往。至于九龙湾景楼酒店，则经改为收容英美籍俘虏之用。

当天下午，我们一群中的五位，各自携带行李，也被日军用汽船送往"香港酒店"。据告此乃东京命令,因我们系与重庆方面有关系的"要人",须留在香港看管。因此我们揣想国府已正式对日宣战。有名的香港酒店,一部分尚在黑暗之中,香港全市,亦复如此,缘当时电灯尚未完全恢复。我们一群,受到的待遇,相当优厚:住房均系头等,饭食亦极丰盛,一切超过"半岛"。惟烹饪及饮料均系使用井水,滋味殊欠正常,沐浴亦成问题。第二天早晨,据告又有几位国人住入,但因彼此隔绝,无从见面。

由香港酒店的阳台上,我们可以很清楚的瞧见"皇后道"上一切动态。人行路边摆满小摊,无非出卖烧好的食物,或各种日常用品。儿童妇女则沿街叫卖缩版的华文报纸。往来行人,多属穷苦阶级,间有少数中立国的西方人士。看不见日军的踪迹。有几个身着制服的白俄警察,逡巡其间,头上并未戴帽。在"英皇大戏院"门前,挤满不少闲人,除近边的"都城饭店"略有毁损外,左右的房屋,均完好如故。可以看到的"写字间"似乎全有人在内住宿,当然不外避难的人。

"皇后道",简直变成乡间的市集,百货杂陈;香港的民众,熙来攘往,好似正在庆祝某种大典一般。摊贩、赌徒、伙食担、游人充斥满街,无不利用此一"真空"时期,各营生理,争取厚利。既无需领取营业执照,又无警察干涉与需索,一切自由,可以为所欲为。所有沿街摆设的赌摊,包括"番摊"、"摇宝"、"牌九"、"掷骰子"等赌博,均已移入酒店对面店铺内举行，门外悬有响铃，以资通报。喧嚷叫嚣，嘈杂紊乱，不啻疯人院。国人见惯，尚不惊奇，外人骤睹，难免骇汗。一日，赌馆工人于生意结束后，在门前安置菜肴三碗，黄酒三钟，焚香点烛后，馆主走出，脱去呢帽，向临时神坛，恭行三鞠躬礼，随即火化备好的冥钞一束，答谢赌神！这家赌馆，可能连日营业兴旺，获利丰厚，因而酬神。日军不久亦将所有赌馆封禁。香港沦陷时的市景，一度如此，确属奇观。

除夕的晚餐，照旧送到各人的卧室，但侍役口称：楼下餐厅备有"年宴"。我们一群，多在室内，看书写字，室外阳台，则作为体操之用。一九四一年的岁尾，便在抑郁寡欢，沉闷无聊的气氛中度过。但与千万罹灾受难，乃至身家不保的人们相比较，我们总算得天独厚，不幸中的幸运者。

一九四二年的元旦，晴朗而寒冷。夜间月圆，明白如昼，是为阴历十一月十五日。既然无从购买新的日记本，只好转用旧册，不过将每周的星期日，往下递推一天。

元月二日的早报，登载日军距离星加坡不过四百英里，距离马尼拉仅七十英里。畑〔俊六〕将军在南京的新年演说，竟宣称誓将"重庆政权"消灭。我们当时可以看到的新闻报纸，共有三种（华侨、循环、自由），虽然篇幅减少，但重要新闻，三报所载，完全相同，实为吾人仅有的知识粮食。自来水已由龙头源源流出；不久电灯也全部恢复光亮。日本设在九龙半岛酒店的"兴亚院"，请我们将各人的履历写出，以备存查。顾名思义，

"兴亚院"当然是：由日本领导振兴亚洲一切的总机关。

元月五日，马尼拉沦陷的消息传到，同时湖南长沙失守。在华盛顿，有二十六个国家共同签字，决不单独与敌人媾和；其中许多国家，早经德国攻入占领。本月中旬，拉丁美洲国家，将在巴西首都开会决定重要问题。

我们之中，有一位业余星相命理家，在无聊之际，曾为我们每人推算"流年八字"，占卜未来休咎。所谓"八字"，即人生年、月、日、时所值干支，拼合而成的八个字。我只记得本人出生的年月日，至于何时落地，却无所知。但是这位朋友知道我的履历，遂据以算出两个可能的时辰。同时再照我所有子女的人数，于两个时辰中，决定一个作为落地正确时辰。这位朋友既系熟识，推算我的过去种种，诸如：一九〇一年至一九〇六年，我在上海圣约翰大学任教，及朝考授进士；乃至一九一一年任外交部次长，出使德国；一九二〇年加入政府，充任阁员，代理国务总理，中间退出政府，小休两年，以至一九二六年，虽属正确，并不足奇。至于一九三一年，重入政界，办理外交，直至一九三六年，因病退休，据告均系命中注定。嗣复推算一九四五年，难免大病一场。一九四六年至一九五一年，仍须为公众服务。过此则"大限"将到，脱离人间苦海。我既然还有十年寿命，可以周旋人间，不免喜出望外。虽前途变化莫测，时会艰难，然苟能目睹此次世界大战收场，何尝不是人生一桩快事！如叨天眷，不使有生之年，再度卷入政治漩涡，则幸甚矣！

另外一位性喜吟咏的老友，彼此寄身危城，患难之中，仍复雅兴不浅，曾赋七绝两首相赠，爰录如后：

其 一

星轺归来几度霜，眼看东亚备战忙。

故都时常聆高论[注一]，沪地相逢鬓发苍！

其 二

扶伤救死费苦筹[注二]，难信秋风卷旆旌。

大地陆沉君莫愠，回天无力叹吾侪！

〔原注一〕：北京关税会议，与君共事，时钦高论。

〔原注二〕：淞沪之役，君主持红十字会，救济伤兵难民，何止
　　　　　二十万人。

我因重感老友盛意，虽不擅吟咏，亦复勉力酬答两章，工拙非所计也。

其 一

六十衰年持节还，献谋未售徒增惭！

长安宾主人依旧[注一]，那堪当作显要看[注二]。

其 二

同文何殊齿依唇，相逼相煎史册辛！

可怜苍生罹浩劫，皇天请速降丝纶！

〔原注一〕：同官北京时，君尝住舍间。

〔原注二〕：沦陷香港时，日军误认我等为重庆政要。

〔译者按：右诗四首，原文无从搜寻，兹将颜氏英译抄附。译者不辨四声，对于诗词，可说一窍不通，率尔直译，殊欠雅驯，愧对原作者。〕

友人所作

其 一

'Twere some years past my friend from ambassaorship retired,

To become, 'twas, spectator of Asia's tragedy desired;

How oft in old Peking to your rare eloquence we listened, （1）

But, alas, in Shanghai soon your hair like silver glistened!

其 二

Our soldiers and refugees you endeavored to relieve；（2）

Now your banner struck by autumn wind, -'tis hard to believe,

Consider no more the mad world's hopeless ruination,

That lies too far beyond our humble means of salvation!

颜氏所作

其 一

At sixty my ambassadorial ship homeward wended,

Ashamed at failure of solution others attended;

You as guest, I as host, -'twas memory of Old Peking, (1)

To-day in us are seen the "important men of Chungking"! (2)

其　二

Peoples of one language, -like lips and teeth in relation,

Massacring one another; history's lamentation!

Oh, pity them the millioms in death's grip unrelenting,

Would that means to save them, from Heaven soon be descending!

物价与时俱进，尤以食物市价，上涨程度，似无止境。白米每磅，售价二元；甜橙，苹果，雪梨，每枚售价七角；"运道牌"香烟，每听售价三元。港币每二元兑换日本军用票一元。日军复在我国法币五元钞票上，加盖"值港币一元"戳记，以资流通。

阅读各家早报（包括胡文虎所办的《星岛日报》），得知日军指定华人所营旅馆三家，作为收容英、美、荷兰俘虏之所。我由酒店阳台遥望，目睹素识的一位美国银行经理，率同他的伙计们，步行街心，大约是前往指定的旅馆报到。报载日军公布掳获的战利品，和战俘数字如下：

一、来福枪	九、九、八杆
二、飞机	五架
三、机关枪	一、〇二〇挺
四、大炮	一二二门

五、炮弹	一八、〇〇〇发
六、装甲车	一〇辆
七、摩托车	一、四七〇辆
八、火车	三〇九列
九、鱼雷驱逐舰	二艘
十、击落飞机	一四架
十一、击沉炮船	四艘
十二、船舶	一三艘
十三、生擒战俘	一一、二四一名
十四、伤亡敌兵	一、五五五名

日方自称此次战役，日军阵亡六七五名，受伤一、四〇四名。嗣日本海军又公布：击沉敌人炮船四艘，鱼雷艇七艘，儎油艇一艘，扫雷艇二艘，快船八艘，俘获船舶一一〇只，破坏水雷一二八枚。日方因触水雷，沉没一艘三百吨的小船。

报纸揭载香港居民业已成立两个公益团体：一系中国留日学生所组织；一系地方名流所组织。后者包括议绅、银行家、商人、律师、医生等。日军当局曾邀宴两个团体的人物，希望彼此合作，共同恢复港九秩序。各电影院已陆续开门营业，上演各种中、日影片。最初免费入座，嗣则减价售票，观众踊跃高兴。

我因担任国内各教会大学理事会理事，对于北平和上海教会大学的近状，十分关心。嗣悉北平各校，已由市长接收，一个月后，可望开学，上海各校，是否同样办理，不得而知。国际消息：则有前美国驻北京公使马慕瑞，由莫斯科，调充美国驻土耳其大使馆顾问。又传日本驻德大使，晋见希特勒；驻苏联大使，趋访苏联人民外交委员会的两位副委员长，均有要事相商，并将有惊人发展。又传邱吉尔已乘潜水艇由华盛顿返英，且有艾登将继任英国首相之说。如果属实，艾登将为英国历史上最年轻的首相。日本"医务船"被敌人潜艇击沉的消息传出后，香港报纸表示愤慨；但日本潜艇击沉美国航空母舰"莱克辛顿号"的报导，确使此间感觉极度惊惶。南京的一切动态，在《华南日报》上，记载特详。德、意两国驻南京的大使，呈递国书的经过，均详细叙述。

关于菲律滨，与马来亚方面的军事进展，逐日皆有报导。星加坡沦陷后，日本的暂时胜利，可谓到达顶点。一月十一日，日军进占荷属波罗洲后，确立日本所需液体燃料的来源。同时表示太平洋战事已伸张到荷属东印度群岛。澳洲而外，南太平洋整个卷入战争漩涡。敌对双方，既均深知战事难于短期内予以结束，于是均努力于资源的控制，和同盟国的争取，以求达到最后胜利。民主国家初期的失败，引起不少国内的舆论的不满，而政府改组之事，亦时有所闻。墨西哥与秘鲁行将与北美邻邦采取一致行动。

一九四一年四月以迄十二月八日，美日间谈判的经过，已由《星报》〔原文作 *Sin Pao*，当系《星岛日报》〕全部发表。此项文件，可能是日本的"白皮书"？还有一篇，自一九三七年七月起，至一九四一年十二月止，美国如何应付"中国事件"的文章，也同时刊布。

我住在香港酒店受到所谓保护时，日本高级军官，曾来和我见面两次。第一次是本年一月十日，地点系在酒店的客厅，对方有驻南京的日本派遣军参谋长后宫〔淳〕中将，驻香港的日军总司令酒井〔隆〕中将，和冈田大佐，暨其他军官。谈话不多，系问答体。第二次为本年二月十五日，地点系在我的卧室，对方有汪精卫的日本顾问影佐〔祯昭〕少将，河本〔大作〕和冈田两大佐。第二次谈话，范围比较广泛，费时亦较长久，彼此交换意见。两次谈话中，均问及我个人对现在国际时局的看法，和今后的出处。

关于太平洋战争，我说：事件发动太骤，无法推断将来的结果；且战区如此广阔，牵涉方面如此复杂，实有史以来，未曾有过的现象。最近一个月来，既无报纸可阅，一切情形，均茫然无知，很难发表具体意见。至于重庆国民政府对日宣战一节，亦仅系间接听到，正式文件，未经寓目，对于宣战理由，歉难列举。

我当时提出一点，即中日军事冲突，已逾四年，双方损失惨重，中国难民数过千万，财产物资的毁弃，更难估计，而战区日益扩大，实属最大的不幸。个人年事已高，谨以沉重的心情，希望早睹升平。

日方诸人问我是否有意再作政治活动。我说：衰病之身，自从辞卸驻苏联大使职务，退休迄今，业已七年，早已无意再入仕途。暮年岁月，惟有从事文教及慈善事业，服务社会，略尽国民一分子的责任而已。过去曾在北京政府，参加内阁，办理外交，前后二十年，自愧建树不多，现在年迈力衰，纵欲为国效劳，亦势所不许。至于如何促进中日两民族间的真正亲善，将来如有所见，当提供当道参考。

后　记

　　我的自传，简单平凡；惟所经历的时代，在中国历史上，洵属重要阶段。读者不难于字里行间，寻获线索，引申推广。纵不能据以推断未来，然于评骘我国过去与现在的一切，如政治之隆污，风俗之厚薄，士习之邪正，要可得到不少可供质证的资料。

　　在我出生的前一年，英国商人，在上海与吴淞之间，筑成铁路一段，是为我国境内有铁路之始，嗣因该路行车辗毙兵士一名，遂由政府收购拆毁。同年清廷特派郭嵩焘出使英国，驻节伦敦，是为我国有长期驻外公使之始。当时并曾资遣海军学生一批，赴英实习。回国后，协助政府兴建海军。严复氏即其中之一人。在此之前，即一八七二至一八七五年间，清廷曾按年分批遣送幼童一百二十名，由容闳氏率领赴美，入学肄业，其中多人，后来供职政府，闻名一时。我在前章，业经述及。凡此足征我国对于西方文物制度，开始有所认识。虽尚不免迟疑瞻顾，然已逐渐采取仿效步骤。我出生之前三年，清同治帝已逝世，继承皇统的光绪帝，尚在冲龄，由两宫皇太后垂帘听政。

我国当时，外交上，困难重重。在新疆方面，与帝俄有收回伊犁的严重交涉。同年，日本不顾一切，竟然吞并我国的藩属琉球。在此之前，李鸿章代表清廷，与英国缔结《烟台条约》，勉强解决两国间一些悬案。光绪八年（一八八二），法国派兵占据安南的东京，两年之后，酿成中法战争。国际环境，如此险恶，大臣如曾国藩、李鸿章，儆于国家前途之危殆，亟谋追步西方，力图自强。希望能取人之长，补己之短，以为富国强兵的张本。

先君在他六十岁时，曾告诫我等："孩子们，时不我与，我不可能亲见国家转弱为强，由贫变富了。但是你们比我幸运，当能目击新中国的诞生！"三十年的光阴，转瞬消逝，不幸我们一辈，向子女们，旧话重提，再申先君的告诫。

若说现在我们的整个民族生活，在任何方面，较之五六十年前，一无进步，未免欠缺正确。即以教育一端而论，当我童年时代，虽在比较开通进步的上海，竟然找不出一所像样的中学。我们赴美留学，必须费时两年，加以补习，始有程度，升入大学。彼时我国留美学生不多，屈指可数。今日则几于每省，莫不设立大学，而学科水准，也多能令人满意。大学毕业生，研究各种学术的成绩，在国际上，亦颇负时誉。犹记三十五年前，"满洲防疫处"几经寻访，始获征用一位受过现代医学训练的中国医生，足够资格担任该处主管，现在国内受过新式医学教育的内科医生、公共卫生专家和医科教授，为数何止千百。过去我们希望在现代学术的各部门，能有一位国际知名的同胞。现在这一希望，总算业已实现。

　　吾人如欲明了我国教育的进步，最好一考上海商务印书馆的发展史。该馆创设于四十余年前，最初股本不过数千元，馆址设在河南路桥堍，仅平房数间而已。主持各人，不断努力，逐年扩充推广，终于成为举世知名，编辑学校教科书的伟大发行所。资本增至数百万元。编辑、印刷、发行三部分，雇用人员，何止数千。过去学校教授比较高深的科目，均采用西文原本。兹则专门名词及术语，逐渐制订，各级教科书，多有用国文自编的善本，足供一般中等教育学校之采用。此则不独易使教育普及，即在费用方面，亦比较经济。且学生肄习，教师讲授，完全运用国文国语，在民族立场，不论精神上、体制上，均属必要。

　　在平民教育方面，亦已掀起大规模的识字运动。然工作艰巨，前途有待切实努力。我国虽号称文明旧邦，而文盲遍地，几占全国人口百分之九十以上。平民教育社虽曾刊印百千万份的《识字读本》，分发各地，不过启其端绪。扫除文盲的工作，势须由政府全力推动。苏联政府对此一工作，有其独特的设计，足资参考。

物质方面，在我的一代，曾经亲身见过不少宏伟的成就：以运输而论，有铁路、有公路、有轮船、有航空；以通讯而论，有电报、有电话、有无线电。昔日国内旅行，动辄需十天或半月。今则可以朝发夕至，甚或只需数小时，即可安抵目的地。至于国内贸易，虽无精确统计，但国际贸易之进步，则有海关贸易册，可资证实。因进口贸易之发达，连年入超，形成漏卮。然因此而提高国人一般生活水准，亦属不容否认的事实。他如现代化的金融机构，企业组织，国货工厂，进出口贸易商行，其数目莫不年有增加，成绩亦多可观。所有通商大埠，繁荣兴旺，均非旧日所能望其项背。

然而我国数千年来，以农立国，迄今未脱农村社会阶段。人民十分之九以上，咸以垦地为生。终岁勤劳，往往难得一饱。丰裕康乐的生活，不敢梦想。倘吾人不在制度上，和技术上，亟谋彻底改革，以促国民经济的整个进步，则其他庶政，殆难有走上轨道之一日。当然兹事体大，政府必须具有最大的决心，和十分缜密的计划。

凡曾经到过外国的同胞，回国后，未有不深感我国群众，一般生活水准的低落。许多国人的饮食起居，简直不如西方国家所饲养的家畜。我国乡间的农民，不论衣、食、住、医药、卫生环境、教育、娱乐，种种方面，无一不褴褛、穷乏、破旧、简陋、残缺。一言以蔽之，其生活范畴，岂特不符人类应具的起码水准，实际低落到令人寒心的程度。可以耕种的土地，和每年农作的收获，从来不曾增益。人口却逐年倍增，赋税也只有加无减，兼之内战频仍，土匪遍地。在如此情况之下，我国农民的生活，除过去帝俄时代的农奴，差堪比拟外，实在想不出人类不幸的遭遇，还有逾于此者。但是他们照常忍受，照常愉快！一位专家批评我国农村，有一句很简单而正确的话："生产低落，连年饥馑。"（Production is low and famines are recurrent.）我国农夫，对于农艺，全凭经验，不究学理，欲谋改良，无从说起。即令通晓学理，亦缺乏足供实验学理的工具和财力。复兴农村，改良农艺，除由政府负责全力推动外，殆难望有何成就。

我国虽以农立国，但如不急起直追，走进工业化的途径，将无法养活此芸芸众生，而疗治我国传统的"失业"痼疾。我国富于天然利源，矿藏特丰：煤、铁、石油、五金之属，应有尽有，何为而弃材于地，不谋开发？无非缺乏资本而已。抗战结束之后，固不难招致国际资本，借材异地，实践我国的工业计划，共谋战后世界经济的复兴，与重建。轻工业中，棉纺和碾米，最为重要，四亿五千万人，衣食所需，全赖乎是，必须加意经营。我国的机器工业，如与先进国家比较，可能相差一百年，必须迎头赶上。战后发展此项工业的机会，应无限量。我国乃一具有潜在力量的国际市场，可以消纳无量数的国产货物与舶来品，此则注意国际贸易的各个国家，不可不特予了解者也。

在先进的工业国家中，不少短视之辈，往往认为我国近年振兴工业，势将贬损外货之价值，减少其输入。不惜施行种种手段，加以阻挠，加以破坏。目的无非使吾人长期倚赖洋货，以资生活。此种技俩，何殊"竭泽而渔"，实亦愚不可及。此盖由于彼等对我国人民之卓越智力，企业精神，及天然资源的丰富，与夫近年来各种事业之显著进步，昧然一无所知。其实此种恐惧心理，毫无根据。缘我国在产业上，既然诸事落后，即令急起直追，恐亦望尘莫及。如希望能并驾齐驱，竟或后来居上，势需相当时间。同时对方在生产技术上，必亦与时并进，新奇复杂的制造品，势将源源而来。

希芯拉在其分析白人所处优越地位的演说中，说道："面对今日世界局势，白人应该了解政治的意志，与经济的活动，必须双方配合。过去于移殖人口之外，〔尚须〕输出商品，〔借以〕造成经济的世界制度（an economic world system）。惟白人如欲长期维持其地位，必须使其生活程度，继续超越任何地区的水准。倘使白人因输出商品，而使一般输出市场（export market）〔的群众〕，与吾人（白人）享受同样的生活程度，则白人将难以保持其优越地位。"他的结论显然错误。但白人中，有不少的人，仍作如此想法。

为使我国变为真正有价值的世界市场，虽不可能全部工业化，亦必须加速局部工业化。不如此，将无法提高国民的生活水准。倘吾人墨守旧法，甘愿落伍，则贫困与失业的程度，愈来愈深，自然毫无经济能力购置高度工业化国家的产品。基于世界商业知识，吾人敢于断言，大量国际贸易额之形成，无论在价值，或数量方面，不可能实现于两个未经开发的国家之间。当然也无法发生于一个高度工业化，和一个产业落后的国家之间。必须两个高度工业化的国家，彼此有对等的购买力，方足以语此。前节已经提到，先进的工业国家，在战后，应利用其闲散的资金，和失业的技工，协助我国步入工业化的境界，以谋共同繁荣。

我们的物资，我们的智识，对于我国未来的幸福，前节已经说过，咸足使我们趋向乐观。但是我们的国民道德，政治作风，实有痛加检讨，彻底澄清的必要。我们的国家古旧，千百年来，经过不少狂风暴雨，惊涛骇浪，冲洗淘汰了不知多少大大小小的人物。但是整个民族，依然屹立。这当然有种种原因。然而我们应该认清我们固有的若干弱点，必须竭力加以纠正。否则，民族的复兴，决难实现。我们如仅接受新式的教育，采用科学的技术，仍将无法达到我们向往的目标。传统的伦常观念，固有的道德典型，既然整个推翻，全国人民对人对事的行为，早已进退失据。尤以盘据高位的统治人物，领导社会的知识分子；武人则生性暴戾，文人则心地倾险。配备上西方输入的杀人武器，和诡辩的学说，如虎添翼，祸国败俗，流毒无穷。革命以来，我们徒知革面，而不洗心，其恶果真有不胜言者。

国人多以"中立不倚","喜怒不形于色",认为修养到家，乃处世良方，远祸秘诀。实则此种乡愿行径，奸狡技俩，岂仅不值赞美，实应加以谴责。我们的同胞，天性纯良，可以接受暴政，可以容忍非法，总而言之，懦柔驯服而已。而最坏之点，莫过于善于服从武力。无论内在的残暴，外来的侵袭，辄愿逆来顺受，而自诩为明哲保身。抵抗强暴，争取应得权利，保持个人尊严，凡足以危及身家性命的举动，虽义之所在，尝为世俗所不许，家族所反对。所谓忍辱负重，犯而不校，父母以此训子女，师长以之诫生徒。究其内涵，往往缺乏原谅宥恕的真诚意识，不过教人知几省时，苟免于眼前的危险。流毒所至，形成强凌弱，众暴寡，阴鸷险狠，口蜜腹剑，只讲实力，罔顾正义。过去，各省军阀当权，文职的省长，不论贤否，往往遭受当地绅士、省议会、公共团体的指斥攻击，终于去职。至于凶暴残酷的军事首长，虽作恶多端，亦无人敢撄其锋。

民国成立以来，国家元首，如非纯粹的军人出身，即与军人有密切关联之人。如望政治步入法制常轨，人民足有力量，裁决一切，势将需要相当时间。尽管民主的招牌高挂，民治的标语遍贴，年年讨论制宪，宪法亦尝公布数次，人民的权力，既未提高；人民的法益，亦未曾获得保障。关于宪法问题，蒋委员长在国民参政会中，说得最为恳切透彻："我们不可仅仅注意到宪法的公布，要紧的是使其如何实施，而产生效力。我们不需要堂皇动听的词句，但必求条文切合实际，可以行之久

远，有益于国家的前途。总之我国的宪法，必须依据三民主义的原则，五权政治的纲领。"〔兹系依照译文译回中文，原文待查。〕

在今日任何文明进步的国家，我们从未曾听到，或看见本国的兵士，在自己国内，有抢劫人民的行动，或连年发生内乱。主政的当局，如或倒行逆施，祸国殃民，人民必然采取自卫行动，群起而攻之。亦从不许外国人对于同胞有侮辱伤害，或在国外受到排挤歧视的事态发生。无论有无政府的支持，均能自动执行惩罚和报复的手段。日本在维新自强之前，外国人即已不敢在其国境之内，侮辱日人。除由当事人立即报复外，所谓日本武士道者，必拔刀相助。欲国之强，必先自国民个人强起。舍此莫由。

我们的民族主义，爱国精神，现已振奋发皇，要为不可否认的事实。然而我们往往不能辨别对于个人，与对于国家和职守，效忠的不同。国人过去不免笃于私交，而忽视公谊。二三百年之前，即在欧洲，情形亦复如此。法国兵士，固尝自承为某某主教的队伍，或某某公爵的部曲，不知其为法兰西之国家武力。在不久的过去，我国军队，总自认为系某某老帅的部下，或某位将军的下属，几于无人知其为中华民国的健儿。过去军阀在其防区内，尝有随营学校、干部学校、军官团、讲武堂之设置。无非制造中下级军官，或特务人员，为个人的鹰犬，供其驱策。而一般青年，不惜卖身投靠，视为富贵源泉。

因此效忠于一人，一姓，或某一派系的观念，根深蒂固，牢不可破。在共和政体之下，既无人讲究效忠国家，效忠民族，效忠职守，故每当新旧总统易位之际，不免"各为其主"，拥甲倒乙，因而祸乱相循，内争不已。

官吏贪污，亲贵擅权，在我国历史上，尝成为亡国覆邦的祸根。史家与哲人不断引以儆戒当国者，必须加以澄清、铲除。此种政治上的腐败现象，外国亦非绝无，惟程度深浅不同而已，在殖民地区，情形最坏，往往听其存在，而不设法根绝。至于我国近代，最足痛心者，莫过于当局对于下属贪污，不特不予以惩治，且从而纵容之，乃至袒护之。对于戚族蠹国，态度亦复如此。过去一般旧官僚、老军阀，在政治上的腐败恶劣行为，可谓登峰造极。但据人们所见所闻，不少革命伟人，和名流学者，在政治上的作风，较之军阀官僚，岂止鲁卫之政，且有后来居上之势。专制时代，官吏进身，以科举考选为正途，升降黜陟，有专司铨选部门，循资递升，颇少幸进。革命之后，人事制度废弛，仕途紊乱，贤者不必在位，能者不必在职。往往学非所用，用非所学。派系之争鲜明，门户之见水火。洁身自好之士，竟视从政为畏途。有操守，有能力，而又勇于负责之人，往往不能尽展其材，或久于其位。

我国号称民主，虽在专制时代，仕途登进，全凭科甲，白屋可致卿相。其因阀阅姻娅关系而致身通显者，固尝有其人。然亦必须材器出众，识见超凡，不负委任，有所表见，始能不次升擢，久于其位。至当大局板荡，国难当头，秉政之人，亦颇能破除成见，拔用有能力的政敌，戮力同心，扭转危机，完成中兴之治。若坚持门户之见，党同伐异，只能任用依阿将顺之人，结果亡国破家。历史上的事例甚多，不胜枚举。

近年我国运输交通，已有显著的进步。轮船火车，航空飞机，四通八达，远及边区。国语推行，尤形普及。然而省界观念，仍然牢不可破。一般人只知有同乡，而不知有同胞。公务机关，不论大小，其职员常有由司阍以至首长，悉属同一籍贯。于是在政治派别上，有所谓皖系、直系、奉系。在陆军中，有所谓淮军、湘军、桂军、滇军。在海军中，有所谓闽派、粤派。虽在银钱业中，亦有所谓宁绍帮、扬镇帮、山上帮（苏州洞庭山）、潮州帮、广肇帮。国家四分五裂，难臻统一，政局变化无穷，无从安定，省界观念，实属作祟原因。北京政府，有一时期，每当内阁改组，阁员人选，恒保留二三席位，安置南方人士，无非表示政府组织，包罗各方人材，全国一致。虽迹近象征，用意不无可取。

民国初年，我国采行的代议政治制度，自难令人满意。国会议员以制定宪法为奇货，视选举总统为市道。如不公开讨价，即暗地索贿。过去所谓政党，其中派系复杂，既不能代表选民，亦缺乏政治主张。无非少数政客，互相勾结，彼此利用，以遂其一己之私。其中当然不乏公忠体国之人，但曲高和寡，且囿于君子群而不党的古训，各自为战，既不团结，更乏组织，复缺明确的政纲，自无由产生号召力量。

国民党执政之后，以党治国。同时以系一党专政，党权高于一切，不免引起党外人士，或不愿加入国民党之人，对于政府措施，表示不满。九一八事变之后，我曾提出容许党外人士参加政府问题。当我奉使美洲，出国之前，趋谒蒋兼行政院长，承告以国民党中央执行委员会改组时，可能有三分之一的委员，由党外人士担任。当时取消党治，势不可能。而此一折衷的过渡办法，亦终于不获一般党员之赞助。三年之后，民国二十三年（一九三四），我回到南京，向政府要员，重申前请。所得答复如下："党外人士，参加政府办法，已属过去。政府不久公布宪法，我国自将建立代议制度的政府。"光阴荏苒，截止至我写完自传时（一九四一），转瞬已经十年。中间发生空前的抗日战争，宪政的实施，自然难望指日出现。

一九四一年七月十三日，《远东公报》（*The Far East Bulletin*）对我国行宪问题，曾有评述如下：

> 在过去六个月中，国内取消一党专政，废除极权制度的呼声，甚嚣尘上。此种要求，不仅发动于反对党，即在当政之国民党内，不少前进党员，如宋庆龄女士、何香凝女士、孙哲生先生、冯玉祥将军等，均尝众口同声，一致主张。金以国难当头，必须各党各派，泯除成见，团结合作，对于大局，方克有济。他们颇能体认罗斯福总统站在民主党的立场，竟能

获致共和党重要分子，如史汀孙、诺克斯和威尔克等人，诚心赞助与合作的事实。一个真正的政治家，总是将国家的利益，放在党派的上面。国家高于政党，政党不容高于国家。向使缺乏此种认识，民主政治将无从实现。再看英国，当二次大战发动时，即首先组织容纳各党各派的全民政府，应付国难。在此种局面之下，国家的大众利益，既然超过一党一派的团体利益，执政人大公无私的作风，确足掀起全民的爱国热忱，促进他们共赴国难的决心，终将获得国家最后胜利。

国内在野的各种政治集团，如"青年党"、"民社党"、"国民救国会"、"东北同乡救国会"之类，无不呼吁从速召集，代表真正民意的议会，以便各个党派，得以共同讨论国家的大政。为求达到能于产生真正代表民意的机关，他们主张废除现行的省、县、市参议会组织条例，修正参议员竞选人资格的检定办法。

欲求民主政治之实现，必须首先建立法治，俾人民权益，得到严格的保障。现行之"特务制度"，可以不经法律手续，捕逮人民，不由法院审理，监禁人民，甚至侵害其身体性命。因此，在野的政治集团，联合一致，要求政府释放业被拘禁的政治犯，并泯除党见。使凡有能力的爱国人士，均可参加政府工作。同时他们希望政府，对于套取外汇，囤积物资，漏税走私，和侵占国家财经利益的高级官吏，严格检举，依法惩办。盖认为不如此不足以澄清吏治，整肃官方，提高行政效率，建立廉洁政府，坚固国民对于政府的信心，解除人民过去所遭受的各种痛苦，加强全国抗战的实力。

国民参政会参政员，虽非由人民公选，但系代表各党各派，也曾先后发表过不少对于"国是"的意见。但经过两年的长期集会，决议各案，经由政府采择施行的，并不甚多。而各省军民长官，则常被政府当局，怂恿加入国民党为党员。似此作风，不免违反民主精神，无形中阻挠精诚团结。

读者当能回忆到前清宣统三年（一九一一），在北京召集的资政院。由于议员，多系钦派，非尽出于民选，结果引起辛亥革命的爆发。当时既然缺乏真正的民意机关，政府与人民脱节，双方意见，无由沟通，促成满清的提前覆亡。

蒋委员长对于政府不能立即行宪的理由，在民国二十八年二月二十一日，第三届国民参政会闭会时，曾有如下的说明：

国民政府成立以后，遵奉总理遗教，先求全国统一，接着开始训政，原希望积极的促成宪政的实现，早达革命建国的目的，不幸统一未成，而障碍复起，经五六年之久，倾国家之人力财力的一大半，都用于军政时期之工作，喘息甫定，敌寇侵略，愈入愈深，政府为保障国家的主权，民族的生命，起而应战。……就目前事实而论，不仅训政时期的工作，受到阻碍，而军政时期应做的工作，且须从头再做一遍。换句话说，必须首先扫荡侵略者的武力，消灭汉奸傀儡，破坏国家毒害民族的反革命势力，待山河恢复，国内澄清以后，才谈得到训政，进而预备宪政。因此严格的说来，我们目前还是在军政时期之中。〔兹系依照译文译回中文，原文待查。〕

国民政府过去的遭遇，和我国走向民主政治的困难，经过蒋委员长如此昭示之后，人们不难获得正确的了解。惟宿具苛责心理的一般人，则认为此种解释，与事实并不相干。盖以我国经过三十年的革命，而人民所能享有的政治权益，直至现时，仍与在满清时代，无多差别。症结所在，实缘我国政治巨轮，进展迟缓；尽管改换了不少政治上的名词，和术语，徒使健忘的人，感觉新奇。至于历史重演，周而复始，似乎仍然脱不了我国累代相承的窠臼。

我们决难忘情史无前例的国难。四年来，我们的锦绣山河，咎不在我，竟然遭遇敌人穷凶极恶的破坏。眼见百万以上的兵士，千万以上的平民，丧生锋镝，死于流离。家宅、田园、工厂、学校、庙宇，化为灰烬，摧毁无余。凡此伤心惨目的悲剧，无非战争所造成，实属敌人的赐与，影响吾人的道德和心情，至深且烈。忧国之士，对于过去，既感失望，对于未来，尤抱悲观。此则缘于逾分信赖国防武力。迨至国军转移阵地，战略撤退，沦陷区域，日形广阔，遂不免张皇失望，信念动摇。然而大部分的同胞，素性安命，逆来顺受，迄无怨尤。

战事对于青年一辈的心理影响，往往使之趋于极端。彼等对于过去，虽感失望，对于现在，更难满意。平日惑于种种新奇的主义，和时髦的学说，早已无所选择，流亡失所之际，缺乏合理的照料，稳健的指导，歧路亡羊，自然近朱者赤，近墨者黑。

然而吾人殊无悲观之理由。历史上我国民族，遭遇浩劫，已非一次。过去无数次的急风暴雨，我们的祖先，曷尝不曾英勇的渡过。且每因经过一次逆境之后，便增添了不少的经验。我们〔现在〕惟一的弱点，可能是缺乏充沛的实力；而我们厌战的天性，和备战的工作，均不够在短暂期间，克制对方的黩武与横蛮。因一时战败而招致的破坏和痛苦，诚难忍受，但欲争取最后的胜利，自不免历尽艰难困苦。

无论由任何角度，战争总是可厌。然为准备自卫起见，当然需要高度的勇气，健全的组织，严格的纪律，彻底的牺牲，热烈的爱国情绪，和其他种种美德。凡此均须于平日认真培养，经常运用和平方法，施以训练。若在非常时期，自亦不妨使用威猛武断的手段，借收速效。

此次我国空前的全面抗日战争，着实给予吾人一自我检讨的绝好机会。因战事而被敌人所造成的残破局面，我们难道绝无丝毫责任？我们每一个人，对于国家民族，究竟有无亏负之处？我们是否曾经将家中打扫得很干净？我们过去处理内政，应付外交，曾否努力，是否明智？一般传说的官吏贪污枉法，外戚近幸专政营私，种种不健全的政治病态，是否全出于奸人造谣攻讦，恶意宣传？陈事不说，既往不咎。我们诚能平心静气，痛定思痛，彻底反省，有则改之，无则加勉，则前途自将充满希望，十分光明。

我们同胞，过去尝被讥为"散沙一盘"。遇有强敌侵略，为自顾身家性命的暂得安全，不惜甘作"顺民"。此次抗战，全国一心，即海外侨胞，亦复团结，同仇敌忾。足证我国民族意识，业已增长发扬，不同过去。虽在物质方面，我们备受敌人的破坏蹂躏，损失浩大。但在精神上，国格上，确已得到严格的考验，证实我们绝非"散沙一盘"。而"中国"二字亦非地理上的名词，乃是有团结，和有力量的一个伟大民族。

抗战给予我们另一教训，为"自助"。所谓"外援"计有两种：法律性的，和道义性的。无论根据条约上的义务，或友好的同情，所能得到的"与国"或友邦援助，均难望有切实的担保，决不能视为长期的依靠。吾人必须认清一点，即必先能"自助"，而后可邀别人之助。否则遇到紧要关头，外援断绝，或竟被人遗弃，势必陷于沮丧灰心，怨天尤人境界。

在我国对外关系方面，我曾一再提到种种受制于人的事实，和应如何改弦易辙，力求争取主动的重要。一位苏联的高级官员，曾经问我，何以中国不效法苏联，对于昔日帝国及资本主义国家，所加该国的桎梏，一举而加以摧毁扫除？如此，岂不可以一蹴而走上独立自主，平等自由，富强而工业化的境界？当即告以，如中国对于列强在华的企业投资，予以普遍没收，化为国有，各国留驻我国境内的军队、炮舰，不难立即施行轰击与攻占的报复举动。此在苏联，〔由于处境不同〕则无可能。另外一位苏联外交官员，对于我所提出有关列强，向该国追索旧债，是否有意践约归还的问题时，他毫不迟疑的回答道："当然置之不理可也。"他继续说道："在外交上，没有比债务问题，再容易解决的事！对于债权人的要求，尽可置之不理。一俟时过情迁，双方不难付之两忘。而且债权人总会自动的将债权转入'呆帐'科目，逐年摊销。"我们姑且不问如此对外，原则是否正当，手段是否适宜；惟此可以行之于苏联，未必即能行之于现时的我国。各国所处环境不同，无法转相仿效也。

前清末造，恭亲王、庆亲王、曾惠敏、李文忠、张文襄，乃至袁项城，一般旧式人物当国，尚能选用专门人材，委以外交折冲重任，每遇棘手的交涉，也尝获得转危为安的结果。虽有时不免遗屈辱外交之讥，然亦幸逃兵连祸接之惨。当我初次涉足外交工作时，一位政府延聘的外国顾问，竟向我说道："贵国尽管在战场上屡吃败仗，但在坛坫上，仍然获得不少胜利！"他的话近乎调侃，或不免夸张，然亦含有相当真理。直至今日，在一般人的心目中，外交人员的功，往往难掩其过。渎职误国的攻讦，一倡百和，几于无以自白。此中烦恼，实非局外所能了解。

基于历史观点，我国最近数十年的民族生活（national life），在国际关系方面，由于外交部的不断努力，确有不容否认的进步。即以"人事"而言，无论部内，或驻外使领馆，一般职员，均经精选，受过适当训练，然后指派工作。既能久于其任，自然积渐不少经验，运用其锐敏的思考，不难对于纤细的工作，措置裕如。无疑的，他们〔的能力〕，远比其他行政部门，同阶级的对方（Counterpart）为优。然而〔他们的〕结局，往往不幸。在我国的行政系统中，无论教育、实业、财政、警务、司法，而尤以国防最为显著，殆均难与外交工作，互相配合，彼此呼应。尽管外交人材出色，工作效率卓越，坛坫折冲，获得一时胜利，但以后方空虚，亦属徒劳。往往功亏一篑，事败垂成。

　　不幸的是：能力薄弱，组织散漫，准备欠缺的部门，往往希冀外交人员，继续表演奇迹，扭转大局，解除国家危险。在我国三位代表出席国联特别大会，检讨李顿调查团报告书之后，一位欧洲国家的外交部长，私下向着他们表示崇高的敬意，钦佩他们对于国联机构的丰富知识，赞美他们的卓越辩才；但认为他们所代表的真正中国，非尽如他们所描述的一般。这位外交部长的意见，并非无的放矢。

　　由于我们在国联对日本侵略的声诉，所得到道义上的胜利，不免鼓励国内舆论反对与日本直接谈判。对于收复失地，提出种种不切实际的高价要求，竟使当局无法措手。负责任而明白事理的人们，一筹莫展，惟有保持缄默。宿具阴谋的野心政客，和好乱成性的激烈分子，乘机煽动不辨利害的民众，激刺其盲目的排外心理，掀起所谓"爱国运动"，蓄意瘫痪政府，惟恐战火之不立即燃烧。〔目的无非借此趁火打劫，颠覆政府，篡夺政权。〕国内反日的宣传愈烈，国际的交涉途径愈窄。人民爱国之热忱，固属可嘉，至于国家的武力薄弱，准备欠缺，国际的助力渺茫，则非一般人所能深思熟虑。

吾人素所厌弃的北方军阀，多属野心勃勃，而缺乏智识之辈，动辄希冀统制全国，诚属愚不可及。然其中亦有人颇具自知之明；在行政上，遇有自知"外行"之事，亦尝能信任专家处理，不敢妄作主张，一意孤行。其实遇着国际间，黑云笼罩大地之时，倘能听由富有经验的专家，把握机会，运用材智，未尝不可化急风暴雨为青天白日。凡此转移国际风云的动作，实无固定方式，绝难拘牵于所谓民主的进化行动，或极权的革命行动。

中国的拯救，究应自上发动，抑由下层做起，此一问题，久经争论。按照我国历史的演进，治乱循环。创业垂统的领袖，睿智有为，君临天下，以身作则，足以移风易俗。此即孔子所谓："君子之德风，小人之德草，草上之风必偃。"中华民族，生性守法，身居高位之人，诚能树立楷模，即不难上行下效。修、齐、治、平，既属我国传统的政治哲学，人民但求安居乐业，养生送死。使士不废书，农不辍耕，工不弃器，商不停市，则天下太平，号称郅隆。

我国生齿蕃衍，人口激增，粮食问题，日趋严重。在我童年时代，每日三餐，必须将本人碗中米饭吃尽。偶有余粟抛撒，无论留在桌布上，或遗在地板上，亦须拾取吞咽。所以养成爱惜物力习惯，俾知一缕一粟，来路不易。每当我向美国友人谈及中国菜蔬种类之多，美不胜数时，彼等咸笑谓中国缺少肉类，只好以蔬菜补充。《论语》中子贡问政，孔子说："足食足兵，民信之矣。"子贡又问："必不获已而去，于斯三者何先？"孔子立刻答复道："去兵。"继复慎重的说道："去食，自古皆有死，民无信不立。"盖认为粮食对于人民固属重要，当国的人，诚能以身率民，赢得国人对于政府的信心，不以危急而弃之，人民纵令饿死，国家亦不致土崩瓦解。

读者当能记忆本书前章所述：清末曾任外务部尚书，嗣充民国交通总长之梁君敦彦，对于遣送留美学生，挽救中国危亡的意见。他主张资送上千的幼生赴美，学习美国的长处，返国后，利用他们富于进取的朝气，改造陈旧保守的中国，使之现代化，工业化，日趋于富强之域。显然的，中国必须有一套维新改革的计划，由贤能的领袖率导于上，民众拥护于下，然后可望收"风行草偃"之效。日本七十年来，维新自强，由蕞尔岛邦，转变为世界强国，实属彰明较著的榜样。

但在相反的方面，许多研究我国改造问题的人士，认为中国不变则已，变则必自下层发动，民力所在，众志成城。盖以基础不固，一切无非空中楼阁，决难抵抗狂风骤雨的摧毁。即令费力需时，然而一劳永逸，所得倍于所失。此种见解，当然鉴于过去一般身居高位的领袖，不是能力欠缺，或意志薄弱，就是推行的政策，根本错误，或措施的程序，轻重倒置。结果招致阻力，终归失败。实则以我国之地广民众，惰力深固，习尚因循，一切除旧布新的改革，如不假以时日，绝难一蹴成功。二十年前，某次欧美留学生同学会，在北京集会，不少学者名流参预其间。有人问我"医治中国痼疾的办法"。我的答案，十分简单，只是"时间"二字。即在今日，我的答案，一仍旧贯。

抗日战争对于吾人，如能有所成就，则其成就不外：因外来强敌的不断侵略，和国内政局的长期动乱，使得吾人深深警觉到民族生存的危险。在国际政治组织中，一个向被忽视，虐待，不受保护的会员国，尽管比例的照纳綦重的会费，迫至受到外来侵略，饱经战争的蹂躏，却不曾得到应有的保障。弱小无助的国家，自应团结起来，在国际社会中，争取应占的地位，和应得的重视。吾人缘此必须彻底的，迅速的，重建一切，无论由教育着手，或运用政治力量，创造新的生命。根据人类过去进步的经验，〔一切改革和创造，〕无论借重教育，或利赖政治，效力虽大小不同，但若相辅而行，成功则一。国家经过如此广泛的抗战损失与破坏，复兴重建的工作，当然十分艰巨浩繁。所需岁月，势必悠长。由死亡灰烬之中，产生新的中国，使之康乐、民主、富强、美丽，而现代化，这对于我们果毅不挠，坚忍不拔，勤劳不懈的民族精神，的确是一桩最严重的考验。在艰巨的复兴过程中，最需要的，莫若睿智、廉洁、勇敢的领袖。不独政治方面为然，任何行列，任何事业，无不如此，关于领袖艺术（the art of leadership）问题，在新近一本讨论欧洲领袖的书中，有下列的词句："领袖的艺术，确是一件严重的问题。做领袖的，决不可掉在一种运动的后面，否则将感孤立，而与群众脱节。但亦不可跑得太前，势将与群众失去联络。在进行领导一项运动时，必须兼顾前后双方——既不容许有人掉在后面，也不应让人跑得太前。"

运用上述格律于我国时，不论做领袖的，动机如何纯洁，期望如何诚挚，必须切实记取：不可在群众前面，跑得太快，使其无从追步。同时，倘若臆度民众的能力和进步，一如本人，希冀可以共同做到合乎理想的工作时，终将对于所领导的集团，感到失望，丧失自己的勇气。盖领袖本人认为简单容易的工作，往往超越民众的能力，结果将使整个计划，全盘推翻。

既然号称领袖，必须具备领导能力。反是者，当然失去领袖资格，将由别人取而代之。此乃一定不易之理。领袖倘若掉在后面，势必陷于孤立，而与民众隔离，终于招致遗弃。此种情事，在过去的我国，最为显著。我国向来有"天高皇帝远"之说，深居宫闱的人君，形同偶像，其地位的脆弱，远过于西方的任何元首。不独对于国内现实生活，世界潮流，一无所知，而其朝夕相见之人，又无一而非迎合意旨的近幸小人。

据正确的史实，袁世凯进行帝制时，他的一位老友往谒，暗示改行帝制，业已引起中外的反对。袁氏不纳，反示以当日的《顺天时报》（日本人在北京发行的机关报），所载各方赞助帝制的报导。惟谒者所见袁氏手中之报纸，实与外间流行者不同，殆系袁氏左右所刊之赝本，专供袁氏个人浏览者。中国元首被左右近习闭塞聪明之事实，史不绝书。西方人士，对于此种不可思议之现象，诚难置信。

在我结束本篇"后记"之前，我仅将孔子有关治道的一些教训，重复提出，深盼同胞们加以体会和推究。孔子说："为政以德，譬如北辰，居其所而众星拱之。"又说："自古皆有死，民无信不立。"粗浅的解释，便是政治必须注重道德，不能专使权术；尤其不可使民众失去信心。孔子又说："政者正也，子帅以正，孰敢不正。"又说："其身正，不令而行，其身不正，虽令不从。"这等于说：当国主政的人，必须以身作则，为人民的表率，然后政令方得贯彻，而后始可言治。

一九七一、十一、四，全书译完。

译后语

民国十年、十一年之交，颜先生长外交部，兼管清华学校，前后曾来学校演说两次。笔者时肄业清华，因获瞻其风采，聆其教言。后此，人各一方，即无过从机会。抗战结束后，笔者上海住宅（福煦路，后称中正中路，九六九号），适与先生寓邸毗联。春秋佳日，辄见先生携同十四五岁之幼子，于傍晚五六时左右，散步街边。杖履雍容，意态闲适。彼此虽属邻舍，顾未尝一通殷勤。惟邂逅之倾，恒不期相视点头微笑。在笔者固知其为外交耆宿之颜先生，而对方则绝未料及此一常遇之路人，二十余年后，竟有机缘翻译其自传。岂非所谓"出乎意料之事，真有实例可证"者乎！此则先生早在自传第一章中，已有言在先也。

笔者译先生英文自传既毕，深感撰写自传之非易。而先生独能自辟蹊径，不落庸俗窠臼，实为难能。昔唐李德裕有言曰："言发于衷，情见乎辞，则言辞者，志气之来也。故察其言，而知其内，玩其辞，而见其意矣。"近颇读时人所撰自传及回忆录之类，如非辞句猥鄙，有失文章尊严，即叙事芜杂，不分轻重。甚且妄造记录，无中生有。岂特贻人笑柄，实亦反映作者品格。至颜先生之叙述个人生平，但记少长立身行事，不似时流稍有片善微能，辄剖析具言，纤悉必载。亦未尝扬才露己，自媒自炫。诚可谓谦以自牧者矣。其论衡时政，循原究委，不逞意气。而月旦人物，尤具分寸，从不涉及私人生活。虽所深恶之人，或极难赞同之事，终未攘袂昌言，肆意攻讦。宽裕容众，气度浑融。至于自传以英文写出，盖欲使外人读后，得知我国读书人从政之风度，并借以纠正一般外人对我国之荒谬见解。用心可谓良深。先生之英文造诣，世有定评。自传中属辞造句，有时颇类前《纽约时报》名记者克柔克（Arthur Krock），不着国人所写英文痕迹。

颜先生自传止于一九四一年，去其辞世，中间尚有九年，阙然未记。其间事迹，如代表民众，由沪赴平，参加国共和谈，最为重要。经过如何，传闻异词。岁月淹久，世益莫详。顾自谈判失败，先生迅即南旋，终以老病，捐馆沪滨。以视留平不返，蓄意靠拢，希冀出仕"新朝"之党团代表，旨趣显然不同。

自传各章译文，曾在台北《传记文学》杂志分期发表，历时两年。实际译写时间，不过半载。自知谫陋，兼以暮年精力有限，匆促之间，成此二十万字之译文，舛误难免，幸读者谅之。闻英文原著，颜府诸人有意刊布。倘成事实，读者当不难执以比对译文，正其纰缪，借存信史。

姚崧龄　一九七三，一，十二补记于美东，纽泽西，慕理原。

附录

读姚译颜惠庆英文自传感言

张忠绂

本文只是读姚译颜传引起的几点感想，而非正式书评。因尚未见单行本，而第十七章，及"后记"，亦并未寓目。重以编辑方面来函催稿，俾《传记文学》杂志得于末章刊出后，可以附入单行本内，故率尔草成此文，惟曾寄给译者校正。

原拟只写一约长二千字的"书后"，不料信笔直书，欲罢不得，竟至字数逾一倍。颜先生于其同时外交界中，堪称佼佼者。他的经验与言论，可供后人借鉴的，当然不少。但他在自传中的语意，却甚含蓄，故不惮代为扩充阐述如次。

颜惠庆（骏人）先生，是参加清末光绪三十二年九月第一次"留学欧美毕业生考试"，取中的"译科进士"。光绪三十四年，随伍廷芳钦使赴美，任使馆二等参赞。驻美期间，受伍钦使的鼓励，自动研究国际公法及外交技术。嗣回外务部供职，获交驻荷兰钦使陆徵祥。民国成立，陆氏任外交总长，推荐他出使东欧，驻节柏林。陆氏对他说：自己没有钱，不能作外交官。最好先出使数年，略有积蓄，并资养望。庶机会到来，可望实行平生抱负，不致顾虑身家衣食，仰人鼻息，依阿取容。

从上述的简单事实，笔者有数点感想：

（一）鸦片战争以后，中国无外语人材，更无专攻国际法与外交技术人材。当时服务翻译与对外直接交涉的人员（外人为中国服务者除外），多出身于买办阶级。冯桂芬于其《校邠庐抗议》中，曾痛切言之。据传伍廷芳服务于外交界者，已逾半世纪，但与十三行仍有关联。维新自强初期，清廷派出之留学生人数不多，所习科目，亦欠专门细密。即以颜氏而言，留学期间，所习亦不过语言文字、历史、科学，所谓普通文科（Liberal Arts）。于此可见清廷革新政治时，人材之缺乏。日本维新后于中国，正式开关亦较中国迟约二十年。但人材辈出，进步远比中国为速。此无他，清廷顽固腐败，不讲行政效率，一切游移瞻顾，终于覆亡。

（二）清廷虽颟顸低能，但亦不乏保持中国传统奖励后进，培植人材的明达大臣。惟此辈公忠体国，"以进贤事君"之大臣，日渐稀少，乃至绝迹。继之者多属师心自用，忌才害能之金壬。造因所在，殊值吾人深长思也。

（三）陆徵祥所谓没有积蓄，不能作外交官。此在中国，确系实情。欧美各国，政务官多出身于工商企业界，或专门职业界。其效力政府，为利者少，为名者多。共产主义国家的官吏，例如苏联，一切胥由政府供应，洎至外交官眷属所用之首饰珍宝，均系国家公物。前任移交后任，无人敢于据为私有。清代京官薪俸，号称养廉，数目有限，多望外放优差，以资调剂。当权之京官，例由各省大吏，时致冰敬炭敬，以资挹注，并不认为贿赂。即在地方上，普通一秀才，一举人，均有当地公项不时津贴。至于翰林，可以往来各省，干谒大吏，大打其抽丰（俗作打秋风）。慈禧太后对于有劳绩之京员，简任外官，亦尝寓有调剂作用。此实中国政府历来豢养士人之传统办法。故陆氏对颜氏之规箴，不失为经验药石之言。盖民国初年，驻外使领馆经费采用包办制，颇为宽裕。如主管人能撙节用途，不难略有储蓄。曾闻颜氏后来语人曰：北洋政府时代向未见公使卸任，尚有余款报部者，不报亏空，即为好官（清廉）。北伐以后，外交部极少革新。在规章中，虽尝加严防舞弊条文，却少认真执行。且各事恒因人（有后台的人）而异。以致贪污者反得大行其道，而实心任事者终于扞格难容。局外人或以为驻外使领馆，何从贪污。殊不知馆员之办业务者，固不可能贪污，而馆长及承办事务者，往往生财有道。详情恕不细举。笔者认为一切规章条文，决不容闭门造车，削足适履。必须因地制宜，顾到实际需要。一方面不致因经费短绌而不能办事，一方面又不致浪费公帑，徒供中饱。必如是而后始能铲除传统性之贪污，树立廉能政治。外交部机构尚其小焉者也。

谈到颜先生之作官与为人，无疑的，是一位循良而正派的外交界前辈。他的官历极盛时，是在北洋政府时代，但彼时乃军阀及依附军阀的巧宦时代。决非颜氏这种人可能有所作为的时代。他之所以能身居高位，一则由于他出身外交界，而彼时似乎很少军人与巧宦愿意出任外交官的。同时他们尚有自知之明，对于外交界也另眼相看，认为那是对外交涉，有关国体，而且在私人方面，也无权利可争。直至北洋政权没落，整个外交界尚能保持其传统作风。故北京外交界的水准，反较一九二七年以后为优。

再则颜氏作官，奉公守法，颇能为国家利益着想。以视巴黎和会时之南北两代表（首席代表陆徵祥除外）作风，似有不同。他比较淡于名利。而巴黎和会中之南北两代表，却因首席代表陆氏多病，不常出席，不免明争暗斗，抢夺首席座位。颜氏出身教会家庭，不但无教会习气，且对于政府所聘用之洋顾问，来自教会者，认为多系下驷庸材，并无好评。他在宦海中数十年，一帆风顺，轻易不愿开罪于人，其能获任国务总理，亦即以此。惟在各系军阀夹缝中讨生活，只能任缓冲，不能有所建树，自属环境使然。然对于个人出处，颇为分明，未尝见其有恋栈之意。

谈到颜氏自传本身，笔者亦有几点感想：（一）除弁言外，全传计十八章，译入中文，约二十万字。叙述坦白，记载翔实，似无不可告人，而故为曲笔者。此点求之于当时寄迹宦海数十年之人物中，至为难得。惟叙述虽坦白详尽，但深度似嫌不够。自传之可贵，首在其可靠性，足以供后人之参考，否则将毫无价值可言。颜传于可靠性一点，无可怀疑。至于笔者所谓深度，则系指"述人之所未曾述，与言人之所未曾言及所不敢言者"。必如是，方能为历史留真迹。任何一演进或变故，必有其秘而未宣之背影，非当事人无法得知。迨事态表面化之后，有关各方之文电措辞，必有其冠冕堂皇的一套。治史者若仅据表面文章以作论断，则不免受愚，且终以愚人。太史公为史家所宗仰，正以其虽在汉武威势之下，刑余之后，仍有直言不讳之勇气。自传作法，虽与治史不同，但各种自传、回忆录一类文字，正为治史者之原始材料。倘此类材料，均系秉笔直书，无忌讳，无隐匿，则后人汇集其记载，属辞比事，所产作品将与正史官书有甚大之距离，而远较正确。若悬此一标准衡量颜传，求全于贤者，则颜先生下笔时，似尚不无顾忌。

当然，颜先生在执笔撰写自传时，其所处境地，或不能不有所顾忌。更亦无从预知其遗著公布的时期与地点。翁同龢的日记，于本人获谴放归后，尚曾加以改削。在暴政淫威之下，类此情势，所在皆是。此乃中国士大夫明哲保身之道。笔者所说的，不过就一般理论而言，绝非吹毛求疵。至于颜传之忠实坦白，已非一般歪曲事实而写自传，或为利禄所诱而为他人作传记者，所得望其项背。正因今日此类传记充斥，自欺欺人，故不得不提高理论标准，对于贤者求全责备。例如在其第十三章，"出使苏联"，与第十四章，"重返苏京"两章中，虽曾将苏联前后二十年的情况予以比较，但惜并未深入。在中国当时有如颜氏机会之人，可说绝无仅有。对于此一新制度而有如"谜"一般的国家，正应尽其所知者，予以揭发，晓示朝野，俾知警惕（颜先生第二次自苏联返国后，即已退休，非不可为文）。梁任公于民国八年游历欧洲，返国后，对于苏联情况，即曾为文警告国人。此正表示梁颜二人，虽均为目光锐敏之观察家，但各人性格与作风，则有不同。至于无观察能力，而滥发议论者，岂徒无益，而且有害。又如全传只叙至"香港羁旅"而止，对于民国三十七年北上谈和，毫无一字提及，殊为可惜。惟以民国三十六与三十七年间之国内环境而论，宜其不便对于时事有所论列。

　　全书最有价值之数章，当为第十二，第十三，第十四，与第十六等四章。在第十二章，"出席国联"中，他说："（中国政府）嗣已明知国联处理该案，将毫无结果，何以不趁早改弦易辙……令人费解。……过听国联秘书处一二重要职员之主张……"此正我国历来办理外交之通病，既少主动，复缺活力与流动性，尤不能数弦并弹，使五音调和，恰到好处。笔者深信此点，实与中国官僚政治，与夫制度之不善，有莫大关系。虽有智者，亦难为役。他又说："我国过去对外交涉，向不注意宣传。……其实善为我国宣传者，莫若国际同情我国之报人。……"此实我国之弱点，经其一语道破。北洋政府时代，不懂宣传。国民政府过去的宣传，自一九二四年国民党改组后，迄以党部机构出之，如中央宣传部，与《中央日报》。惟凡以官方或党部名义发表之报导，外人恒以有色眼镜视之，不免疑信参半。此缘西方之读者多为民众，而不限于政府中人。西方民主国家之政策，始终取决于民众，非若极权制度之国家，无真正舆论之可言，一切悉由独裁领袖之专断。

在第十二章中，颜氏曾提到日内瓦常传说，国联无力，盖由美国拒绝加入，"其实美国固无时不在与国联合作"。足见颜氏观察正确。惜颜氏当时尚无法得知，史汀生于一九三二年正月宣布"不承认政策"前，曾秘密的向英国提议以武力制裁日本，而为英国西门外相所拒绝。美国以难于单独行动，故退而宣布"不承认政策"。至于英法拟置身事外，乃至恶意宣传，无非为己身卸责起见，然终于自食其果。诚如颜氏所云，国联对于日本制裁表示无力，故有翌年意阿事件之发生。从而鼓励希特勒用兵征服法国，发动第二次世界大战。倘无美国介入，伦敦亦必不保。短视之国家，殷鉴不远，应知所警惕矣！

于此，有一点笔者愿特予提出：即九一八事变后，极端爱护国民政府之史汀生（共和党）国务卿，竟于一九四三年后（时任罗斯福总统之陆军部长），反对国府，其态度不弱于马歇尔。此其故何在？虽云"人必自侮，而后人侮之"，但国际共产党之宣传，实为一主要原因。自一九四三年起，苏联感受之西面威胁，已见减轻，于是转向而图谋中国，蓄意削弱乃至推翻国民政府。史塔林一面向美国驻苏联之大员说，苏联并不认为延安系共产党，只系一群中国的饥饿农民而已。又说，此后苏联对中国决无野心，愿将中国问题交由美国全权处理，唯一条件为中国必须停止内战（换言之，国府不得用兵戡乱）。且于面对罗斯福总统时，史塔林亦复作同样诺言。

自罗斯福、华莱士以下，莫不信以为真，而对史塔林宣言发生疑问者，仅一哈利曼。同时史塔林发动中共与国际共产党，采取同样伪装宣传路线。独惜国府当日所耗之宣传费虽巨，但不能针对西方人民心理，而仅侈言政府措施，一无错误。殊不知当时美国风尚，偏于理性，决不置信任何个人，或任何国家，包括美国在内，竟能毫无错误。

迨至罗斯福逝世，杜鲁门继任总统，两年余之时间，足使史塔林之宣传伎俩在中国民间，与世界舆论发生力量。适杜鲁门于就职一年后（一九四六年夏），正拟策划美国政府战后对华政策，于是拉铁摩尔毛遂自荐，以专家及曾任中国政府顾问资格献策。杜氏照例将其说帖发交国务院研究，国务卿复交远东司审查。先是霍贝克任远东司长，霍氏反共而亲华。国务院左派竟联合外力，加以排挤，使之出任驻荷兰公使，而由文生补其遗缺。文生审查拉铁摩尔之说帖后，大加赞扬，力主采用。国务卿与总统对于远东问题，既非娴熟，自然照例批准。此一拉铁摩尔之说帖，遂成为美国政府一九四六年后对华政策之蓝图。当时国府依然希望获得美方大量援助，殊不知美国政策早已内定矣。笔者在此提出此点，无非说明史迪威事件，与马歇尔使华之失败，均仅系此一大阴谋中之插曲而已。吾人不论追查过去，或策划将来，对于事态演进因果之推究，均应从大处着眼，庶不致不见车薪。

在第十四章，"重返苏京"中，颜氏曾提到于一九三五年，重返苏京前，"对于外交方面……看不出（政府）有何决策。一切……随时俯仰，静候国际发生变化……"，又说，"古今中外，对于外交政策，从无一致的舆论，要恃主持外交的首长，因势利导，纳真正的舆论于正轨，使之发生力量，然后根据大多数人民的意见，以为决策的依归"。这几句话，代表他对于外交的真知灼见。实则民主国家中，一切政策，莫不循此途径而决定。这即是罗斯福在珍珠港事变前所采用的方法。这也是尼克逊所谓，必须唤起"沉默的多数"的真谛。至若干年来美国民主党的总统，与许多该党的领袖，一味哗众取宠，反其道而行之，以致美国今日百弊丛生，难以收拾。读名人自传者，自当于此等处，特加留意。

于此，使笔者联想到北洋政府，在一九二四年前，与苏联的谈判，迁延两年之久。而顾王二人又因细故，加以宿怨，发生磨擦，更使交涉拖延时日。岂知苏联目的，并不急于对北京政府交涉成功，而志在调查中国政治，与社会实况，尤其侧重增进舆论与智识阶级（包括一般大专学生）对苏联的情感。故贿赂记者，联络教授与青年，并拉拢中国实力派与之合作。分头并进，无所不用其极。苏联以无产阶级革命，扶助弱小民族相号召，但在中国，第一个试图联络的对象，却为保皇党的康有为一派。此一事实，曾载于《不忍杂志》一九一九年秋大事记中。经康派拒绝后，乃改而联络吴佩孚，结果引起京汉铁路工人风潮，终与吴派决裂。嗣后举凡李大钊、陈独秀、冯玉祥之流，均在拉拢之列。最后于一九二三年，有《孙越上海宣言》之发表。可惜当日无一记者，或政界闻人注意及此，发其阴谋，昭告国人。

最后，读过颜先生自传译本的人，对于译者姚崧龄先生，及保存英文原稿的颜仆生先生，均应表示谢忱。颜先生保存原稿并慨然将其交出，翻译成书，以饷国人，具见孝思与公益心之深厚。姚先生对于移译工作，丝毫不苟，文辞尤为畅达。且参考他书，阐释原文，致力之勤，令人钦佩。

评估《颜惠庆自传》
中译与英著之价值

浦薛凤

　　文章之能否传世，大抵须俟数十百年后，始能肯定。然而传世著作，决非偶然，而必具有其基本条件，亦即具有其永久价值。苟其具有永久价值，则世代传诵，不难逆料。基此标准，颜惠庆自传之译本与原著，自在传世之列。此非阿谀妄断而有所依据。试读自传"后记"一篇首段，不啻画龙点睛，辟面道破："我的自传，简单平凡；惟所经历的时代，在中国历史上，洵属重要阶段。读者不难于字里行间，寻获线索，引申推广。纵不能据以推断未来，然于评骘我国过去与现在的一切，如政治之隆污，风俗之厚薄，士习之邪正，要可得到不少可供质证的资料。"自传之最大贡献与永久价值，即在于此，亦即在供给珍贵的历史材料。至就译者而言，则端庄流利之文笔，惨淡经营之补注，发掘宝藏之慧眼，与夫推进流传之力量，自有其不可磨灭的功劳，与相得益彰的效果。

　　姚译颜氏自传，予已先后细读两遍；初系分期欣赏，今则一气呵成。所得深刻印象，厥有三项：一为良好家庭教育，二为正直政治风度，三为宝贵历史资料。

　　任何人之成就，不外基于禀赋，教育以及环境。禀赋不由自主，环境亦难控驭，教育包括智识暨品格。以言品格之养成，大抵有赖于家庭教育。就颜氏之成就而论，要不仅在其职位与事业，而且在其品格与作风：特别是正直忠厚，负责任事，以及明辨是非，具有勇气。宦途而有此，实属不可多得。凡此品格与作风，当奠基于耳濡目染，潜移默化，自幼养成之思想，信仰与习惯。此盖可于自传"童年回忆"一章中，蛛丝马迹，窥见线索。

　　颜氏生长于满清末季上海新式家庭中。其父永京先生系留美学生，教会牧师，书院院长；对于朋友们正当请托，无不"乐于效劳"，对于科学讲演等社会文教活动，亦"时加赞助"。"父亲对于吸食鸦片的恶习，深恶痛绝。对于鸦片的贩卖，其愤懑可谓达于极点。""他尝翻译不少重要西籍。英儒斯宾塞的《教育论》即其中之一。"下列一段，尤值注意。"父亲热心公益，对于外人欺压同胞，不讲公理的情事，辄仗义纠正。不时参加'上海文学辩论会'（为"其中惟一的华人会员"），舌战西人。或在英文报纸，撰文指摘租界当局对于华人之歧视。诸如上海外滩公园不准国人入内憩息，工部局参议会不设华董名额等等，均经据理力争之后，获得相当解决。同时联合朋友，成立华人游息公园，以示抵制。"此种广义的家庭教育，证以颜氏日后言行，实有深远影响。

颜氏曾云："国人多以'中立不倚'，'喜怒不形于色'，认为修养到家，乃处世良方，远祸秘诀。实则此种乡愿行径，奸狡技俩，岂止不值赞美，实应加以谴责。""而最坏之点，莫过于善于服从武力。无论内在的残暴，外来的侵袭，辄愿逆来顺受，而自诩为明哲保身。"此种信念与精神，其在从政方面所表现者，当留待下述，其流露于日常生活者可举数例。第一次大战初期，颜氏任驻德公使，偕夫人游莱比锡名胜，被一名类似商贾的肥硕德人误认为日籍，无理叫嚣，不听劝止，遂"将其外褂捉着，令其随吾往见车站里驻警"，次晨出游，即有警车保护，而扰事德人，卒亦令其捐红十字会二百马克后，"代请免究"。一九三五年，时任驻苏大使，乘坐义国邮船康德罗梭号回国述职，"船上职员接待我与同胞旅客，殊形怠慢，我等未尝得到应得的礼遇。船抵波赛时，我特函墨索里尼，指责船员服务不周及傲慢等情，告以中义既然正谋增进邦交，此等细节亟宜首先生注意。俟船到星加波时，船长忽然向我道歉。……该函似已发生作用"。但颜氏虽然明辨是非，嫉恶如仇，却亦宅心忠厚，对事不对人，从下列一段记述可见融合新旧式美德。

轰动一时之金法郎案，发生于颜氏担任国务总理及兼外交总长任内。"关于此案，尚有笑话一则。……对于此案，尽力为法方奔走的国人某君乃一著名政客。一日前来相访，讨论此案时，彼信口说道，如能使此案顺利成功，当以五十万元为寿，我只好带笑的回答：'至谢盛意；驻外使领馆经费适愁无着，该项佣金正好济急！'来客从此再也不提此事。"妙在颜氏不提此人之名字；而更妙者，译者亦必故意不加补注：皆是宅心忠厚，对事不对人。

至于"热心公益"，颜氏亦有乃父遗风。综其生平，曾先后担任中国红十字会会长，华洋义赈会主席，（上海抗日战争时期）国际委员会主席等等。日兵占领香港，炮火进行之际，伊曾冒险奔走，照料友人眷属，此种肝胆照人，老而弥笃，亦属难能可贵。总而言之，颜氏自己之为人，以及其兄弟们职业虽异，而桃棣竞芳，归根结底，有赖于新式而良好的家庭教育者甚多，此其一。

颜氏之显赫政治生涯，系从投身外交界开端。虽形似偶然，而实有其缘由：盖从幼修习英文，并擅长论辩。初入私塾，固由学读三字经与百家姓及孝经等开始，而其修习英文，则亦由童年发轫。伊母戚氏（亦上海教会学校出身）且加指导，亲授国文英文。颜氏留美六年，先入教会高中，旋在维金尼亚大学读书毕业。毕业返国，在圣约翰大学执教。迫伍秩庸氏使美，始任使馆参赞。旋回部内任主事，在新闻处工作。计曾先后两次参加殿试，首成进士，继授翰林院检讨，遂由主事升为四品京堂之参议。辛亥革命，袁世凯东山再起，曾由颜氏陪访各国使节，未几越二级高升左丞。袁任总统，颜氏晋任外务部次长，不久出使德国并兼丹麦瑞典公使。其后参加巴黎和会；归国不久即受命为外交总长。自一九二〇年起屡次暂摄阁揆，亦曾正式组阁，担任国务总理往往兼任外交总长或内务总长，亦曾单独接受农商总长之职。但段祺瑞氏执政，一度授任外长，再度发表驻英公使，均经辞谢未就。阎锡山被拥为"国府主席"时，曾邀颜氏任外交部长，当予拒绝。可见颜氏之进退，亦自有其准绳。国民革命成功，颜氏经国民政府任命为驻美公使，次年出席国联，迅速办理中苏复交。一九三三年，任驻苏联大使。越两载又任吾国出席国联之代表团团长。多年辛苦，心力为之交瘁，健康深受影响，遂回天津休息。一九三九年，在出席太平洋学会，担任吾方代表团主席之际，蒋委员长又曾电嘱出任外交部长，一因太平洋学会正在开始，再则当时不甚明了国策，故卒婉辞。

　上所叙述，并非炫耀颜氏之高官要职，而在反映其扬历中外，垂三十余年之久，以无党无派，本无武将撑腰之一位洋进士，竟先后受到尊重，邀任艰巨，此其中必有赖于颜氏之品格，才识与作风。盖综其政治生涯，实历逊清末季，民国初期，以及国民政府三个阶段。当然，求全责备之史家，自可为颜氏曾在贿选而成总统之曹锟任内，组织内阁，加以诟病。但是用此道德标准，则古今中外之政治家能免讥评者，果有几何？不宁惟是，谚语有云，"死马还当活马医"。从政者可能顾大遗小，为应付内忧外患着想。反之，颜氏决非播弄是非之政客，贪位恋栈之官僚，此则断然无疑。

试读下列一段记述，当知颜氏之政治家风度。"九一八事变之后，我曾提出容许党外人士参加政府问题。当我奉使美洲（一九三二），出国之前，趋谒蒋兼行政院长，承告以国民党中央执行委员会改组时，可能有三分之一的委员，由党外人士担任。……此一折衷的过渡办法，亦终于不获一般党员之赞助。三年之后，民国二十三年（一九三四），我回到南京，向政府要员，重申前请。所得答复如下：'党外人士，参加政府办法，已属过去。政府不久公布宪法，我国自将建立代议制度的政府。'"姑不论颜氏建议是否得当，而其知无不言，言无不尽，毫不以当局之好恶，与一己之进退为怀，实具大政治家之风度。至于从政时期，总是实事求是，尽其在我：例如谈判鸦片输华，筹设清华学校，成立教育基金董事会，举行关税会议，筹备华盛顿会议，出席国联，先后办理外交，以及其他种种，尤非一般政要所可比拟。第二次世界大战中，日本占领香港，颜氏对于惨酷战祸，身经目击：其"在香港酒店受到所谓保护时，日本高级军官，曾来和我见面两次。""日方诸人问我是否有意再作政治活动。我说，衰病之身……退休迄今业已七年，早已无意再入仕途。"高风亮节，自亦明显。由上以观，谓颜氏富有正直伟大的政治家风度，当非过誉，此其二。

颜氏生当政局动荡,社会变迁,以及内忧外患互为因果而交相困扰之时代,故其在自传中所追述之史实与吐露之感想,正因其亲身经历故具有原始材料之价值。民初之扰攘纷乱,可由此数句概括:"北京城,总统府所在地,好似油灯一碗,招引不少扑火的飞蛾,结果翼焚身毁。北方军阀领袖,无人不思一登总统的宝座,既不度德,亦不量力,只图使用种种手段,力求捷足先登,后果如何,非所计及。纵令一时幸达目的,终归身败名裂,又何异飞蛾扑火。"此真慨乎言之,一针见血。民初"不到二十年的短短时间,我国竟然产生宪法,多至六七种。至于公布在案的宪法,究应由何人遵守,则从无一人过问。""过去,各省军阀当权,文职的省长,不论贤否,往往受当地绅士、省议会、公共团体的指斥攻击,终于去职。至于凶暴残酷的军事首长,虽作恶多端,亦无人敢撄其锋。"此寥寥两段,十足记述民初军阀政客与一般士大夫阶级的行径。

总而言之,全部自传之珍贵材料,不外(一)描写当时军阀政客,纵横捭阖,钩心斗角,翻云覆雨,忽友忽敌,形形色色的各项丑态与恶行,以及(二)研讨外交政策,为政途径,与致治原理。两者直接均系有关于国家之治乱兴亡。关于第一项,书中材料丰富,读者自能指认,此处不必举例。关于第二项,试略说明,俾助体会。以言外交政策,任何国家每当危急存亡之际,究宜孤注一掷,尽义而玉碎,抑当忍辱瓦全,徐图复兴,此则中外古今,史例太多。颜氏对于吾方引用《国联盟约》第十一条，失败后再引用第十条及第十五条之一味乞灵国联而无补于事，曾有回忆与感想。"嗣已明知国联处理该案，将毫无结果，何以不趁早改弦易辙，另谋出路，凡此种种，令人费解。"字里行间，显非事后而有先见之明。犹忆国联遣派调查团之际，外交家顾维钧氏曾作划锦州为中立区之议，斯亦不愧有政治家之眼光。关于为政途径，究竟立法渐进，是否必能替代流血革命，颜氏亦曾深刻推敲。"苏联不惜牺牲无量数生命财产，推动史无前例的伟大试验，其成功部分，固然有不少国家势将仿效，其失败部分，又何尝不可引为殷鉴？惟此种伟大试验，是否必须付出如此奇重的代价，抑或尚有其他中和方法，可以达到同样目标，一时尚难置答。"关于此一问题，自然仁者见仁，智者见智，而颜氏把握关键，不肯遽下断语，此种慎重见解，直可与渊博的政治哲学者比伦。至于致治原理，颜氏更深思熟虑，发表其肯定的心得。"我国近代，最足痛心者，莫过于当局对于下属贪污，不特不予以惩治，且从而纵容之，乃至袒护之。对于戚族蠹国，态度亦复如此。……贤者不必在位，能者不必在职。……派系之争鲜明，门户之见水火。洁身自好之士，竟视从政为畏途。""孔子说：'自古皆有死，民无信不立。'粗浅的解释，便是政治必须注重道德，不能专使权术；尤其不可使民众失去信心。"基于上述，可见自传中之宝贵史料，不只在史实，而且在史实之阐明，此其三。

姚译之所以具有价值，正因颜著之具有价值。此固理所当然，不言而喻。然而姚译本身之所以臻于上乘而有所贡献，亦自有其原因，不可磨灭。

其一，译者学识充沛，文笔流畅，而措词得体，不第满足信达雅三项译作条件，而且行文贯串，顺理成章，其最佳处盖在天衣无缝，使读者根本不觉其为译文，此则炉火纯青，出神入化。

其二，译者复于翻译之外，详加补注，不下数百条。关于事项发生，究在何年何月何日；所指中外人氏，究竟何姓何名（例如伍一浩称作"浩官"，补注说明，有三百数十字之多）；所指中外书籍，其著者为谁，书名为何；各项社团或报纸，具何性质或渊源，等等，均不惮繁絮，不嫌辛劳，一一研考查明。此非身经其境者，不识此中甘苦。姚仲年兄此种补注，对颜氏自传生色不少，对一切读者，便利更多。

其三，仲年兄独具慧眼，深悉颜氏自传之重要，而怂恿其后人设法译成中文，先行流布，继且当仁不让，徇请亲自译述。今则不只中文本刊行，其英文原著亦正由薛光前兄考虑推介，或可由圣若望大学出版社付印。可见姚译之价值不仅在"译"文而已。至于颜氏当初，何以不用中文而用英文？当非基于文字关系，谅亦非因内容有所顾忌；殆因出于英文，更可供诸世界人士阅读。

我的外祖父颜永京牧师

曹舒丽安

今年三月，读了《传记文学》第十六卷第二期所载姚崧龄先生的《教会报人林乐知》之后，使我想到我的外祖父。他生前与林氏友好，我的母亲便是林氏所办中西女塾的第一班学生。这两位虔诚的基督教徒，一生以传道兴学为职志。在十九世纪中叶，两人对于中国当时的维新运动，全十分尽力。外祖父生平践履笃实，不求闻达。现在知道他名字的人，恐不及知道他的哲嗣——惠庆（骏人）、德庆（季余）——的多。我生也晚，没有机会在他面前绕膝承欢。但是平时听到家人口述，和在教会文件上，看见有关他的资料，实在不少[注一]。特敬述他的行谊如次，使家中子女，和后辈青年，对于老辈典型，知所景仰。

外祖父家姓颜，原籍山东，相传系复圣颜子（渊）之后裔，堂名"退省"。何时由北方迁往福建，已难稽考。大约在清道光初年，我的外曾祖父，与乡人合伙营商，始由厦门搬到上海。到上海后，定居王家码头。我的外祖父永京公，就是道光十八年戊戌（一八三八），在王家码头老宅出世的。那一年发生两件大事：一是清廷派林则徐到广州查禁鸦片，一是大西洋上初次航行汽船。这两桩事，对于外祖父一生的事业，影响很大。

鸦片战争之后，中国海禁大开。美国教会原驻巴达维亚（Batavia）的一位主教Bishop Boone便首先转到厦门布道。不久又由厦门来到上海，就在王家码头开了一所教会学堂。当时外祖父原在附近的私塾，念些中国老书。只以家境不裕，教会学堂可以免费入学，而且堂址离家很近，外曾祖父遂决意将他送入肄业。这是他接受新式教育的开始。时为道光二十八年戊申（一八四八），他甫满十岁。不久学堂移设虹口，学生增至六七十人。外祖父在诸生中，年纪最幼，身材也最矮小，心思却异常灵敏。中英文功课的成绩，全很优越。每次考试，总名列前茅。主教Bishop Boone平时对他，即暗中加以注意。他的美国教师Mr. Points，对之尤寄希望。均认为是一个可以造就的青年。

咸丰四年甲寅（一八五四），Mr. Points便将外祖父，和他的同学杨锡麟先生〔注二〕，带往美国深造。出国时，他才十六岁，经过七十天的帆船海程，终于到了美国。最初两年，由德莱威尔州（Delaware）的一位牧师Mr. Clemson照管。

一切费用，均系纽约升天教堂（Ascension Church）的"主日学校"担负。他比我国第一位赴美留学生容闳，晚去美国七年，也比容氏小十三岁。咸丰十一年辛酉（一八六一），他以高材生毕业于俄州，甘比尔镇，建阳学院（Kenyon College, Gambier, Ohio）。行毕业典礼时，他代表全班同学向来宾致词（Valediction），以"学然后知不足"（Insufficiency of Learning）为题。八年之后（一八六九），他的母校特赠给荣誉硕士学位，奖饰他在祖国服务的成就。在学院修学时，曾与同学，发起Alpha Delta Phi兄弟会，并加入Hu Phi Kappa文学会为会员。他最引为荣耀的是，被选入全美的高材生荣誉学会（Phi Beta Kappa）。他可能是该会的第一个中国会员。这些光荣，证实他的好学乐群，和具备做领袖的能力。

同治元年（一八六二），他由美回国，到达上海。那时美国已发动南北战争，驻华教会的财源，无形断绝。国内则戡定洪杨的军事，迄未结束。传教工作，无从进行。为赡养老亲，和筹还游学时所欠教会的债务，他暂时受雇于上海英国领事馆，充任翻译。不久加入同文书局（Hanbury and Company）工作。书局主人Thomas Hanbury对于中国维新变法，极为热心，发行了不少新书。后来改就上海租界工部局的通事。他服务所入，除奉养双亲，拨还债务外，特资助胞弟澍隆赴美入建阳学院肄业[注三]，并将多年寄养在外的幼妹，接回家中，骨肉得以团聚。他尽管自幼即受西方教育的熏陶，但是对于我国固有的伦常四维，观念深刻。孝亲教子、友于弟妹、诚信接人、忠于职务，无不严守圣哲的遗训，躬行实践。当时上海开埠不久，国人究习英国语文的不多。华洋交涉，依赖舌人。一般中国通事，贪鄙庸俗，甘为外人鹰犬，欺压同胞，居间渔利。外祖父禀性严正，受过高等教育，服膺基督教义，处理公务，力持正义，拒绝贿赂，尽力保障国人权益。因此极得各方信仰。他认为传布耶教，是他终身事业，故公余之暇，尝从Bishop Williams, Rev. Dr. R. Nelson诸人，研究神学，参加"基督教日校"和虹口救主堂的工作。

同治九年（一八七〇）十一月二十八日，他在武昌接受圣职（Ordained），正式充任牧师。当时天津正闹教案，轰动全国。他不动声色，在武昌县华林购置地亩，建筑校舍，奠定了文华学堂的基础。该堂为纪念Bishop Boone，英文称Boone School。后来扩充成文华书院，文华大学；嗣改称华中大学，为长江中流的有名学府[注四]。他在武汉一带，兴学布道，先后历时十有二年。光绪四年（一八七八），始返上海，协助Bishop Schereschewsky将原在虹口的英华学塾，移到沪西梵王渡，改建圣约翰书院，后称圣约翰大学[注五]。筹办期间，他综理一切，调拨经费、购置地亩，无不躬亲其事，备著贤劳。后来担任院长，主持教务，计八年之久。除主持院务，兼授课程外，星期日则在礼拜堂讲道，未尝有一日之闲。曾将英儒斯宾塞尔（Herbert Spencer）的名著《教育论》（*Education*：

Intellectual, Moral, Physical）译成中文，刊行问世。使当时兴学人士，对于智、德、体三育之意义，有所认识。嗣复将斯氏的《心理学大纲》（*Principle of Psychology*），《科学导源》（*The Geneses of Science*）等书，提要译纂，以饷后学。真是学而不倦，诲人不厌。

他在上海参加"文学辩论会"（The Shanghai Literary and Debating Society），时常向听众剖析耶教精义，援古证今，议论透彻，闻者心折。光绪十二年（一八八六），他担任虹口圣公会救主堂（Church of Our Savior）的牧师。同时主持"祈祷圣书委员会"，编辑了不少中文的宗教书籍。他认为在学堂任课，仅能与读书人往来；在教堂宣教，比较普及，可与一般教育程度较低的民众接近。为启发民智，改进社会，必须对于下层阶级，大下功夫。因此辞去学堂职务，专力布道。他对于上海租界外滩公园，不许国人入内游憩，深感不平。数次提出抗议，并在报端发表论文，加以指摘。结果终于无效，乃纠集同志，另辟公园，以供国人游息，用资抵制。鉴于低级同事的薪金过低，特自动减薪，以示待遇平等。某年卧病在家，曾将应领报酬，悉数缴还，不愿不劳而获。他历年节储，营运得法，全家生活安定。除供给子女海外留学费用外，对于教会事业，公益善举，时助巨款。由数十两，乃至千两的捐输，实属常有之事。

他对于禁烟和天足两项运动，最为热心，尽力推动。光绪二十年甲午（一八九四），由中国禁烟总会推举，旅行英国各处，演说鸦片在中国流毒之深。呼吁英国朝野人士，应本"己所不欲，勿施于人"的金科玉律，和基督爱人如己的教义，根绝由印度输入中国的烟土。努力结果，终于促致中英分期减种减运的协定。至于提倡天足，则先由家中做起。对于自己的惟一爱女——我的母亲——即不许缠足，以资式范。母亲后来告诉我：当时稍有地位人家的妇女，均系三寸金莲，她的天足，不独惹人注目，且时遭嘲笑，只好常着男装。在八九十年前的中国，许多陋习，积非成是，我外祖父竟能决心破除，其勇敢和毅力，是值得佩服的。

他由英国转往美国，访问各地，报告教会在中国的贡献，和中国维新进步的情形，使得美国许多人，对于中国增加不少了解。最后回到他的母校建阳学院，趋候昔日师长，存问多年同学，话旧联欢，欣见各人名成业就，愈感愉快。当年曾经尽力照料过他的Bishop and Mrs. Bedell夫妇，现仅毕夫人健在。彼此见面，喜出望外，相互拥抱，竟至热泪交流。毕夫人尝视外祖父如亲生，外祖父亦奉毕夫人若慈母，盖二人均天性中人也。由于此次旅途过分辛苦，他回国后，血压增高，兼患肾脏炎，健康遂日趋下坡。在他逝世前两个月，曾赴繁昌（安徽芜湖附近）讲道，并撰成富有史料的详细纪录[注六]。病况虽至最后阶段，神智仍极清楚。光绪二十四年戊戌（一八九八）六月二十日，竟在睡眠中，与世长辞。弥留时，

三、四两子，均在美国留学，曾预书遗嘱申诫：应善事慈母，爱众亲仁，为国家社会服务；至于丧葬，务从俭约，棺木价值，不得过五十银圆，即以平时所服法衣（Black Cassock and Surplice）殡殓。过去寄给子女的家书，不下百余通，均经顺序编号。其中五件，今尚留存。对于待人接物及求学的道理，不断提示。虽细微如所寄信件之轻重，应贴邮票之多寡，亦不惮琐碎，加以指点。对于三子惠庆，原期其专攻医科，济世活人，认为系最切实的社会服务。在家书中，不断鼓励。惠庆舅父虽未尝习医，而坫坛折冲，为国宣劳，老人在天之灵，当必引以为慰。

外祖父对于功名利禄，十分淡泊。他向上海租界工部局辞职时，局方因其勤能廉正，极力挽留，许以除月薪早已提高至三百两外，并签署长期雇用契约，以示保障。但他终于不顾而去。光绪十七年，清廷曾有意征召他充任皇帝英文师傅，他竟婉辞谢却。他对家人说："每天教书，要我向学生跪拜磕头，我如何能做得到呢！"李太白说过："安能摧眉折腰事权贵，使我不得开心颜。"外祖父对于皇帝且不愿伺候，希望他能奉承权贵吗？他辞世后，各方悼念文字很多。接替他任圣约翰书院院长的卜舫济博士（Dr. F. L. Hawks Pott）说："他是不知有自己，但知有大众，诚实、公正、勇敢、能牺牲小我的伟人。"〔注七〕这句话，他当之毫无愧色。

外祖父和外祖母戚太夫人，共有四子一女，均系美国大学肄业或毕业，学有专门，回国服务，致用于时[注八]。叔子惠庆，朝考授进士，富有著述，蜚声中外，历任驻外大使，外交总长，国务总理等职。季子德庆，系铁路工程师，历任铁道部技监及交通部次长。幼女庆莲，讳昭，是我的母亲，专修音乐，长于文学，曾在北京教习清廷宗室贵胄妇女，指导她们接待外宾的进退仪节。她不满一岁时，曾由我的祖父征得我外祖父的同意，聘给我的父亲栋臣公，讳厚仁。我父亲十六岁时，随我外祖父赴英国留学习医。学成归国后，经由惠庆舅父重新介绍，与我母亲认识，相知既深，始行结缡。他们生男育女，伉俪情笃，生活十分愉快。我父亲在汉口行医三十余年。我的长兄昌誉也是医生，曾在卫生署供职多年。他们总算代替惠庆舅父，完成了外祖父希望儿子业医的愿望。

（本文之作，多承姚崧龄先生的鼓励和文字上的指正，谨此申谢。丽安，一九七〇年十一月附记。）

〔注一〕"The Rev. Y. K. Yen Memorial Number, " *The Church in China*,
　　　　Vol. V, No. 4, July–August, 1898, issued by the American Church
　　　　Mission, Shanghai.

〔注二〕杨锡麟先生留美二年，即回上海任教，后任上海英国领事馆通事以
　　　　终。

〔注三〕颜澍隆先生一八七〇年赴美入建阳学院，毕业后回国任牧师四年，
　　　　病故。有三子：明庆、福庆（克卿）、连庆。

〔注四〕文华大学的女生宿舍"颜母室"，系我母亲及舅父等捐款建筑，纪念我外祖母的。

〔注五〕圣约翰大学的男生宿舍"思颜堂"，是舅父和我母亲等捐献以纪念他们的父亲的。

〔注六〕"Fanchang Revisited, " by Rev. Y. K. Yen (dated May 9th, 1898) pp. 57-62, *The Church in China*, Vol. V, No. 4.

〔注七〕"Biographical Sketch of the Rev. Y. K. Yen, M. A., " by F. L. H. Pott, pp. 42-48, ibid.

〔注八〕长子锡庆（煆侯），Kenyon College肄业；次子志庆，哥伦比亚大学法学院毕业；三子惠庆（骏人），维金尼亚大学毕业；四子德庆（季余），里海大学毕业。女昭（庆莲），Stuart Hall, Staunton, Virginia 毕业。

颜永京先生事略

谢洪赉　遗著

颜先生名永京，字拥经。福建厦门籍。一千八百三十八年
为清道光十八年，诞生于沪。以父在沪经商，为木棉行经理，
故挈眷寓居小东门。先生行第三，小名曰三大。二兄早夭，先
生不啻长儿矣。幼年之事无传。九龄入美圣公会所设之小学
校。校盖文主教所设者也。先生年虽稚，而于中英文俱知向
学。师长器重之。功课之暇，爱嬉戏。常为诸童率。每效道士
身被单被作鹤氅，手持摇铃，十余生从之。塾中有犬毙，则合
诸生作殡葬之仪，送犬入土。先生之少时，固无异于他童焉。
年十五，与杨君同游美国求学。有德拉瓦州之葛雷门氏，抚之
如子弟。居其家二年。杨君归中国，先生至纽约州，入安桑中
学校，以为入大学之预备。有升天堂之主日学校，津贴先生日
用。该校之牧师曰贝德尔氏。贝氏寻升俄亥俄州之主教，因挈
先生去，入该州甘必耳市之根荣大学，使肄业焉。先生在大学

时，所造不亚于美之少年。校中有学生之团体，以希腊字母为号。必资格较高之学生，始得列名。先生与焉。溜冰泅泳与击球之戏，俱所擅长。辩论中屡以口才取胜，合校俱推重焉。学成得学士学位。后数年，该大学又赠以硕士学位。年二十三，乃返祖国。时正太平天国声势赫然，又值美国南北战役，因之教会无款以养教士。先生以报本之故，欲为教会效力，而一时不克如愿。加以家累颇重，非有以调济之不可，因与文主教商请。先在商界执业数年，再入教会奉职。因就大英领事署译员之缺，月俸三四百两。当时英文人材极缺故也。继又在汉壁礼商店及工部局为译员。当时号称为西人通事者，类多市井小人，每不顾品格，夤缘作奸。以此致富者，不乏其人。独先生洁身自好，不以货财动其心，知先生者莫不钦其为人。工部局执事审先生之廉正，请订数年之关约，以期久任。然先生志在奉役于教会，故待教会之事一有头绪，旋即弃美缺而学传道之职。时文主教已去，卫主教继任。顾先生数年在教会之外任事，其扶掖教会之心，未尝稍息。尝捐款补助小学校一所。在虹口之救主堂，尽各种宣道之义务。既受圣品之职司，即宣道于武昌汉口等处，为时计十二年之久。当时圣道初传于中央诸省，人民不省所谓，故宣道之难异常，往往久而无效。先生每有灰心之叹，而仍奋其志气，不稍怠忽。晚年始见己所植之基础，渐有功效，心为之快慰焉。先生以数年营商之故，小有积蓄。其子金粗可自给，故不恃教会修脯以为养。遇有可助之事，亦乐为之。尝以故假千金于教会，后见教会无力偿还，遂毁其券，不复索偿焉。又因喉疾不克奉公者一年，教会之俸，辞而不受。同事华人有病先生之俸高于寻常者，先生自请损之，以平同事之心。凡诸皆可见先生之度量。圣约翰大学始立，先生为之师。在校八年，谆谆施教，从之游者，后多为教会牧长。校中教授英文，即先生启其始。盖于大学之事，始终尽力，未尝稍倦云。其后虹口救主堂，请先生为牧师。先生居堂后住宅一十二年，迨易箦而后去。本堂职务毕举之外，凡上海教会之公益事业，莫不为之提倡。如除鸦片贸易会、勉励会、圣教书会等。尤多谋画。盖各教会共仰之为领袖矣。以其暇日，著为书册，以益后进。先后所成者，如史本守氏（即斯宾塞尔）之《肄业要览》、海文氏之《心灵学》（汉译心理学者先生首为之）、《英普教会史》、《教会祷文》、《圣公会要道》等，凡若干种。又为少年子弟制训蒙识字之书二种。华人之自译西书者，当推先生为首导。筚路蓝缕之功，不可没也。一千八百九十四年，英国志士深悟运鸦片入华之非。因公推勋爵伯拉赛氏等一行委员，至印度调查鸦片之害。且招先生至英京伦敦，陈说中国人民历年所受之祸害，以冀英国人民，得闻华士之请求，而定其禁止之决心。先生其时精力已衰，且此行需在通都大邑之间演说，殊非率尔操觚可比。然为祖国利害起见，毅然应召，不以一己之安适为意。既至英国，各处俱欢迎之。即大学校所在之市，向日舆论纷扰，难于措词者，先生至而演讲，众亦翕然无异辞。是则先生之出言有则，能得人钦佩，亦可见矣。英事既毕，乃渡大西洋而重游美国。巡行东南二部，演讲中国教会之光景，以助美国教会之通晓布道实情。既而返国，仍执牧师之职。一千八百九十八年，为清光绪戊戌年，德宗方思变法以图强，嘱在京之教士某君，代延一教师，以便习学英语。教士素重先生之才学，因至沪上劝先生入京应聘。先生辞之，言其故有三：改革太速，皇帝于此时习英文，未为得宜，一也；教会事不可舍置，二也；不愿入政界，拘于礼规，三也。然先生之体气至是亦浸衰，遂于是年谢世，享年六十。易箦之前，与阖家眷属共受圣餐之礼。卒前一日，神志已昏，不省人事。至友某君低语其耳曰：君宜倚恃上帝。先生之容忽现喜悦，合手微言曰：余深知此意，因此余深感上帝之恩。此盖其在世之末次语也。出殡之日，追悼之会，海上教会及商界领袖，无不致敬。以为先生之一生，实有功于社会也。先生性正直，不容人世有不平事。上海租界之内，西人之权偏重，其中不良者，往往凌侮车夫、或下等华人。先生见之，未尝不义形于色，辄为之剖解申诉。西人为义所屈，乃谢罪焉。租界之市政厅，有西董而无华董。先生亦引为不平，以为租界内华人纳税之额，固远过于西人也。故屡与中西志士谋之，期得华董之参预。事垂成而卒不果，至今犹循旧章，令人益追念先生不置。黄浦之滨，有公园焉，为一市之胜地，例不准华人入内。先生以为不合公理，争之甚力。市政厅卒应其所请，允华人一例可入。既而在苏州河之旁，另辟公园一区，专为华人游息之地，盖出于先生之力也。先生平日起居有定，操守维严，不容人以非礼相干。待人以和，交友有信。国家之事，无日去怀。每谈至失败，辄慷慨见于色。好读书，积卷帙甚富。当世大问题，无不研究。科学神学不偏废，凡有新说起，辄涉略之。然守正不阿，不以异说摇其志。其于祖国之布道情形，不作狂热之野心，亦不存悲观之念。当日有西士某君，著书评教会教士之缺点。先生答之曰：余以为真道之在中国，固不得一时大兴，然吾人决毋因此而失望。因今日之布道，譬之耕种，止为垦土之时代耳。播种耘草，尚俟他日，无论收获矣。然时会必至，将有丰收，与泰西之教会无异焉。若谓教士布道之法有不合，及所收教友绝无上中社会云者，亦非尽然之词。夫教会初设之地，信道者自以贫寒为多。昔保罗施教于庇利亚、与帖撒罗尼迦，即已有此情形。贫寒者固居多数，中等人士次之，绅界男女亦间有之。即举上海一隅而论，虽不能称人文之渊薮，然五百教友之中，已有茂才四人矣。至若教会收纳向日犯罪之人，亦因其肯改心向善耳，非嘉其为恶也。评者不察其实，妄加苛求，故有此等语气耳。读此可见先生见识之远，持论之平。盖先生之存心公恕。于幼时即已见之。当其在校之日，同学五六十人，饭时每八人为一桌。肴馔平分，而各食之，以免强弱陵夺之弊。然无人愿任均分之事。因一有不均，易起他生之争论也。先生倡议八人轮日为主。主者既分八簋之后，听同人取其七，余一篇为主者所得。用其言果绝争端。此事虽小，亦足见其存心之公，见理之正矣。先生男子数人，女子一，俱令肄业美国。幼子惠庆最著。现任驻德公使。

教史氏曰：先生貌白皙，身中材，容有威，语不繁而必有中。余在吴门博习书院肄业时，先生因病来游苏，犹不肯自逸。请于院长，每日教书数级，以为消遣计。余亦受其教，盖《地理志略》一书也。因得挹先生之和容柔声，常在心目间。其后在申见先生于教会公同事业，多所效力。盖先生固海上教会之领袖。当时牧者能如先生之学贯中西者，尚罕觏其人。而能谦以自牧，其得人之推尊也宜哉。

（原载一九一五年上海青年协会书报部出版之谢洪赉著《名牧遗徽》）